101가지 코칭수퍼비전 기법
접근 방식과 실천 탐구

이 책은 101가지 실천적인 코칭수퍼비전 기법을 이론적 맥락에서 검토한다. 10개의 장으로 구성되었으며, 여러 철학적 기반을 반영했다. 실존주의, 게슈탈트, 긍정심리학, 정신역동, 해결 중심, 시스템적, 사고 환경 thinking environment, 교류분석 transpersonal, 마지막으로 절충적 접근 등이다.

각 분야 리더가 통찰을 바탕으로 철학과 원칙을 개괄적으로 설명하고 실제 적용 방식을 제시한다. 이 책은 독자가 어떤 기술을 언제 사용할지 결정하는 데 도움을 주고, 자기 작업에 맞게 구현하거나 조정하도록 단계별로 안내한다. 다양한 기법을 담은 이 책은 모든 수퍼바이저가 자신의 레퍼토리를 넓히고 궁극적으로 더 나은 실천가가 되는 데 도움이 될 것이다.

경험이 풍부한 수퍼바이저, 초보 수퍼바이저, 수퍼바이지 모두가 접근하기 쉽고 실용적으로 활용할 수 있는 귀중한 자료이다. 이는 수퍼비전과 코칭 실천을 최신의 것으로 유지하고 실험할 수 있도록 다양한 영감을 줄 것이다.

First published 2020
by Routledge
2 Park Square, Milton Park, Abingdon, Oxon OX14 4RN
and by Routledge
52 Vanderbilt Avenue, New York, NY 10017
Routledge is an imprint o f the Taylor & Francis Group, an informa business

© 2020 selection and editorial matter, Michelle Lucas; individual chapters, the contributors
The right of Michelle Lucas to be identified as the author of the editorial material, and of the authors for their individual chapters, has been asserted in accordance with sections 77 and 78 of the Copyright, Designs and Patents Act 1988.
All rights reserved. No part of this book may be reprinted or reproduced or utilised in any form or by any electronic, mechanical, or other means, now known or hereafter invented, including photocopying and recording, or in any information storage or retrieval system, without permission in writing from the publishers.

Trademark notice. Product or corporate names may be trademarks or registered trademarks, and are used only for identification and explanation without intent to infringe.
British Library Cataloguing-in-Publication Data A catalogue record for this book is available from the British Library.
Library o f Congress Cataloging-in-Publication Data Names. Lucas, Michelle, 1965- editor.
Title. 101 coaching supervision techniques, approaches, enquiries and experiments / edited by Michelle Lucas.
Other titles. One hundred one coaching supervision techniques, approaches, enquiries and experiments.

101 COACHING SUPERVISION TECHNIQUES, APPROACHES, ENQUIRIES AND EXPERIMENTS
Copyright © 2020 by Michelle Lucas
Authorised translation from the English language edition published by Routledge,
a member of the Taylor & Francis Group
All rights reserved.

Korean Translation Copyright © 2025 by Korea Coaching Supervision Academy
Korean edition is published by arrangement with Taylor & Francis Group
through Imprima Korea Agency

이 책의 한국어판 저작권은 Imprima Korea Agency를 통해
Taylor & Francis Group와의 독점 계약으로 한국코칭수퍼비전아카데미에 있습니다.
저작권법에 의해 한국 내에서 보호를 받는 저작물이므로
무단전재와 무단복제를 금합니다.

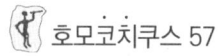

101가지 코칭수퍼비전 기법
접근 방식과 실천 탐구

101 Coaching Supervision
Techniques, Approaches, Enquiries and Experiments

미셸 루카스 편저
김상복, 김현주, 이서우, 정혜선, 허영숙 옮김

코칭북스

목차

편집자 소개	······ 12
감사의 글	······ 14
편집자 서문	······ 15
역자 서문	······ 18
도입(번역: 정혜선, 허영숙)	······ 27

제1장. 코칭수퍼비전에 대한 절충적인 관점

데이비드 클러터벅David Clutterbuck (번역: 정혜선, 허영숙) ······ 35

1. 3-2-1: 성찰적 글쓰기 기법 – 리즈 포드Liz Ford ······ 44
2. 긍정적 피드백과 발전적 피드백 – 미셸 루카스Michelle Lucas, 캐롤 휘태커Carol Whitaker ······ 48
3. 그림 카드를 이용한 시작과 종료 – 미셸 루카스, 샬롯 하우스덴Charlotte Housden ······ 52
4. 자신감 구축: 권위, 존재감, 영향력 – 줄리아 메나울Julia Menaul ······ 55
5. 대규모 여정 – 미셸 루카스, 앤디 킹Andy King ······ 60
6. 깊은 성찰 – 미셸 루카스, 태미 터너Tammy Turner ······ 64
7. 행동 유연성 개발 – 앤 칼레하Anne Calleja ······ 68
8. 코치 성숙도 개발 – 데이비드 클러터벅 ······ 73
9. 용기 키우기: 코끼리 이름 짓기와 권력에 진실 말하기 – 마리 페어Marie Faire ······ 77
10. 딜레마 카드 – 미셸 루카스, 캐롤 휘태커 ······ 81
11. 경계 탐색 – 안젤라 던바Angela Dunbar ······ 85
12. '깨끗한 언어clean language'로 관계 탐색 – 안젤라 던바 ······ 89

13. '클린 네트워크'로 수퍼바이지의 고객 탐색 - 안젤라 던바 ⋯⋯ 93

14. 막힌 느낌 - 앤 칼레하 ⋯⋯ 97

15. 어항 방식 수퍼비전 - 미셸 루카스, 태미 터너 ⋯⋯ 102

16. 나는 시스템의 일부이다 - 태미 터너 ⋯⋯ 106

17. 이슈, 통찰력, 아이디어, 의도 - 데이비드 클러터벅 ⋯⋯ 110

18. 현실 유지 - 미셸 루카스, 캐롤 휘태커 ⋯⋯ 114

19. 질문 라인 - 미셸 루카스, 캐롤 휘태커 ⋯⋯ 118

20. 내면의 비평가와 친구되기 - 클레어 노먼Clare Norman ⋯⋯ 121

21. 멘토 코칭 - 클레어 노먼 ⋯⋯ 125

22. 은유의 마법 상자 - 릴리 세토Lily Seto ⋯⋯ 129

23. 미스핏Misfits 게임 - 미셸 루카스 ⋯⋯ 134

24. 침묵 - 미셸 루카스 ⋯⋯ 138

25. 행동 탐구를 통한 성찰 - 크리스틴 챔피언Christine Champion ⋯⋯ 141

26. 성찰 기록 - 미셸 루카스, 크리스틴 챔피언 ⋯⋯ 146

27. 리허설-검토-반복 - 미셸 루카스, 태미 터너, 캐롤 휘태커 ⋯⋯ 150

28. 즉시 기록 - 클레어 노먼 ⋯⋯ 154

29. 일곱 대화 모듈 - 데이비드 클러터벅 ⋯⋯ 156

30. 상황-생각-결과 - 카멜리나 로튼 스미스Carmelina Lawton Smith ⋯⋯ 160

31. 행동 논리형 수퍼비전 - 클레어 데이비Claire Davey ⋯⋯ 164

32. 레고 수퍼비전 - 데미안 골드바그Dr. Damian Goldvarg ⋯⋯ 171

33. 고객 관점 활용 - 레슬리 마타일Lesley Matile ⋯⋯ 175

34. 튜터 모드 수퍼바이저 - 데이비드 클러터벅 ⋯⋯ 179

35. 3Cs: 계약, 역량, 고객 유익 - 마리 페어 ⋯⋯ 183

36. 나무 관점: 창의적 성찰 기록 - 재키 홀더Jackee Holder ⋯⋯ 186

37. 시도-승리-게임 - 클레어 노먼 ⋯⋯ 191

38. 애착 이론 수퍼비전 - 헨리 캠피온Henry Campion ⋯⋯ 194

39. AI 수퍼비전 - 데이비드 클러터벅 ⋯⋯ 199

40. 비전 보드 활용 - 리즈 포드 ⋯⋯ 203

41. 미로 글쓰기 - 재키 홀더 ⋯⋯ 207

제2장. 코칭수퍼비전을 위한 실존적 접근

에르네스토 스피넬리Ernesto Spinelli (번역: 김상복) ⋯⋯ 211

42. 의도적인 자기-중심적 수퍼비전 - 미셸 루카스 ······ 221
43. 자기-의문self-doubt 활용하기 - 미셸 루카스 ······ 225
44. 의도와 개입 - 베니타 트레노Benita Treanor ······ 229
45. 주목하기의 가치 - 다이앤 한나Diane Hanna ······ 233
46. [신체] 체현에 근거한 코칭embodied coaching을 활용한 부끄러움 다루기
    - 차피 레더만Tsafi Lederman, 제니 스테이시Jenny Stacey ······ 237

제3장. 게슈탈트적 접근 방식
줄리 앨런Julie Allan, 앨리슨 와이브로우Alison Whybrow (번역: 이서우) ······ 243

47. 물건에 목소리 부여하기 - 미셸 루카스 ······ 255
48. 내면에 주의 기울이기inner noticing - 줄리 앨런, 앨리슨 와이브로우 ······ 259
49. 수퍼비전과 감지 - 클레어 데이비 ······ 264
50. 물건과 은유를 통한 변혁적 탐험 - 슈 콘그람Sue Congram ······ 268
51. 두 의자 실험 - 앨리슨 와이브로우, 줄리 앨런 ······ 272
52. 걸림돌과 함께 작업하기 - 줄리 앨런, 앨리슨 와이브로우 ······ 276
53. 몸짓을 사용하여 작업하기 - 앨리슨 와이브로우, 줄리 앨런 ······ 280

제4장. 인간 중심적 접근 방식
린다 애스피Linda Aspey (번역: 이서우) ······ 285

54. 일치성 탐험하기Exploring congruence - 미셸 루카스 ······ 295
55. 수퍼바이지 주도 수퍼비전supervisee-led supervision - 루이스 셰퍼드Louise Sheppard ······ 299

제5장. 코칭수퍼비전을 위한 긍정심리학적 접근
카멜리나 로튼-스미스Carmelina Lawton-Smith (번역: 김현주) ······ 305

56. 5% 문장 - 카멜리나 로튼-스미스 ······ 314
57. 정서eMotive 카드 - 피터 더펠Peter Duffell ······ 319
58. 피드포워드 - 카멜리나 로튼-스미스 ······ 323
59. 자신에게 'A' 학점 주기 - 클레어 노먼 ······ 327
60. 좋은 소식Good news - 미셸 루카스, 캐롤 휘태커 ······ 331
61. 개인 강점strengths 검토 - 카멜리나 로튼-스미스 ······ 335
62. 강점Strengths 카드 - 카멜리나 로튼-스미스 ······ 338
63. 은유metaphor를 사용하여 '최선의 나at my best' 탐구하기 - 안젤라 던바 ······ 343

제 6장. 정신역동적 관점: 발달 교류분석적 접근
린다 텅Lynda Tongue (번역: 이서우) ······ 347

64. CHECKS 셀프 수퍼비전 체크리스트 - 린다 텅 ······ 360

65. 네 개의 P를 사용하여 계약하기 - 미셸 루카스 ······ 364

66. 무인도 판타지desert island fantasy - 미셸 루카스, 크리스틴 챔피온Christine Champion ······ 368

67. 디스카운팅discounting과 성공으로 가는 단계 - 린다 텅 ······ 371

68. 공모collusion 가능성 탐색 - 미셸 루카스, 린다 텅 ······ 376

69. 전이와 역전이 탐색 - 미셸 루카스, 앤 칼레하 ······ 379

70. 감정에 집중하기 - 미셸 루카스, 캐롤 휘태커 ······ 383

71. 드라마 삼각형drama triangle으로 관계 갈등 다루기 - 줄리아 메나울, 린다 텅 ······ 387

72. 평행 과정parallel process - 린다 텅 ······ 391

73. 수퍼비전을 위한 STEPS - 린다 텅 ······ 395

74. 시간 구조화time structuring를 사용하여 관계의 친밀감 이해하기
  - 데이비드 크로우David Crowe, 미셸 루카스 ······ 399

제7장. 코칭수퍼비전을 위한 해결 중심 접근

에반 조지Evan George, 데니스 유수프Denise Yusuf (번역: 김현주) ······ 405

75. 세 개의 의자에 앉기 - 프레드리크 배닝크Fredrike Bannink ······ 414

76. 해결 중심 척도 질문 - 에반 조지, 데니스 유수프 ······ 417

77. 반짝이는 순간sparkling moments: 사례와 예외 - 에반 조지, 데니스 유수프 ······ 421

78. 중단과 시작 - 카멜리나 로튼-스미스, 에반 조지 ······ 425

79. 미래 질문 - 미셸 루카스 ······ 428

80. 역량 전이 - 프레드리크 배닝크 ······ 432

제8장 코칭수퍼비전에 대한 시스템적 접근

마렌 도나타 우르쉘Maren Donata Urschel (번역: 김현주) ······ 437

81. 있는 그대로 매핑하기 - 마렌 도나타 우르쉘 ······ 446

82. 더 나은 방향을 향한 한 걸음 - 마렌 도나타 우르쉘 ······ 450

83. 자원 제공 - 마렌 도나타 우르쉘 ······ 454

84. 시스템 지향적 질문 - 마렌 도나타 우르쉘 ······ 458

85. 자유로운 움직임 활용 - 데미온 원포Damion Wonfor ······ 462

86. 일곱 눈 모델 작업 - 미셸 루카스 ······ 466

87. 그림자 작업 - 클레어 노먼 ······ 470

88. 수퍼바이지의 딜레마에 대처하기 - 데미온 원포 ······ 474

제9장. 코칭수퍼비전을 위한 사고-환경적 접근

린다 애스페이Linda Aspey (번역: 김상복) ······ 479

89. 대화 - 린다 애스페이 ······ 489

90. 라운드 - 린다 애스페이 ······ 493

91. 사고-한 쌍 - 린다 애스페이 ······ 497

제10장. 초개인적 접근 코칭수퍼비전

헤티 아인찌히Hetty Einzig (번역: 김상복) ······ 503

92. 센터링 - 폴 킹Paul King ······ 513

93. 집단 수퍼비전을 위한 건강한 셀프 피드백 - 헬렌 루벤Helen Reuben ······ 518

94. 이상적 모델 - 헤티 아인찌히 ······ 522

95. 수퍼바이저의 자기-준비 - 헬렌 루벤 ······ 526

96. 성장의 두 차원 - 헤티 아인찌히 ······ 531

97. 야외 활동 활용하기 - 리즈 포드Liz Ford ······ 535

98. 내가 환경에 남긴 발자국은 무엇인가? - 페니 워커Penny Walker ······ 539

99. 현명한 존재가 안내하는 시각화 - 헤티 아인찌히 ······ 544

100. 창발적 목적으로 작업하기 - 헤티 아인찌히 ······ 548

101. 하위 성격과 함께 일하기 - 헤티 아인찌히 ······ 552

색인 ······ 557

역자 소개 ······ 564

발간사 ······ 572

표와 그림 목차

표

1.1 다양한 성숙도 수준의 코치와 함께 일하는 절충적 수퍼바이저의 이점과 한계	⋯⋯ 41
1.2 메긴슨과 클러터벅의 코치 성숙도 4단계	⋯⋯ 74
1.3 코칭수퍼비전에 적용되는 개인의 4대 경험 영역(Torbert, Fisher & Rooke, 2004)	⋯⋯ 143
1.4 일곱 가지 행동 논리(Torbert, 2004)	⋯⋯ 166
2.1 헤론의 여섯 가지 개입 범주와 예시	⋯⋯ 231
6.1 헤이가 채택한 계약의 4Ps(2007)	⋯⋯ 365

그림

0.1 각 기법을 시작할 때 사용되는 아이콘 그림	⋯⋯ 30
1.1 API 모델	⋯⋯ 57
1.2 여정 지도의 시작	⋯⋯ 61
1.3 일반적인 시선 처리 신호	⋯⋯ 70
1.4 '막힌 느낌' 정렬 연습	⋯⋯ 99
1.5 수퍼바이지의 미스핏 사례	⋯⋯ 136
1.6 성찰 주기, based on Gibbs(1988) and adapted by Lucas and Champion	⋯⋯ 147
1.7 카드 컬렉션 1(고객)	⋯⋯ 167
1.8 카드 컬렉션 2(수퍼바이지)	⋯⋯ 167

1.9 나무 그림 카드	····· 189
1.10 성인의 애착 패턴	····· 196
3.1 알아차림 주기(Zinker, 1977)	····· 277
4.1 셰퍼드(2016)의 수퍼바이지 주도 수퍼비전 프레임워크	····· 300
6.1 인생 태도(에릭 번, 1972)	····· 350
6.2 텅의 EDGE 모델(출처: 저자)	····· 353
6.3 헤이의 BARs 다이어그램(1993, 2009)	····· 356
6.4 수퍼비전을 위한 CHECKS 리스트	····· 361
6.5 헤이의 성공으로 가는 단계(2007)	····· 373
6.6 카프만의 드라마 삼각형(카프만, 2014)	····· 388
6.7 시스템적 평행 과정(출처: 저자)	····· 393
6.8 STEPS 모델	····· 397
8.1 Lucas 2010, Hawkins와 Smith(2006)에 의해 제작된 "The Seven-Eyed Model"을 적용	····· 468
10.1 아사기올리의 인간 정신에 대한 정신통합 모델 해석	····· 505

이 책이 세상에 나오도록 함께한 모든 기고자에게 진심으로 감사드린다. 여러분의 프랙티스를 커뮤니티에 아낌없이 공유해준 데 대해 진심으로 존경의 마음을 전한다. 모두와 함께 일할 수 있어서 즐거웠고 나에게는 잊지 못할 작업이었다.

편집자 소개

미셸 루카스Michelle Lucas는 그린필드 컨설팅 회사Greenfield Consultion Limited의 이사이다. 임원코칭, 코칭수퍼비전, 내부/사내코치, 멘토, 수퍼바이저 교육을 전문으로 한다. 웨일즈 과학기술대학교UWIST에서 응용심리학 학위와 워릭Warwick 비즈니스 스쿨에서 MBA를 취득했다. 처음에는 임상심리학 분야에서 경력을 쌓은 후 빠르게 변화하는 영업 조직에서 20년간 근무했다. 2006년부터 코칭협회Association for Coaching(AC)에서 공인 임원 마스터 코치로 독립적으로 활동하며 공인 코칭수퍼바이저로 활동하고 있다. 옥스퍼드 부룩스Oxford Brookes 대학에서 코칭(2009)과 코칭수퍼비전(2012) 교육을 마치고 현재 MA 프로그램에서 강사associate lecturer이자 코칭수퍼바이저로 일한다. 코칭협회 수퍼바이저 교육 책임자로 자발적으로 활동하고 있으며, 글로벌 상호 코칭 가상 포럼Global Co-Coaching Virtual Forum을 공동 진행한다. 코칭수퍼바이저협회Association of Coaching Supervisors 회원이다.

미셸은 코칭수퍼비전의 비정형적 적용을 탐구하는 데 관심 있는 혁신적 프랙티셔너이다. 자심감 있고 활기찬 연설가이며, 7년 연속으로 옥스퍼드 브룩스Oxford Brookes

국제 수퍼비전 콘퍼런스에서 발표했다. 동료 심사를 거친 15개의 전문 논문을 집필했으며 열정적인 블로거이다.

이 책은 루틀리지 출판사에서 발행한 세 번째 책이다. 이전 책은 데이비드 클러터벅David Clutterbuck, 캐럴 휘태커Carol Whitaker, 태미 터너Tammy Turner와 공동으로 썼다. 남편(Mark)과 의붓 아들(Luke), 두 마리의 반려견 티아Tia(초코렛 레브라도Labrador), 콜린Colin(구조된 닥스훈트Dachshund)와 함께 도싯Dorset의 웨이머스Weymouth에 살고 있다.

감사의 글

이 책을 출간하기 위해 영감과 격려, 지원을 보내준 모든 동료와 독자분에게 감사드린다. 그렇지만 특별히 더욱 감사해야 할 세 분이 있다.

독립 임원 코치이자 수퍼바이저 코치 클레어 데이비Claire Davey는 독자들이 101가지 기술에 접근할 수 있도록 새로운 시각을 제공해 주었다. 철학 부분을 검토하여 저자의 목소리를 존중하면서도 책 전반에 걸쳐 독자에게 일관성을 제공할 수 있도록 도와준 헬렌 롭슨Helen Robson과 독립 커리어 코치인 크리스틴 미터바우어Christine Mitterbauer는 '뛰어난 조직력을 가진!' 41명의 모든 기여자와 연락해주었고 프로젝트 내내 우리를 궤도에서 벗어나지 않게 해주었다.

감사한 마음을 전한다.

참고: 아이콘은 www.flaticon.com의 Freepik과 Pixel Perfect에서 제작했다.

편집자 서문

역자: 김상복

2010년 데이비드 클러터벅David Clutterbuck의 논문 '자유를 주는 코치The Liberated Coach'를 처음 읽었을 때 나는 훈련 중이었다.[1] 이 글에 깊이 공감했던 기억이 생생하다. 코칭 그룹에서 활동하며 다양한 기법을 끊임없이 접했다. 나는 그가 말하는 '까치' 되기가 얼마나 쉬웠을까.[2] 고객을 위해 무언가를 열어줄 수 있는 잠재력을 가진 기법의 유혹, 밝고 반짝이는 기법은 거부하기 어려울 수 있었다. 그렇지만 나는 언제나 망설였다. 두 가지 이슈가 나에게 있었기 때문이다. 첫째, 어떻게 하면 새로운 기법을 내 프랙티스에 통합하여 (나와 고객에게) 일관된 느낌을 줄 수 있을까. 둘째, 심리학을 전공한 나는 접근법의 기원이 궁금했다. '그저 효과가 있는가'가 아니라 '왜 효과가 있는가'였다. 클러터벅이 '관리된 절충주의managed eclecticism'를 설명하며 진정한 통합

---

[1] 2009년 발표된 논문으로 개인 코칭 경험, 수퍼비전 경험, 코치 평가 센터에서 진행된 코치 역량 적합성 평가와 실제 코칭의 관찰 등을 통해 집필되었다. 코치들이 대화에 활용하는 코칭 모델(GROW와 그에 파생된 모델)을 심층 검토한다. 코칭 모델 근거, 과정 근거, 철학[이론] 근거, 관리된 절충적 접근managed eclectic approach이 특성이라고 언급한다.
[2] '까치'란 이리저리 나무를 옮겨 다니면서 열매를 쪼아먹지 않는가? 그저 좋다고 하는 기법과 기술을 좇아 움직이는 모습으로 이해된다.

과 프랙티스와의 연계에 대해 생각해 보라고 권유했을 때 나는 힘을 얻었다. 다른 기법을 채택하지 않아서 갖게 되는 '실패에 대한 두려움'보다는 일관성과 진정성을 핵심 방식으로 일하는 것이 중요하다는 것을 깨달았다. 코칭수퍼비전을 시작하며 이런 생각은 계속 이어졌다. 수퍼바이지가 효과가 있었거나 없었던 작업을 알아보기 위해 나를 찾아올 때, 나는 그들이 선택한 접근 방식이 어떤 영향을 미쳤는지, 어떤 기술을 사용했다면 무엇을 알게 되었는지 궁금해했다. 이 같은 접근을 통해 프랙티셔너는 더 많은 알아차림과 의식적인 역량을 갖추고 작업에 임할 수 있다.

이 책의 주요 독자층은 코칭 수퍼바이저이며, 신규 및 경력 수퍼바이저이다. 모두에게 다양한 기법이 도움이 될 수 있기를 바란다. 새로운 수퍼바이저는 자신의 훈련과 일치하는 철학적 부분에 집중하여 사용할 수 있는 기술과 접근 범위를 넓힐 수 있다. 경험 많은 수퍼바이저에게 이 책은 실험해 볼 수 있는 대안적 접근을 다양하게 제공한다. 이를 통해 자신과 수퍼바이지 모두에게 신선함을 유지하며 자신의 실천에 '건설적인 혼란'을 줄 수 있다.

내가 다른 곳에서 언급했듯(Clutterbuck, Whitaker & Lucas, 2016. 『코칭수퍼비전 실천 가이드』 감상복 옮김. 2025), 나는 근본적으로 수퍼비전 관계가 협력적이라고 믿는다. 따라서 이 책은 코치도 쉽게 접근할 수 있는 방식으로 수퍼비전 기술을 공유하고자 했다. 실제로 일부 기술은 코칭 고객에게도 적용할 수 있다. 대부분 기술은 수퍼바이저(전문가와 동료 모두)가 사용하기 위한 것이지만, 일부 기술은 독립적인 성찰적 프랙티스, 즉 셀프 수퍼비전에 유용하다. 내 경험에 따르면 수퍼바이지가 독립적인 성찰적 프랙티스에 강해질수록 전문적 수퍼비전에 가져올 수 있는 더 많은 자료를 발견할 수 있다.

이 책이 우리 모두의 까치에 호소하고 여러분 자신의 실천에 영감을 주기를 바란다. 그러나 밝고 반짝이는 새로운 무언가를 발견하면 잠시 멈추기를 바란다. 새로운 장신구의 출처를 기억하고 둥지로 돌아갈 때 그냥 가져가지 말고 진정으로 훔쳐서 자신만의 기술로 만들어 보길 제안한다. 마지막으로, 커뮤니티와 공유하고 싶은 마음이

드는 기법이 있다면 연락주기 바란다. 향후 책을 업데이트할 때 참고하겠다.

추가: 이 책의 기고자와 편집자 모두 현재 코칭수퍼비전 실천에서 사용하는 기법의 기원을 존중하기 위해 최선을 다했다.

연구 과정에서 부족한 부분을 발견하면 michelle@greenfieldsconsultancy.co.uk으로 연락해 주면 향후 개정판에 반영하겠다.

참고 자료

- Clutterbuck, D. (2010) Coaching reflection: The liberated coach. *Coaching: An International Journal of theory, Research and Practice*, 3(1), pp. 73-81.

역자 서문

이 책은 코칭수퍼비전의 정의와 기법들을 실용적으로 안내한다. 규범적·형성적·회복적 기능을 지닌 수퍼비전은 코치와 수퍼바이저가 성장과 정체성을 강화하도록 돕는다. 이를 위해 이 책에서는 10개 장에 걸쳐 철학·맥락·활용법을 실명하고, 각 기법의 기원을 존중해 성찰적 적용을 돕는다. 101가지의 기법들을 살펴보다 보면, 우리가 사용할 수 있는 기법, 접근 방식 탐색과 현장에서 어떻게 사용할지 눈에 보인다. 이 기법들은 우리가 저마다 스타일에 맞게 조정할 수 있게 제공된다. 이 기법들을 보다 보면 글쓴이들은 우리가 이 기법들을 적용해보고 스스로 발전시켜 나갈 수 있기를 기대하고 있음을 느끼게 된다. 그들의 기여를 통해서 우리도 코칭커뮤니티에 어떻게 서로 기여할 수 있을지 생각해 보게 한다.

1장에서는 코칭수퍼비전에서 단일 모델로는 복잡하고 예측 불가능한 문제를 충분히 다룰 수 없음을 강조한다. 절충적 접근은 여러 철학·모델을 조합하여 우리 삶의 드라마와 시스템적 이슈를 통합적으로 해석하고 있다. 지식의 역설을 인식하는 수퍼바이저는 다양한 시각을 수용하고, 코치의 성숙도에 맞춰 규범·형성·회복 기능을 지원하게 됨을 알 수 있다. 이 장의 강점은 시스템 절충주의 단계에서 복잡성과 불확실성을 수용하며 깊은 통찰과 변화를 이끄는 것으로 생각된다. 복잡한 코칭 상황을 신중히 다루는 우리에게 하나의 모델만으로는 복잡한 상황을 다루기 어렵다는 점을 강조하고, 여러 모델을 결합하여 코칭과 수퍼비전을 더 효과적으로 수행할 것을 권한다.

2장에서 다루는 실존적 코칭수퍼비전은 인간이 관계 속에서 의미를 만들고 불안을 수반하는 존재라는 전제에서 출발한다. 수퍼바이저는 '위에서 살펴보기' 대신 '그냥 두루 살펴보기'를 통해 코치가 체화된 경험을 스스로 묘사하도록 돕는다. 이 과정에서 가치와 신념, 가정을 드러내고, 불확실성 속에서도 수퍼바이지가 원하는 코치로 존재하도록 지원한다. 의미 찾기, 불안과 불확실성, '보는 것'과 '보고 넘기는 것'의 차이를 다루는 방법을 생각해 보게 하는 이 장에서는 관계 맥락에서 의미와 불안을 창조하며, 수퍼바이저는 편견과 가정을 드러내고, 이를 통해 코치가 자신의 경험을 자각하고 발전할 수 있어야 함을 깨닫게 한다.

3장에서는 게슈탈트적 접근법을 다루고 있는데, 이는 주의와 실험을 통해 알아차림을 중심으로 어려움을 해결하는 방식이라고 설명한다. 이 철학은 현상학, 대화적 실존주의, 전체론을 강조하며, 수퍼바이지와 수퍼바이저 간의 상호작용을 통해 변화와 자기 인식을 추구한다. 게슈탈트의 '경험 주기'를 통해 방해나 저항을 알아차리고, 자연스러운 접촉과 해소가 이루어지도록 끌어가면서 관련 기법을 제시한다. 개인의 경험을 온전히 인식하고, 관계에서 발생하는 불확실성과 복잡성을 다루어 유연한 태도를 개발하게 되는데, 게슈탈트 주기는 이를 위한 중요한 도구로 작용한다. 우리가 자아와 대의를 구분하고, 전체론적으로 접근하며, 세 가지 철학 원칙을 생각해 보게 하는 내용을 담고 있다. 특히 게슈탈트 접근법은 자아의 핵심을 이해하고, 경험을 통해 변화를 촉진하며, 전체론적 관점에서 탐구와 실험을 강조한다는 것을 설명한다. 이는 코칭수퍼비전이 수퍼바이저와 수퍼바이지의 상호작용을 통해 학습하며, 자기를 도구로 윤리적 기준을 유지하며 '있는 그대로'의 경험을 받아들여 성장을 촉진해야 한다고 이끌고 있다. 게슈탈트 접근은 변화의 역설적 이론을 통해 사람을 보는 측면이 있으므로 코칭수퍼비전에서는 상호 탐구하며 성장을 촉진하는 데 이를 활용하게 한다.

4장에서는 사람 중심의 접근 방식을 다루고 있는데, 사람은 본래 긍정적이고 성장 가능성을 지닌 존재라는 점을 중시한다. 이 접근법은 '환자'가 아니라 '고객'을 중심으로 하며, 코치는 고객이 스스로 성장할 수 있도록 지원하는 역할을 맡는다. 주요 원칙은 자아 실현을 향한 자연스러운 충동과 변화는 사람들이 본래의 모습에 더 가까워짐으로써 이루어진다는 개념이다. 코칭수퍼비전에서는 이러한 철학을 바탕으로 고객이 자기 반성을 통해 성장할 공간을 제공하는 것이 중요하다.

5장에서는 긍정심리학적 접근을 다룬다. 긍정심리학은 인간의 강점과 웰빙을 연구하는 심리학 분야로, 기존 심리학이 문제와 결핍을 연구하는 데 집중했다면, 긍정심리학은 회복탄력성, 낙관주의, 행복 등에 초점을 맞추고 있다. 따라서 코칭과의 시너지가 크며, 코칭수퍼비전에서도 효과적으로 활용 가능하다. 주요 내용은, 강점을 활용하면 동기부여가 높아지고 자연스럽게 성장 가능하다는 측면에서 강점 기반 개발을 적시한다. 긍정적인 감정은 창의성을 높이고, 관계를 형성하며, 스트레스 해소에 도움을 준다는 측면에서 긍정적 정서 활용을 강조한다. 삶의 의미와 가치, 일관성을 중시하기 위해 균형을 맞추고 자기 수용을 촉진하는 측면에서 균형과 진정성을 통한 웰빙 증진을 꼽고 있다. 여기서 수퍼바이저 코치의 역할은 고객의 개발 지원, 자기 관리 촉진, 전문성 강화가 핵심이다. 긍정적 대화를 통해 동기부여를 높이고, 수퍼바이지가 긍정적 관점을 코칭에 활용하도록 유도한다. 심리적 안녕감을 증진하는 여섯 가지 요소(개인적 성장, 환경 숙달, 자기 수용, 삶의 목적, 자율성, 타인과의 긍정적 관계)를 기반으로 지원해야 함을 설명한다. 우리는 이 장에서 긍정심리학적 접근을 직접 경험하고 그 가치를 신뢰해야 효과적으로 활용 가능하다는 것, 단순한 낙관주의가 아니라, 솔직한 대화와 균형을 유지해야 한다는 것, 긍정적인 접근이 항상 적절한 것은 아니며, 문맥에 맞게 유연하게 조정해야 함을 생각하게 된다.

6장에서는 정신역동 관점에서 코칭수퍼비전을 위한 발달 교류분석을 다룬다. 교류분석은 인간의 행동과 관계 패턴을 분석하는 사회 심리학적 모델이며, 특히 발달 교류분석은 성장과 변화를 촉진하는 교류분석의 한 분야로, 조직 내 코칭 및 수퍼비전에 적합한 것으로 설명하고 있다. 우리는 어린 시절부터 '대본'을 형성하며, 이 대본은 환경과 주요 인물(부모, 교사 등)의 영향을 받는다. 이를 기반으로 어릴 때 형성된 신념을 재평가하고 성인으로서 새로운 선택을 할 수 있음을 재고하게 한다. 모든 사람은 존중받을 가치가 있으며, 서로를 동등하게 인정하는 것이 중요하므로 부정적인 자기 인식을 줄이고 현실적인 자기 수용을 촉진해야 한다. 코칭수퍼비전에서는 명확한 계약이 필요하며, 이는 행정적, 전문적, 심리적 수준에서 이루어지므로 계약을 통해 수퍼비전 과정에서 심리적 게임을 피하고, 발전적 관계를 구축해야 한다. 무의식적으로 작동하는 자기 제한적 신념과 부정적인 감정을 인식하고 극복해야 하고, 실제 감정을 숨기기 위해 사용하는 대체 감정(예: 분노 대신 슬픔)을 의미하는 라켓감정, 그리고 윤리, 개발, 성장, 평가 등 감독 프로세스를 구조화하는 EDGE 모델 등을 소개한다. 이 장을 통해 우리는 수퍼바이저로서 수퍼바이지가 자기 인식과 셀프 수퍼비전 능력을 키울 수 있게 된다. 이는 수퍼바이저의 메타 기술이 중요함을 인식하게 하며, 이를 통해 수퍼바이지가 고객과의 관계에서도 같은 기술을 적용할 수 있도록 모델링하게 한다. 수퍼바이지는 자신의 행동 패턴을 분석하고, 코칭 과정에서 무의식적으로 반복하는 문제를 인식할 수 있다. 계약 중심 접근을 통해 명확한 역할과 경계를 설정하여 코칭 과정의 신뢰성을 높이면서 심리적 게임을 줄이고, 긍정적인 행동 변화를 유도할 수 있다는 자신감을 얻게 된다.

7장에서는 코칭수퍼비전을 위한 해결 중심 접근을 다룬다. 해결 중심 접근은 문제가 아니라 해결책에 초점을 맞춘 대화 기반 모델이다. 수퍼바이저는 해결책을 끌어내는 질문을 통해 수퍼바이지가 자신의 답을 찾도록 돕는다. 문제의 원인을 분석하기보다 이미 존재하는 해결의 단서(예외 사례)를 찾아 확장하는 것이 핵심이다. 이 장에서 제시하는 내용은, 수퍼바이지가 원하는 미래를 명확히 설정하도록 유도하면서 이미 변화가 일어난 부분을 강조하여 문제 중심 사고에서 벗어나도록 돕는 진보적인 내러티브 구축, 해결 중심 질문을 사용하는 것, 수퍼바이지는 스스로 해결 방법을 찾을 수 있는 역량이 있으며, 수퍼바이저는 이를 발견하도록 지원하는 역할을 한다는 것을 강조하면서 수퍼바이지의 강점과 자원을 신뢰하는 것 등을 담고 있다. 코칭 수퍼바이저는 해결책 중심의 대화 환경을 조성하여 문제보다 변화의 가능성을 강조하는 새로운 내러티브를 형성하도록 돕게 된다. 또한 문제에 대한 분석보다 바람직한 미래를 구체적으로 묘사하도록 유도하고, 이미 효과가 있었던 행동이나 순간을 찾아 확대하도록 함으로써 예외 사례를 탐색하여 미래 자원으로 활용하거나, 작은 변화도 인식하도록 하여 긍정적인 자기 평가를 강화하는 방식을 활용한다. 이 장을 통해 변화에 지속해서 관심을 두어야 하는 중요성을 다시 한번 생각해 보는 기회를 얻게 된다. 또 변화는 지속적이며 이미 시작되고 있다는 믿음이 중요하며, 정형화된 문제 해결 방식에서 벗어나 새로운 가능성을 모색하려는 에너지를 제공해주고 있다.

8장은 코칭수퍼비전을 위한 시스템적 접근을 다룬다. 우리는 다양한 시스템(가족, 조직, 문화 등)의 일부이며, 이 시스템은 보이지 않는 규칙과 관계 역동을 형성하고 있다. 시스템적 접근은 이러한 숨겨진 패턴, 충성도, 복잡한 관계를 인식하고, 이를 통해 에너지를 회복하고 균형을 찾는 것을 목표로 한다. 코칭수퍼비전에서는 수퍼바이저와 수퍼바이지가 이야기나 판단에서 벗어나, 시스템이 보여주는 정보에 주목하는 것이 핵심이라는 점도 인지하게 한다. 여기서 다루는 내용들은, 먼저 온 것이 우선된다는 시간 시스템, 모든 구성원은 인정받을 자리가 필요하다는 공간 시스템, 주고받음의 균형이 중요하다는 교환 시스템을 설명하는 시스템적 조직 원칙의 적용과 시스템의 관계를 공간적으로 배치하여 숨겨진 관계와 역동을 시각적으로 드러내고 이를 통해 새로운 통찰과 해결 방향을 모색하는 컨스텔레이션의 활용, 그리고 의식적으로 알지 못하는 정보를 몸과 무의식이 저장하고 있으므로 수퍼바이지가 직관과 신체 감각을 활용하여 시스템의 흐름을 이해하도록 돕는 과정에서의 느낀 감각 활용 등이 있다. 이 장에서 짚어내는 코칭 수퍼바이저의 역할은 개인의 문제 해결이 아니라 시스템이 스스로 균형을 회복하도록 지원하는 방식의 시스템 전체를 위해 일하기, 수퍼바이지의 문제에 깊이 개입하지 않고, 객관적 시각을 유지하기, 초점을 명확히 하여 혼란을 방지하고, 감정적 안전을 확보하는 안전한 경계 설정, 시스템의 변화는 시간이 걸리므로 서두르지 않고 자연스럽게 통합되도록 유도하는 단계별 변화 유도로 정리된다. 이 장에서 설명하는 시스템적 코칭수퍼비전이란 개별 문제 해결이 아니라 시스템의 흐름과 균형을 회복하는 과정이며, 컨스텔레이션과 감각적 경험을 통해 보이지 않는 관계를 시각화하고 통찰을 얻는 방식이라는 것을 깊이 생각해보게 한다.

9장에서는 코칭수퍼비전을 위한 사고-환경적 접근을 다루는데, 이는 우리의 사고 환경은 그저 단순한 하나의 기법이 아니라 사람이 독립적으로 사고할 수 있도록 돕는 존재 방식임을 이해하게 한다. 수퍼바이저는 비판 없이 경청하고, 방해하지 않는 환경을 제공하여, 수퍼바이지가 자신의 사고를 확장하고 통찰을 얻도록 지원한다는 이 개념은 10가지 구성 요소를 통해 사고의 질을 높이는 것을 목표로 한다. 이 장에서 제시하는 주요 내용은, 모든 행동의 배경에는 사고^{thinking}가 있으며, 좋은 사고가 좋은 행동을 만들기 때문에 행동을 바꾸려면 먼저 사고를 개선해야 한다는 것, 깊은 경청과 비판 없는 관심이 사고를 촉진하므로, 상대방의 말을 끊지 않고 불을 댕기기 위해 주의를 집중해서 듣는 것이 사고의 질을 결정한다는 것, 질문이 사고를 촉진한다는 것, 그리고 우리가 가진 제한적 가정이 사고를 방해할 수 있으므로 적절한 질문을 통해 새로운 가정으로 대체할 수 있도록 돕는 것 등이 중심으로 제시되고 있다. 사고환경을 조성하는 10가지 구성요소는 주의 집중, 평등, 편안함, 감사, 격려, 정보, 감정

표현, 다양성 존중, 예리한 질문, 장소 등으로 구성된다. 이 장에서 중시하는 코칭 수퍼바이저의 역할은, 수퍼바이지의 사고를 최대한 존중하고 지원하며, 수퍼바이지가 스스로 답을 찾을 수 있도록 경청하고 기다릴 것, 문제를 해결하는 것이 아니라, 사고를 촉진하는 환경을 조성하고, 의견을 제시하는 대신, 적절한 질문을 던져 사고를 확장하는 것으로 정리하고 있다.

10장에서는 초개인적 접근 코칭수퍼비전을 다루는데, 초개인적 접근은 인간의 성장과 의식 확장을 다루며, 심리적, 영적, 철학적 요소를 통합한 접근법이다. 정신통합 개념을 기반으로, 인간이 단순한 개인을 넘어 더 큰 사회적, 우주적 관계 속에서 의미와 목적을 찾도록 돕는 것을 목표로 한다. 주요 내용은, 인간의 경험은 개별적인 것이 아니라 집단적·사회적·우주적 관계 속에서 연결되므로 자기 내면의 다양한 부분을 통합하고 조화롭게 연결하는 통합과 상호 의존성을 강조하는 것, 그리고 의식의 세 가지 수준인 고정된 신념과 제한적인 패턴이 저장된 영역(하위 무의식), 성찰을 통해 접근할 수 있는 감정, 사고, 신념(중간 무의식), 창의성, 직관, 영적 자질, 자기 초월적 능력의 원천(상위 무의식)을 설명한다. 아울러, 사랑과 의지의 균형에 대해서도 사랑은 존재, 수용, 지지, 연민으로, 의지는 행동, 표현, 변화, 성장으로 설명하고, 사랑은 안전한 공간을 제공하고 의지는 도전과 변화를 유도하게 하므로 이 둘 사이의 균형이 개인과 조직의 성장에 필수적이라는 점을 설명한다. 특별히 관심을 가지고 본 부분은 과도기적 공간을 제공하는 데 대한 설명이었는데, 이는 위험을 감수하면서도 탐색하고 성장할 수 있도록 돕는 공간을 의미한다고 했다. 즉 위니콧이 말하는 충분히 좋은 엄마라는 개념과 유사한 영역을 설정한다는 것이다. 이러한 과도기적 공간은 취약성과 인간적인 실수를 수용하면서, 성장과 창의성을 촉진하는 회복적 역할에 도움이 될 것으로 보였다. 코칭수퍼바이저의 역할 중에서 회복적 역할을 설명한 것과 동시에 형성적 역할과 규범적 역할이 중요함을 강조하고 있는데, 수퍼바이지가 자기 개발과 잠재력을 실현하도록 지원하는 형성적 역할과 고객과 조직의 상호 의존성을 이해하고 더 넓은 관점을 가질 수 있도록 돕는 규범적 역할에 대해서도 다시 생각해 볼 기회를 제공한다. 그뿐만 아니라 수퍼바이지가 자신의 가치와 윤리를 성찰하고, 리더십과 조직 변화에 영향을 미칠 수 있도록 유도하는 윤리적, 철학적 관점을 제공해야 하는 역할도 함께 강조하고 있다.

주어진 10개의 장들을 꼼꼼하게 살펴보면서 코치수퍼바이저가 되는 가장 큰 장점 가운데 하나는 코치가 탐구해야 할 이슈들이 풍부해진다는 지적에 대해 다시 생각해 보게 된다는 점이다. 누군가를 돕는 것은 동시에 자신을 성장시키는 과정에 에너지를 사용하는 것이라는 말이 생각나는 시간들이었다. 역자들은 스스로 공부하고, 공부한 것을 나누는 작업을 통해 조금 더 성장하였으리라고 기대하면서, 물론 번역에는 아직도 부족한 부분들이 있을 것이라는 점을 알면서도 함께 성장하는 코칭 커뮤니티에 지금까지 한 만큼이라도 내놓고 공유하고자 한다.

2025년 2월
역자를 대표하여
코치 허영숙

도입

역자: 정혜선, 허영숙

이 책은 코칭수퍼비전 커뮤니티 내에서 알려지고 사용되는 기법들을 모아놓은 실용적인 책이다. 이어지는 내용을 위해 코칭수퍼비전의 정의를 제시하면 도움이 될 것으로 보인다.

코칭수퍼비전이란 무엇을 의미하는가?

코치들 사이에서 수퍼비전은 '사람을 돕는 직업$^{helping\ profession}$'에서 발전해 왔다. 상담, 사회 사업 또는 코칭 등의 문헌을 살펴보면, 왜 이런 종류의 성찰적 실천$^{reflective\ practice}$에 참여하는 것이 유용한지에 관한 설명에서 세 가지 공통적인 패턴이 보인다. 각 저자가 사용하는 용어는 다르지만 내용은 대체로 유사하다. 여기서는 프록터(Proctor, 1991)가 코칭수퍼비전 분야에서 정의한 용어를 사용하고 해석한다.

　1. 규범적^{normative} – 수퍼바이저와 수퍼바이지는 작업을 사회적, 조직적 맥락으로

배치한다. 수퍼바이지의 작업은 전문적이고 윤리적인 지침, 관련 법률 및 조직 규범을 어떻게 준수하는지 탐구한다. 또 수퍼비전 파트너십은 코치가 코칭 고객에 대한 접근 방식을 명확하게 설명하고, 그들의 내러티브와 실제 코칭 사이에서 어떻게 일치점을 찾는지 고려한다.

2. 형성적formative – 수퍼바이저는 코치와 그들 자신의 지속적 성장을 위해 추진력을 용이하게 퍼실리테이팅한다. 이러한 발달적 관점은 코치와 성찰적 프랙티셔너reflective practitioner로서 수퍼바이지의 역량competency, 실천능력capability 및 수용력capacity(Broussaine, 1998)의 성장을 고려한다.

3. 회복적restorative – 수퍼바이저는 수퍼바이지의 웰빙을 지원하고자 한다. 코칭 고객은 일반적으로 (치료 분야의 고객과는 달리) 양호한 정신 건강 상태에 있지만 고객 시스템의 에너지 잠재력이 코치의 에너지에 영향을 미칠 가능성은 여전히 남아 있다. 이 역할은 전문적 고립감을 경험할 수 있는 프리랜서 코치에게 특히 중요할 수 있다. 그룹 수퍼비전은 소속감과 공동체 의식을 제공할 수 있고, 개인 수퍼비전은 개인 문제, 의심, 불안감을 드러낼 수 있는 비밀스러운 공간을 제공한다.

코칭 작업의 맥락과 치료적 기원의 차이를 간과하는 경우가 많다. 그러나 2016년 루카스Lucas와 라콤Larcombe은 코칭수퍼바이저가 위의 세 가지 측면 외에도 내부 코치나 프리랜서 코치가 직면하는 상업적 어려움을 인식할 필요가 있다고 강조했다. 일부 코칭수퍼바이저는 상업적 문제로 촉발된 이슈가 기존의 세 가지 범주에 속하기도 하지만, 때로는 코칭수퍼비전 범위를 벗어나 멘토링이나 컨설팅 영역으로 넘어간다고 주장한다. 루카스와 라콤은 그 영향이 매우 커서 별도의 주의를 기울일 필요가 있다고 주장했다. 이 책에서는 적절하게 계약이 이루어진다면 수퍼비전 범위 내에서 상업적 주제를 포함할 수 있는 개방성을 취하고 있다.

요약하면, 이 책에서는 클러터벅Clutterbuck, 휘태커Whitaker, 루카스의 정의를 따르고 있으며, 그 내용을 아래에 제시한다. 저자들이 이 정의와 뚜렷하게 다른 입장을 보이는 경우에는 본문에서 설명할 것이다.

코칭수퍼비전은 코치와 코치수퍼바이저가 지속적인 개선과 전문성 개발, 고객 안전, 직업적 정체성 강화를 위해 성찰적 실천reflective practice 속에서 성장하도록 돕는 협업적 과정collaborative process이다. 이 과정은 수퍼바이지와 그들 고객과의 작업을 둘러싼 전체 시스템을 고려하며, 해당 작업에 관련된 모든 이해관계자에게 가치를 제공하는 것을 목표로 한다.

이 책의 활용 방법

이 책의 목적은 코칭수퍼비전 기법들을 적절한 맥락에 맞게 배치하는 것이다. 이 작업에서 가정하는 것은 기법이 '의도한 대로' 사용되도록 보장하기 위해 해당 기법의 기원을 존중하는 특정 사고방식이나 태도를 채택해야 할 수도 있다는 것이다. 그렇지 않으면 기법이 왜곡되거나 부적절하게 제공될 수 있다.

이 책은 10개의 철학적 장으로 구성되어 있다. 각 장은 독자의 편의를 위해 기고자에게 다음과 같은 질문을 제기하는 방식으로 구성되었다. 일부 장에서는 설명하는 원리의 특정한 뉘앙스를 반영하여, 제기한 방식을 더 느슨하게 따르고 있음을 볼 수 있다.

- 이 철학은 어떻게 설명되는가?
- 이 철학의 기본 원칙/믿음은 무엇인가?
- 이 철학의 맥락에서 코치수퍼바이저의 역할은 무엇인가?
- 이 접근 방식과 일관되게 작업할 수 있도록 어떻게 준비할 것인가?
- 이 접근 방식에서 수퍼바이지에게 특히 유용한 방법은 무엇인가?

- 이어지는 기법을 사용하기 전에 독자가 고려해야 할 다른 것은 무엇인가?

각 장에서 제시된 기법은 영어 제목에 따라 알파벳 순으로 구성되어 있다(일부 기고자들이 여러 장에 걸쳐 콘텐츠를 제공하기도 한다).

각 기법의 시작 부분에서 아이콘을 사용하여 해당 기법에 가장 적합한 설정을 설명한다(아래 [그림 0.1] 참조). 우리는 이를 활용할 수 있는 수퍼비전 관계의 유형과 수퍼바이지의 경험 범위를 고려하였다.

[그림 0.1] 각 기법을 시작할 때 사용되는 아이콘 그림

책 전반에 걸쳐 일관성을 유지할 수 있도록 각 기법은 기고자에게 다음과 같은 질문을 제기하는 방식으로 구성되었다. 어떤 기법은 접근 방식, 질문, 특정한 실습의 뉘앙스를 반영하여 다른 기법들보다 더 느슨하게 따르고 있음을 볼 수 있다.

- 기법의 명칭
- 사용 시기
- 사용 기법
- 활용 방법
- 주의 사항

- 접근 방법
- 이 기법의 다른 용도
- 참고 문헌; 더 읽어보기 및 자료 찾기

코칭수퍼바이저와 수퍼바이지 모두가 읽을 수 있도록 기획된 이 내용들은 매우 실용적이며 수퍼비전 파트너십의 투명성과 평등성을 높이기 위해 사용할 수 있다. '기법' 섹션은 '기법'이 실제로 어떻게 작동하는지에 대한 독자의 이해를 촉진하고자 한다. 이 책의 기고자들은 수년 간의 경험을 세심한 지침 careful guidance 으로 응축하여 수퍼비전 현장 기법의 핵심을 아낌없이 공개한다. 실제로 수퍼바이지는 자기 성찰의 수단으로 기법 가운데 일부를 선택해서 사용할 수 있다([그림 0.1]의 '생각 풍선' 아이콘 참조). 이를 통해 수퍼바이지는 수퍼비전 질문의 핵심에 무엇이 들어있는지 더 예리하게 통찰할 수 있다.

마지막으로, 우리는 자주 긍정적인 학습 경험을 통해 다른 사람들에게 통찰력을 제공하는 방법을 배운다. 따라서 수퍼비전 작업을 위해 개발된 기법들 가운데 코칭 고객과 함께 사용할 수 있는 부분도 파악할 수 있다.

적용 방법

새로운 기법을 적용해 보고자 할 때 준비 과정에서 다음 질문을 활용한다.

- 이 기법의 기본 철학은 나 자신의 작업 신념과 어떻게 조화를 이루는가?
- 이 접근 방식을 내 전반적인 스타일과 일치시키려면(또는 의도적으로 일치하지 않도록!) 어떻게 조정해야 하는가?
- 이 접근 방식을 완전히 수용하기 위해 내 안에서 무엇이 변화해야 하는가?

- 이것은 수퍼바이지(들)과의 계약 방식을 어떻게 바꿀 수 있는가?
- 이 접근 방식을 적용하고자 할 때 수퍼바이지(들)와 무엇을 공유해야 하는가?

이 기법을 적용한 후, 다음과 같은 질문이 유용한 성찰을 가능하게 할 수 있다.

- 진행하면서 나에게 적합하다고 느낀 점은 무엇인가?
- 그 접근 방식이 수퍼바이지(들)에게 어떤 영향을 미쳤는가?
- 이 경험을 통해 내 방식이 내는 효과에 대한 이해가 어떻게 확장되었는가?
- 이 접근 방식 가운데 어떤 것을 내 방식에 통합해야 하는가?
- 어떤 부분을 버릴 것인가? 그것이 내가 작업하는 방식에 대해 무엇을 말해주는가?
- 결과적으로 내 고객의 약력이 조정되는 데 필요한 내용이 있는가?

그리고 마지막으로 …

그러한 맥락에서 이 책의 목적은 다음과 같이 요약된다.

- 주의를 기울여 사용할 수 있는 기법, 접근 방식, 탐색 및 실천 개요를 제공한다.
- 프랙티셔너가 그들 자신의 기본 철학 맥락에 '기법'을 적용하여, 자신만의 스타일에 맞게 조정할 수 있도록 하는 동시에 자신이 진화를 이룬 사고방식을 존중한다.
- 코칭수퍼비전과 코칭 커뮤니티 사이에 전문성과 우수 사례를 공유한다.
- 코칭수퍼비전은 공동의 노력임을 강조한다.

내가 기록하는 것을 즐겼던 것처럼 여러분도 이 101가지 기법, 접근 방식, 탐색, 실습을 즐겁게 읽고 적용해 보기 바란다.

참고 문헌

- Broussaine, M. (1998) *The Society o f L oca l Authority C h ief Executives an d Senior Managers (SOLACE): A scheme for continuous learning for SOLACE members*. Bristol, UK: University of West of England.
- Clutterbuck, D., Whitaker, C., and Lucas, M. (2016) *Coaching Supervision: A practical guide for supervisees*. Abingdon: Routledge.
- Lucas, M. and Larcombe, A. (2016) Helping independent coaches develop their coaching business: A holistic approach to supervision or an opportunity for supervisors to exploit their position? *International Journal of Mentoring and Coaching*, Professional Section. Volume IX, Special Issue. September 2016, pp. 13-20.
- Proctor, B. (1991) Supervision: A co-operative exercise in accountability. In: A. Marken and M. Payne (Eds.) *Enabling and ensuring: supervision in practice*. Leicester National Youth Bureau/Council for Education and Training in Youth and Community Work.

제1장
코칭수퍼비전에 대한 절충적인 관점

저자: 데이비드 클러터벅David Clutterbuck[1]
역자: 정혜선, 허영숙

이 철학을 어떻게 설명할 수 있는가?

코치 수퍼바이저가 되는 가장 큰 장점 가운데 하나는 코치가 탐구해야 할 이슈들이 풍부해진다는 것이다. 필연적으로 여기서는 코치 훈련에서 다루는 단조롭고 예측 가능한 주제가 아니라 일반적으로 복잡하고 적용 가능한 시스템, 인간 드라마, 그리고 깊은 불확실성의 표현인 경우가 많다. 코칭수퍼비전이라는 협력적인 노력은 거의 항상 수퍼바이저가 경험이 풍부한 코치와의 회기를 마친 뒤 자기 발전을 위한 아이디어를 가지고 떠나게 만든다.

코치가 자신을 교류분석 코치Transactional Analysis(TA) coach, 신경언어프로그래밍 코치

---

[1] 데이비드 클러터벅David Clutterbuck: 코칭과 멘토링의 초기 선구자 가운데 한 명이다. EMCC의 공동 창립자인 그는 현재 모범 사례를 국제적으로 전파하는 임무를 맡은 두 명의 특별대사 가운데 한 명이다. 그는 Henley(Reading), Sheffield Hallam, Oxford Brookes 및 York St John Universities의 코칭 및 멘토링 교수진의 방문 교수이다. 약 70권의 책을 집필, 공동 집필 또는 편집한 그의 현재 프로젝트에는 5년 동안 500만 명의 학령기 코치와 멘토를 양성하려는 야심찬 계획이 포함되어 있다.

Neuro Linguistic Programming(NLP) coach 또는 심지어 '라이프 코치'라고 설명하면 혼란이 발생한다. 실제로 무엇을 의미하는가? 그들은 코칭의 일부에 교류분석을 사용하는 코치인가? 아니면 가끔 코칭을 해주는 교류분석 프랙티셔너인가? 절충적 수퍼바이저는 고객이 가져오는 다양한 이슈, 상황 및 목표에 적용할 수 있는 하나의 툴킷은 없다는 관점을 취한다. 절충적 수퍼바이저는 수퍼비전에 **제기된 이슈의 복잡성으로 인해 다양한 학문과 이론적 접근 방식을 절충하는 대응 포트폴리오가 필요하다**는 점을 인정한다. 코치의 작업 대부분은 고객들이 평소와 다른 렌즈를 통해 세상을 보도록 돕는 것처럼 말이다.

이 철학의 기본 원칙과 신념은 무엇인가?

절충적 수퍼비전의 핵심 모델은 용어의 모순처럼 보인다! 절충적이라면 수많은 모델과 교훈을 바탕으로 삼아야 한다. 여기서 우리는 메타 지혜meta-wisdom 접근 방식에 관해 이야기하고 이를 뒷받침할 수 있는 몇 가지 요소를 설명하고자 한다. 예를 들면:

- **다양한 접근 방식의 가치를 평가.** 수퍼비전 과정에서 우리는 흔히 코칭 회기를 해체하는 데 시간을 보낸다. 무슨 일이 일어났는지, 어떻게, 왜 발생했는지 어떻게 알 수 있을까? 행동, 사고 패턴 및 결과에 영향을 미치는 힘은 무엇인가? 코치 자신의 두려움, 불안감, 가정이 코칭 대화에 어떤 영향을 미쳤는가? 랜서(Lancer et al., 2016) 등의 일곱 가지 코칭 대화 구조 틀(코칭 회기 전, 도중 및 이후의 음성 대화 및 여섯 개의 무음 대화) 또는 호킨스(Hawkins & Smith, 2006) 등의 일곱 눈 모델은 둘 다 해체를 위한 출발점으로 유용하다. 그러나 단독으로 사용되는 이러한 모델이나 다른 모델들은 코칭 회기를 보는 한 가지 방법만을 제시한다. 절충주의적 관점은 다음과 같이 질문한다. '우리가 논의하고 있는 사건에 대

해 다른 이야기를 제공할 수 있는 다른 모델은 무엇인가?'

일반적으로 코칭에서 우리는 단일한 관점을 취하는 것의 위험성을 지속해서 일깨워준다. 고객이 자기 상사가 불합리하다고 불평하는 경우, 우리는 상사의 관점에서도 문제를 탐구할 것으로 기대하게 된다. 수퍼비전에도 동일한 원칙이 적용된다. 하나의 모델만 적용하면 다차원 상황에 대한 1차원적인 그림을 만들 위험이 있다.

- **지식의 역설**. 강한 호기심과 실험을 통한 배움, 그리고 우리가 알지 못하는 범위에 대해 편안하게 느끼는 겸손 등은 더 다양한 지식을 보유한 코치로서의 수퍼바이저라는 전형적인 이미지와는 거리가 멀다. '정상적인' 수퍼바이저와 절충적인 수퍼바이저를 비교하는 한 가지 방법은 전자는 자신의 전문성으로 인해 수퍼바이지에게 가치 있게 여겨지기를 기대할 수 있는 반면, 후자는 적어도 그만큼의 전문성을 가지고 있지만, 전문가란 자신의 방대한 지식이 그들의 학습을 방해한다는 것을 기억한다는 점이다. 간단히 말해서, 절충적인 수퍼바이저는 지식이 너무 많아서 그 지식의 가치에 대한 한계를 인식할 수 있다.

이러한 철학의 맥락에서 코치 수퍼바이저의 역할은 무엇인가?

- **규범적 기능**. 고객 안전의 경계 및 기타 측면을 관리하는 것은 규범적 기능의 핵심이지만 이는 예방적이거나 교정적인 개입인 경향이 있다. 코치가 더욱 성숙해질 수 있도록 지원하기 위해 수퍼바이저는 코치의 윤리의식과 윤리적 회복탄력성을 높이는 역할을 한다. 경계와 안전 문제는 전문기관의 행동강령 때문에 파악하기가 상대적으로 쉽다. 그러나 윤리성은 인간이 된다는 것이 무엇을 의미하는지가 핵심이다. 그것은 또한 맥락이 변하는 것에 크게 의존하는데, 이것은 절충적 지식과 변화가 가능한 구조 틀을 필요로 한다.

- **형성적 기능**. 체계적인 절충주의 코치는 광범위한 개념과 철학을 활용하지만 모델이 많다고 해서 그 자체로서 더 나은 코치나 수퍼바이저가 되는 것은 아니다. 중요한 것은 이를 통합하고 적용하는 방법이다. 절충적 접근 방식은 내가 아는 그 어떤 것도 부분적인 진실에 지나지 않는다는 가정에서 시작된다. 도발적인 스타일을 지닌 한 팀코치는 팀과 계약하고, 부분적으로 형성된 관찰과 가설을 공유하게 될 것이므로 때때로 사과하면서 '내가 틀렸지만 결과적으로 무엇을 배웠습니까?'라고 말해야 할 것이라는 기대를 하게 된다.
- **회복적 기능**. 절충적 수퍼바이저는 코치뿐만 아니라 전체 시스템과 그 안에 있는 선수들에게 연민을 가져다준다. 예를 들면, 직장 내 소시오패스에 관한 토론에서 우리는 '이 성격 장애가 있는 사람이 된다는 것은 어떤 모습이어야 하는가?'라는 질문을 고려했다. 절충적인 관점에서 볼 때 누군가가 시스템에 악영향을 미치고 있더라도, 그들을 이끄는 시스템을 이해하면 그들과 함께 작업하는 더 유연하고 상상력이 풍부한 방법들로 이어질 수 있다.

이 방식에 맞춰 일하려면 어떻게 준비해야 하는가?

2010년에 클러터벅은 절충주의 프랙티셔너practitioner가 작업에 '선택과 혼합' 접근 방식을 제공하는 것 이상을 해낸다는 점을 강조하는 '관리 절충주의'에 관해 썼다. 절충주의 프랙티셔너들은 다양한 모델이 어디에서 왔는지를 확실하게 이해하고 있으며, 그 모델들을 고객을 위한 맞춤형 서비스에서 매끄럽게 섞어서 활용한다.

라이퍼와 스타이너(Leifer & Steinert, 2011)는 수퍼비전에는 삼중 루프 학습을 포함하는 고차원 추론 기술이 필요하다고 제안한다. 마찬가지로, 절충적 수퍼바이저는 외관상 또는 실제 모순 내에서 유지하고 작업할 수 있는 능력과 복잡한 시스템 간 상호작용과 영향력 가운데 적어도 일부를 인식하는 다초점 관점을 개발해야 한다.

수퍼바이저는 다양한 접근 방식에 참여(읽기, 토론, 실습)하고, 이에 대해 깊이 성찰하고, 이들이 상호 연관되는 방식에 대해 자신의 정신 지도mental maps를 개발함으로써 이러한 기반을 만들어 낼 수 있다. 또 절충적인 수퍼바이저는 멘토의 필수 자질 가운데 하나인 지혜가 있어야 한다고 주장할 수도 있다. 지혜의 정의를 경험에 대한 지속적인 성찰과 경험의 산물로 받아들인다면 세 가지 범주를 추가로 확인(Clutterbuck, 2020)할 수 있다.

- 얄팍한 지혜 – 맥락이나 과제에 따라 다르다.
- 폭넓은 지혜 – 삶의 경험에 대한 성찰(개인적 및 대리적).
- 메타 지혜 – 여러 가지 변화하는 관점을 하나로 묶어낸다.

경험적 관점은 아니더라도 철학적 관점에서 볼 때, 절충적 수퍼바이저가 코치에게 가장 가치 있는 지원을 제공하고 가장 큰 변화를 가능하게 할 수 있는 것은 지혜의 세 번째 수준이다. 따라서 실용적인 수준에서 절충적 수퍼바이저는 자기 경험을 받아들이는 동시에 거부하는 이중성을 가지고 작업할 수 있도록 준비해야 한다. 수퍼바이지의 관점을 이해하고자 할 때 우리는 우리 자신의 통찰력을 '흥미롭지만 시기상조'라고 표시(Clutterbuck, 2019)해야 한다. 메타 지혜는 우리가 자기 감각 형성을 우선시하면 수퍼바이지의 가치를 떨어뜨릴 것으로 인식한다.

이 작업 방식이 수퍼바이지에게 특히 어떻게 유용할 수 있을까?

클러터벅과 매긴슨(Clutterbuck & Megginson, 2011)의 코치 성숙 모델model of coach maturity(서투른 표현이지만 지금은 고수해야 할 모델)에는 코치가 자기 경험을 성찰하고 이를 통해 배우고 새로운 지식을 수집하면서 겪는 네 가지 뚜렷한 사고방식이 있다. 그들은 키건^Kegan의 성인 성숙 단계와 매우 밀접하게 관련(Kegan, 1992)되어 있다. 첫 번째는 '모델 기반'이라고 부르는데, 코치가 모든 고객에게 적용하려고 시도하는 명확한 구조의 단일 모델을 가진 것이다. 이것은 본질에서 누군가를 코칭하는 것이다.

실천을 통해 코치는 더 넓은 툴킷을 갖게 되고 조금은 여유가 생기면서 '과정 기반' 사고방식으로 전환한다. 코치는 대화를 통제하려고 노력하는 대신 고객과 책임을 공유하며, 대화가 삐걱거리기 시작하면 언제든지 통제권을 되돌릴 수 있다는 것을 안다(코칭이 완전히 비지시적이라는 생각은 물론 말도 안 되는 소리이다 – 코치는 어떤 질문을 할지 결정할 때마다 대화를 지시한다). 그들은 이제 고객을 코칭하고 있다.

세 번째 사고방식은 '철학 기반'인데 코치가 점점 더 적게 행동하는 법을 배우면서 시간이 지남에 따라 발생한다. 점차 인간으로서 자기 자신이 누구인지와, 코치로서 하는 일을 통합하게 된다. 이것이 코치 되기에 관한 것이다. 마지막으로 이렇게 성찰적인 코치들 가운데 소수는 편안한 통제력을 더욱 강화한다. 우리는 그들을 '시스템 절충주의'라고 부른다. 왜냐하면 그들은 여러 복잡하고 적응 가능한 시스템 내에서 자신과 고객을 보기 때문이다. 그들의 역할은 '고객이 자신과 필요한 대화를 나누는 동안 고객을 붙잡는 것'이다.

절충적 수퍼바이저가 이러한 각각의 개발 단계에서 코치에게 얼마나 유용할 수 있는지를 고려할 때 각 단계에서 이점과 한계를 모두 확인하는 것이 가능하다. 아래 [표 1.1]을 참조하라.

[표 1.1] 다양한 성숙도 수준의 코치와 함께 일하는 절충적 수퍼바이저의 이점과 한계

코치의 발전 단계[2]	절충적 수퍼바이저와 함께 일할 때의 이점	절충적 수퍼바이저와 함께 일하는 것의 한계
1. 모델 기반	코칭의 역할과 실천에 대한 단순한 가정에 의문을 제기.	초보 코치가 확실성에서 '풀려'났을 때 낙담할 수 있는데, 경험 밖의 상황에 대응할 수 있는 툴킷이 없음.
2. 과정 기반	코칭 대화에서 통제력을 버리는 연습을 할 수 있는 안전한 환경을 제공. 코치가 고객 요구에 대한 더 넓은 응답 포트폴리오를 구축하고 통합하도록 권장.	코치가 자신이 발견한 접근 방식에 열광하지만, 이를 '단지 또 다른 모델'로 보는 비판적 능력이 부족할 때 수퍼바이저와 코치 사이의 갈등
3. 철학 기반	개인적 및 전원적 통합 과정을 명백하게 만듦. 실천을 뒷받침하는 깊이 있는 가치를 분명히 표현하는 데 도움이 됨.	전문적 정체성을 개발하는 초기 단계에서 코치는 자신의 가치에 대해 의문을 제기할 준비가 되어 있지 않을 수 있음.
4. 시스템 절충주의	복잡성에 관한 공동 탐구는 지식 기반의 자기 인식과 범위를 풍부하게 함.	자연스러운 호기심을 공유하면 코치와 수퍼바이저가 매력적이라고 생각하는 토끼굴을 파헤칠 수 있지만, 고객 관점에서는 이것이 필요하지 않을 수도 있음.

절충적 수퍼비전은 코칭이 이루어지는 여러 시스템의 복잡성을 인식하고 수용한다는 점을 고려할 때, 수퍼바이지가 복잡성, 알지 못함 및 불확실성에 대해서도 편안함을 느낄 수 있는 개인적 및 전문적 성숙도 수준에 있을 때 가장 큰 이점을 얻을 것이다. 이 프레임워크 내에서 절충적 수퍼바이저는 개발 레벨 3과 4에 도달한 코치에게 가장 큰 가치를 제공할 가능성이 크다.

---

[2] Clutterbuck and Megginson, 2011

다음 기술을 사용하기 전에 고려해야 할 사항이 있는가?

우리 코칭 세계는 체계적이고 절충적인 코치가 되려면 무엇이 필요한지 정의하는 데 여전히 어려움을 겪고 있으므로 절충적인 수퍼비전을 확정하는 것도 쉽지 않다. 최근 몇 년 동안 팀코칭 관련 논문의 수가 많이 증가했고, 임원 코치가 자신의 포트폴리오에 팀코칭 관련 영역을 추가하고자 교육받는 경우도 눈에 띄게 증가했다. 호지와 클러터벅(Hodge & Clutterbuck, 2019)이 팀코치(수퍼바이지들)를 대상으로 한 설문조사의 주요 결론은 수퍼바이저가 다중 상호작용하는 인간 시스템의 복잡성에 익숙해지기를 요구한다는 것이다. 따라서 이미 작업에 대한 절충적 접근 방식을 가진 수퍼바이저는 이 급성장하는 작업 영역을 수퍼비전하는 데 적합한 위치에 놓일 수 있다.

'시스템 절충형' 코치에 대한 설명을 빌리면 아마도 절충형 수퍼바이저의 목적은 '코치가 스스로와 대화해야 하는 동안 코치를 붙잡아 놓는 것'이다. 다음에 나오는 기법들과 실제로 이 책에 포함된 기법들을 어떻게 사용할 수 있는지 생각해 본다면, 해당 기법을 손쉽게 사용하는 것을 기억하면 도움이 될 수 있다. 그들을 돕기 위해 어떤 기법을 사용할 수 있는지 생각하기보다는 '수퍼바이지가 스스로 도울 수 있도록 무엇을 알아야 합니까?'라고 질문해 보자.

참고 문헌

- Clutterbuck, D. (2010) Coaching reflection: The liberated coach. *Coaching: an International Journal of Theory, Research and Practice*, 2(1), pp. 73-81.
- Clutterbuck, D. and Megginson D. (2011) Coach maturity: An emerging concept. In L. Wildflower and D. Brennan, (Eds.), *The Handbook of Knowledge-based Coaching*. San Francisco, CA: Josey-Bass, pp. 299-314.
- Clutterbuck, D. (2019) The moment you think you understand you need to listen twice as hard. www.davidcluttebuckpartnership.com, [blog] 4 March. Available at: www.

davidclutterbuckpartnership.com/the-moment-you-think-you-understand-is-when-you-need-to-listen-twice-as-hard/ [Accessed 5 September 2019].
- Clutterbuck, D. (2020) *Coaching the Team at Work: The Definitive Guide to Team Coaching*, 2nd ed. Maidenhead: Routledge.
- Hawkins, P. and Smith, N. (2006) *Coaching, Mentoring and Organisational Consultancy: Supervision and Development*. Maidenhead: McGraw-Hill.
- Hodge, A. and Clutterbuck, D. (2019) Supervising team coaches – Working with complexity at a distance. In D. Clutterbuck, J. Gannon, S. Hayes, I. Iordanou, K. Lowe, and D. McKie (Eds.), *The Practitioner's Handbook of Coaching*. Aldershot: Gower, pp. 331-342.
- Kegan, R. (1992) *The Evolving Self*. Boston, MA: Harvard University Press.
- Leifer, L.J. and Steinert, M. (2011) Dancing with ambiguity: Causality behaviour, design thinking and triple-loop learning. *Information Knowledge Systems Management*, 10, pp. 151-173.

더 읽어보기

- Lancer, N., Clutterbuck, D. and Megginson, D. (2016) *Techniques for Coaching and Mentoring*, 2nd ed. London: Routledge.
- Laske, O. (2003) *An Integrated Model of Developmental Coaching: Researching New Ways of Coaching and Coach Education*. [online] Leadershipthatworks.com. Available at: http://leadershipthatworks.com/documentfiles/73.pdf [Accessed 5 September 2019].

1. 3-2-1: 성찰적 글쓰기 기법

리즈 포드 Liz Ford[3]

어디에서 사용할 수 있는가?			일반적 수준의 수퍼바이지 경험 필요
		개인적 성찰	대부분의 단계

언제 사용하는가?

이 짧은 시간 내에 성찰적 글쓰기를 하는 방식은 수퍼비전 주기의 여러 지점에서 사용될 수 있으며 성찰적 글쓰기를 도입하는 실용적인 방법이 될 수 있다. 수퍼바이지가 회기 전에 생각을 정리하고 무엇을 회기로 가져올지 결정하는 데 도움이 된다. 회기 중에 수퍼바이지는 특정 고객, 어려웠거나 성공한 데에 대한 자신의 감정과 생각을 탐색할 수 있다. 회기 후에는 수퍼바이지가 학습 내용을 모으고 수퍼비전 회기의 결과로 가져가고 싶은 작업을 골라내는 데 도움이 된다.

---

[3] **리즈 포드** Liz Ford는 배움에 대한 열정을 지닌 공인 마스터 경영진 코치이자 공인 코칭수퍼바이저, 퍼실리테이터, 트레이너이다. 그녀는 코치 훈련과 지속적인 발전에 특별한 관심을 갖고 있으며 잠재력과 신념을 키우며, 탁월함을 끌어내기 위해 코치들과 협력하여 일하는 것을 즐긴다. 수퍼비전 전문분야는, 코칭 및 수퍼비전을 위한 창의적인 기술 개발, 내부 코치에 대한 외부 수퍼비전 제공, 인증을 받기위해 노력하는 코치에 대한 지원, 그리고 훈련 중인 코치 개발 등이다. 그녀의 접근 방식은 야외, 이미지, 색상, 은유, 음악 및 움직임을 포함하여 탐구하고 학습하는 데 필요한 다양한 창의적인 방법을 사용하며, 성찰과 상상력을 동원한다. 일하지 않을 때는, 언덕을 산책하고, 범죄 소설을 읽으며, 음악을 즐겨 듣는다. 또한 지역 합창단과 함께 노래를 부르고, 극장에 가는 것도 좋아한다.

이 기법은 무엇인가?

이 기법은 특정 주제나 상황을 둘러싼 생각과 감정을 발견하기 위해 짧은 시간 동안 자유로운 형태의 성찰을 유도한다.

1단계: 쓰기에 편안한 장소를 선택하고 종이, 펜, 타이머를 준비한다.
2단계: 성찰하고 싶은 것을 결정한다. 고객, 대화, 느낌 또는 코칭에 관해 탐구하고자 하는 다른 무언가일 수 있다.
3단계: 타이머를 3분으로 설정한다(휴대폰을 사용해도 된다).
4단계: 글쓰기를 시작하되 다음 사항들을 기억하라.
- 빠르게 작성한다.
- 철자법, 구두점, 문법에 대해 걱정하지 않는다.
- 손을 계속 움직인다.
- 머릿속에 떠오르는 대로 적어본다.
- 종이에 적힌 내용에 대해 신경 쓰지 않는다.
- 타이머가 울리면 중지한다.

5단계: 작성한 내용을 잠깐 읽어본 후 아래 어간 중 하나를 사용하여 2분 동안 추가로 작성한다.
- 이 글을 읽으면서:
  - 나는 ~한 것을 눈치챘다….
  - 나는 ~한 것을 알고 있었다….
  - 나는 …에 대해 궁금해한다….
  - 나는 기분이 … 이러하다….
  - 나는 이런 사실에 대해 놀랐다….

6단계: 타이머가 울리면 쓰기를 중지한다.

7단계: 마지막으로 타이머를 1분간 설정하고 다음 항목의 목록을 작성한다.
- 수퍼비전에서 논의하고 싶은 사항
- 내가 알게 된 배움 내용
- 내가 취하려는 행동
- 해당 고객에게 사용할 수 있는 개입….

이 기법을 사용하는 방법

짧고 시간이 정해진 기법을 사용하면 성찰이 어렵다고 생각하거나 시간이 너무 많이 걸린다고 생각하는 코치에게 매우 실용적인 방법으로 성찰을 도입할 수 있다. 이 기법은 10분밖에 걸리지 않으며 처음 수퍼비전 회기에서 사용했을 때 수퍼바이지가 이 기법이 강력하다는 것과 사용하기 편하다는 것을 알게 된다. 그러면 그들은 스스로 이 기법을 활용할 가능성이 더 커진다.

회기 내에서 사용할 때 수퍼바이저가 세 가지 쓰기 섹션 시간을 정하고 각 단계에 대한 지침을 제공하면 도움이 된다.

예를 들면,

'3분만 시간을 내어 그 상황을 생각할 때 떠오르는 내용을 무엇이든 적어보세요' 그런 다음

'2분 동안 당신이 쓴 것을 읽으면서 알아차린 것을 적으세요' 그리고 마지막으로

'이제 1분 동안 그 코칭 고객에게 잠재적으로 사용할 수 있는 모든 개입에 대해 나열해 보세요.'

일부 수퍼바이지들은 세 가지 쓰기 섹션 각각에 대해 서로 다른 색상의 펜을 사용하고 자기 생각을 일지나 폴더에 함께 보관하여 원할 때 다시 살펴보고 더 깊이 생각해 보는 것을 좋아한다.

이 기법이 이해되면 수퍼바이지는 이를 자신의 필요에 맞게 조정하여 더 심층적인

성찰을 위해 쓰기 단계의 타이밍을 두 배 또는 세 배로 늘리고 코칭 관련 주제, 어간 선택 및 목록을 선택할 수 있다.

주의 사항

이 기법의 힘은 세 가지 쓰기 단계를 모두 완료하는 데 달려 있다. 자유로운 글 쓰기에 시간을 할애하는 것을 오해하여 2단계와 3단계를 넘겨버리는 수퍼바이지들은 때때로 자신이 계속해서 갇혀 있고 추가적인 통찰이 미흡하다는 느낌을 받을 수 있다.

이 기법의 다른 용도로는 무엇이 있는가?

개인 성찰 기법이지만 그룹 내에서 수퍼비전 안건을 계획하거나 학습한 내용을 개인적으로 성찰하기 위해 사용할 수 있다. 예를 들면, 코치가 고객에게 개입 의도로 사용할 수도 있다. 이는 고객이 회기에서 무엇을 하고 싶은지 판단하거나 그들이 얻었거나 배운 것을 확인하는 데 도움이 될 수 있다. 또 짧은 시간 내에 생각을 종이에 적고, 감정을 탐색하고, 행동이나 전략을 식별할 수 있는 능력 때문에 압도감을 느끼는 고객에게 특히 유익하다.

더 읽어보기

- Adams, K. (2011) The journal ladder: A developmental continuum of journal therapy. [pdf] Available at: https://journaltherapy.com/wp-content/uploads/2011/01/CJT_Journal_Ladder-FINAL.pdf [Accessed 4 September 2019].
- Hay, J. (2007) *Reflective Practice an d Supervisionfor Coaches*. Maidenhead: McGraw Hill.
- Holder, J. (2014) Notes to self. *Coaching at Work*, 9(2), pp. 38-41.

2. 긍정적 피드백과 발전적 피드백

미셸 루카스 Michelle Lucas[4], 캐롤 휘태커 Carol Whitaker[5]

언제 사용하는가?

이 기법은 균형 있는 피드백을 제공하므로 자기 비판적이거나 지나치게 낙관적인 경향이 있는 수퍼바이지에게 유용하다. 또 수퍼바이지가 코칭 고객 회기에서 당황하여 '무엇이 무엇에 기여했는지'를 해결해야 할 때 유용하게 사용할 수 있다.

---

4) **미셸 루카스** Michelle Lucas: 편집자 소개 참조
5) **캐롤 휘태커** Carol Whitaker는 다양한 NED 이사회에서 일한 경험이 있으며 초기에는 HR 분야에서 MBA 경력을 쌓았다. 항상 사람들의 잠재력 개발에 열정을 지니고 있었으며, 중동 및 영국에서 경영자 코칭, 팀/그룹 코칭, 코칭수퍼비전 및 기업가 멘토링을 전문으로 한다. 옥스퍼드 브룩스대학교 선임 부교수이며 코칭 및 멘토링 실습(영국 및 홍콩) 석사과정, ILM7 경영진 코칭 PG 자격증 및 내부 코칭 프로그램을 수퍼비전한다. 그녀는 5*등급의 두 권의 책: 코칭 및 멘토링에서 수퍼바이지와 동료수퍼비전을 위한 실무 가이드와 설창실습을 위한 다용도 가이드를 공동 집필했다. 두 권 모두 루트리지에서 출판했다. 그녀는 영국 옥스퍼드에 거주하며 코칭 수퍼비전 부문 AC SIG의 공동의장을 맡고 있다. 그녀의 현재 포트폴리오는 수퍼비전 60%, 코칭 30%, 멘토링 10%로 이뤄진다.
   웹사이트 : www.whitaker-consulting.co.uk

이 기법은 무엇인가?

이 기법은 '천사와 악마'(Whitaker & Calleja, 2018)라고도 부른다. 여기에서는 공정하게 균형 잡힌 이름으로 변경해서 제시한다.

1단계: 그룹은 다음과 같이 브리핑을 받는다.

> 수퍼바이지의 말을 듣고 그가 고객에게 잘한 점과 우려되는 점이 무엇인지 확인하고 대안을 제안한다. 중요한 것과 사소한 것을 모두 알아차리고, 되도록 구체적으로 말해야 도움이 된다. 수퍼바이저의 피드백은 수퍼바이지가 고객 시나리오를 들고 온 이유와 연결되어야 한다는 것을 기억하라.

2단계: 수퍼바이저는 수퍼바이지가 고객 시나리오에 관해 이야기하는 동안, 피드백을 제공하기 전에 수퍼바이지에게 그룹 구성원들이 피드백에 집중하도록 어떻게 초대할지 질문한다.

3단계(a): 그룹 구성원에게 각자 자신이 알아차린 것을 공유하되, 긍정적으로 받아들이고 싶은 것과 대안 제안, 도전 의견 등 발전적 피드백을 제공할 수 있다고 알려준다. 다른 사람이 한 말과 비슷한 말을 또 해도 된다고 안심시킨다. 여러 사람이 지지하거나 비평하는 것은 수퍼바이지에게 강렬한 경험이 된다. 또 각 그룹 구성원이 기여하는 말과 태도에서 특별한 뉘앙스를 관찰할 수도 있다.

3단계(b): 수퍼바이지는 그룹의 각 구성원이 말하는 것이 끝나면 '감사합니다'라고 언급할 수 있다. 이는 추가적인 성찰 시간을 제공하고 동시에 저항감을 최소화하는 데 도움이 된다. 수퍼바이지가 나중에 참고할 수 있도록 피드백을 기록할 것을 권한다.

4단계: 모든 사람이 돌아가면서 피드백을 말하고 나면 수퍼바이저는 수퍼바이지에게 돌아간다. 다음과 같은 질문을 하기 전에 잠시 멈춘다.

- 피드백을 듣고 어떤 영향을 받았나요?
- 지금 어떤 행동이 도움이 될 것으로 생각하시나요?

이 기법을 사용하는 방법

그룹 규모와 사용 가능한 시간에 따라 그룹 구성원의 피드백을 긍정적 피드백 하나와 발전적 피드백 하나로 제한해야 할 수도 있다. 시간이 허락된다면 긍정적 피드백과 발전적 피드백이 모두 동등하게 제공되도록 한다.

    균형을 이루는 기법을 선택했는데도 수퍼바이지가 부정적 피드백만 받아들일 수도 있고 긍정적 피드백만 받아들일 수도 있다. 수퍼바이저로서 관찰한 내용을 수퍼바이지에게 전달함으로써 이러한 불균형을 인식하게 하는 데 도움이 될 수 있다.

그 밖에 주목해야 할 사항은 무엇인가?

때에 따라 그룹 구성원이 제공한 피드백이 적절한 사례가 아닐 수도 있다. 이런 경우에는 계속 진행하기 전에 그 구성원의 생각을 명확하게 아는 것이 도움이 될 수도 있다. 수퍼바이저가 우려하는 사항이 있는 경우, 수퍼바이지가 그룹 구성원들의 발표가 끝난 뒤 이에 대해 질문하게 하는 것이 좋다. 그렇지 않으면 주의가 산만해질 수 있기 때문이다.

주의 사항

그룹 내에서 피드백을 구성하는 방법에는 여러 가지가 있다. 예를 들어, 수퍼바이지는 모든 긍정적 피드백을 먼저 받는다고 하거나 발전적 피드백을 먼저 받아도 된다.

또는 각자 긍정적 피드백과 발전적 피드백을 함께 제공하기도 한다. 수퍼바이지가 순서를 통제하는 것이 도움이 될 수도 있다. 퍼실리테이션하기가 복잡해질 것 같으면, '원을 그리며' 옆 사람에게 이동시키는 것이 유용한 규율이 될 수 있다.

이 기법의 다른 용도로는 무엇이 있는가?

좀 더 자유로운 수퍼비전 대화에 참여할 때 그룹 구성원들은 긍정적 피드백만 제공하거나 반대의 의견만 제시하는 피드백 홈통에 빠질 수 있다. 이 기법은 수퍼비전 토론에 더 넓은 관점을 가져오기 위한 대화이므로 균형을 재조정하는 것이 유용할 수 있으며 이러한 원칙은 코치와 고객 사이에도 동등하게 적용된다.

참고 문헌

- Whitaker, C. and Calleja, A. (2018) *Group Supervision Approaches for Coaching Supervision*. [pdf] Available at: www.whitaker-consulting.co.uk/resources-and-papers [Accessed 2 August 2019].

더 읽어보기

- Turner, T., Lucas, M. and Whitaker, C. (2018) *Peer Supervision in Coaching and Mentoring: A Versatile Guide for Reflective Practice*. Abingdon: Routledge, pp. 125-160. 『동료 코칭수퍼비전: 성찰적 실천을 위한 다용도 지침』 김현주, 박정자, 이서우, 정혜선, 추영숙 옮김. 2025. 코칭북스

3. 그림 카드를 이용한 시작과 종료

미셸 루카스, 샬롯 하우스덴Charlotte Housden[6]

어디에서 사용할 수 있는가?			일반적 수준의 수퍼바이지 경험 필요
전문적 일대일 수퍼비전	전문적 그룹 수퍼비전	동료 그룹 수퍼비전	대부분의 단계

언제 사용하는가?

회기 초입에 아이스 브레이커나 시작하면서 도입 활동arrivals exercise으로 사용하고, 회기 종료 시에 마지막 정리에 도움이 될 수 있다.

이 기법은 무엇인가?

카드 한 팩에는 답변을 끌어내는 데 도움이 되는 질문과 '뮤즈' 역할을 하는 그림이 각각의 면에 들어 있는 양면 카드 10장이 들어 있다. 이미지를 사용하면 단순하게 말로 하는 것보다 더 성찰적이고 풍부한 대답을 유도할 수 있다.

1단계: 카드를 쉽게 볼 수 있도록 평평한 표면(테이블 위나 바닥)에 펼쳐 놓는다.

---

[6] **샬롯 하우스덴**Charlotte Housden은 전환을 위한 코칭 영역에서 훈련받은 직업 심리학자이며, 사진작가로도 활동한다. 그녀의 최근 관심 영역은 NHS를 위한 자체 관리형 학습 세트를 운영하는 것이며, 경험이 풍부하고 매력적인 퍼실리테이터이자 발표자이다. 샬롯이 사진작가이자 직업 심리학자라는 것은 동전의 양면과도 같다. 그녀는 생각, 데이터 중심, 단어 기반 직업 변화를 주도하는 데 도움을 준다.

2단계: 상황에 맞게 질문한다.

- 회기 시작:
  ◦ 지난번 회기 이후 어떤 공유할 일이 있었나요?
  ◦ 이번 회기에서 당신이 원하는 것은 무엇입니까?
  ◦ 오늘 이 회기에 집중하는 데 도움이 되려면 어떤 얘기를 해야 합니까?
  ◦ 오늘은 어떻게 도착하오셨나요?
- 회기 종료:
  ◦ 오늘 우리가 함께 작업하면서 무엇을 발견했습니까?
  ◦ 당신은 어떤 배움을 얻고 있습니까?
  ◦ 회기를 종료하고 나가면서 어떤 점을 더 깊이 생각하게 될까요?
  ◦ 오늘은 어떻게 마무리할 예정인가요?

3단계: 수퍼바이지들에게 어떤 이미지가 마음에 드는지 카드를 꼼꼼히 보도록 권한다. 지나치게 생각하지 말고 본능적으로 끌리는 것을 찾도록 상기시킨다. 이미지에 끌리는 이유를 아직 알지 못할 수도 있으며, 그래도 괜찮다.

4단계: 그룹 구성원에게 그들이 선택한 이미지를 설명하고, 그 카드에 제시된 질문 맥락에서 이미지가 그들에게 무엇을 의미하는지 될 수 있는 대로 설명해 달라고 요청한다.

5단계: 그룹 구성원 모두가 이야기를 마치면 핸드폰으로 자신이 선택한 이미지 사진을 찍도록 제안한다. 제기된 질문이 그룹 역동성과 관련된 때는 사진을 찍기 전에 선택한 모든 카드를 콜라주로 배열하는 것이 적절할 수 있다.

6단계: 모든 카드를 수집하고 카드 팩 세트가 손상되지 않았는지 확인한다.

이 기법을 사용하는 방법

수퍼바이저로서 개인이 카드를 선택하는 방법을 관찰하는 것은 유익할 수 있다. 그들이 이미지를 선택하는 방식은 각자가 선택할 때 경험하는 명확성, 사려 깊음 및 어려움에 대한 일부 정보를 담고 있다. 그룹 활동일 때는 신속하게 카드를 선택한 사람들을 따로 모아 그룹 교류를 주도할 수 있다. 때때로 그룹 중 한 명은 카드를 선택하는 데 훨씬 더 많은 시간이 필요할 수 있다. 이 경우에는 너무 깊이 생각하지 말라고 상기시키고 결정할 수 있는 또 다른 '순간'이 있다고 말해준다. 선택에 시간이 좀 더 걸리는 사람들에게 약간의 여유를 주기 위해 그룹의 나머지 사람들에게 말을 걸어서 자신이 고른 이미지에서 어떤 게 추가로 보이는지 알아차리도록 권하는 것이 도움이 될 수 있다.

그룹으로 작업할 때 시간 제약이 있어야 한다. 4단계는 둘씩 또는 셋으로 짝지어 진행해도 된다. 특히 시간이 촉박한 경우 설명 없이 선택한 카드만 공개하도록 한다.

주의 사항

어떤 사람들은 자신이 선택한 이미지에 매우 애착을 느낄 수 있고, 카드를 가져가고 싶어 할 수 있다. 카드 전체 세트를 회수하는 것이 중요하다면 반환되는 카드 수에 주의해야 한다.

반대로 어떤 사람들은 이미지와 연결하는 데 어려움을 겪을 수 있다. 3단계에서 이러한 가능성을 덮고 그냥 넘어간다면 그룹 내에서 그들의 '차이'에 대한 감각을 감소시킬 가능성이 크다. 그런 경우에는 노래 제목이나 주제곡을 생각해 보라고 제안하거나 그들에게 의미 있는 은유를 만들어 낸다. 또는 더 대화적인 방식으로 그들의 생각을 공유할 수도 있다.

이 기법의 다른 용도로는 무엇이 있는가?

이 도구는 매우 유연하며, 어떤 방식으로든 질문할 수 있어서 개인, 그룹 및 다양한 워크숍 환경에서 사용할 수 있다. 당신 자신의 상상력을 사용해보자!

자료 찾기

그림 카드는 www.charlottehousden.com/cards에서 구입할 수 있다.

~~~~~

4. 자신감 구축: 권위, 존재감, 영향력

줄리아 메나울Julia Menaul[7]

7) **줄리아 메나울**Julia Menaul은 2001년에 설립한 Spark Coaching & Training의 수석 코치이자 수퍼바이저이다. 줄리아는 소매업에서 경력을 시작한 후 다양한 민간 부문 회사, 주요 자선단체 및 사법제도 경영개발 분야로 옮겨갔다. 심리학과를 졸업하고, 코칭협회의 공인 전문 경영인 코치이며, 2000년 경영인코칭 및 (CIPD) 인적자원개발 분야에서 대학원 학위를 취득했다. 또한 Bath Consultancy Group의 코치, 멘토 및 컨설턴트 수퍼비전 자격증(2008)을 보유하고 있으며, 코칭수퍼비전 아카데미(2010)의 코칭수퍼비전 분야 ICF 공인 디플로마를 보유하고 있다. EMCC, 영국 심리학회 회원이며, 인사 및 개발 공인 연구소 회원이다. 성공적인 그룹 및 개인 수퍼비전 업무뿐만 아니라 코칭수퍼바이저 협회 이사회에도 참여하고 있다.

언제 사용하는가?

이 기법은 수퍼바이지가 특별히 자신감 있게 코칭에 임하도록 하는 데 유용하다. 예를 들면, '가면 증후군imposter syndrome'으로 인해 지쳐 있는 고객과의 회기 이후에 적용한다.

자신감은 이 모델의 핵심이며, 수퍼바이지들이 자신이 강한 부분과 개발이 필요한 부분을 성찰하는 데 도움이 된다. 세 가지 위치를 균등하게 균형을 맞추는 것이 핵심이다.

이 탐구inquiry는 무엇인가?

이 모델은 호킨스와 스미스(Hawkins & Smith, 2006)의 작업에 기반을 두며, 물리적 배치와 신체 정보를 사용하여 자신감을 높이는 데 도움을 준다.

1단계: 작업을 안내하는 구조 틀을 공유하기 위해 적절하게 계약한다.

2단계: 코칭 맥락에서 권위, 존재감, 영향력이 무엇을 의미하는지 간략하게 설명한다. 수퍼바이지에게 확인하여, 본인에게 의미가 있는 설명을 다듬고 형상화해 본다.

권위 – 권위는 흔히 본인이 알고 있는 것에서 나온다. 과거에 달성한 것, 일반적으로 자격, 인증, 경험, 지식, 직위, 지위이다. 권위를 사용하는 것은 유리할 수 있지만 그 자체만으로는 지속해서 변화를 일으키거나 깊은 관계를 구축하는 데 충분하지 않다. 권위를 과도하게 사용하면 과시하는 것으로 보일 수 있으며, 어떤 사람들은 왜 자신을 그렇게 열심히 홍보하는지 궁금해할 수 있고, 또 어떤 사람들은 이것을 다른 두 영역이 결핍해서라고 생각할 수도 있다.

존재감 – 사람들과 빠르게 친밀한 관계를 구축하고 쉽게 관심을 끌 수 있는 능력이다. 존재감이 있는 사람들은 즉각적이면서 침착함과 우아함을 가지고 있다. 그들은 동시에 많은 것들, 즉 자신에 관한 생각과 감정뿐 아니라 다른 사람에게 무슨 일이 일어나는지도 인식한다.

영향력 – 영향력에는 변화를 만들고 사고방식을 바꾸는 능력이 있다. 회기에서는 감정적 분위기에 영향을 미치게 된다. 도전에 집중하게 하거나 표현되지 않은 감정을 부추기는 등의 개입으로 정서적 에너지를 바꾸곤 한다. 그들은 다른 사람들이 느끼고는 있지만 표현하기를 두려워하는 것을 나서서 표현함으로써 더 솔직하고 직접적인 상황을 만든다.

3단계: 바닥에 삼각형을 그리고 포스트잇 4장을 그림과 같이 붙인다. [그림 1.1]을 참조.

4단계: 코칭 고객에게 자신의 강점처럼 느껴지는 삼각형의 꼭짓점에 가서 서도록 권한다.

5단계: 다음과 같이 물어본다.

'거기에서 시작하는 이유가 무엇인가요?'

'다른 분야에 비해 자신에게 강점이 되는 그 위치에서 무엇을 하고 있나요?'

'거기에 서 있을 때 당신 자신에 대해 무엇을 발견했습니까?'

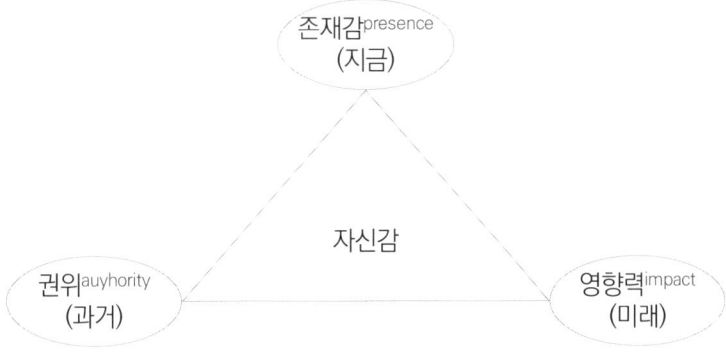

[그림 1.1] API 모델

6단계: 다른 두 개의 코너 중 하나로 이동하도록 권한 다음 다시 다음과 같이 물어본다.
'다음으로 그 코너를 선택하는 이유는 무엇인가요?'
'거기에 서서 무엇을 발견했습니까?'
'지금 기분이 어떤가요?'
7단계: 마지막 남아 있는 코너로 이동하도록 권한 다음 다시 다음과 같이 물어본다.
'여기서는 자신에 대해 무엇을 발견했나요?'
8단계: 이제 삼각형의 가운데, 자신감의 위치에 선 다음, 각 코너에서 알아차린 내용을 생각해 보도록 요청한다. 이 단계에서 유용한 질문은 다음과 같다.
'이 모든 것에서 당신에게 중요했던 것은 무엇입니까?'

이 탐구를 사용하는 방법

가장 좋은 방법은 수퍼바이지가 모델을 몸으로 체험하고, 삼각형 주위에서 물리적으로 움직이면서 경험적 학습이 발생하는 것이다.

흔히 수퍼바이저는 수퍼바이지가 각 위치에서 속도를 늦추고 자기 몸에서 무슨 일이 일어나는지, 생각하거나 느끼는 것이 무엇인지 알아차리도록 격려해야 한다.

좀 더 인지적인 코치들에게는 더 구체적인 문장이 필요할 수 있다. 예를 들면,
'고객이 다르게 느끼도록 했을 때가 언제인가요? 어떻게 그렇게 할 수 있었는지 말씀해 주시겠어요?'
'코치로서 자격을 과소평가/과대평가한 것은 언제였나요?'

그 밖에 주목해야 할 사항은 무엇인가?

이 기법은 명백하고 즉각적인 조치 없이도 많은 성찰을 일으킬 수 있다. 이 영역에서

작업하기 위해 재계약을 맺는 것이 도움이 되는지 향후 수퍼비전 회기에 대해 문의하는 것이 도움이 될 수 있다.

주의 사항

초보 코치는 추가 지식, 더 많은 자격, 더 많은 도구를 통해 자신의 권위를 구축하는 데 중점을 둘 수 있다. 수퍼바이지가 존재감과 영향력이라는 다른 영역으로 들어가도록 격려하고, 이와 같이 더 주관적이고 개인적인 자질을 키우는 데 따른 불편함을 받아들이도록 돕는다.

이 기법의 다른 용도로는 무엇이 있는가?

이 모델은 직업적인 자신감에도 똑같이 적용할 수 있으므로 관리자 코칭 고객에게 사용할 수 있다.

참고 문헌

- Hawkins, P. and Smith, N. (2006) *Coaching, Mentoring and Organisational Consultancy: Supervision and Development*. Maidenhead: McGraw-Hill. p. 32. 『수퍼비전: 조력 전문가를 위한 일곱 눈 모델』 피터 호킨스, 로빈 쇼헤트 지음. 김상복, 이신애 옮김. 2019. 코칭수퍼비전아카데미

더 읽어보기

- Estacio, E.V (2018) *The Imposter Syndrome Remedy: A 30 Day Action Plan to Stop Feeling Like a Fraud*. South Carolina: CreateSpace Independent Publishing Platform.

5. 대규모 여정

미셸 루카스, 앤디 킹[Andy King 8)]

언제 사용하는가?

이 기법은 수퍼비전 프로그램의 마지막 단계에서, 회기에서 얻은 학습 내용을 정리할 때 사용할 수 있다.

이 기법은 무엇인가?

대규모로 작업할 때, 이 접근 방식의 창의성과 물리적 특성은 스토리텔링만 하는 것보다 학습을 더 완전하게 정리하게 하는 데 도움이 된다.

---

8) **앤디 킹**[Andy King]은 주요 번화가에서 패션 소매업으로 자리잡고 있던 30년간의 경력을 내려놓고 2007년에 코치 교육을 받았다. 그는 지난 30년보다 코칭교육을 받던 20일 동안 더 많은 것을 배웠다고 믿는다. 그런 다음 코칭 사업을 개발하고 데이비드 그로브의 'Clean Language 및 Emergent Knowledge' 기술을 채택하는 등 코칭 실습을 계속 심화했다. 이로써 그는 고객이 자신의 방식에서 벗어나 시스템 표면에 숨겨진 정보에 접근하도록 지원하는 방식을 추구했다. 최근 몇 년 동안 그는 더 나은 코칭 대화를 위해 예술과 과학을 접목하는 모델을 공동개발하는데 전념했으며, 이를 사용하여 팀이 더 효과적으로 협력하고, 부분의 합보다 전체를 더 크게 만들 수 있도록 했다.

1단계: 물결 모양의 길이나 강을 그릴 수 있는 종이를 미리 준비한다. [그림 1.2]를 참조. 수퍼바이지에게 포스트잇과 펜이 있는지 확인한다.

2단계: 수퍼바이지를 여정 지도의 시작 부분에 오게 한 뒤, 자신을 표현한 것처럼 느껴지는 시작 장소를 찾게 한다.

3단계: 다음과 같이 질문을 한다.

'이 지점에서 무엇을 배웠나요?'

'여기에 있던 것에 대해 또 무엇을 기억하시나요?'

'여기에 있는 것에 대해 지금 무엇을 느끼나요?'; 예를 들어, '당신이 OOO였을 때는 어땠나요?'와 같은 은유를 통해 더 깊은 탐색으로 이동할 수 있다.

('최선을 다했을 때'를 탐색하기 위해 은유 사용하기, 210-212쪽 참조).

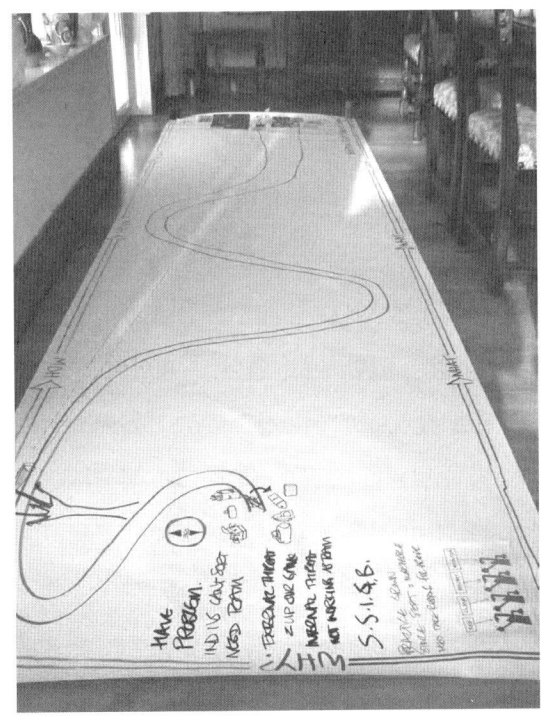

[그림 1.2] 여정 지도의 시작

4단계: '여행의 이 부분에서 무엇을 포착하고 싶나요?'라고 질문하고, 답은 포스트잇에 적어서 여정 지도에 붙인다.

5단계: 수퍼바이지에게 추가 학습이 발생한 곳으로 나아가도록 격려한다. 3단계와 4단계를 반복한다.

6단계: 수퍼바이지가 현재 위치를 나타내는 지점에 도달할 때까지 프로세스를 계속한다.

7단계: 회기를 마무리하려면 '최고의 학습 방법에 관해 오늘 무엇을 배웠습니까?'와 같은 메타 질문을 던진다.

8단계: 완료된 여정 지도의 사진을 찍는다.

이 기법을 사용하는 방법

이 기법은 규모가 크기 때문에 넓은 공간이 필요하고, 충분한 길이의 종이를 준비하는 것이 효과적이다(플립차트 종이를 연결해서 사용하는 것도 좋다). 여정 지도를 미리 그려두면 시간이 절약된다. 그러나 수퍼바이지가 나서서 자신의 여정 지도를 그리는 것이 더 강력하다. 강, 경로, 디딤돌, 도로 등 사용할 수 있는 비유는 많다 개인의 창의력이 빛을 발할 수 있도록 한다. 창의성을 장려하기 위해 수퍼바이저는 약간의 장난스러운 도전을 포함할 수 있다. 예를 들어, 수퍼바이지가 '경로에서 벗어났거나' '앞으로 가기보다는 뒤로 갔거나' '다른 경로로 가기를 원하는' 순간을 고려하게 할 수 있다. 또 수퍼바이지가 말보다 그림으로 반응하도록 권해본다. 사람들이 자기 말과 그림에 맞게 이미지를 잘라 사용할 수 있도록 잡지를 준비하면 도움이 될 수 있다.

이것은 함께 길을 따라 여행하는 그룹 워크숍에서도 활용할 수 있다. 참가자들은 포스트잇을 여정 지도에 붙이거나(주제는 후속 활동으로 탐색할 수 있음) 간단히 자기 노트에 적을 수 있다.

그 밖에 주목해야 할 사항은 무엇인가?

그룹으로 작업하는 모든 활동에서와 같이 수퍼바이지들 사이에는 참여도에서 차이가 날 수 있다. 그룹의 성숙도나 수퍼바이저의 퍼실리테이션 스킬에 따라 참여도에 관한 문제를 프로세스 검토에서 다루거나 별도로 개별 토론을 할 수도 있다.

주의 사항

수퍼바이지는 때때로 그들이 배운 내용에 관한 질문에 바로 대답하는 데 어려움을 겪는다. 그런 때는 여정 지도 4단계에서 시간에 맞춰 진행할 수 있게 이끌어 간다. 그런 다음에 다음과 같은 탐색적인 질문을 좀 더 해볼 수 있다.

'여기에 있었던 것에 대해 어떤 걸 기억하시나요?'
'지금과 비교했을 때 당신이나 당신의 코칭은 무엇이 달랐을까요?'
'지금 당신에게 어떤 배움이 일어나고 있나요?'

진행하는 과정에서 경쟁하는 느낌이 들면, 수퍼바이지들의 응대에 묵묵히 대응하고, 포스트잇에 써서 붙이는 대신 비공개로 자신의 포스트잇을 자기 노트에 붙이도록 할 수 있다.

이 기법의 다른 용도로는 무엇이 있는가?

수퍼비전의 시작 단계에서 사용할 때는 수퍼바이지가 회기에 대한 목표와 기대 사항을 정의하는 데 도움이 된다.

그 과정에서 진행 상황에 대한 증거를 수집하는 방법이나 목표 달성에 필요한 다양한 요소들을 고려할 수도 있고, 극복해야 할 것으로 예상되는 장애물을 포함할 수도 있다. 이 접근 방식은 개별 코칭 고객에게도 똑같이 적용할 수 있다.

이 기법은 계획 수립이나 문제해결을 팀으로 작업하거나, 명백한 난관에 직면했을 때, 과거의 성공 경험과 연결하도록 돕는 작업에서 비롯되었다. 어떤 내용이라도 담을 수 있는 이 기법은 STAR 순간, 즉 항상 기억할 순간을 만드는 데 도움이 된다.

더 읽어보기

- Sibbet, D. (2010) *Visual Meetings*. Hoboken, NJ: John Wiley & Sons.
- Sibbet, D. (2011) *Visual Teams*. Hoboken, NJ: John Wiley & Sons.

참고 문헌

- Purchase the roll of paper here. Available at: www.plot-it.co.uk/p/canon_group_oce_ijm123_matt_premium_coated_130g_m_42_1067mm_x_30m_inkjet_plotter_paper_roll_[Accessed 6 September 2019].

~~~~~

6. 깊은 성찰

미셸 루카스, 태미 터너Tammy Turner[9]

9) **태미 터너**Tammy Turner는 코칭 개발 및 수퍼비전 센터의 창립자이자 터너인터내셔널의 CEO이다. ICF MCC로서 전 세계적으로 주요 산업 및 정부 의사결정자와 협력하며 수백 명의 내부 코치, 리더 및 HR전문가, 프리랜서 코치, 멘토 및 컨설턴트를 교육, 멘토링하고 수퍼비전해왔다. 국제 코칭 분야에 비전을 제시하는 그녀는 '코칭수퍼비전: 수퍼바이지를 위한 실무가이드'와 '아태지역의 코칭과 멘토링' 등에 포함된 챕터들을 포함하여 코칭, 멘토링 및 팀 코칭에 관한 기사와 책을 저술하였다. 코칭 가이드라인에 관해 전문가 논의에 참여하고 CPD에 대한 ICF의 정책을 업계 표준으로 정의하는 데 중요한 역할을 했다.

어디에서 사용할 수 있는가?			일반적 수준의 수퍼바이지 경험 필요
전문적 일대일 수퍼비전	전문적 그룹 수퍼비전	동료 그룹 수퍼비전	경험이 많은 수퍼바이지들만 해당

언제 사용하는가?

수퍼바이지가 이미 스스로 성찰했거나 동료 수퍼비전에 참여했지만 해결이 어려운 경우에 사용한다. 이 기법은 수퍼바이지가 자기 인식을 높이고 심화시키며, 고객 시스템을 확장하기 위해 탐색할 때 더 다양한 통찰력을 생성하게 한다.

이 기법은 무엇인가?

액션러닝 방법론과 일부 비슷하게 진행되는데, 참여한 그룹은 각자의 생각을 결합해서 명확하게 한 다음 다양한 성찰 문장들을 만들어 낸다.

1단계: 수퍼바이지에게 3단계에 걸쳐 자신의 고객 시나리오를 발표하게 한다.
    a. 시나리오의 일반적인 개요 및 사실적 요소
    b. 지금까지 성찰했던 내용을 요약하고 자기 인식, 사각지대, 개인 반응에 대한 이해에 대해 질문한다.
    c. 그룹의 피드백/관찰 또는 아이디어/질문 측면에서 필요하다고 생각하는 것

2단계: 그룹에게 몇 분 정도 시간을 주고 부족한 정보를 메우기 위한 목적의 질문

을 하게 한다. 첫 번째 명확한 질문의 목적은 다음과 같다.

- 코칭 고객 시나리오에 대한 그룹의 이해를 확장
- 이미 제공된 정보의 정확성을 확인
- 수퍼바이지의 수퍼비전 목표에 대한 이해를 확인

3단계: 그룹의 명확한 질문을 퍼실리테이팅하고 수퍼바이지에게 자신의 코칭 작업을 옹호하기보다는 사실에 근거하여 응답하도록 상기시킨다.

4단계: 두 번째 라운드에서는 그룹에게 수퍼바이지의 현재 관점을 확장하려는 의도로 탐색 질문을 작성하는 시간을 가질 것이라고 알려준다.

5단계: 그룹의 탐색 질문을 진행하되, 수퍼바이지가 다음 질문을 받기 전에 현재 제기된 질문을 고려할 수 있도록 충분히 시간을 준다.

6단계: 그룹에게 자신의 코칭 방식을 고려하면서 새로운 관점을 모두 숙고할 시간을 준다. 그룹의 구성원들이 수퍼바이지에게 자기 생각을 제시하고 토론하게 하면서 개인적으로 어떤 성찰이 이뤄졌는지 발표하게 한다. 시간이 있으면 회기 주제를 탐색하여 모든 그룹 구성원이 성찰 내용을 향후 실천할 수 있도록 강조한다.

7단계: 수퍼바이지에게 돌아감으로써 작업을 끝내고, 그룹의 구성원들에게 수퍼비전 회기가 어떤 영향을 줬는지 확인하고 마무리한다. 상황이 된다면 계속해서 성찰을 하도록 공감을 일으킨 게 무엇인지 질문한다.

이 기법을 사용하는 방법

수퍼바이지가 일지를 준비하거나 읽도록 하면 1단계를 간결하게 유지하는 데 도움이 될 수 있다. 질문이 '만약 …'이라는 생각을 보여주거나 판단이 내려졌음을 암시하는 3단계에서 수퍼바이저는 수퍼바이지가 질문에 다시 초점을 맞추도록 도와야 할 수도 있다.

5단계는 수퍼바이저의 진행 스타일과 수퍼바이지의 학습 스타일에 따라 다르게 전개될 수 있다. 수퍼바이지가 질문에 대답하는 데 정답이 없다는 것을 설명하는 것이 도움이 될 수 있다. 아마도 그들은 즉각적으로 반응할 것이다. 일반적으로 그들이 이미 그것(또는 비슷한 것)에 대해 생각했을 때 이런 일이 발생한다.

아마도 질문을 처리하는 데 시간이 필요해서 응답하지 않을 수도 있다. 응답하지 않는다는 것은 지금 당장은 질문의 관련성을 이해할 수 없어서 질문을 무시했다는 의미일 수도 있다. 수퍼바이지는 질문에 어떻게 반응하는지(또는 반응하지 않는지)에 대해 방어하거나 설명할 필요가 없다. 그렇지만 그것이 추가적으로 성찰하게 할 수는 있다.

그 밖에 주목해야 할 사항은 무엇인가?

이 접근 방식은 수퍼바이지가 고려해야 할 다양하고 새로운 관점을 제공한다. 이는 그룹의 의견이 독립적인 성찰을 대체하는 게 아니라 비교할 수 있게 할 때 가장 효과적이다. 수퍼바이지가 1단계 (b) 및 (c)에 대한 양질의 응답을 제공할 수 없다면, 그룹의 구성원들이 적극적으로 참여할 수 있는 다른 접근 방식을 사용하는 게 더 낫다.

주의 사항

그룹 구성원들이 '왜?'로 시작하는 질문을 하게 되는 경우 방어 수준을 높일 수 있다. 그룹 구성원들이 탐색 질문을 좀 더 부드럽게 시작하도록 지원한다. 예를 들어, '어떻게 …?' 또는 '무엇 …?'으로 질문을 시작하는 것은 더 정중하면서도 여전히 강력한 질문이 된다.

이 기법의 다른 용도로는 무엇이 있는가?

동료 그룹 수퍼비전에 사용될 때는 5단계에서 수퍼바이지가 각 질문에 차례로 응답하기보다는 브리핑받고 생각할 시간을 갖는 편이 더 낫다. 추가 단계를 통해 수퍼바이지는 브리핑받은 질문들 가운데 하나를 선택하게 하고, 전체 시스템을 탐색한다. '19. 질문 라인'(118쪽)을 참조하라. 명확한 설명과 탐색 질문을 하는 데 필요한 기술은 모든 고객 대화의 필수 요소이다.

더 읽어보기

- Turner, T., Lucas, M., and Whitaker, C. (2018) *Peer Supervision in Coaching and Mentoring: A Versatile Guide for Reflective Practice*. Maidenhead: Routledge, pp. 100-102.
- Whitaker, C. and Calleja, A. (2018) *Group Supervision Approaches for Coaching Supervision*. [pdf] Available at: www.whitaker-consulting.co.uk/resources-and-papers [Accessed 2 August 2019].

~~~~~

7. 행동 유연성 개발

앤 칼레하 Anne Calleja[10]

언제 사용하는가?

수퍼바이지가 더 유연한 접근 방식이 필요하다거나 행동을 변화하고 싶어 할 때 유용하다.

이 기법은 무엇인가?

'새로운 행동 생성기 new behaviour generator'라고 불리는 NLP 전략에서 개발되었다. 수퍼바이저는 수퍼바이지가 자신의 모든 감각을 사용하여 자신감 있는 기본 마음 상태를 조성하도록 체계적으로 안내한다. 수퍼바이지와 협력하여 미래 행동을 마음속에서 사전에 리허설해본 뒤 '실행'하게 함으로써 새로운 행동을 생성하는 데 도움이 된다.

1단계: 수퍼바이지는 고객의 상황을 성찰하고 그들이 원하는 행동 변화를 파악한다.
2단계: 결과나 목표를 서로 구체적으로 표현한다. 일반적으로 다음 사항을 명확히 한다.
- 이 새로운 행동을 통해 당신은 어떻게 보이고, 소리를 내고, 느끼게 될 것인가
- 다른 사람에게 미치는 영향, 즉 고객, 시스템 및 조직
- 고객 서비스를 통해 코치가 달성하게 되는 것

3단계: 수퍼바이저와 수퍼바이지가 나란히 앉아 다음과 같이 안내한다.

---

10) **앤 칼레하** Anne Calleja는 리더십 코치, 심리치료사 및 수퍼바이저이다. 그녀는 최고 경영자, 주요 이사회와 함께 일한다. 그들의 팀은 코칭과 치료 수퍼비전도 제공한다. 앤은 검증된 비즈니스 통찰력과 상담, 심리치료 및 퍼실리테이션을 결합하여 임원코칭 및 고위급 팀 개발에 독특하고 집중적인 접근 방식을 제공한다. 앤은 NLP 전문가이자 트레이너이다. 전 세계적으로 활동하고 있으며 영국 옥스퍼드에 거주하고 있다. 코칭협회의 인증코치이자 코칭수퍼바이저로서 수퍼비전 특별관심그룹의 의장이며 코칭수퍼비전 전략개발에 관심이 있는 사람들과 협업에 적극적으로 참여하고 있다. 앤은 또한 개인적인 지원을 원하는 사람들을 위한 상담 서비스도 제공한다.

1. [그림 1.3]을 참조하여 왼쪽 아래를 바라보며 자신에게 말하는 것으로 생각을 시작한다. '내가 다르게 하고 싶은 것은 무엇인가?'라고 자문한다. 자기 생각이 비판 없이 자유롭게 흘러가도록 한다.
2(a). 그런 다음 '내가 그렇게 할 수 있다면 어떤 모습일까?'라고 자문해 본다.
2(b). 이제 [그림 1.3]을 참조하여 오른쪽을 바라본다. 상상력에 접근하는 것이므로 새로운 행동을 하는 자신을 비디오 보듯이 지켜본다. 자신의 상태에 무슨 일이 일어나는지, 자신이 어떻게 행동하는지, 그리고 관련된 다른 사람들에게 미치는 영향에 주목한다.
3. 이제 [그림 1.3]을 참조하여 오른쪽 아래를 바라본다. 신체 인식에 접근하려면 경험 속으로 들어가 그것이 어떤지 느껴본다. 자신이 느끼는 것을 느끼고, 그 경험을 구체화하고, 자신이 어떻게 느끼는지 경험하면서 새로운 행동을 경험해본다.

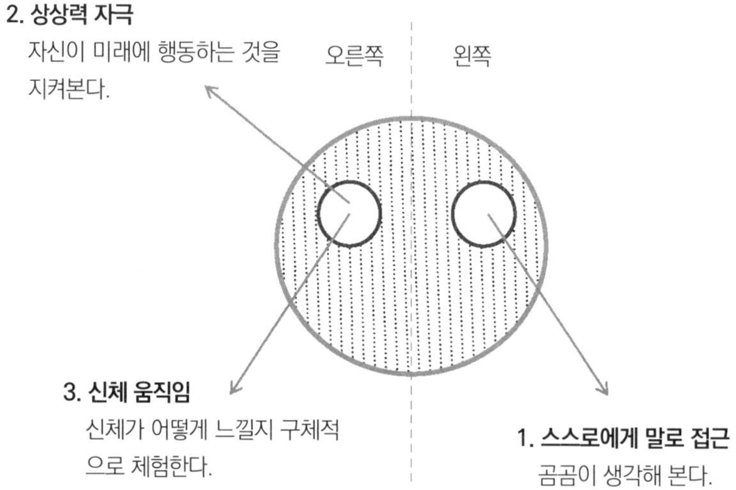

2. 상상력 자극
자신이 미래에 행동하는 것을 지켜본다.

오른쪽 | 왼쪽

3. 신체 움직임
신체가 어떻게 느낄지 구체적으로 체험한다.

1. 스스로에게 말로 접근
곰곰이 생각해 본다.

[그림 1.3] 일반적인 시선 처리 신호

세 단계를 체계적으로 사용하면서 이 과정을 최소한 세 번 반복한다. 수퍼바이지는 작업하는 동안 필요한 조정이나 수정할 수 있으며 꾸밀 수 있다.

> **4단계**: 수퍼바이지에게 미래에 이런 행동을 하고 싶은 때를 생각해 보게 한다. 다음과 같이 지시한다.
>
>> '그 맥락에서 자신을 상상하고 새로운 행동을 경험해 보세요. 당신 자신을 관찰하면서 무슨 일이 일어나는지 알아차리고 미래에 고객과 함께 그 상황에서의 경험을 완전히 구현하십시오.'
>
> **5단계**: 수퍼바이지가 학습 내용을 포함하는 상황을 실행하기 위해 방을 적절하게 세팅하도록 권한다.
>
> **6단계**: 작업의 결론을 도출한다. 초반에 원했던 결과를 검토한다. 그런 다음에 하게 되는 질문은 다음과 같다. '이제 다음 단계는 무엇입니까?'

이 기법을 사용하는 방법

당신은 이 과정의 증인이므로, 어떤 관찰도 제공하지 않고 체계적으로 과정을 따르기만 한다. 수퍼바이지가 당신의 안내에 어떻게 반응하는지 관찰하는 것이다. 그들이 보고 듣고 느끼는 세 가지 감각을 위해 눈과 몸을 움직이고 있는지 확인한다.

3단계에서는 자신의 상태와 연결하는 것이 중요하다. 왜냐하면 이것을 통해 경험을 기억하게 되기 때문이다. 이를 통해 새로운 행동을 평가하고 필요한 조정을 할 수 있다. 당신은 수퍼바이지가 모든 감각에 접근하고 원하는 상태를 완전히 구현할 수 있도록 안내하는 가이드이다.

그 밖에 주목해야 할 사항은 무엇인가?

수퍼바이지가 새로운 통찰력이나 행동을 얻지 못하는 경우, 그들을 제한하고 있는 것을 풀기 위해 개인적인 작업이 필요하다.

주의 사항

수퍼바이저와 수퍼바이지 사이에 진정한 라포가 형성되면 반응은 자연스럽게 나타난다. 그러나 접근 방식을 배우고 그 과정을 따라가는 데 주의가 산만해지면 자신의 존재감을 면밀하게 모니터링하고 조정해야 할 수 있다.

NLP 프랙티셔너는 정보를 처리하는 데 어떤 감각을 사용하는지 고객의 미세한 움직임에서 이해한다. 수퍼바이저의 언어가 고객의 현재 처리방식과 모순되는 경우 관계가 손상될 수 있다. 이 기법을 효과적으로 사용하려면 몇 가지 기초적인 NLP 교육이 권장된다.

이 기법의 다른 용도로는 무엇이 있는가?

이 기법은 실제 행동을 수행할 때 관련된 신경 경로를 자극하는 데 도움이 된다. 또 음악과 스포츠에서 향상을 위해 널리 사용되므로 광범위하게 적용할 수 있다. 새로운 기술에 익숙해지게 하고 현실에서 필요한 근육의 미세한 움직임을 만들어낸다. 이 과정은 개인이 새로운 기법을 신속하게 개발할 수 있는 방식으로 정보를 구성하는 데 도움이 된다.

더 읽어보기

- Dilts, R. and Epstein, T. (1991) *Tools for Dreamers*. Capitola, CA. Meta Publications.
- To understand more about New Behaviour Generator Strategy. www.nlpu.com/Patterns/patt16.htm [Accessed 3 September19].

- To understand more about eye movements. www.nlpu.com/Articles/artic14.htm [Accessed 5 September 2019].

참고 문헌

- See website NPL University. www.nlpu.com [Accessed 5 September 2019].

~~~~~

8. 코치 성숙도 개발

데이비드 클러터벅

언제 사용하는가?

이 접근법은 수퍼비전 관계의 지속적인 발달 과정에서 유용하다. 사람들은 자신만의 속도로 발달해 간다는 것을 인식할 뿐 아니라, 현재 발달 단계를 인식함으로써 다음 단계로 이동하게 할 수 있는 요소에 대한 탐색을 이어갈 수 있게 된다.

이 기법은 무엇인가?

코치 성숙도 개발은 메긴슨과 클러터벅(Megginson & Clutterbuck, 2009)의 코치 성숙도 4단계 모델에서 설명하고 있다([표 1.2] 참조). 우리의 작업은 수퍼바이지가 수퍼비전에 들고 오는 대부분 질문이 이 모델 안에 있다고 확인할 수 있게 돕는 것을 목적으로 한다. 수퍼바이저는 수퍼바이지의 허락을 받아 그의 생각을 확장하게 하는 질문을 할 수 있다.

[표 1.2] 메긴슨과 클러터벅의 코치 성숙도 4단계

단계	작업 스타일	일반적인 수퍼비전 질문
1. 모델 기반	코칭 고객에게 코칭한다.	왜, 'X'가 작동하지 않았나요? 내가 뭘 잘못했나요?
2. 과정 기반	고객과 함께 코칭을 진행한다.	이 고객에게 가장 도움이 되기 위해 내가 할 수 있는 일은 무엇입니까?
3. 철학 기반	코치로서 존재한다.	내 고객에게 도움이 될 수 있는 경험은 무엇입니까?
4. 시스템 절충주의	코칭이 이루어지는 시스템의 일부가 된다.	여기서 무슨 일이 벌어지고 있는 걸까요?

1단계: 정신활동을 발달시키기 위한 수퍼비전 관계 및 계약을 구축한다.

2단계: 수퍼비전 대상이 되는 내용을 포착하고 거기서 생긴 정보들을 독립적으로 또는 조합하여 반영하기 위한 메커니즘을 찾는다.

3단계: 회기와 성찰 내용을 평가하는 데 시간을 할애하고, 어떤 단계에서 수퍼바이지가 질문을 포착하는지에 대한 가설을 세운다. 예를 들어, 그들은 '올바로' 하고 있는지에 초점을 맞추고 있는지, 아니면 상황의 역동성을 이해하는지에 초점을 맞추고 있는지 하는 것이다.

수퍼바이지가 얼마나 확장할 준비가 되어 있는지 살펴본다. 다음 단계를 달성하기 위해 서두르기 전에. 현재의 성숙도 수준에서 작동하는 것을 우리가 얼마나 이해하고 있는지를 적극적으로 정리하는 것이 도움이 될 수 있다는 점을 기억한다.

4단계: 회기가 끝날 때, 수퍼바이지의 발달 단계에 대한 양쪽의 느낌을 확증할 증거가 무엇인지 생각하게 한다. 서로 다른 관점이 존재한다면, 이번 기회에 무엇이 수퍼바이지에게 좀 더 성숙하게 일할 수 있게 했는지 고려해 본다.

5단계: 수퍼바이저와 수퍼바이지가 모두 발전적 탐구를 허용하는 작업 방식을 확립한 후에는 수퍼바이저가 성숙도의 다음 단계를 향한 탐구를 촉진하기 위한 질문을 실험해 볼 수 있다.

이 기법을 사용하는 방법

수퍼바이저와 수퍼바이지가 모두 시간이 지남에 따라 스스로의 발달 중심이 어디에 있는지 느낄 수 있게 된다. 그 느낌을 갖게 되면, 발달 중심에서의 변화는 다른 수준의 질문을 제공하게 된다(4단계 참조). 우리의 전문적 성숙도는 일정하지 않다는 점을 기억하는 것이 중요하다. 특정 상황, 특정 고객 또는 특정 날에는 가장 경험이 풍부한 코치라도 초보자처럼 느껴지고 '내가 어떻게 하고 있지?'라는 의문이 들 수 있다.

그 밖에 주목해야 할 사항은 무엇인가?

특정 조건이 수퍼바이지를 초기 발달 단계로 밀어 넣는 경우라면, 이는 개인적인 작업이 필요함을 암시할 수 있다.

주의 사항

우리는 때때로 자아 중심적인 수퍼바이지가 아직 도달하지 않은 성숙 단계의 역할을 맡아 '행동'하고자 시도하는 것을 발견한다. 그것은 '다섯 살짜리 아이가 립스틱을 바르는 것과 같다'라고 묘사된다. 수퍼바이저가 자기 인식이 부족한 상태에서 작업하기가 어려울 수 있다. 스포츠에서 숙련에 관련된 유용한 비유를 공유하자면, 중요한 시기에 운동선수는 바로 기본으로 돌아간다는 것이다. 미세한 조정을 위한 기초가 일반적으로 이 수준에 있기 때문이다.

이 기법의 다른 용도로는 무엇이 있는가?

이 접근 방식은 개별 수퍼비전에서 사용하는 것이 더 쉽다. 그룹의 역동성을 관리하는 데 능숙한 숙련된 수퍼바이저가 이미 발달을 탐색하는 과정 경험이 있다면 그룹 수퍼비전도 가능하다.

수퍼바이지가 이 모델을 사용하는 방법을 경험하고 이해하면, 이를 자신의 고객에게도 동일하게 적용할 수 있다.

참고 문헌

- Megginson, D. and Clutterbuck, D. (2009) *Further Techniques for Coaching and Mentoring*. Oxford: Butterworth Heinemann.

더 읽어보기

- Bachkirova, T. and Cox, E. (2007) A cognitive-developmental approach for coach

development. In S. Palmer and A. Whybrow (Eds.), *Handbook of Coaching Psychology: A Guide for Practitioners*. East Sussex: Routledge, Ch. 17, pp. 325-350.
- Clutterbuck, D. (2010) Coaching reflection: The liberated coach. *Coaching: An International Journal of Theory, Research and Practice*, 3(1), pp. 73-81.
- Hawkins, P. and Smith, N. (2006) *Coaching, Mentoring and Organisational Consultancy: Supervision and Development*. Maidenhead: McGraw-Hill, pp. 136-159. 『수퍼비전: 조력 전문가를 위한 일곱 눈 모델』 피터 호킨스, 로빈 쇼헤트 지음. 김상복, 이신애 옮김. 2019. 코칭수퍼비전아카데미

~~~~~

9. 용기 키우기: 코끼리 이름 짓기와 권력에 진실 말하기

마리 페어 Marie Faire[11]

[11] **마리 페어** Marie Faire는 '더 비욘드 파트너십' 기업의 공동 창립자이자 소유주이다. 코치로서 마리는 개별 임원 및 팀 모두를 지원하고 도전적으로 일하는 것으로 명성이 높다. 코칭수퍼바이저로서 그녀는 자신을 관계적이고 절충적인 사람으로 묘사한다. 그녀는 자신의 작업에 유머와 연민을 불어넣고 다양한 심리학 이론을 바탕으로 통합적이고 관계적인 접근 방식을 취한다. 그녀는 자신이 수퍼바이저와 고객, 고객이 일하는 조직의 이익을 위해 협력하여 일하는 '동료 여행자'라고 말합니다. 마리는 첫 번째 학위를 취득한 후 경영학습 석사학위를 포함하여 여러 대학원에서 학위를 추가로 취득했다. AC 인증코치이자 코칭수퍼바이저이며, AC가 인증하는 코치훈련 프로그램의 수석 트레이너로서 터키에서 코칭수퍼비전 교육과정을 개척했다. 마리는 ANLP에서 인정한 '마스터' NLP 트레이너이다.

언제 사용하는가?

수퍼바이지가 '방 안에 있는' 어떤 것에 이름이 정해지지 않았다는 것을 알고, 더 자세히 탐색하고자 할 때 사용한다. 또는 수퍼바이저가 보기에 뭔가 이름이 정해져 있지 않았다는 것을 알았을 때, 수퍼바이지에게 도전할 권한을 준다.

이 기법은 무엇인가?

수퍼바이지가 자신의 용기에 대해 서서히 차오르는 느낌을 받고, 그 한계를 알게 되며, 어떤 행동이 가능한지 결정하는 데 도움이 되는 일련의 질문에 대해 배운다.

1단계: 안전성이 적절하게 보장되는지 확인한다.
2단계: 회기 내에서 수퍼바이지와 함께 다음 질문을 순서대로 탐색한다.
1. 만약 당신이 '회기를 잘 마무리할 수 있을 것'으로 확신할 수 있다면, 당신의 고객에게 하지 않은 어떤 말을 하고 싶게 될까?
2. 왜 말하지 않았을까?
3. 적절한 기회가 오거나 만들어낸다면, 2번에서 살펴본 위험을 최소화하면서 말하고 싶었던 것을 말할 수 있을까?

3단계: 질문이 어떻게 전개되는지 익숙해지면 코치는 고객 회기 직후 이러한 질문에 대해 생각해 보게 된다. 그들은 스스로에게 이렇게 질문할 것이다.
1. '회기를 잘 마무리할 수 있을 것'을 알았다면 나는 고객에게 내가 하지 못한 말을 뭐라고 말하게 되었을까?
2. 나는 왜 말하지 않았을까?
3. 적절한 기회가 생기거나 만들어낸다면 2번에서 확인한 위험을 최소화하면서 어떻게 말하고 싶은 것을 말할 수 있을까?

이 기법을 사용하는 방법

각 질문을 차례로 살펴본다. 질문 1은 '코끼리'를 표현하는 데 도움이 된다. 질문 2는 어렵고 큰 질문이며 일반적으로 수퍼바이저는 두려움, 신념 제한, 갈등관리 스타일과 같은 몇 가지 심층적인 문제를 탐구해야 한다. 수퍼바이지가 압박감을 느끼면서 진실을 말하는 상황이 되면 자신의 패턴대로 행동하는 결과를 초래한다. 이는 일반적으로 어린 시절에 확립된 자신의 신념을 제한적으로 표현하는 것과 관련이 있다.

그 예시로는 다음과 같은 두려움을 들 수 있다:

- 누군가를 화나게 하는 것
- 밖으로 드러내어 말하기
- '눈에 띄는' 것
- 갈등을 무릅쓰기
- 친밀 관계 상실
- 마음에 들지 않음
- 사업 손실 등

수퍼바이저가 수퍼바이지에게 코끼리 이름을 짓게 하고, 무엇이 코끼리 이름 짓기를 막았는지 생각해 보도록 돕게 되면, 회기 내에서보다더 자유로운 인식과 에너지가 나타난다. 수퍼바이지는 앞으로 코칭 고객과 함께 무엇을 할지(또는 의도적으로 하지 않기로 선택할지)를 결정할 수 있다.

수퍼바이지가 회기 내에서만 이런 작업을 '시작'할 수 있는 경우도 자주 발생하며, 그럴 때는 추가로 독립적 성찰이 필요할 수 있다. 수퍼바이지는 수퍼비전 회기 내 3단계 부분 또는 자기 고객과의 코칭 회기가 종료된 직후에나 이러한 질문들에 대해 성찰할 수 있다.

그 밖에 주목해야 할 사항은 무엇인가?

통찰과 대안적 행동을 파악하기 어려운 경우도 발생하는데, 이럴 때는 뿌리 깊은 문제가 존재한다는 깨달음을 다루기 위해 수퍼바이지에게 추가적이고 대안적인 지원이 필요한 경우일 수 있다.

주의 사항

이 기법은 수퍼바이지를 염두에 두고 작성되었지만, 수퍼바이저도 수퍼비전 회기를 관리하는 방법의 하나로 이 프로세스를 동일하게 사용할 수 있다. 비슷한 프로세스가 많을 수 있으므로 특히 유용하다. 이 질문들은 일반적으로 묻거나 응답을 받아내는 것이 어렵고, 질문은 수퍼바이지를 불편하게 할 가능성이 크며, 그들이 두려워하는 것이 코칭 고객이나 수퍼바이저에게도 나타날 수 있다.

이 기법의 다른 용도로는 무엇이 있는가?

이 구조 틀을 자주 활용한 경험을 통해 코치는 자신의 '내부 수퍼바이저 internal supervisor'(Casement, 1985)를 개발하는 데 도움이 되며, 회기 직후에는 즉각적인 성찰에 활용할 수 있다.

    도전의 특성상 전문적인 수퍼바이저와 함께 그룹 수퍼비전 내에서 분별력을 가지고 사용해야 할 수도 있다. 이 접근 방식은 적절한 계약과 충분한 관계 형성을 전제로, 코치가 그들의 코칭 고객에게 동등하게 사용할 수 있다.

참고 문헌

- Casement, P. (1985) *On Learning from the Patient*. London: Tavistock Publications.

~~~~~

10. 딜레마 카드

미셸 루카스, 캐롤 휘태커

언제 사용하는가?

코칭 딜레마 카드 Coaching Dilemma Card©는 수퍼비전에 들고 올 만한 까다로운 주제를 다루는 상황에 대해 실제 시나리오를 제공한다. 이는 초보 코치나 새로 형성된 수퍼비전 그룹에 특히 유용하다. 이 카드들은 CPD와 수퍼비전 사이의 가교 역할을 하도록 만들어졌다. 가상의 사례들은 사람들이 자기 경험을 공유할 수 있는 발판을 제공한다.

이 기법은 무엇인가?

딜레마 카드의 저작권은 CCS^{Collaborative Coaching Supervision}에 있다. 공개 도메인[12]에서 일부 예시들을 볼 수 있다. 현재 이 카드들은 네 가지 코칭 상황(코치, 내부 코치, 멘토, 직속 상사)을 반영한다. 각 세트는 다음 네 가지 범주로 구성된다: 비밀유지 confidentiality, 이해 상충conflicts of interest, 경계boundaries, 이중 관계dual relationships.

1단계: 수퍼바이지에게 딜레마 카드들 가운데서 자신에게 맞는 딜레마를 선택하도록 한다.

2단계: 각 딜레마 카드는 '당신은 무엇을 할 수 있었나요?'라는 질문으로 끝난다. 그래서 첫 번째 대화에서는 마음에 떠오르는 다양한 접근 방식을 모두 끌어낸다. 문제는 선호하는 하나의 진행 방식에 동의하는 것이 아니라 수퍼바이지가 가진 다양한 선택지를 쏟아내는 것이다.

3단계: 딜레마 카드는 실제 경험을 끌어낼 때 가장 효과적이다. 토론은 가정에서 시작될 수 있지만 수퍼비전 작업은 수퍼바이지가 자신의 이야기와 연결되고, 그것이 자기 행동에 어떻게 영향을 미치는지에 대한 인식을 구축하도록 돕는 것이다. 도움이 되는 질문은 '당신에게도 비슷한 일이 일어났나요?' 또는 '이 시나리오는 당신의 경험에서 무엇을 생각나게 합니까?'이다.

4단계: 각 딜레마 카드는 복잡성을 강조하도록 설계되었다. 그러므로 시나리오에서 상황을 흑백이 아닌 '회색'으로 만드는 것이 무엇인지 주목한다. 이는 다양한 이해관계자의 관점에서 딜레마를 살펴볼 수 있는 기회이다.

5단계: 토론을 마무리하기 위해 이 시나리오를 검토하는 것이 그들의 코칭에 어떤

---

[12] Turner, T., Lucas, M. and Whitaker, C. (2018) Peer Supervision in Coaching and Mentoring: A Versatile Guide for Reflective Practice. Abingdon. Routledge, pp. 125-160. 참조

영향을 미칠지 질문한다. '무엇을 배웠습니까?' 또는 '앞으로 어떻게 더 주의 깊게 신경을 쓰겠습니까?'라고 묻는다.

이 기법을 사용하는 방법

딜레마 카드의 배경이 되는 철학은 다양한 아이디어를 장려하는 것이지만, 수퍼바이지는 흔히 '정답'을 알고 싶어 한다. 수퍼바이저는 토론을 광범위하게 유지하고 각 상황이나 맥락의 뉘앙스를 탐구하여 접근 방식의 미묘한 차이에 영향을 미치는 것이 무엇인지 이해한다. 대체 전략을 의도적으로 보여주는 것이 도움이 될 수 있다. 예를 들어, A가 사실이라면 X를 수행하는 것이 유용할 수 있지만, B도 참이라면 Y를 하는 것이 더 도움이 될 수 있다.

그 밖에 주목해야 할 사항은 무엇인가?

때때로, 수퍼바이지는 본능적인 반응에 매우 집착하게 되고, 다양한 대안을 들었는데도 고정된 사고를 유지한다. 그러한 성찰을 해당 개인에게 반영하고, 다른 반응을 유발하기 위해 시나리오에서 무엇을 변경해야 할지 탐색하도록 초대한다. 이는 확증 편향 가능성에 대한 인식을 제고할 수 있는 유용한 기회가 될 수 있다.

정신적으로 유연하게 하기 위해서는 반대 입장을 취하도록 권유한다. 예를 들어, 앞으로 나아갈 특정 방식이 '명백'하거나 선호되는 것처럼 보이면 '그 접근 방식이 언제 적절하지 않을까요?'라고 물어본다.

주의 사항

'수퍼바이저가 가장 잘 안다'보다는 수퍼바이저가 유연하고 개방적인 입장을 유지해야 한다. 비윤리적인 접근 방식이 제안된 경우에는 수퍼바이지를 바로잡기 전에 무엇이 그들의 선택에 영향을 미치는지 탐구하도록 도와줘야 한다. 언제 반대 견해를 취하는지 질문해 보면, 수퍼바이지들은 이미 언제 적절하지 않을지 안다는 것을 확인할 수 있을 것이다.

이 기법의 다른 용도로는 무엇이 있는가?

일반적으로 수퍼바이지들은 어떤 딜레마 카드로 작업할지 선택한다. 개인에게 사각지대가 있는 경우, 수퍼바이저가 특정 카드를 제안할 수 있는데, 그 경우에는 가정이 내포되는 특성으로 인해 수퍼바이지가 한발 물러서게 되어 새로운 관점을 불러일으킬 수 있다.

한 번에 하나의 카테고리에 집중함으로써 회기의 주제를 만들거나 CPD 회기에 대한 영감과 실질적인 적용이 가능해진다.

딜레마 카드는 CCS가 트레이너 훈련 워크숍에서 공유하는 다양한 방법으로 사용될 수 있다.

참고 문헌

- Turner, T., Lucas, M. and Whitaker, C. (2018) *Peer Supervision in Coaching and Mentoring: A Versatile Guide for Reflective Practice*. Abingdon. Routledge, pp. 125-160.

자료가 있는 곳

- Purchase a sample set of Coaching Dilemma Cards© Available at. www.greenfield-sconsultancy.co.uk/latest-thinking/resources/[Accessed 19 August 2019].

11. 경계 탐색

안젤라 던바 Angela Dunbar[13]

어디에서 사용할 수 있는가?				일반적 수준의 수퍼바이지 경험 필요
전문적 일대일 수퍼비전	전문적 그룹 수퍼비전	동료 그룹 수퍼비전		경험이 많은 수퍼바이지들만 해당

언제 사용하는가?

수퍼바이지가 정신적으로 코치-고객 관계에서 벗어나 더 넓은 관점을 탐색하려 할 때 사용한다. 이는 '현장에서 제공된' 정보를 넘어서는 맥락과 경계에 대해 고려하도록 요청하는 것이다. 일곱 눈 모델 seven-eyed model(Hawkins & Shohet, 2012)의 렌즈를 통해 탐색하는 것과는 달리, 이 프로세스는 지속해서 확대되는 프레임 내에서 상황이나 혹은 관계를 재구성한다.

---

13) **안젤라 던바** Angela Dunbar는 경험이 풍부한 코치, 코칭수퍼바이저, 작가, 트레이너이자 마스터 NLP 실무자이다. 코칭협회 평생회원이자 전직 위원회 회원이며 코치와 코칭수퍼바이저로 인증받았다. 1994년부터 사업을 시작한 안젤라는 자신감, 창의성 및 의사소통 기술에 특별히 관심을 두고, 직업과 개인 생활 모든 측면에서 사람들을 코칭한다. 안젤라는 코칭 고객이 자신의 경험을 설명하는 데 사용하는 은유를 통해 무의식적 자원을 활용하는 강력한 비지시적 퍼실리테이션 프로세스인 'Clean Language'를 사용한다. 안젤라는 클린코칭센터를 통해 코치들에게 '클린' 기술을 가르친다. 그녀는 '코칭 전문성에 끼친 영향'으로 AC의 코치 명예상 후보에 두 번이나 올랐으며 심리학 학위(1급)를 보유하고 있다. 안젤라는 'Essential Life Coaching Skills'(2009) 및 'Clean Coaching: The Insider Guide to Making Change Happen'(2016)의 저자이다.

이는 코치가 경계 문제를 발견하거나, 다소 내성적이거나 편협하게 집중하는 경향이 있는 경우에 특히 유용하게 사용할 수 있다. 모든 것이 괜찮은 것처럼 보이지만 당면한 시스템의 외부에 무언가가 방해되는 것처럼 보일 때 특히 유용하다.

이 기법은 무엇인가?

클린 바운더리Clean Boundaries는 데이비드 그로브David Grove가 개발했으며 수퍼비전에 사용하도록 조정되었다. 질문이 명확해서 수퍼바이지가 스스로 생각할 수 있게 하고, 통찰력 있는 돌파구를 찾도록 북돋운다. 이는 클린 네트워크 기법을 통한 관계 탐구 기법의 후속 조치[14]가 될 수 있다.

> **1단계**: 수퍼바이지를 초대하여 탐구하고 싶은 코칭 고객 상황을 공유하고, 수퍼비전에 가지고 온 질문을 하게 한다.
> **2단계**: 수퍼바이지에게 고객과 코치 자신의 모습을 그리게 한다(고객을 코칭할 때 모습).
> **3단계**: 수퍼바이지에게 깨끗한 언어clean language 질문을 최대 6개 제시하고 종이에 뭐라고 적는지 살펴본다.
> - 그 사람은 어떤 고객/코치인가요?
> - 그 OO에 대해 다른 것이 있나요?
>
> 수퍼바이지에게 종이에 추가하고 싶은 내용을 적도록 권한다.
> **4단계**: 수퍼바이지와 코칭고객 주변의 공간을 탐색한다.
> - 두 분의 주변에는 어떤 공간이 있나요?
> - 그 공간의 특징은 무엇인가요? 그리고 그 공간은 얼마만큼 멀리까지 이어져

---

14) the Exploring Relationships with Clean Networks technique (see 13. Exploring the supervisee's client with clean networks, Angela Dunbar)

있나요?
- 그리고 그 공간은 어떤 경계나 모서리를 갖고 있나요? 그것을 종이에 그려서 보여주세요(수퍼바이지는 종이에 경계를 표시하기 위해 그림을 다시 그리거나 크기를 조정해야 할 수도 있다).

5단계: 경계에 관해 질문한다.
- 그 경계는 어떤 경계인가요?
- 그 OOO 경계에 대해 또 뭐가 있을까요?

6단계: 질문을 통해 인식을 더욱 확장한다.
- 그리고 그 경계 너머에는 무엇이 있을까요?
- 그곳은 어떤 공간인가요? 등(이전과 같은 질문).

수퍼바이지가 무한의 공간에 도달할 때까지 공간과 경계를 계속 탐색할 수 있다.

7단계: 각 경계에서 수퍼바이지에게 종이 경계에 맞게 그림을 다시 그리거나 크기를 조정하도록 요청한다.

8단계: 수퍼바이지에게 각 공간과 경계의 위치에서 코칭 고객과 고객의 상황에 대해 더 많이 이해할 수 있도록 질문한다. 질문 예시:
- 당신은 이 경계/공간에서 보이는 당신의 고객이나 당신에 대해 무엇을 알고 있습니까?
- 그리고 이 공간은 당신의 고객이나 당신에 대해 무엇을 알고 있습니까?

9단계: 가장 바깥쪽에서 고객과 코치의 중심으로 되돌아오는 각각의 경계와 공간에 대해 계속 질문한다. 마지막에 '당신은 지금 무엇을 알고 있습니까?'라고 질문하는 것으로 주요 학습 내용을 정리하여 마무리한다.

10단계: 수퍼비전 공간에 다시 돌아오는 것으로 탐색을 완료한다. 예를 들어, '지금 알고 있는 것이 고객/코칭 작업에 어떤 변화를 가져오는가?'라고 질문한다.

이 기법을 사용하는 방법

이 기법이 익숙하지 않은 사람들은 반복적인 질문이 짜증 나게 느껴질까 봐 두려워할 수 있다. 사실, 수퍼바이지들은 일반적으로 그 질문들을 매번 다르게 경험한다고 보고한다. 아마도 그들의 생각이 바뀌어서 동일한 단어에 다른 의미를 부여하기 때문일 것이다.

깨끗한 언어 맥락에서 질문할 때, 우리는 특히 목소리의 억양, 속도 및 음성 조절을 의식할 필요가 있다. 되도록 목소리를 중립적으로 유지하고, 각 단어를 명확하게 강조하고, 각 단어 사이에 약간 멈추는 방식을 취하면서 질문을 천천히 전달한다.

주의 사항

이 기법은 확장성을 장려하고 있으므로, 수퍼바이지의 작업에 자신만의 해석을 적용하지 않고 올바른 방향을 유지하는 데 도움이 되는 방법을 찾아야 할 수도 있다.

이 기법의 다른 용도로는 무엇이 있는가?

그룹 수퍼비전에서는 질문에 내용이 필요하지 않으므로, 질문을 제시한 다음에 모든 사람이 자신의 고객을 조용히 탐색하도록 하고, 그런 다음에 최종 성찰(그리고 그들의 그림)을 공유하게 한다. 이 기법은 고객 코칭에도 적용할 수 있으며, 특히 모든 관계에 대한 더 넓은 그림을 탐색하는 데에도 사용할 수 있다.

참고 문헌

- Hawkins, P. and Smith, N. (2006) *Coaching, Mentoring and Organisational Consul* tancy: *Supervision and Development*. Maidenhead: McGraw-Hill. p. 32. 『수퍼비전: 조력 전문가를 위한 일곱 눈 모델』 피터 호킨스, 로빈 쇼헤트 지음. 김상복, 이신애 옮김. 2019. 코칭수퍼비전아카데미

자료가 있는 곳

- Clean Boundaries is covered in-depth on the Clean Coaching training programme, as part of Module Three. For general information see our website: www.clean-coaching.com [Accessed 6 September 2019].

~~~~~

12. '깨끗한 언어 clean language'로 관계 탐색

안젤라 던바

언제 사용하는가?

수퍼바이지가 이미 고객 시나리오 연구를 탐색했을 때, '다음 단계'로 유용하며 이는

코칭 관계 자체에 대한 호기심을 불러일으킨다. '최선을 다해' 기법[15]의 후속 작업으로 사용할 수 있다.

이 기법은 무엇인가?

주의력을 확장하고 관점을 넓히는 데 도움이 되는 '깨끗한 언어' 질문을 사용한다. '일곱 눈 모델'이나, 비슷한 수퍼비전 구조 틀에 대한 이해를 바탕으로 결합한 이 기법은 수퍼바이지가 당신의 관점을 받아들이도록 영향을 미치거나 잠재적으로 편향되지 않고 탐구하는 방법을 제공한다.

질문들은 비지시적이며, 수퍼바이저 자신의 가정, 편견 및 은유가 제거되어 있으므로 깨끗하다. 질문들은 수퍼바이지의 서술에 대해 은유적 요소에 주의를 집중시키는 데 사용된다.

1단계: 평소와 같이 수퍼바이지의 코칭고객 시나리오를 탐색한다(또는 이를 위해 '깨끗한 언어 clean language' 질문을 사용할 수 있다).
2단계: 수퍼바이지의 코칭 고객이 '수퍼비전 현장에 살아서 존재한다'라고 느끼고 수퍼바이지가 자신의 코칭 측면과 이 고객과의 관계를 탐색하는 데 시간을 투자했다면, '코칭 고객과 당신의 관계는 어떤가요?'라고 질문한다.
3단계: 안젤라 던바의 [63. 최선을 다해] 기법에 기술된 프로세스를 참조하여 수퍼바이지가 이 관계를 설명하기 위해 사용하는 은유에 초점을 맞춘다.
4단계: 은유에 여러 가지 다양한 구성 요소가 있을 때까지 계속 탐색한다.
(예: '이 관계는 서두르지 않고 양 떼를 몰고 가려는 양치기 개와 같다' 등)
'양치기 개', '양', '무리' 각각의 상징은 더 자세히 탐구될 수 있을 뿐만

---

15) 63. Using metaphor to explore 'at my best', Angela Dunbar

아니라 '서두르지 않음' 상태와 '모으려고 노력하는' 활동도 더 자세히 탐구될 수 있다.

 (예: '좌절감을 느끼는 것'; '농부는 보고 있지 않다'; '양들은 풀을 먹고 싶어 한다' 등)

5단계: 관계에 대한 이 은유의 전체 '풍경'이나 지도가 있다고 느끼면, 비교를 불러오는 '깨끗한 언어' 질문으로 수퍼바이지가 관계 패턴과 연결을 고려하도록 도와준다. 추가 질문을 위해 수퍼바이지의 설명 가운데 두 가지 측면을 선택한다.

- 양치기 개와 농부 사이에는 어떤 관계가 있나요?
- 양이 풀만 먹고 싶어 하면 양치기 개에겐 어떤 일이 생길까요?

6단계: 수퍼비전의 '일곱 눈 모델'을 염두에 두고, 수퍼바이지가 직접적인 관계를 넘어 성찰하도록 깔끔하게 초대할 수도 있다.

- 그리고 양 떼 주변에는 무엇이 있습니까? (답변 - 들판)
- 그리고 그 들판 너머에는 무엇이 있을까요?
- 그리고 지금 무슨 일이 일어나고 있나요?
- 그리고 OOO는 어디서 왔을까요?
- 그리고 그것과 코칭 관계 사이에 연관성이 있나요?

7단계: 이 작업이 완료되었다고 생각되면 다른 수퍼비전 접근 방식으로 이동할 수 있다. 또는 다음의 '깨끗한 언어' 질문 순서로 학습을 마무리할 수도 있다.

- 이제 당신의 관계가 OOO와 같다는 것을 알게 되었습니다. 그것을 아는 것이 어떤 차이를 가져오나요?
- 다음에는 어떤 일이 일어나야 할까요?
- 어떻게 그렇게 하시겠습니까?
- 언제 그렇게 할 예정인가요?

이 기법을 사용하는 방법

'깨끗한' 접근 방식의 퍼실리테이터로서 당신은 때로는 탐색에서 소외된 느낌이 들 수 있다. 수퍼바이지는 당신에게 말로 설명하지 않고도 연결하고, 은유 뒤에 숨은 뜻을 이해할 가능성이 크다.

이는 수퍼바이지가 모든 것을 공개하지 않고도 개인적이고 중요한 관계를 밝혀낼 수 있게 해주므로 수퍼바이지가 프로세스를 매우 존중하게 만들고, 소유권도 완전히 유지할 수 있게 한다.

당신이 수퍼바이지가 표현하는 은유의 의미를 이해할 필요가 전혀 없을지도 모른다. 7단계의 후속 질문들은 어떤 통찰도 공개적으로 드러내고 수퍼바이지가 통찰력을 행동 변화로 전환하거나 조처하는 데 도움이 된다.

주의 사항

안젤라 던바의 [63. 최선을 다해] 기법에 기술된 요점을 참조.[16]

이 기법의 다른 용도로는 무엇이 있는가?

모든 관계를 탐색하는 것은 유용하다. 실습에 들어온 수퍼바이지는 이 기법을 자신의 코칭 고객에게도 사용할 수 있다.

---

16) 63. Using metaphor to explore 'at my best', Angela Dunbar

더 읽어보기

- Dunbar, A. (2018) *Using Metaphors in Coaching*. [pdf] Available at: https://clean-coaching.com/files/2018/04/Using%20Metaphors%20with%20Coaching%20April%20/11.pdf [Accessed 1 September 2019].
- Wilson, C. (2004) *Metaphor and Symbolic Modelling for Coaches*. [pdf] Available at: https://cleancoaching.com/files/2018/04/Metaphor-Symbolic-Modelling.pdf [Accessed 1 September 2019].
- Smith, K. (2012) *A Clean Corner of Coaching Supervision*. [online] Available at: www.cleanlanguage.co.uk/articles/articles/318/1/A-Clean-Corner-of-Coaching-Supervision/Page1.html [Accessed 1 September 2019].

~~~~~

13. '클린 네트워크'로 수퍼바이지의 고객 탐색

안젤라 던바

언제 사용하는가?

이 기법은 수퍼바이저의 관여를 최소한으로 유지하면서 수퍼바이지가 다양한 관점을 고려하도록 돕는 등 많은 상황에서 유용하게 사용할 수 있다. 특히 무엇에 집중할지 결정하기 이전의 탐색 과정에서 시작하기에 좋은 방법이다.

이 기법은 무엇인가?

이 기법은 고객을 종이에 표현한 다음 다양한 공간과 방향에서 이를 탐색하는 작업이 포함된다. 이는 우리가 서있는 위치가 우리가 아는 것에 영향을 미친다는 원칙을 활용한다. 다양한 방향에서 종이를 시각적으로 탐색하면 처음에는 눈에 띄지 않는 패턴이 드러나는 경우가 많다. 이 과정에서 수퍼바이저가 '깨끗한 언어'를 사용하여, 안내에는 도움이 되면서 관점이 오염되지는 않게 한다.

1단계: 수퍼바이지에게 큰 종이를 주고, 단어나 기호 또는 그림 등을 다양하게 사용하여 고객을 표현해 보도록 요청한다.

2단계: 좀 더 자세히 알아보기 위해 일련의 간단한 '깨끗한 언어' 질문을 한다.
- 어떤 종류의 고객입니까?
- 이 고객에 대해 추가할 사항이 있습니까?
- 이 고객은 어떤 일이 일어나기를 바라나요?
- 그리고 이 고객을 뭐라고 부를 건가요?

수퍼바이지에게 추가해야 할 내용을 좀 더 적어보도록 권한다.

3단계: 수퍼바이지의 주변 어딘가에 고객의 위치를 정하고 거기에 종이를 내려놓게 한다. 적극적으로 부추기면서 참여하게 한다.

4단계: 수퍼바이지가 배치해 놓은 고객의 위치를 고려해서 이번에는 수퍼바이지 자신의 위치를 적절하게 잡도록 요청한다.

5단계: 수퍼바이지가 고객을, 그리고 그 고객과의 관계를 어떻게 보고 있는지에 대해 공간적 은유를 기반으로 미세하게 조정하도록 일련의 위치 질문을 한다.
- 당신과 고객이 올바른 자리에 있습니까?

- 당신과 고객이 올바른 높이에 있습니까?
- 당신과 고객이 올바른 방향을 향하고 있습니까?
- 당신과 고객이 올바른 각도에 있습니까?

6단계: 새롭게 이해한 내용들을 확인하며 마무리한다.

'그리고 지금 무엇을 알고 있습니까?'라고 묻고, 수퍼바이지가 그 내용을 종이에 적도록 요청한다.

7단계: 이제 수퍼바이지에게 '그 공간에서 옮겨 갈 또 다른 공간이 있습니까?'라는 질문을 해서 이동하도록 한다. 그런 다음 '그리고 당신은 그 공간에서 무엇을 알고 있습니까?'라고 묻는다. 수퍼바이지가 더는 옮겨 갈 공간이 없다고 말하거나 6개의 공간 모두로 옮겨갈 때까지 계속 이동하도록 초대한다.

8단계: 수퍼바이지를 처음 위치로 돌아가게 하고, '지금 무엇을 알고 있습니까?'라고 질문한다. '그 밖에 지금 알고 있는 것이 더 있을까요?'라는 깨끗한 언어 질문을 계속 물어볼 수 있다.

이 기법을 사용하는 방법

질문이 의도적으로 '모호'하므로 처음에 질문을 반복하는 프로세스 특성에 관한 설명이 필요할 수도 있다. 수퍼바이지가 3~4회 이동한 뒤 막다른 골목에 도달한 느낌이 드는 것은 드문 일이 아니다. 이 지점 이후에도 프로세스를 계속하면 수퍼바이지가 당연한 것을 넘어서 통찰력/새로운 이해에 도달하는 데 도움이 된다.

그 밖에 주목해야 할 사항은 무엇인가?

유사한 질문 세트를 사용하여 수퍼바이지와 그의 고객 사이의 공간을 탐색하도록 선택해도 좋다. 수퍼바이지가 특별한 것을 알아차린 것처럼 보이면 어느 공간에서든 가끔 '추가적인' 깨끗한 질문clean language을 할 수도 있다. 예를 들어 '그 OO는 어떤 종류의 OO인가요?'

정보의 전체 '네트워크'가 활성화된 상태로 유지될 수 있도록 이 추가적인 질문은 2개 이하로 간략하게 유지해야 한다.

주의 사항

이 기법과 '시스템' 섹션의 기법 사이에는 몇 가지 유사점이 있지만 분명히 다르다. 이 기법(Wilson, 2017)은 데이비드 그로브David Grove의 '창발적 지식Emergent Knowledge'을 통해 알려졌다. 이는 '복잡한 시스템의 자기 조직화 과정에서 새롭고 일관된 구조, 패턴 및 특성이 발생하는 것'으로 정의되는 출현 이론에 기반을 둔다.

이 기법의 다른 용도로는 무엇이 있는가?

일대일 작업에 가장 적합하지만, 예를 들어, 수퍼바이지들이 질문을 묵묵히 알아서 처리하도록 하는 방식으로 그룹 수퍼비전에서도 적용할 수 있다. 코칭 고객에게는 그들의 목표와 관련된 표현이나 그들이 더 알고 싶어 하는 중요한 인물에 대한 것을 종이에 쓰도록 한다.

참고 문헌

- Wilson, C. (2017) *The Work and Life of David Grove: Clean Language and Emergent Knowledge*. Matador: Leicestershire.

더 읽어보기

- See www.cleancoaching.com. (2018) *Emergent Knowledge - An Introduction to the Process*. Available at: https://cleancoaching.com/files/2018/04/Emergent%20Knowledge%20-%20An%20Introduction%20to%20the%20Process.pdf [Accessed 24 February 2020].

~~~~~

14. 막힌 느낌

앤 칼레하

어디에서 사용할 수 있는가?		일반적 수준의 수퍼바이지 경험 필요
전문적 일대일 수퍼비전	개인적 성찰	경험이 많은 수퍼바이지들만 해당

언제 사용하는가?

수퍼바이지가 특정 고객과 함께 일할 때 '막혀 있다'거나 좌절하거나 압도감을 느끼거나 여러 고객과 작업하면서 도움이 되지 않는 패턴을 발견할 때 사용한다.

이 기법은 무엇인가?

신경 논리 수준의 계층 구조를 찾아낸 딜츠Dilts와 베이트슨Bateson[17]의 작업에 기반을 둔다. 체계적으로 작동하는 이 기법은 정보를 정렬해서 다음 단계를 찾기 전에 '고착' 상황에 빠지는 수준을 식별하는 데 도움이 된다.

1단계: 수퍼바이지에게 실내의 어느 한 위치를 고르게 하고, 그 위치에 고착된 느낌이 든 그 고객의 이미지를 불러오게 한다. 그리고 그 고객 앞에 수퍼바이지와 수퍼바이저가 어떻게 위치해 있는지 지정하게 하면서 모두 연결되도록 한다.

수퍼바이지에게 고객을 스캔하듯 훑어보게 한다. 코치로서 이미 알아차린 것을 격려하는 의미일 수 있고, 코치로서 말하는 것을 듣고 느끼게 하도록 제안하는 것이기도 하다. 고객에 대해 막혀 있는 그 부분을 되살리려는 의도이다.

2단계: 수퍼바이지에게 그 위치에서 한 걸음 벗어나서 통찰한 것을 공유하게 한다. 그런 다음 고개를 흔드는 등 몸을 움직여서 그 느낌에서 벗어나도록 권한다.

3단계(a): 수퍼바이지에게 종이 6장을 주고, 각각의 종이에 환경, 행동, 능력, 가치, 정체성, 목적에 대해 적게 해서 순서대로 바닥에 위치를 설정해서 내려놓게 한다. [그림 1.4] 참조

3단계(b): 수퍼바이지에게 종이 한 장이 놓여있는 위치에 발을 들여놓고, 그 공간에서의 경험과 연결된 느낌이 들도록 한다. 그림에서와 같이 특정 순서와 맞춤형 질문을 사용하되, 질문의 시작에 '고객과 함께 있을 때'라는 말로 시작한다.

---

17) Dilts and Bateson, identified a hierarchy of Neuro Logical Levels.

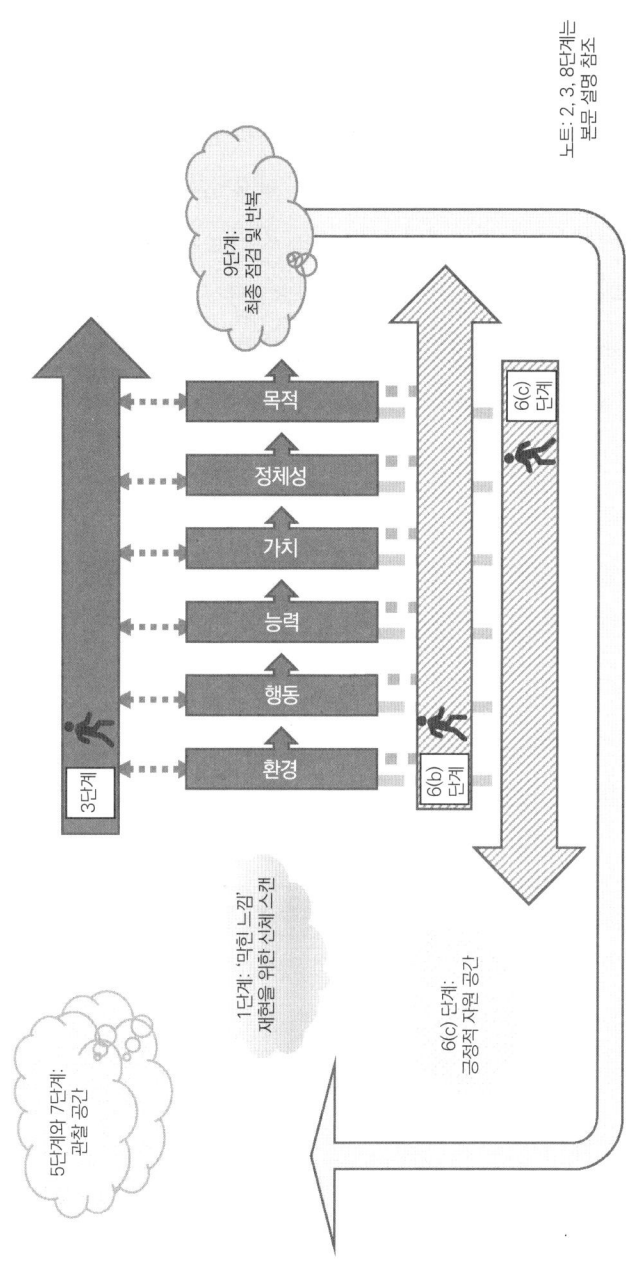

[그림 1.4] '막힌 느낌' 정렬 연습

사용될 맞춤형 질문은 다음과 같다.

> i. 환경: 어디에 있나요? 알아차린 것에 주목하고, 느껴지는 것을 느끼고, 들리는 것을 들어보세요.
>
> ii. 행동: 무슨 말과 행동을 하고 있었나요?
>
> iii. 실천능력: 어떤 기법을 사용하고 있었나요?
>
> iv. 가치: 무엇을 믿었거나 어떤 것에 가치를 두고 있었나요?
>
> v. 정체성: 어떤 역할을 하고 있었나요? 당신은 누구였나요?
>
> vi. 목적: 당신의 목적이나 목표는 무엇이었나요?

수퍼바이지가 자기 감각과 생각을 처리할 수 있도록 각 공간에서 잠시 멈춘다.

4단계: 수퍼바이지는 종이가 놓인 위치에서 돌아와서 자신이 발견하고, 느끼고, 들은 것을 성찰한다.

5단계: 이제 수퍼바이지는 스스로 관찰자가 되기 위해 '관찰 공간'으로 옮겨 간다. 거기에서부터 각 '레벨'을 다시 걸어보면서 '고착'이나 통찰력을 경험했을 장소에 주목하도록 격려한다.

6단계 (a): 수퍼바이지는 이제 해결책을 찾는 '해결 공간'을 지정한다. 이 공간을 '긍정적 자원 공간'으로 부르고, 수퍼바이지가 갈 수 있게 한다.

6단계 (b): 수퍼바이지에게 자신의 긍정적 자원 상태를 활용하고, 위의 E-B-C-V-I-P 6단계를 순서대로 다시 걷도록 요청한다.

6단계 (c): 잠시 숨을 돌린 후에 긍정적 자원상태를 유지하면서 위의 6단계를 역순으로 걷도록 한다(예: P-I-V-C-B-E).

7단계: 준비가 되면, 수퍼바이지는 '관찰 공간'으로 이동하여 배운 것을 성찰한다. 수퍼바이저는 다음과 같은 질문을 할 수 있다.

- '… 그리고 그 밖에 다른 건 없나요?' (필요에 따라 반복)
- '… 그리고 당신은 지금 무엇을 알고 있나요?'

8단계: 수퍼바이지에게 '지금 여기서 멈춰도 좋은가요?'라고 질문하고, 모든 조치를 파악한 뒤 작업을 종료한다.

9단계: 정렬된 느낌이 생길 때까지 필요에 따라 이전 단계를 반복한다.

이 기법을 사용하는 방법

이 기법은 구조가 강하므로 퍼실리테이팅 과정은 가볍게 진행한다. 인지적 개입이나 경험 공유 없이 수퍼바이지가 처리해야 할 작업을 처리하도록 안내한다. 작업이 전개되는 동안 조용히 거리를 유지하면서 관찰한다. 수퍼바이지의 태도에 부드럽게 맞춰 준다. 수퍼바이저로서 느낀 점들을 기록해 두었다가, 수퍼바이지가 관찰 공간에 머무를 때만 자신의 의견을 공유한다. 제시된 6단계를 체계적이고 반복적으로 진행하면, 수퍼바이지는 무엇이 '동기화'되지 않았는지(그리고 막힌 느낌을 유발하는지) 파악하고, 일치되고 합해지는 느낌을 갖기 위해 무엇을 해야 하는지 이해하기 시작한다. 이러한 반복은 도움이 된다. 이를 통해 프로세스를 통합하고 자기 경험에 더욱 완벽하게 연결할 수 있다.

그 밖에 주목해야 할 사항은 무엇인가?

만약 막힌 느낌이 해결되지 않는다면, 전이 transference 또는 병렬/평행 과정 parallel process 이 발생하고 있는지를 고려하면 도움이 될 수 있다.

주의 사항

NLP 교육을 받지 않았거나 '깨끗한 언어 clean language', '깨끗한 공간 clean space', 또는 게슈탈트 신체 활동 gestalt body work 에 익숙하지 않은 경우, 관련 자료를 좀 더 자세히 읽어보는 것이 도움이 될 수 있다.

이 기법의 다른 용도로는 무엇이 있는가?

딜츠의 논리적 수준에 대한 더 깊은 이해를 통해 코치는 이와 비슷한 진행으로 고객과 함께 퍼실리테이션을 진행할 수 있다.

더 읽어보기

- Bateson, G. (1979) *Mind and Nature*. London: Fontana/Collins.
- Dilts, R. (1990) *Changing B elief Systems With NLP*. Santa Cruz, CA: Meta Publications. Dilts, R., Hallbom, T. and Smith, S. (2012) *Beliefs: Pathways to Health and Well-Being*, 2nd ed. Camarthen: Crown House Pub Ltd.
- Dilts, R. (2017) *From Coach to Awakener*. Santa Cruz, CA: Meta Publications. (See Appendix A), pp. 299-324.

~~~~~

15. 어항 방식 수퍼비전

미셸 루카스, 태미 터너

어디에서 사용할 수 있는가?		일반적 수준의 수퍼바이지 경험 필요
전문적 그룹 수퍼비전	동료 그룹 수퍼비전	대부분의 단계

언제 사용하는가?

수퍼바이지가 자신의 업무에 '너무 밀착해 있다'라고 느낄 때, 아마도 자신의 삶을 넓게 보면 그와 비슷하다고 느껴지거나 고객에게 이끌려 공모하고 있음을 인식할 때 가장 유용하다.

이 기법은 무엇인가?

이 기법은 시야를 넓히고 추가 정보를 얻는 데 도움이 된다. 그룹 구성원들은 작업을 '들여다보기' 위해 의도적으로 원 바깥에 위치함으로써 좀 더 관찰자적인 자세를 취한다.

1단계: '어항'을 만들 수 있도록 실내를 정리한다. 수퍼바이저와 수퍼바이지가 실내 중앙에 위치하고 다른 사람들은 원의 바깥쪽에서 원 안을 볼 수 있게 한다.

2단계: 수퍼바이지가 코칭 고객 시나리오의 개요를 설명하면, 그룹 구성원은 적극적으로 경청하여 내용, 감정, 의도를 파악하도록 한다. 더불어 그룹 구성원들에게 수퍼바이지의 반응과 그들 자신의 반응을 모두 관찰하도록 요청한다.

3단계: 수퍼바이지는 코칭 고객에 대해 현재 상황을 개략적으로 설명하고 그의 현재 인식 수준을 명확히 설명하게 한다. 무엇을 명확하게 볼 수 있었는가? 무엇을 놓치고 있는가?

4단계: 수퍼바이지가 기대하는 결과가 무엇인지 확인한다.

5단계: 그룹 구성원들의 이해를 돕기 위해 질문하는 시간을 갖는다. 질문은 탐색적이거나 가설에 기반을 둔 것이 아니라 사실에 초점을 맞추도록 퍼실리테이팅한다. 질문의 예시는 다음과 같다.

- 몇 번의 회기를 가졌나요?

- 고객이 진전을 보이지 않으면 어떻게 될 것 같나요?

수퍼바이지는 자신이 진행한 코칭에서의 선택을 방어하기보다는 설명한 내용의 공백을 메우기 위해 대답한다.

6단계: 수퍼바이지는 실내의 '관찰 공간'에서 7단계를 지켜볼 수 있도록 자리를 옮긴다.

7단계: 수퍼바이저는 원 밖의 관찰자 그룹을 대상으로 토론을 진행하되, 수퍼바이지가 실내에 없는 것처럼 이야기하도록 퍼실리테이팅한다.

8단계: 적절한 시점에 수퍼바이저는 토론을 마무리하고 수퍼바이지를 그룹에 합류하도록 초대한다.

9단계: 수퍼바이지가 그룹 토론에서 자신의 사례에 대해 '논의되는 것을 듣는 경험'을 어떻게 이해했는지 확인하고, 수퍼비전이 고객에 관한 생각에 어떤 영향을 미쳤는지 이야기하게 한다.

10단계: 전체 그룹 구성원들에게 자신의 참여 경험을 되돌아보고 코칭에 어떻게 반영할지에 관해 메모하게 한다.

이 기법을 사용하는 방법

때때로 그룹 구성원들은 수퍼바이지가 아직 실내에 있다는 사실을 잊어버리고 고객 시나리오를 논의할 때 민감성과 공감력을 잃기도 한다. 수퍼바이저의 역할은 호기심의 공간에서 토론이 계속되도록 돕는 것이다. 예를 들어, 'XYZ 기법이 더 효과가 있었을 것 같다'라는 의견을 좀 더 잠정적이고 건설적인 표현으로 정리하여 'XYZ 기법 사용을 고려했는지 궁금하다'로 재구성하는 과정을 수행한다.

이 기법의 요점은 수퍼바이지가 고려할 수 있는 옵션의 범위를 넓히는 것이다. 특정 수퍼비전 구조 틀을 염두에 두고 어떤 요소가 자연스럽게 적용되는지 확인한 다음, 아직 고려되지 않은 요소를 묻는 말을 다루게 한다.

그 밖에 주목해야 할 사항은 무엇인가?

이 기법은 수퍼바이지를 상대적으로 '수동적인' 역할에 배치한다. 3, 4, 9단계는 수퍼바이지가 양질의 자기 성찰을 할 수 있는 기회이며, 충분한 시간이 필요하다. 일상적으로 이 접근 방식을 사용하는 것을 선호하는 경우, 수퍼바이지가 진정으로 참여하는지 아니면 쉽게 가려고 하는지 살펴봐야 한다.

주의 사항

5단계에서는 시간을 많이 쓸할 수 있으며, 주의 깊게 관리하지 않으면 그룹이 수퍼바이지와의 토론으로 연결되면서 주관적으로 유지될 수 있다. 그룹 구성원과 수퍼바이저가 수퍼바이지의 객관적 설명에서 미흡한 부분을 묻는 설명 질문과 코칭 탐색을 위한 탐구 질문을 구분해서 이해하기 어려운 상황에서는 5단계를 생략하는 것이 도움이 될 수 있다. 7단계에 통합해서 모든 질문을 할 수 있음을 기억한다.

이 기법의 다른 용도로는 무엇이 있는가?

한 가지 변형은 수퍼바이저와 수퍼바이지가 개별 수퍼비전에 참여하고 그 상황을 그룹 구성원들이 목격하는 것이다. 그러한 경우에는 수퍼바이저와 수퍼바이지는 함께 원의 중앙이 아니라 관찰 공간으로 이동하고 그룹 구성원이 토론하게 한다. 이렇게 활용하면 팀코칭 작업으로 변환될 수 있으며, 실제로 일부 액션러닝에서 이 접근 방식을 사용한다. 높은 수준의 퍼실리테이션 기술이 필요하다.

더 읽어보기

- Shohet, R. (2001) Supervision as Transformation: A Passion for Learning. London: Jessica Kingsley Publishers.

~~~~~

16. 나는 시스템의 일부이다

태미 터너

어디에서 사용할 수 있는가?			일반적 수준의 수퍼바이지 경험 필요
	전문적 그룹 수퍼비전		경험이 많은 수퍼바이지들만 해당

언제 사용하는가?

이 기법은 그룹이 광범위한 성찰 연습을 할 때나 그룹 역동성을 이해하기 위해 사용된다. 이 질문은 시스템에 대한 이해를 높이거나 연간 프로세스를 위해 그룹을 안정시키고자 할 때 잘 작동한다.

이 기법은 무엇인가?

회기 전에 구성원들에게 두 가지 질문을 할 것임을 알린다. 그 두 가지 질문은 ①수퍼비전 회기 중에 자신이 촉발된 부분이 어디인가 ②코칭 성찰을 통해 자신이 알게 된 패턴은 무엇인가이다.

각 개인은 진행 회기에서 관찰한 내용을 공유할 것이라고 미리 알려준다.

예를 들면, '앤이 그룹에서 가장 경험이 많은 사람이기 때문에 나는 앤을 따르는 것으로 나타났습니다. 나는 높은 직책의 고객들에게도 똑같이 대처합니다.' 회기에서 이 지침을 반복하고 실내에 존재하는 모든 것이 이 자리를 떠나서도 여전히 존재한다는 것을 수퍼바이지에게 기억하게 한다.

1단계: 수퍼바이저는 수퍼바이지가 가르치려 들거나 관점에 개입하지 않도록 적극적인 역할을 하고, 각 수퍼바이지에게 다음 사항을 간결하게 공유한다.

　a. 반응, 유발 요인 또는 시간이 지남에 따라 쉬워진 것을 포함하여 그들이 가진 요약된 성찰에는 그룹이나 다른 사람들과의 경험이 담겨 있다.

　b. 수퍼바이저는 감사하다고 말하거나 프로세스가 진행됨에 따라 전체 그룹 시스템에 대해 나타날 수 있는 몇 가지 주제를 끌어낼 수 있다. 3단계가 될 때까지는 주제를 정리하지 않는다.

2단계: 몇 분 동안 그룹에서 들은 내용을 고려하고, 그룹이 어떻게 함께 운영되는지 관찰한 내용을 정리한다. 종합한 내용은 다음과 같이 정리하여 제시한다.

- 테마 또는 촉발 요인
- 사각지대, 희생양, 복종, 전이, 공손함 및/또는 과도한 책임
- 그리고 이에 대한 그들 개인의 기여

그룹이 일곱 눈 모델[18]에 익숙하다면 다른 모드를 검토할 수 있다.

---

18) 86. Working with the Seven-Eyed model, Michelle Lucas 참조

3단계: 집단적으로 작업하는 방식을 반영하여 그룹의 관찰을 촉진하고 정보를 개인화하기보다는 관찰자로 남아 있도록 상기시킨다. 다음과 같은 질문이 유용하다.

- 이 패턴의 결과로 그룹은 어떤 패턴을 발전시켰습니까?
- 개인으로서 당신에게 영향을 미친 그룹의 역동성을 어떻게 해석합니까?
- 이 그룹의 역동성에 기여한 점은 무엇입니까?
- 이를 깨기 위해 그룹은 어떤 선택을 해야 합니까?

4단계: 각 구성원이 자신에게 가장 유용했던 것이 무엇인지, 그리고 그 결과로 향후 회기에서 무엇을 해볼지를 공유함으로써 작업을 마무리한다.

이 기법을 사용하는 방법

1단계에서는 수퍼바이지가 취약성을 드러내고 간결하게 표현하도록 격려한다. 완전한 생각을 이야기하거나 논평을 공유하거나 달콤한 감사의 말을 전하는 것은 도움이 되지 않는다.

예를 들면, '그룹과 함께 작업해서 정말 좋았습니다. 모두 정말 감사합니다…'

심층적인 후속 질문을 통해 진솔하지만 안전하게 답변의 표면 안으로 들어가도록 한다.

예를 들면: '특별히 어떤 점이 좋았습니까? 그리고 그것이 당신에게 어떤 영향을 미쳤는지 알아차렸나요? 그룹 전체로서는 어떤가요?'

공개적으로 말하는 것을 꺼리는 것처럼 보이는 경우, 수퍼바이지에게 관찰되는 모든 내용은 그대로 타당하다는 점을 부드럽게 상기시켜 주고, 그룹 프로세스는 수퍼바이지의 고립된 혼자만의 성찰보다는 그룹 속에서 함께 역동하는 역할임을 알아차리게 한다.

그 밖에 주목해야 할 사항은 무엇인가?

3단계에서는 그룹의 사각지대를 탐색하는 것이 강력한 학습이 될 수 있다.

주의 사항

프로세스 전반에 걸쳐 개인화, 전이 및/또는 회피 경향이 발생할 수 있으므로, 병렬/평행 프로세스에 주의해야 한다. 그룹이 충분히 발전되어 있다면 이러한 사례를 그룹이 함께 자각하는 요점으로 가져오면 그들이 작업하는 데 도움이 될 수 있다. 부적절한 경우, 그룹에게 잠시 시간을 내어 생각을 모으고 프로세스를 재개하기 위해 가장 유용한 집단 관찰로 다시 방향을 바꾸도록 한다.

이 기법의 다른 용도로는 무엇이 있는가?

이 질문들의 초점은 개인의 기여에 관한 것이다. 이는 1년 또는 2년마다 또는 개별 수퍼바이지가 그룹에서도 나타나는 특정 습관을 발견할 때 유용하다. 4단계에서 추출되는 내용은 향후 그룹 회기에서 계약에 대한 그룹 합의를 형성하는 데 사용될 수 있다.

더 읽어보기

- Turner, T., Lucas, M. and Whitaker, C. (2018) *Peer Supervision in Coaching and Mentoring: A Versatile Guide for Reflective Practice*. Maidenhead: Routledge, pp. 104-105. 『동료 코칭 수퍼비전: 성찰적 실천을 위한 다용도 지침』 김현주, 박정자, 이서우, 정혜선, 추영숙 옮김. 2025. 코칭북스

17. 이슈, 통찰력, 아이디어, 의도

데이비드 클러터벅

언제 사용하는가?

회기를 종료하거나 진행 과정을 요약하는 데 사용한다. 두서없이 산만하게 진행되는 회기나, 명확한 초점 없이 시작된 회기에 유용한 균형을 제공한다.

이 기법은 무엇인가?

이 기법은 간단한 네 가지 질문 세트로서, 학습을 끌어내거나 의미 있는 방식으로 회기를 마무리하는 데 사용된다.

> **1단계**: 적절한 시점에 회기를 일시 중지한다. 아마도 수퍼바이지(또는 수퍼바이저)가 대화의 흐름을 놓쳤거나 만료 시간 10분 전이지만 어떻게 토론을 이끌어야 할지 명확하지 않은 경우일 것이다.
> **2단계**: 수퍼바이지와 함께 회기를 어떻게 종료하고 싶은지 확인하고, 다음 단계의 질문을 옵션으로 포함한다.
> **3단계**: 수퍼바이저가 제시한 질문 옵션에 수퍼바이지도 합의하면 다음과 같이 질

문한다.
- 우리가 논의한 이슈는 무엇입니까?
- 당신에게 찾아온 통찰력은 무엇입니까?
- 어떤 아이디어들이 나왔나요?
- 당신의 목적은 무엇입니까?

4단계: 수퍼바이지는 대화나 전문 글쓰기journaling를 활용해서 이러한 질문에 응답한다.

5단계: 적절한 경우 메타성찰meta-reflection[19]을 구축한다.
- 회기 시간을 어떻게 사용하는지에 대해 무엇을 배우고 있습니까?
- 그 가운데 당신에게 적합한 것은 무엇입니까?
- 잘 작동하지 않는 것은 무엇입니까?
- 앞으로는 무엇을 다르게 하고 싶나요?

이 기법을 사용하는 방법

이 접근 방식은 구조를 유동적인 회기로 전환하는 데 도움이 될 수 있다. 또는 회기 내에 충분한 시간이 없는 경우, 네 가지 질문은 개인이 더 깊이 성찰할 수 있는 유용한 틀을 제공한다. 수퍼바이저는 네 가지 질문에 대해 자신만의 답을 갖고 있을 것이다. 수퍼바이지가 자신의 생각을 공유하기 전에는 수퍼바이저의 생각을 제시하지 않는 것이 중요하다. 그러려면 수퍼바이지에게 책임져야 한다. 게다가, 수퍼바이지가 가진 학습에 대한 느낌을 듣는 것은 깨달음을 줄 수 있다 - 그것은 우리가 지닌 이야

---

19) [역주]: 활동과 지적 과제를 사고, 분석, 관찰, 재해석하는 일정하고 지속적인 과정, 이러한 실천 의미에 대한 성찰. 출처: Chapter 16 Handbook of Research on Applied E-Learning in Engineering and Architecture Education, https://www.igi-global.com/dictionary/meta-reflection/52492#:~:text=What%20is%20Meta,of%20these%20practices.

기와 현저하게 다를 수도 있기 때문이다. 그 차이가 수퍼바이지의 사각지대를 암시하는 것처럼 보이는 경우; 그런 다음 각 관점을 비교하고 대조하여 더 많은 인식을 유도하는 것이 유용할 수 있다. 그러나 흔히 이는 수퍼바이저가 수퍼바이지에게 무엇을 기대하는지 인식하게 하며, 자신의 수퍼비전을 위한 자료로 나타나기도 한다.

수퍼비전 계약이나 수퍼바이저의 스타일에 따라, 이 연습의 결과는 다음 회기의 시작점으로 사용될 수 있다. 이는 책임을 묻는 지점을 제공할 뿐만 아니라, 회기 사이에 발생하는 추가적인 성찰, 통찰력 및 행동에 대한 개방성을 나타낸다.

3D 코칭(Pedrick, 2019)에서는 다섯 번째 질문으로 'I'[20]를 추가할 것을 제안했다. 흔히 우리는 의도가 실행되지 않았다는 사실을 발견한다. '그 대신 무엇을 했나요?'라고 묻는 것은 수퍼바이저가 판단하는 틀에서 벗어나도록 돕는다. 또 다른 것들은 가능하지 않았을 때 가능했던 것을 포착하는 것이 유용하며, 추가 탐색을 위한 자료를 제공한다.

그 밖에 주목해야 할 사항은 무엇인가?

수퍼바이지가 회기에 집중하지 못하는 것처럼 보이는 경우, 수퍼비전 과정을 얼마나 잘 이해하고 있는지 고려해야 한다. 기본으로 돌아가는 것이 필요할 수도 있다. 수퍼바이지가 대화에서 동등한 당사자가 되는 방법과 수퍼비전에서 최대한의 가치를 얻는 방법을 알고 있는지 확인한다.

주의 사항

이 기법은 회기를 깔끔하게 닫는 방법을 제공하지만 모든 회기를 깔끔하게 닫을 필요

---

20) [역주] Instead를 의미

는 없다. 이런 식으로 종료하는 진정한 목적이 무엇인지 판단해야 한다. 당신이 '모든 것이 잘 풀렸다'라는 확신을 얻기 위해서라면 아마도 지금은 그냥 '그대로' 있도록 허용해야 한다. 아직 끝나지 않은 뒤죽박죽 상황 속에 수퍼바이지와 함께 앉아 있어 보는 건 어떨까?

이 기법의 다른 용도로는 무엇이 있는가?

네 가지 질문을 성찰 연습으로 사용하는 것 외에도 그룹 회기 내에서 짝을 이루는 작업에도 사용할 수 있다.

질문은 코치가 개인 및 팀 고객과 함께 사용할 수도 있다. 팀 내에서는 동료들이 대화에서 무엇을 얻고 있는지 개인에게 강조하여 다양성과 도전을 자신의 관점으로 가져온다.

많은 고객이 대화가 이루어지는 비즈니스 회의에 이러한 접근 방식을 적용한다.

참고 문헌

- Pedrick, C. (2019) 3D ideas 838: Insteads. [blog]. Available at: www.3dcoaching.com/blog/3d-ideas-838-insteads/ [Accessed 16 August 2019].

~~~~~

18. 현실 유지

미셸 루카스, 캐롤 휘태커

언제 사용하는가?

이 기법의 이점은 수퍼바이지가 자신의 코칭에 더 많은 변화를 불러올 수 있는 다양한 아이디어를 생성하는 것이다. 수퍼바이지가 특히 막혔다고 느끼거나 자신의 코칭이 관행화되었음을 깨달았을 때 유용하다.

이 기법은 무엇인가?

1단계: 다음 내용을 따라 그룹 구성원들에게 간략히 설명한다.

> '수퍼바이지의 말을 듣고 비슷한 경험을 공유하도록 한다면, 그들의 이야기에서 어떤 점이 당신에게 공감되는지 알아본다.
> 유사성은 다음을 통해 이루어질 수 있음을 기억한다.
> - 거의 동일한 시나리오 경험
> - 다른 시나리오가 있는데도 코칭 고객에게서 유사한 응답을 받은 경험
> - 수퍼바이지(또는 고객)에게서 유발된 감정과 연결

- 특별한 이유가 없는데도 동조하게 됨

경험을 공유할 때 상황의 실제 현실을 공유한다. 즉 무엇이 효과가 있었는가? 효과가 없었던 것은 무엇인가? 당시 기분이 어땠는가? 지금 그것에 대해 어떻게 생각하는가? 그럴 때 배운 것은 무엇인가?'

2단계: 수퍼바이지를 초대하여 고객 시나리오에 관해 이야기한 다음, 다른 사람들이 경험한 내용을 듣고 어떤 결과를 원하는지 질문한다.

3단계(a): 그룹 구성원들은 자신의 의견을 공유하도록 초대된다.

3단계(b): 시간에 따라 수퍼바이지는 후속 질문을 할 수도 있고, 각 구성원의 의견을 들은 후에 단순히 '감사합니다'라고 말할 수도 있다.

4단계: 모든 구성원이 자신의 의견을 제시하고 잠시 멈춘 후, 수퍼바이저는 수퍼바이지에게로 돌아간다. 수퍼바이지가 표현한 의도와 다시 연결되도록 맞춤화할 수 있는 몇 가지 유용한 질문은 다음과 같다.

- 어떤 경험이 마음에 와닿았나요? 왜 그랬다고 생각하세요?
- 어떤 경험이 당신에게 연결되지 않았나요? 이것이 맹점이나 편견을 나타낼 수도 있나요?
- 당신의 상황에 대해 어떤 새로운 통찰력을 얻었나요?
- 이것은 미래에 무엇을 할 수 있을지 생각하는 데 어떻게 도움이 되었나요?
- 이 과정에서 또 어떤 일이 일어났나요?

이 기법을 사용하는 방법

때때로 동료는 자신이 제공할 수 있는 것이 아무것도 없다고 느낄 수 있다. 유사성이 어떻게 발생할 수 있는지 생각하게 하고 코칭 경험뿐만 아니라 더 넓은 삶의 경험을 고려하는 것이 도움이 된다.

'최상의' 솔루션을 찾기보다는 이 기법을 사용하여 다양한 경험을 생성하고 서로 협력할 수 있도록 한다. 이렇게 하면 '왜…' 형식의 경험 공유를 피하는 데 도움이 된다. 즉 기여자가 수행한 작업을 수행했다면, 더 나은 결과를 얻을 수 있었을 것이라는 미묘한 암시가 있을 수 있다. 수퍼비전 임무는 각 그룹 구성원이 자기 경험을 자신의 고유한 맥락에서 명확하게 표현하고 찾을 수 있도록 돕는 것이다. 그런 다음 수퍼바이지는 자신의 선호도와 특정 상황을 고려하여 자신에게 의미 있는 것이 무엇인지 자유롭게 그릴 수 있다.

   2단계에서는 왜 이 특정 기법을 선택했는지를 듣는 것이 유익할 수 있다. 코칭은 고립된 직업일 수 있으며, 때때로 코치들은 자신이 어려움을 겪고 있는 것이 혼자가 아니라는 사실을 알아야 한다. 수퍼바이지가 이러한 요구를 명시적으로 만들 수 있는 한 이 기법은 유용할 것이다. 이것을 표현하지 않으면 그룹 구성원들은 이유도 모른 채 너무 많은 것을 기부하고 있다고 느낄 수 있다.

그 밖에 주목해야 할 사항은 무엇인가?

그룹 구성원은 때로는 모범 사례라고 할 수 없는 경험을 공유한다. 계속 진행하기 전에 그들에게 명확성을 요구해야 한다. 수퍼바이저가 여전히 우려하는 사항이 있는 경우, 현재 수퍼바이지가 프레젠테이션을 마친 후에 이를 살펴보는 것이 가장 좋다. 그렇지 않으면 주의가 산만해질 수 있다.

주의 사항

퍼실리테이션을 잘하지 않으면 이 기법은 수퍼바이지가 다른 구성원들의 경험을 요청함으로써 자기 경험을 분석할 필요가 없이 숨기는 게 가능할 수 있다. 이러한 이유로 4단계는 이 기법이 부드러운 옵션으로 간주되지 않도록 적절하게 견고해야 한다.

이 기법의 다른 용도로는 무엇이 있는가?

이 기법은 코치가 자기 경험을 공유하도록 장려하므로 더 지시적인 자세로 전환될 수 있어서 개별 코칭 고객에게는 유용하지 않을 것이다. 그러나 이 접근 방식은 그룹 코칭, 액션러닝세트 또는 코칭 커뮤니티의 토론에 적용될 수 있다. 특정 주제에 초점을 맞추고 사람들의 도구 상자를 '보충'하기 위한 다양한 아이디어를 생성한다.

더 읽어보기

- Turner, T., Lucas, M. and Whitaker, C. (2018) *Peer Supervision in Coaching and Mentoring: A Versatile Guide for Reflective Practice*. Maidenhead: Routledge, pp. 68-69. 『동료 코칭수퍼비전: 성찰적 실천을 위한 다용도 지침』 김현주, 박정자, 이서우, 정혜선, 추영숙 옮김. 2025. 코칭북스
- Whitaker, C. and Calleja, A. (2018) *Group Supervision Approaches for Coaching Supervision*. [pdf] Available at: www.whitaker-consulting.co.uk/resources-and- papers [Accessed 2 August 2019].

~~~~~

19. 질문 라인

미셸 루카스, 캐롤 휘태커

어디에서 사용할 수 있는가?		일반적 수준의 수퍼바이지 경험 필요
전문적 그룹 수퍼비전	동료 그룹 수퍼비전	대부분의 단계

언제 사용하는가?

이 기법은 수퍼바이지가 상황을 이해할 수 없거나 탐구를 어디서 시작해야 할지 모르는 경우에 유용하다.

이 기법은 무엇인가?

1단계: 그룹 구성원은 다음 내용에 따라 브리핑을 받는다.

> 수퍼바이지의 말을 듣고 어떤 질문이 떠오르는지 확인하십시오. 중요한 것, 작은 것 모두를 알아차리는 것이 도움이 됩니다. 가장 좋은 질문은 그들이 어떻게 반응할지 전혀 모르고 진심으로 궁금한 것들입니다. 질문을 하기 전에 질문을 적어볼 시간이 있습니다. 최대한 간결하게 작성하세요. 수퍼바이지는 당신의 모든 질문을 기록할 것입니다. 그러나 일반적으로 질문 중 하나만 완전히 탐색할 시간이 있습니다.

2단계: 코칭 고객과의 시나리오를 기반으로 대화하도록 수퍼바이지를 초대한다.

이 기법은 그들이 길을 잃었다고 느낄 때 자주 사용되므로, 그들이 자기 말을 들으면서 어떻게 느끼는지 더 많이 공유하도록 격려하는 것이 도움이 될 수 있다.

3단계: 그룹은 구성원들이 수퍼바이지에게 질문하기 전에 짧은 질문을 만들 수 있도록 잠시 멈춘다. 수퍼바이지가 각 질문에 응답하지 않고 메모할 것이라고 안내한다.

4단계: 수퍼바이지는 그룹과 함께 자세히 탐구할 질문을 하나 선택한다. 여기서는 자신의 선택을 설명하거나 변호할 필요가 없음을 분명히 한다.

5단계: 추가 토론을 위해 자기가 낸 질문이 선택된 구성원은 이제 수퍼바이지에게 직접 이 질문을 제기하고 토론을 시작한다.

6단계: 토론이 느려지거나 멈출 시간이 가까워지면, 수퍼바이저는 수퍼바이지에게 마무리 질문을 제공한다. '이 토론에서 무엇을 배웠습니까?'

7단계: 마무리하기 전에 수퍼바이지에게 생각해 볼 질문을 제시한다. 예를 들어, '그렇다면 당신이 그 특정 질문을 선택하게 된 이유는 무엇입니까?' 또는 '왜 그 질문이 당신을 선택했다고 생각하시나요?!' 일반적으로 이 질문은 독립적인 성찰을 위해 각자 마음에 담고 가게 한다.

이 기법을 사용하는 방법

그룹 규모와 사용 가능한 시간에 따라 제기된 질문 가운데 하나만 철저하게 토론할 수 있을 수도 있다. 그러므로 이와 관련하여 수퍼바이지와 그룹 구성원 모두의 기대치를 관리하는 것이 중요하다.

때때로 수퍼바이지는 순간적으로 생각하느라 바빠서 질문을 적어 두는 데 어려움을 겪을 수도 있다. 수퍼바이저가 서기 역할을 할 수도 있고, 각 동료가 포스트잇에 질문을 적어 붙여놓게 할 수도 있다. 이는 수퍼바이지가 회기 후에 가져갈 수 있도록 모든 질문 기록을 제공하는 방법이다.

그 밖에 주목해야 할 사항은 무엇인가?

이 기법의 목적은 탐구의 폭보다는 심도 있는 토론을 촉진하는 것이다. 따라서 구성원들이 자신의 기준 틀에서 벗어나 선택한 '질문 라인'을 더욱 완전하게 추구하도록 권하는 것이다.

이 기법은 또한 그룹 구성원이 간결한 질문 기술을 연습할 기회를 제공한다. 그러나 이것이 그룹과 계약되지 않은 한, 수퍼바이저는 수퍼바이지가 더 명확하기를 원하는 지점에서만 그룹 구성원의 질문을 다시 정의하도록 권장해야 한다. 때로는 산만한 질문이 유용한 질문이기도 하다!

주의 사항

어떤 그룹은 선택한 질문이 '최고의' 질문이어야 한다고 가정하고, 이 연습에서 서로 경쟁하게 되는 것을 경험한다. 따라서 수퍼바이저는 질문이 선택되거나 선택되지 않는 데에는 여러 가지 이유가 있을 수 있음을 설명해야 할 수도 있다. 질문은 그룹에서 탐색하기에는 너무 위험할 수 있고, 관련성이 있지만 현재 관심이 없을 수도 있고, 다른 날에는 수퍼바이지가 다른 질문을 선택했을 수도 있다.

그룹에 따라 수퍼바이저가 질문을 제공해야 할 수도 있다. 이는 윤리적 이슈가 있거나 아직 알아채지 못한 경우에 가장 유용하다.

이 기법의 다른 용도로는 무엇이 있는가?

이것의 변형이 바로 '태그 코칭수퍼비전'이다. 이 버전에서는 처음에 다른 질문을 제공하지 않는다. 수퍼바이저가 토론을 시작한 다음 바통을 건넨다. 이는 사람들이 동료의 말에 진정 귀를 기울이도록 유도하여 대화를 진행하므로 그룹이나 팀코칭에 사용하기에 좋다.

더 읽어보기

- Turner, T., Lucas, M. and Whitaker, C. (2018) *Peer Supervision in Coaching and Mentoring: A Versatile Guide for Reflective Practice*. Maidenhead: Routledge, pp. 100-102. 『동료 코칭수퍼비전: 성찰적 실천을 위한 다용도 지침』 김현주, 박정자, 이서우, 정혜선, 추영숙 옮김. 2025. 코칭북스
- Whitaker, C. and Calleja, A. (2018) *Group Supervision Approaches for Coaching Supervision*. [pdf] Available at: www.whitaker-consulting.co.uk/resources-and-papers [Accessed 2 August 2019].

~~~~~

20. 내면의 비평가와 친구되기

클레어 노먼^{Clare Norman}[21]

21) **클레어 노먼**^{Clare Norman}은 단순하고 지시적이지 않으며, 고객 중심적이고, 고객이 자신과 타인을 위해 성숙한 방식으로 일하고 생각하도록 코칭하고 있다. 액센츄어^{Accenture}에서 내부 코치로 직접 근무했다. 650개 이상의 강력한 실무 커뮤니티에 사고 리더십^{thought leadership}을 구축하고 제공한 경험이 있으며 내부 및 외부 코치가 직면하는 윤리적 딜레마에 대해 잘 안다. 그녀는 공인 코치 수퍼바이저로서 고객이 변화할 수 있도록 코치들이 스스로 변화해야 할 부분에 주의를 기울이도록 수퍼비전한다. 또 국제코칭연맹인증^{International Coaching Federation}을 받으려는 코치들과 '락인^{lock-in}'을 통해 자신의 역량을 강화하고자 하는 코치들을 멘토링한다.

언제 사용하는가?

이는 수퍼비전 관계를 시작할 때 개인이 수퍼비전을 오롯하게 받아들이는 것을 방해하는 취약성 요소를 알아차리도록 돕는 데 유용하다.

그룹 수퍼비전 및 그룹 멘토 코칭에서 개인은 그룹 내 다른 사람과 비교하면서 자기 능력에 대해 걱정하는 경우가 많다. 그들은 그룹의 다른 사람들이 자신보다 더 뛰어나고, 경험이 많고, 준비가 더 잘 되어 있다는 잘못된 느낌을 갖는다. 이는 대부분 사람이 같은 처지에 놓이게 될 것이라는 사실에도 불구하고, 자신을 노출하는 것에 대한 우려를 낳는다. 이 훈련은 다른 사람들이 자신에 대한 우려와 내부 비판을 가졌다고 보는 느낌을 정상화하는 데 사용한다.

이 기법은 무엇인가?

개인은 원치 않는 내면 상태를 만들어 내는 머릿속 작은 목소리를 확인한다. 목소리를 옆으로 밀어내는 대신, 그것이 제공하는 것을 받아들인다. 그 결과, 목소리가 그렇게 크게 들리도록 소리칠 필요가 없으며, 음소거하기도 더 쉬워진다.

1단계: 수퍼바이저는 수퍼바이지에게 첫 번째 회기 준비의 하나로 스티브 채프먼

Steve Chapman[22])의 13분짜리 비디오를 시청하게 한다. 참고 도서는 릭 카슨 Rick Carsons의 『그렘린 길들이기 Taming Your Gremlin』가 있다.

2단계: 수퍼바이저는 수퍼바이지에게 통찰력을 요청한다. 예를 들면 다음과 같다. '그것과 싸우지 마세요: 코칭에서는 목격하는 태도가 영향을 미칩니다 - 더 깊이, 판단하지 않고, 있는 그대로 인식하는 태도입니다. 그것에 마음을 쓰세요.'

3단계: 수퍼바이지에게 자신의 내면 비평가를 그리게 한다. 되도록 생생하게 그려야 하지만 여기서는 그림 기술을 테스트하는 것이 아니다. 자신의 내면 비평가와 실제로 가까이 다가가기 위한 용도이다. 수퍼바이지가 '나는 그림을 못 그린다'라고 말하면 '멋지네요. 바로 지금 당신이 그림을 그릴 수 없다고 말하는 당신의 부분을 그려보세요.'라고 말한다. 수퍼바이저는 자신의 내면 비평가의 사진을 공유하여 그 사진이 실제로 무엇이든 될 수 있음을 보여주고 취약성 모델로 사용할 수 있다.

4단계: 수퍼바이저는 성찰을 위한 질문을 한다.
- 그건 이름이 뭔가요?
- 그것은 무엇을 믿나요? 그것은 당신에게 무엇을 말해주나요?
- 누구와 어울리나요? 피곤함, 배고픔, 외로움 …?
- 언제 당신은 그것에 대해 취약한가요?
- 그것이 당신과 공유하려는 긍정적인 의도는 무엇입니까? 두려움이 아닌 호기심으로 들어보세요.
- 당신은 내면의 비평가와 어떤 관계를 맺고 싶습니까?

5단계: 수퍼바이저는 다음과 같이 질문한다.
- 내면의 비평가와 친밀해짐으로써 무엇을 배웠습니까?

---

22) Steve Chapman, https://www.youtube.com/watch?v=lnf-Ka3ZmOM or Rick Carsons' book Taming Your Gremlin.

- 그것은 오늘 당신에게 어떤 긍정적인 의도를 가지고 있습니까?
- 오늘의 수퍼비전이 당신의 온전한 자아를 가져오는 데 어떻게 도움이 됩니까?

이 기법을 사용하는 방법

그룹 구성원은 자신의 사진과 내부 비평가가 말하는 내용을 비공개로 유지하기를 원할 수 있다. 그 또한 여전히 유용한 연습이 된다. 마지막 5단계 질문을 통해 학습 내용을 공유하고, 자신이 선택한 내용만 공개할 수 있다.

주의 사항

모든 사람이 그림 그리기를 편안하게 느끼는 것은 아니므로 걸작을 기대하지 않고 동그라미와 선 몇 개로 그리는 사람 모양도 괜찮다는 점을 그들에게 확신시키는 것이 중요하다. 그들이 정말로 거부한다면, 잡지를 사용해서 콜라주를 만들게 할 수 있다. 그림 카드가 대안이 될 수 있지만 내면 목소리의 본질을 정확하게 포착하지 못할 수도 있다.

이 기법의 다른 용도로는 무엇이 있는가?

사람들이 자기 생각 말하기를 주저한다고 알게 되면, 그들의 내면 비평가가 지금 하는 말이 무엇인지 물어볼 수 있고, 그것이 지금 존재하거나 가면을 벗은 존재가 되는 방법으로 나아갈 수 있다.

코칭 존재감에 관해 토론하는 데에도 사용할 수 있다. 코칭 작업에 더 많은 존재감을 느끼도록 돕기 위해 내면의 비평가를 어떻게 활용할 것인가?

특히 고객이 자신의 방식대로 나아가고 있음을 감지하거나 동료와 도움이 되지 않는 비교를 하고 있음을 감지하는 경우의 코칭에서 유용한 도구가 될 수 있다.

참고 문헌

- Carson, R. (1984) *Taming Your Gremlin*. Glasgow: Harper Collins.
- Chapman, S. (2017) TedX Royal Tunbridge Wells. This Talk isn't very good. Dancing with my inner critic. [video online] Available at: www.youtube.com/watch?v=lnf-Ka3ZmOM [Accessed 6 September 2019].

자료가 있는 곳

- See Steve Chapman's website. Available at: https://canscorpionssmoke.com/about/ [Accessed 6 September 2019].

~~~~~

21. 멘토 코칭

클레어 노먼

언제 사용하는가?

멘토 코칭은 코칭 능력을 다시 날카롭게 하거나 더 고급의 코칭 기술을 사용하기 위해 단계적으로 발전하고자 할 때 유용하다. 이는 국제코칭연맹 자격 취득 과정의 필수 부분이다.

이 기법은 무엇인가?

멘토 코칭은 멘토 코치가 수퍼바이지의 코칭 작업을 관찰하고 피드백을 주는 수퍼비전 형태이다. 현장 코칭일 수 있고 녹음일 수도 있다. 강점과 개발 영역을 확인하는 구조를 제공하는 역량 구조 틀을 피드백할 때(추가 자료 참조) 가장 효과적이다.

- **1단계**: 수퍼바이지는 멘토 코치가 관찰하는 동안 가상 또는 물리적 공간에서 누군가를 코칭한다. 또는 나중에 검토할 회기를 녹화한다. 라이브 회기는 대략 25분 정도 소요될 것이며, 녹음은 더 길어질 수 있다.
- **2단계**: 수퍼바이지는 자신이 잘 사용하는 역량 한 가지와 개선할 수 있는 역량 한 가지를 강조한다. 멘토 코치는 수퍼바이지와 협력하여 정확한 행동과 언어에 대해 구체적으로 설명한다.
- **3단계**: 그룹에 속해 있을 때, 각 그룹 구성원은 수퍼바이지가 잘 사용하는 역량 하나와 개선할 수 있는 역량 하나에 대한 관찰을 제공한다.
- **4단계**: 멘토 코치가 피드백을 제공한다. 다시 한번 수퍼바이지가 고객 코칭에서 잘한 한 가지와 다르게 할 수 있는 한 가지에 집중한다. 좋은 피드백을 주는 역량 구조 틀과 역할 모델을 정확하게 참조하도록 주의한다.
- **5단계**: 멘토 코치는 수퍼바이지에게 기억할 것과 향후 코칭 회기에서 무엇을 할 것인지 요약하도록 요청한다.

6단계: 그룹 회기로 진행하고 있으면, 멘토 코치는 각 구성원이 이번 회기에서 배운 내용을 자신의 코칭 실습에 적용할 것인지 묻는다.
7단계: 코치는 멘토 코칭 회기 사이에 약속한 내용을 연습한다.
8단계: 시간이 지남에 따라 새로운 습관이 형성되도록 프로세스를 반복한다.

이 기법을 사용하는 방법

녹음을 사용할 때 회기 내내 켰다가 껐다가 하면서 코칭 순간을 함께 성찰한다. 또 수퍼바이지가 가장 성찰하고 싶어 하는 섹션으로 빨리 이동할 수도 있다. 이상적으로는 계약서와 결말을 모두 듣는 것이 회기의 매우 중요한 부분이기 때문이다.

라이브 회기를 통해 코칭 고객도 피드백을 제공할 수 있다. 일반적으로 수퍼바이지의 성과가 관심의 초점이 아니기 때문에 이를 처리하는 데 시간이 필요하다. 또 수퍼바이지가 접근 방식을 그때그때 조정할 수 있도록 '타임아웃'을 호출할 수도 있다. 멘토 코치는 수퍼바이지에게 '지금 무슨 일이 일어나고 있나요?'라고 물을 수 있다. 그런 다음 고객의 요구에 맞는 전환 방법에 대한 아이디어를 끌어낸다. 분명히 이것은 학습 과정의 일부로 처음부터 계약되어 있어야 한다.

이 접근 방식을 처음 접하는 프랙티셔너들은 그룹 작업을 할 때 포괄적인 피드백을 제공할 수 있다. 지지가 되고 도전적인 피드백을 간결하고 유용하게 제공하도록 격려한다. 수퍼바이지가 요청한 역량 중심에 대해 제공되는 피드백을 관리해야 할 수도 있다.

그 밖에 주목해야 할 사항은 무엇인가?

멘토 코칭은 행동 지향적일 수 있으며 역량 구조·틀에 직접 연결되는 피드백을 제공한다. 특정 역량이 왜 제대로 개발되지 않았는지 생각해 보는 것은 흥미로울 수 있다.

예를 들어, 도전이 부족한 이유는 무엇인가? 왜 더 명확하게 관계 맺기를 꺼리는 걸까?

이는 더 전통적인 수퍼비전 탐사에 정보를 제공할 수 있는 탐색 유형이다.

주의 사항

개인은 코칭 녹음을 사용하여 자기 평가를 할 수 있다. 사각지대가 있는 경우가 많으므로 이것이 항상 유익한 것은 아니지만, 연습을 많이 할수록 더 많은 것을 볼 수 있다.

윤리적인 문제가 발생하는 때도 있다. 이를 위해서는 공식적인 수퍼비전으로 전환이 필요할 수 있으므로 훈련받은 수퍼바이저가 멘토 코칭을 하는 것이 좋다.

이 기법의 다른 용도로는 무엇이 있는가?

ICF 자격증을 취득하려는 사람들에게는 멘토 코칭이 필수적이다. 멘토 코칭은 영향력이 크고 개별화된 지속적 전문성 개발을 제공하며, 언제든지 코칭의 감각을 날카롭게 세우는 데 사용할 수 있다.

개인은 자신이 선택한 전문 기구의 모든 역량을 기준으로 자신을 벤치마킹할 수 있다.

예를 들어, 역량 기반 피드백에 능숙한 코치는 동료들과 함께 3인 1조로 멘토 코칭을 수행할 수도 있다.

멘토 코칭은 코치가 고객에게 사용할 수도 있다. 특히 조직이 역량 구조 틀에 맞춰 작업하고 직장에서 고객을 관찰할 기회가 있는 경우에 사용한다.

자료가 있는 곳

- International Coach Federation competencies: Available at: https://coachfederation.org/core-competencies [Accessed 19 July 2019].
- Association for Coaching Competencies: Available at: cdn.ymaws.com/www.associationforcoaching.com/resource/resmgr/Accreditation/Accred_General/Coaching_Competency_Framewor.pdf [Accessed 19 July 2019].
- European Mentoring and Coaching Council competencies: Available at: https://emcc1.app.box.com/s/4aj8x6tmbt75ndn13sg3dauk8n6wxfxq [Accessed 19 July 2019].

~~~~~

22. 은유의 마법 상자

릴리 세토 Lily Seto[23]

23) 릴리 세토 Lily Seto는 MA, PCC, ESIA, CEC, 공인 멘토 코치이며 코칭수퍼비전 학위를 보유하고 있다. 또 성공적인 글로벌 리더십 코칭 및 코치 개발 경력을 보유하고 있으며 유럽 멘토링 및 코칭 위원회(EMCC) 수퍼비전 인증을 받은 최초의 캐나다인이다. 그녀의 고객은 금융 및 비즈니스 부문, 공공 서비스, 캐나다 원주민 공동체가 중심이다. 조직과 리더가 권력을 장악할 수 있도록 지원하는 영역에서 열정을 가지고 일한다. 로얄 로즈대학교의 부교수인 릴리는 대학원 과정의 코칭 심화 인증프로그램에서 문화 간 역량 및 글로벌 코칭 과정을 가르친다. 그녀는 또한 코칭 커뮤니티를 위한 독립 검토위원회(글로벌 윤리 검토위원회)에서 활동하고 있으며 밴쿠버 아일랜드 지부 국제코칭연맹의 전 회장이기도 합니다. 여가 시간에는 열렬한 독자, 여행자, 할머니로 활동하기도 하는데 그 순서는 자주 바뀐다! 2016년 권위 있는 리더십 빅토리아 상을 수상했다. 연락처: lilyseto@telus.net

언제 사용하는가?

이 창의적인 도구는 수퍼바이지가 막히거나, 패턴을 식별해야 하거나, 현재 인식 범위를 벗어난 것에 접근하는 데 관심이 있을 때 특히 유용하다. 소품이 의미하는 상징을 선택하게 하는 권한은 다양한 생각을 전달하는 은유의 사용을 촉진한다.

사용기법

이 작업은 약 21~30개의 다양한 작은 소품이 들어 있는 상자를 사용하여 수행되며, 다른 수퍼비전 도구와 함께 사용할 수 있다.

1단계: '오늘 어떤 질문이나 고객 시나리오를 검토하고 싶으십니까?'라고 질문하는 것으로 시작한다.

2단계: 수퍼바이지가 마법 상자에 들어 있는 소품들을 서두르지 않고 다루면서 무게와 질감을 관찰하도록 격려한다.

3단계: 수퍼바이지에게 다음 내용을 간략히 설명한다.
- '당신의 고객을 가장 잘 나타내는 소품을 선택하여 매트 위에 올려놓습니다.'
- '시나리오에서 당신을 대표하는 소품을 선택하여 매트 위에 올려보세요.'
- '그 밖에 더 추가해야 할 사람이 있으면, 그를 대표하는 소품을 선택하여 올려보세요.'

4단계: 예를 들면서 설명하게 한다.

'각 인물(고객, 본인, 다른 추가자)을 나타내기 위해 선택한 소품을 설명하고, 해당 소품이 어떻게 그 인물을 대표하는지 설명해주세요.'

'또 뭐가 있을까요?'

'또 뭐가 더 있을까요?'

'한 가지만 더 말해준다면?'

나머지 인물에 대해서도 이러한 질문을 반복한다.

5단계: 수퍼바이지가 흐름을 느끼면서 메타-포지션을 취하도록 유도한다.
- 당신이 만든 시스템을 서서 본다면 무엇을 알 수 있습니까? 아직 시스템을 해석할 필요는 없습니다. 아마도….
- 당신의 눈에 띄는 패턴, 어떤 색상에 끌리는지, 어떻게 물건을 놓았는지요? 어떤 게 쉬웠는지요? 어떤 순서가 옳다고 느꼈는지요?
- 당신은 그 소품들을 어디에 놓았을까요? 그것들 사이의 관계, 즉 얼마나 가깝거나 먼가가 서로에 대한 관계인가요?

6단계: 수퍼바이지가 묘사한 은유적 풍경을 풀어내고 다른 모델과 양식에 연결하여 인식한 것을 구조화한다.

1. 일곱 눈 모델 참조:
- (눈 3)[24] 고객과 코치 사이의 관계/시스템 내 기타 관계를 설명
- (병렬/평행 프로세스) 당신의 창작물에 반영된 당신과 나(코치-수퍼바이저) 사이에 지금 무슨 일이 일어나고 있을까요?

2. 대체 양식 참조:
- (감정) 지금 당신은 어떤 감정을 느끼나요?
- (움직임) 지금 어떤 감각을 느끼시나요?

3. 대체 질문 라인:
- 당신이 묘사한 시스템에 대해 고객이 무엇을 논의하고 싶어 할 것으로 생각하십니까?

7단계: 학습 내용을 확인한다. 다음과 같이 질문한다.
- 당신에게 새롭게 드러난 사실은 무엇이고, 지금 기억하는 것은 무엇인가요?
- 당신의 학습 내용은 무엇입니까?

---

24) [역주] 눈 3 = 고객과 코치의 코칭 관계 역동과 상호작용의 관점

이 기법을 사용하는 방법

수퍼바이지가 창작한 것에 대한 소유권을 존중하여, 수퍼바이지가 이름을 지정할 때까지 소품의 이름을 정하지 말고, 수퍼바이지가 매트 위에 조성한 필드를 해체할 때까지는 소품들을 건드리지 않는다.

    3단계에서는 '또 뭐가 있지?'를 여러 번 반복하여 더 깊이 탐색하도록 한다. 처음에는 수퍼바이지가 이미 알고 있는 장소로 이동하지만, 서너 번 반복한 후에는 아마도 새로운 발견을 하게 될 것이다. 수퍼바이저는 자신의 속도와 어조에 주의를 기울이고, 침묵을 많이 허용하면서 수퍼바이지가 다른 질문에 응답할 준비가 되었는지 알아차리도록 한다.

그 밖에 주목해야 할 사항은 무엇인가?

감정이 격해질 수 있으므로 이러한 높아진 인식을 처리하는 데 시간을 충분히 갖게 한다. 때로는 일부 미결사항을 환기하기도 하는데, 이러한 때는 대처할 전문가에게 의뢰하는 것이 적절할 수 있다.

주의 사항

누군가의 의도를 미묘한 문장으로 제공하는 것은 프로세스를 오염시킬 가능성이 있다. 조성된 공간을 유지하면서 간결하고 호기심 많은 질문을 하면, 수퍼바이지는 그 순간에 자신이 해야 할 일을 해낼 수 있다.

이 기법의 다른 용도로는 무엇이 있는가?

그룹 수퍼비전에서 이 기법을 사용할 때는 공통 질문을 제시한다. 예를 들면, '나 자신을 가장 잘 자원화하는 방법은 어떤 걸까요?' 이를 통해 그룹의 모든 구성원은 독립적으로 생각하고 답변을 메모하여 질문에 답할 수 있게 된다. 또는 그룹 구성원에게 수퍼바이지가 구축한 시스템에 대해 질문하거나 관찰하게 한다. 수퍼바이지는 모든 질문이나 관찰 내용을 듣고, 어떤 질문, 어떤 관찰이 공감을 불러일으키고 새로운 생각과 학습을 생성하는지 선택한다. 또 전문 코치, 리더 및 카운셀러를 포함한 다른 여건에도 적용된다.

더 읽어보기

- Seto, L. and Geithner, T. (2018) Metaphor magic in coaching and coaching super vision. *International Journal of Evidence Based Coaching and Mentoring*, 16(2), pp. 99-111.

자료가 있는 곳

- For more information or to purchase or be trained in using the Metaphor Magic Box, please contact Lily directly. Available at: www.lilyseto.com/ [Accessed 6 September 2019].

감사의 말

Thank you to Edna Murdoch and the Coaching Supervision Academy for introducing me to the power of metaphors in supervision.

23. 미스핏Misfits 게임

미셸 루카스

언제 사용하는가?

코치가 고객에게 어떻게 보이는지 또는 일상에서 어떻게 보이는지 알아보고 싶을 때 유용하다. 어떤 수퍼바이지들은 코칭 정체성을 가져야 한다는 이론에 충실하고자 노력하는 과정에서 생각이 막힐 수도 있다. 이 기법은 추가적인 통찰력을 얻는 데 도움이 되는 재미있고 창의적인 접근 방식을 제시한다.

이 기법은 무엇인가?

이 기법은 '미스핏The Misfits'이라는 어린이 게임을 사용한다. 카드에는 각각 모자, 얼굴, 팔이 있는 몸, 그리고 두 다리 등 다섯 조각으로 나뉜 부분 캐릭터가 인쇄되어 있다. 코치의 특정 코칭스타일을 은유하는 종합 캐릭터를 만드는 것을 목표로 한다.

  1단계: 각 수퍼바이지에게 '미스핏' 캐릭터 상자가 준비되었는지 확인한다. 캐릭터 조각을 탐색할 시간을 준다.

  2단계: 수퍼바이지가 자신의 코칭 방식을 표현하는 종합 캐릭터를 만들게 한다.

생각을 지나치게 하지 말고 끌리는 5조각을 선택해서 전체 모습을 만들도록 한다. 일반적으로 인기 있었던 모습은 지느러미를 가진 인어였다고 설명할 수 있다. 인어의 지느러미는 유동적이고 빠르게 방향을 바꾸는 능력을 상징한다고 말해준다.

3단계: 수퍼바이지에게 자신이 만들어낸 스토리를 들려달라고 요청한다. 특별한 순서는 없다. 사실 그들이 선택하는 순서는 그 자체로 흥미롭다.

4단계: 수퍼비전 질문의 초점에 따라 몇 가지 추가 질문을 할 수도 있다.

예를 들어, 최근에 힘든 코칭 회기가 있었다면 그 당시 미스핏의 어떤 부분이 잘 작동했고 어떤 부분이 그렇지 않았는지 물어보는 것이 흥미로울 수 있다. 또는 다른 미스핏 조각이 존재하고, 그 조각이 활성화된 경우라면, 그의 코칭 회기가 어땠을지 탐색해 본다.

그룹과 함께 이 작업을 수행할 때 다른 구성원의 의견을 공유하는 것이 유용할 수 있다. '당신이 공감하게 된 것은 무엇이었나요?'와 같은 공개 질문을 해보라. 또는 '그의 스토리를 듣는 동안 당신은 무엇을 알아차렸나요?' 우리의 의도는 특정한 캐릭터 작품을 어떻게 해석했는지에 대한 토론이라기보다는 생각할 거리를 더 많이 생성하려는 것이다.

5단계: 회기에서 만들어진 미스핏 사진을 찍어서 '기억할 회고록'으로 남긴다([그림 1.5] 참조).

이 기법을 사용하는 방법

단순해 보이는 이 활동은 믿을 수 없을 정도로 강력하므로, 먼저, 마음으로 받아들일 적절한 공간을 확보해야 한다.

수퍼바이지의 스토리를 말로 공유하지 않은 상태에서 미스핏을 보게 되면, 그 캐릭터 조각이 지닌 의미를 다르게 해석할 수 있다. 예를 들어, 인어 꼬리는 '유동적'이

[그림 1.5] 수퍼바이지의 미스핏 사례

라기보다는 '미끄럽다'라고 볼 수 있다.

수퍼바이지가 어떻게 접근하는지 관찰해보면, 본인의 특징적인 스타일과 비슷한 점이 있음을 발견하게 된다.

그 밖에 주목해야 할 사항은 무엇인가?

이 작업은 자신의 코칭 존재감을 명확하게 표현할 수 있는 긍정 에너지를 생성하는 촉매 역할을 한다. 그런 다음 자신이 일하는 방식이 공식적으로 어떻게 작동하는지에 대한 통찰력을 개발하기 위해 보다 전통적인 대화가 필요할 수 있다.

주의 사항

당신은 그들의 내러티브가 수퍼비전에서 그들을 경험하는 방식과 일치하는 것을 볼 수 있다. 그다지 일치하지 않는 어떤 것들은 그 자체로 탐구할 내용이 될 수 있다(그룹에서는 불가능할 수 있지만). 불일치가 자신의 인식 범위 밖에 있을 수 있으므로, 시험 삼아 해보는 것이 중요하다.

또는 이 작업이 '그냥 약간의 재미 삼아' 해보는 때도 있는데, 이때의 불협화음은 단순히 특별한 의미가 없는 변덕일 수도 있다.

이 기법의 다른 용도로는 무엇이 있는가?

이 기법은 한 그룹을 처음으로 함께 작업할 때 유용한 아이스 브레이커이다. '옳고 그름'에 대한 대답은 없으므로 상대적으로 위협적이지 않으며, 기억에 남는다.

진행 중인 그룹에게 이 기법을 다시 해볼 수도 있다. '그랬더니 변하지 않은 것은 무엇인가?' 그리고 '무엇이 변하고 있는가?' 이런 것들은 탐구해볼 만한 흥미로운 질문이다.

이 작업을 배치하는 데에는 다양한 관점이 있다.

- 코치로서 최선을 다할 때 자신을 어떻게 생각하시나요?
- 고객이 코치로서 당신을 어떻게 경험하게 될까요?
- 당신은 어떤 코치가 되고 싶나요?
- 당신의 어떤 부분이 핵심이고 어떤 부분이 더 주변적인가요?
- 최선을 다하지 않을 때, 코칭 존재감에는 어떤 일이 생기게 됩니까?

이 작업은 리더십 스타일을 탐구하려는 고객 코칭 작업에도 적용될 수 있다.

자료가 있는 곳

- The game Misfits can be purchased from Rocket Games. Available at: www.amazon.co.uk/Rocket-Games-R0C032-Misfits/dp/B0006D393Q/ref=cm_cr_arp_d_product_top?ie=UTF8 [Accessed on 21 October 2019].

~~~~~

24. 침묵

미셸 루카스

언제 사용하는가?

이 기법은 회기 시작 단계의 일부로 유용하며, 특히 수퍼바이지가 회기 전에 바쁘거나 힘든 하루를 보낸 때에 유용하다. 더욱 성찰적 공간으로 연결을 제공한다.

이 기법은 무엇인가?

1단계: 신체적 설정

- 모두에게 편안하면서도 안정된 자세로 앉도록 권한다.
    ◦ 발은 바닥에 고정한다.
    ◦ 등받이 있는 의자에 편히 앉는다.
    ◦ 어깨에 힘을 빼고 편한 자세를 취한다.
    ◦ 손은 무릎 위에 얹는다.
- 살살 움직이고 흔들면서 몸의 긴장을 풀어준다.
- 무릎에 올려놓은 손의 무게를 느껴보고, 팔다리가 무겁다는 걸 깨달을 수 있을 만큼 충분히 이완되도록 한다.

2단계: 호흡에 주의를 기울인다.
- 모두의 관심을 호흡에 집중하게 하고, 공기가 어떻게 몸 안으로 들어오고 나가는지 알아차리도록 유도한다.
- 호흡 속도를 바꿀 필요는 없으며, 숨을 들이마시고 내쉬는 감각에 점점 더 집중해서 인식하게 하려는 것임을 설명하여 안심하게 한다.

3단계: 정신적 설정
- 회기 중에 상충되는 생각을 갖는 것은 매우 자연스러운 일임을 설명한다.
- 그들 마음의 눈에는 창틀이 있고 그들의 생각은 구름이라고 상상하게 한다. 그들이 자신의 시야로 들어가면, 어느 순간에 그들도 시야에서 사라질 것을 믿어도 된다고 말한다. 생각을 서두를 필요는 없고 주의가 산만해지면 부드럽게 주의를 호흡으로 되돌리면 된다는 것을 알게 한다.

4단계: 최종 설정 '스크립트'
- 그러면 잠시 후에 말을 멈추고 타이머를 ○○분 동안 켜겠습니다.
- 호흡에 집중하세요. 공기가 어떻게 몸 안으로 들어오고 어떻게 몸 밖으로 나가는지 주목하세요.
- 마음이 딴 데로 쏠리더라도 괜찮습니다. 그 생각들이 창틀을 통과하는 구름처럼 지나가도록 하고 부드럽게 호흡에 주의를 돌리십시오.

- 눈을 감고 싶어 하는 사람도 있고, 눈을 감고 싶지 않은 사람도 있습니다. 자신에게 편안하게 하시면 됩니다.
- 공기가 어떻게 몸 안으로 들어오고 어떻게 몸 밖으로 나가는지 알아보세요.

5단계: 타이머가 설정되었다가 지정한 시간에 꺼진다.

6단계: 종료 '스크립트'

- 좋습니다. OO분이었습니다.
- 준비되면 몸을 조금 움직여 다시 이 방으로 주의를 돌리십시오.
- (질문하기 전에 사람들에게 잠시 시간을 준다). 어떠셨어요?

이 기법을 사용하는 방법

처음에는 이것을 스크립트처럼 읽거나 자신만의 버전을 만들고 싶을 수도 있지만, 시간이 지나면 그 순간에 발생하는 모든 상황 정보를 고려할 수 있도록 애드립을 사용하는 것이 도움이 될 수 있다. 예를 들어, 창문이 열려 있어서 살랑살랑 들어오는 바람으로 인해 주의가 산만해질 때 그건 괜찮다는 점을 상기시키고, 서두르지 않고 부드럽게 호흡에 집중하도록 독려할 수 있다.

특히 그룹으로 진행되면서 수퍼비전 관계가 확립되어 있는 경우, 그룹 구성원이 교대로 마음챙김운동을 주도한다면 파트너십 감각을 형성하는 데 도움이 될 수 있고 이를 통해 수퍼바이저는 마음챙김에 완전히 참여할 수 있다.

주의 사항

조직과 함께 일할 때 마음챙김은 비즈니스 환경에 부적합한 것으로 보일 수 있다. 편도체를 조용하게 하면 사람들이 더 나은 결정을 내릴 수 있다는 증거를 제공하기 위해 일부 신경심리학을 참조하는 것이 도움이 될 수 있다.

이 기법의 다른 용도로는 무엇이 있는가?

수퍼비전 작업 내에서 마음챙김을 사용할 수 있는 기회가 많이 있을 수 있다. 예를 들어, 감정적, 신체적 또는 창의적인 작업을 수행하기 위한 전단계로서 도움이 된다. 이 기법은 사람들이 인지 지능에서 벗어나 다양한 존재 방식으로 이동하는 데 도움이 되는 경향이 있다. 이는 수퍼바이지의 주의가 산만해졌을 때 유용하며, 중심을 잡을 시간이 필요할 때 실제로 도움이 된다!

더 읽어보기

- Brown, P. and Hayes, B. (2011) *Neuroscience. New Science for New Leadership*. Developing Leaders, Issue 5, pp. 36-42.

~~~~~

25. 행동 탐구를 통한 성찰

크리스틴 챔피언Christine Champion[25]

25) **크리스틴 챔피언**Christine Champion은 2003년 런던 시에 Acumen Executive Coaching을 설립했으며 옥스포드 브룩스대학의 코칭 및 멘토링 석사 프로그램의 코칭수퍼바이저이다. 열정적이고 경험이 풍부한 임원 코치인 크리스틴은 조직을 수직적 개발 접근 방식에서 도출한 포스트모던 접근 방식에 초점을 맞춰 경영한다. 점점 더 역동적이고 불확실하며 모호해지는 세상에서 미래에 적합한 리더와 코치 개발에 이러한 접근 방식을 적용할 수 있는 방법에 중점을 둔다. 코칭의 출발점은 자기 지식, 통찰력과 인식을 높여 의식 수준을 높이고 개인이 의도적으로 다양한 상황에 대응하는 방법을 선택할 수 있도록 설계되었다. 이러한 의식 향상은 개인을 기존의 습관적이고 학습된 반응에서 벗어나 오늘날의 환경에서 성공적인 리더십에 필요한 더 큰 수완, 민첩성 및 유연성을 창출하고 내장할 수 있게 한다.

언제 사용하는가?

이 발달 기법은 경험이 풍부한 수퍼바이저가 수퍼바이지로서의 자신에 대한 탐구를 통해 수퍼비전 중에 성찰적 실천을 하고 자신의 실천에 미치는 영향을 탐색하기 위해 적용할 수 있다. 이 과정은 코칭 도구(Bachkirova, 2016)로서 자기self라는 렌즈를 통해 우리의 역량과 인식을 확장하기 위한 탐색으로 안내할 수 있다. 이는 수퍼바이지의 '성장점Growth Edge'을 찾고 식별하는 데 도움이 될 수 있다.

이 기법은 무엇인가?

이 접근 방식은 키건의 성인 발달 이론 및 토버트의 행동 탐구Kegan's work on Adult Development Theory and Torbert's Action Inquiry를 통해 알려졌으며 여기에서는 개인의 네 가지 경험 영역을 통해 수퍼비전 맥락에서 소개한다([표 1.3] 참조).

수퍼바이저는 아래에 설명된 단계를 광범위하게 수행하여 명시적으로 구조 틀을 사용할 수도 있고, 단순히 성찰적 탐색을 안내하는 기본 프레임을 제공할 수도 있다. 제공된 샘플 질문은 결코 완전한 질문이 아니며, 답변에 따라 네 번째 영역에 대해 더 깊이 탐구할 수 있는 기회가 있을 수 있다.

1단계: 수퍼바이지에게 탐구하고 싶은 내용을 간략히 설명한다.

2단계: 수퍼바이지에 대한 사전 지식이나 제시된 내용에 대한 이해를 바탕으로, 수퍼바이지의 현재 처리 수준을 가장 잘 반영하는 영역의 질문을 사용하여 탐색을 시작한다([표 1.3] 참조).

3단계: 민감하고 온정적인 접근 방식을 취하고, 점점 더 복잡함의 강도를 높여서 질문하고, 심화시키고자 하는 수퍼바이지의 발달 준비 상태를 염두에 두고 탐구를 계속 진행한다.

4단계: 학습을 마무리하려면 성찰과 피드백을 공유하면서 이 회기에서의 수퍼바이지 경험을 탐색하는 것이 도움이 될 것이다. 수퍼바이저는 4대 영역 구조 틀로 즉시 되돌아가서 현재 경험에 초점을 맞춰 탐구하게 한다.

[표 1.3] 코칭수퍼비전에 적용되는 개인의 4대 경험 영역(Torbert, Fisher & Rooke, 2004)

지역	설명	문의 사례
1. 외부 세계	사건, 결과 및 환경 영향에 대한 객관적인 설명	무슨 일입니까? 무엇을 보았나요/들었나요/관찰했나요? 그 결과는 무엇이었나요?
2. 감지된 성과	현재 경험한 자신의 성과, 행동, 기술 행동	무엇을 했나요? 어떻게 행동했나요? 무엇을 감지/경험했습니까?
3. 행동 논리	생각 영역과 우리의 행동을 해석하고 세상을 이해하는 방법	이것이 당신에게 어떤 의미였나요? 당신은 어디에 생각을 집중하고 있나요? 어떤 패턴이 보이나요?
4. 의도적인 관심	위의 세 가지 영역인 존재감, 인식, 비전 및 직관을 기반으로 구축	무엇을 알고 있었나요? 기분은 어떤가요? 당신의 몸에서는 무엇이 감지되고 있나요?

이 기법을 사용하는 방법

이 접근 방식을 선택하는 수퍼바이저는 성인 발달 이론adult development theory을 잘 이해하고, 이것이 코칭 및 수퍼비전 맥락에서 유용하게 적용될 수 있는 방법을 아는 것이 중요하다.

수퍼바이저는 이전 영역 및 행동 논리action logic에 중심을 둘 수 있는 수퍼바이지에 대한 판단을 암시하지 않고 작업해야 한다.

수퍼바이지의 준비가 완료될 때까지 이후 단계 접근 방식을 강요하거나 서두르지 말고, 수퍼바이지가 보여주는 현재 행동 논리 개발단계에서 시작하는 것이 중요하다.

그 밖에 주목해야 할 사항은 무엇인가?

수퍼바이지에게 무엇이 나타나는지에 따라 코칭 고객과 관련된 병렬 프로세스를 탐색할 기회가 있을 수 있다. 예를 들어, 코칭 고객이 업무 운영 모드에 갇혀 있는 경우, 수퍼바이지의 초점과 주의가 주로 영역 1과 2에 있는 것을 볼 수 있다.

주의 사항

복잡성에 대한 잠재력을 고려하여, 수퍼바이지는 일대일 환경에서 또는 경험이 많은 수퍼바이지들로 구성된 성숙한 그룹에서 이 접근 방식을 사용하면 더 개방적으로 될 수 있다.

이 기법의 다른 용도로는 무엇이 있는가?

일반적으로 저널링을 통한 개인 성찰하는 실천 방안으로써 4대 영역 구조 틀은 탐구의 기초로 사용된다.

코칭 맥락에서도 이 접근 방식은 유용하게 적용될 수 있으며, 특히 전문적이고 성과가 높은 리더들과 함께 사용할 때 효과적이다. 이들의 개발 초점은 오늘날의 변동성이 크고 복잡하며 불확실하고 모호한 환경에서 효율성을 위해 필요로 하는 더 혁신적인 리더십 접근 방식을 향해 나아가는 데 있다.

참고 문헌

- Bachkirova, T. (2016) The self as coach: Conceptualisation, issues, and opportunities for practitioner development. *Coaching Psychology Journal: Practice & Research*, 68(2), pp. 145-156.
- Torbert, B., Fisher, D. and Rooke, D. (2004) *Action Inquiry: The Secret of Timely and Transforming Leadership*. Oakland, CA: Berrett-Koehler Publishers Inc.

더 읽어보기

- Berger, J.G. (2012) *Changing on the Job*. Stanford, CA: Stanford University Press.
- Kegan, R. (1982) *The Evolving Self*. Cambridge, MA: Harvard University Press.

~~~~~

26. 성찰 기록

미셸 루카스와 크리스틴 챔피언

어디에서 사용할 수 있는가?				일반적 수준의 수퍼바이지 경험 필요
			개인적 성찰	대부분의 단계

언제 사용하는가?

체계적이고 실질적인 성찰 기록을 적어놓는 이 과정은 수퍼바이지의 코칭 패턴에 대한 통찰력을 심화시키고, 역동적인 관계를 만드는 데 도움이 되며, 동시에 인증 준비에도 기여한다.

    이 기법은 성찰일지를 수퍼비전 회기 사이에 미리 준비하여 회기에서 사용할 수 있으며, 일대일 및 그룹 수퍼비전 회기에서도 동일하게 사용할 수 있다. 수퍼바이지가 정기적이고 체계적으로 참여하도록 장려하면 강력하고 전문적인 코칭 패턴을 만드는 데 도움이 된다.

이 기법은 무엇인가?

수퍼바이지는 깁스(Gibbs, 1988)의 성찰 모델에 기반을 두고 설명, 분석 및 성찰이라는 세 가지 점점 더 복잡해지는 렌즈를 통해 성찰 기록을 재검토한다.

    1단계: 수퍼바이지에게 고객 코칭의 어느 순간이나 주제를 떠올리도록 요청한다.

이것은 당황스러웠던 순간일 수도 있고, 동시에 코칭 고객에게는 긍정적인 결과를 가져온 것일 수도 있다.

2단계: 깁스의 성찰 모델Gibbs' model of reflection을 지침으로 사용하여([그림 1.6] 참조), 그들에게 코칭 순간이나 주제에 관해 글을 쓰도록 권한다. 이에 대한 특별한 시간 제한은 없다. 그들이 이 기법에 완전히 참여하는 것이 중요하다.

3단계: 잠시 멈추고 수퍼바이지에게 글쓰는 활동에 대해 어떻게 느꼈는지 생각해 보도록 요청한다. 그 느낌을 포착하기 위해 메모를 작성한다.

4단계: 개인은 자연스럽게 다양한 수준의 복잡성으로 글을 쓴다. 일반적으로 첫 번째 시도에서 쓴 글은 설명적이고 사실에 기반을 둔다. 예를 들어, '나는 X를 했는데 곰곰이 생각해 보면 Y가 더 유용했을 수도 있다는 것을 깨달았다.'라는 식이다.

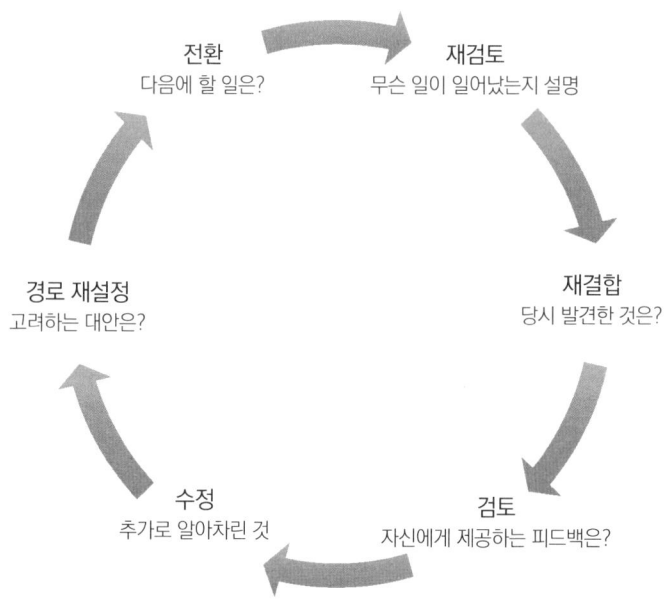

[그림 1.6] 성찰 주기 The Reflective Cycle, based on Gibbs (1988) and adapted by Lucas and Champion

5단계: 수퍼바이지에게 더욱 분석적인 목표를 가지고 성찰 기록을 검토하도록 요청한다. 예를 들어, 다음과 같은 사항을 고려하게 한다.

- 성찰에서 어떤 코칭 역량을 확인할 수 있습니까? 빠진 부분이 있나요?
- 일곱 눈 모델과 같은 하나의 구조 틀을 고려해 보세요. 당신은 어느 눈에 집중하는 경향이 있나요? 어떤 눈이 없는 것 같나요? 왜 그럴까요?
- 당신의 성찰 내용 가운데 주관적인 것은 무엇입니까? 즉 당신은 지금 어떻게 경험하고 있나요? 당신의 성찰 내용 가운데 객관적인 것은 무엇입니까? 즉 고객과 수퍼바이지 성찰의 더 넓은 맥락을 검토하는 분리된 관찰 특성이 있습니까?

6단계: 잠시 멈추고 성찰 기록 활동에서 나타나는 감정을 포착해서 몇 가지 메모를 작성한다.

7단계: 좀 더 성찰할 의도로 작성된 글을 다시 살펴본다. 예를 들어 다음 질문들을 고려한다.

- 그 순간을 되새기는 것은 당신에게 어떤 감각을 불러왔나요?
- 당신의 코칭은 당신의 코칭 철학/모델과 어떻게 일치합니까? 증거로 나타난 걸 보면 의도성은 어느 수준이었습니까?
- 이 일을 통해 자신에 대해 무엇을 배울 수 있습니까?

8단계: 잠시 멈추고 성찰 기록 활동에 대해 어떻게 느꼈는지 생각해 본 뒤, 몇 가지 메모를 작성한다.

9단계: 시간이 지남에 따라 축적된 성찰 기록의 생각을 모아서 무엇을 알아차렸는지 확인한다. 이러한 메타성찰은 성찰 기록과 코칭 접근법의 성숙도를 높이는 여정을 강조할 수 있다. 이는 강점 탐구 및 성장을 위한 새로운 기회를 드러낼 수 있다.

이 기법을 사용하는 방법

성찰 기록은 어렵게 느껴질 수 있다. 마음이 내키지 않을 때는 시험적으로 더 짧고 집중적으로 글을 쓰는 것이 도움이 될 수 있다. 일반적으로 성찰 기록 행동은 발달적 경험이며, 더 깊이 있고 폭넓은 통찰력을 가져옴으로써 의식을 고양시킨다. 수퍼바이지가 자기 생각을 수퍼바이저와 공유하는 것이 도움이 될 수 있으며, 이는 성찰 수준을 더욱 심화시킬 수 있다.

주의 사항

글쓰기 과정에서 불확실성과 어리석었음에 대한 두려움이 드러날 수 있다. 따라서 수퍼바이저는 격려와 창의적 도전을 합쳐서 그 과정에서 수퍼바이지가 '전체적'으로 느끼도록 하는 것이 중요하다. 마찬가지로, 처음으로 코칭에 대한 성찰 기록에 참여하는 초보 수퍼바이지에게는 건설적 경험을 만들고 발전적 성공을 축하하는 것이 중요하다.

이 기법의 다른 용도로는 무엇이 있는가?

수퍼비전 그룹과 함께 작업할 때, 동료들은 2인1조로 작업하여 성찰 기록의 예시들을 검토하고 서로의 성찰을 심화하는 데 도움이 되는 관찰과 피드백을 제공할 수 있다. 이 접근 방식은 리더십 역량을 분석 프레임으로 사용하여 고객을 코칭하는 데에도 똑같이 유용하다.

참고 문헌

- Gibbs, G. (1988) *Learning by Doing: A Guide to Teaching and Learning Methods*. Oxford: Further Education Unit. Oxford Polytechnic.

~~~~~

27. 리허설-검토-반복

미셸 루카스, 태미 터너, 캐롤 휘태커

어디에서 사용할 수 있는가?		일반적 수준의 수퍼바이지 경험 필요
전문적 그룹 수퍼비전	동료 그룹 수퍼비전	대부분의 단계

언제 사용하는가?

이 기법은 경험이 많은 학습자에게 유용하다. 안전한 환경에서 새로운 개입을 시도하고 귀중한 피드백을 얻으려는 사람들의 마음을 사로잡는 경우가 많다. 수퍼바이지가 다양한 옵션에 직면하고 각 옵션이 고객에게 어떤 영향을 미칠 수 있는지에 대해 실시간으로 피드백받기를 원하는 때에 특히 유용하다.

이 기법은 무엇인가?

수퍼바이저는 고객 코칭의 특정 '순간'에 초점을 맞춰 수퍼바이지와 그룹의 다른 구성원이 참여하는 역할극을 퍼실리테이팅한다.

- **1단계**: 수퍼바이지에게 고객 상황이나 이야기에 관한 간결한 설명을 요청하고, 특히 리허설하는 데 유용한 내용과 그룹에게서 받고 싶은 의견의 내용을 명확히 한다.
- **2단계**: 고객에 대한 구체적인 정보를 끌어낸다. 고객이 완전히 몰입했을 때와 더 저항적일 때 어떻게 반응하는지에 관해 수퍼바이지가 알아차린 내용을 포함한다.
- **3단계**: 수퍼바이지에게 고객과 함께 작업하는 모습을 상상해 볼 수 있는 공간을 만들어 보라고 요청한다. 다른 그룹 구성원들 가운데에서 고객 역할을 맡고 싶어 하는 사람을 선택하고, 다른 그룹 구성원들은 어디에 위치할 것인지 정하게 한다.
- **4단계**: 모든 사람이 제 자리를 찾고 준비되면, 수퍼바이지에게 그들이 정확히 무엇을 연습하고 싶은지 확인한다. 그들이 시작할 준비가 되었다고 느낄 때까지 세부적인 조정을 하도록 돕는다.
- **5단계**: 그룹 구성원에게 언어, 비언어적 반응, 에너지 및 의도, 수퍼바이지가 개입하는 방식, 역할극에 참여한 고객이 반응하는 방식에 대해을 관찰하는 방식을 간략하게 설명한다. 결과(1단계)에 적합한 경우, 그룹은 대안적인 개입을 제안할 수 있다.
- **6단계**: 수퍼바이지와 고객 역할자를 초대하여 리허설을 시작한다.
- **7단계**: 적절한 시점에 역할극을 중단시키고 개입한다. 이는 사전에 합의되었거나 수퍼바이저의 진행 방식에 대한 판단에 의존할 수 있다.

8단계: 수퍼바이지에게 '무엇이 좋았다고 느꼈는지'와 '무엇이 엉뚱하다고 느꼈는지'에 대해 생각해 보게 하고, 고객 역할자에게서도 비슷한 방식으로 피드백을 구한다.

9단계: 다음 사례를 공동으로 만들거나, 같은 것을 다시 리허설하거나, 다른 접근 방식을 시도해 본다. 각 리허설 후에 8단계를 반복한다.

10단계: 결론으로 가기 위해 각 그룹 구성원의 피드백을 요청한다. 그들이 관찰한 내용이 개인적으로 무엇이 잘 되었는지(또는 안 되는지)를 언급하기보다는 고객 역할자에게 눈에 띄는 영향을 주는 데에 초점을 맞추게 한다.

11단계: 수퍼비전을 종료하기 전에 수퍼바이지와 고객 역할자의 역할을 해제한다. 이는 예를 들어, 의자를 옮기거나 역할극 페르소나를 떨쳐버리는 작업이다.

12단계: 실내에 있는 모든 사람이 자신의 코칭에 무엇을 적용할지 생각해 볼 시간을 갖도록 한다.

이 기법을 사용하는 방법

이는 리허설이 코칭 회기의 특정 순간에 초점을 맞출 때 가장 큰 영향을 미치는 경향이 있다. 예를 들면, 계속 취소하는 고객에게 어떻게 불만을 털어놓을 수 있을까? 내가 질문했는데 고객이 나를 멍하니 쳐다볼 때 어떻게 해야 할까?

리허설에는 다양한 방법이 있으며, 이것을 수퍼바이지와 함께 공동으로 만들어 내는 것이 가장 좋다. 동료들과 함께 뭔가를 시도하려면 용기가 필요하지만, 무슨 일이 일어날지 설계하면 더 큰 통제력을 얻을 수 있다. 그룹의 규모와 이용 가능한 시간에 따라 각 리허설 후 그룹과 협의하여 10단계를 더욱 완벽하게 통합할 수 있다.

주의 사항

교육 기법과 유사하지만 수퍼바이저가 수퍼바이지의 작업방식을 수정하도록 의도된 것은 아니다. 수퍼바이저는 10단계에 설명된 원인과 결과에 대한 관찰만 제공한다.

이 기법의 다른 용도로는 무엇이 있는가?

수퍼바이지가 특정 기법을 연습하고 싶거나 좀 더 확장된 대화에서 어떤 내용이 어떻게 전개되는지 보고 싶은 경우, '중지-시작'을 사용하는 것이 도움이 될 수 있다. 수퍼바이지가 막히면 '중지'하고 그룹 구성원(수퍼바이저 포함)을 초대하여 구체적인 대안을 제안한다. 만족하면 수퍼바이지는 이 새로운 관점으로 역할극을 '시작'한다.

이 기법은 코칭에서 고객과 함께 사용할 수 있도록 쉽게 조정할 수 있으며, 개인 코칭에서 가장 적합할 수 있다. 이 경우 코치는 퍼실리테이터이면서 역할 수행자가 되어야 한다.

더 읽어보기

- Turner, T., Lucas, M. and Whitaker, C. (2018) *Peer Supervision in Coaching and Mentoring: A Versatile Guide for Reflective Practice*. Maidenhead: Routledge, pp. 103-104. 『동료 코칭수퍼비전: 성찰적 실천을 위한 다용도 지침』 김현주, 박정자, 이서우, 정혜선, 추영숙 옮김. 2025. 코칭북스
- Whitaker, C. and Calleja, A. (2018) *Group Supervision A pproaches for Coaching Supervision*. [pdf] Available at: www.whitaker-consulting.co.uk/resources-and-papers [Accessed 2 August 2019].

28. 즉시 기록

클레어 노먼

언제 사용하는가?

이 기법은 수퍼비전 회기가 끝날 때 학습 내용을 성찰하는 수단으로 사용된다.

이 기법은 무엇인가?

'즉시 기록'은 3분 정도의 짧은 시간 동안 멈추지 않고, 편집하지 않고, 계속해서 쓰는 기록을 말한다. 질문들은 초반에 제시한다. 핵심은 뇌의 편집되지 않은 부분에 접근해서 표면 아래에 있을 수 있는 생각과 아이디어를 불러내는 것이다.

1단계: 수퍼바이지에게 다음과 같은 질문에 대해 3분 동안 글을 쓰도록 요청한다.
- 회기에서 가장 기억에 남는 것은 무엇입니까?
- 실제로 효과가 있었고 가치를 더한 것은 무엇입니까?
- 되돌아보면 무엇을 다르게 했을 것 같나요?
- 동료들에게 더 큰 도움이 될 수 있는 방법은 무엇입니까?
- 이 성찰의 순간에, 이전에는 알아채지 못했을 것을 알아챈 것은 무엇인가요?

- 이 회기에 대해 지금 어떻게 생각하시나요?
- 앞으로 이 그룹에서 어떻게 할지에 관해 어떤 창의적이거나 직관적인 생각을 하셨나요?

질문을 플립차트에 적고, 글을 쓰는 동안 참고할 수 있도록 한다.

2단계: 마음속에 무엇이 떠오르든 계속해서 글을 쓰도록 간략하게 설명한다. 나중에 편집하면 된다. 마음이 멍해지면 새로운 생각이 떠오를 때까지 낙서하도록 지시한다. 잠재의식에 접근하려면 펜이 계속 움직여야 한다고 설명한다. '즉시 기록'은 개인적인 용도로 쓰는 것이며, 수퍼바이저나 그룹에 자신의 글을 공유하도록 요청하지 않을 것임을 확신시킨다.

3단계: 시간을 측정하고 3분에서 멈춘다.

4단계: 수퍼바이지에게 이런 식으로 글을 쓴 결과 무엇을 발견했는지 묻고, 작성한 '즉시 기록'의 맨 끝에 추가하도록 격려한다.

5단계: 공유하고 싶은 학습 내용이 있다면 무엇인지 묻는다.

이 기법을 사용하는 방법

어떤 사람들은 이 작업을 시작할 때 얼어붙기도 한다. 그럴 때는, 생각이 떠오를 때까지 낙서를 하도록 격려한다. 어떻게 초점을 맞출지 롤모델을 보여주기 위해, 당신도 직접 작업을 하는 것으로 진행할 수도 있다.

각 회기 후에 이 작업을 수행하도록 권하고, 시간이 지남에 따라 축적되는 메모들을 어느 시점에 정리해 보면서 메타성찰을 하도록 권한다.

그 밖에 주목해야 할 사항은 무엇인가?

주목할 만한 새로운 생각이 수퍼비전의 마지막 순간에 떠오를 수도 있다. 이 경우에는 수퍼바이지가 스스로 수퍼비전하거나 추가 지원을 요청하도록 권한다.

주의 사항

제공하는 질문은 단 하나로 족하다. 한 번에 여러 가지 질문을 하면, 뇌는 어떤 질문에 대해서도 더 깊이 파고들지 않고 질문을 단순하게 해결해 나갈 것이다. 시간을 재기 전에 질문을 몇 번 반복하여 잘 이해했는지 확인하는 것이 도움이 될 수 있다.

이 기법의 다른 용도로는 무엇이 있는가?

개인이 문제나 기회에 대해 성찰하거나 더 깊은 생각을 하고 싶을 때 언제든지 사용할 수 있다. 이는 고객 코칭에도 유용할 수 있으며, 실행계획을 생성하는 것보다 더 의미 있는 '보조 회고록' 역할을 할 수 있다.

~~~~~

29. 일곱 대화 모듈

데이비드 클러터벅

언제 사용하는가?

이 접근 방식은 수퍼바이지나 수퍼바이저 중 한 명이 '뭔가 놓치고 있다'라고 느낄 때 유용할 수 있다. 또 고객의 참여도가 좋아 보이지만 코치가 고객의 진행 상황에 대해 의문이 생길 때 유용하다.

이 기법은 무엇인가?

여기서 중요한 점은 코칭 대화 자체보다 탐색할 대화가 더 많다는 것이다. 또 각 대화에는 코칭의 역동성에 대한 유용한 정보가 포함될 수 있다.

랜서 등(Lancer et al., 2016)에 따르면, '일곱 대화 모듈'은 다음과 같다.

1. 고객이 준비하면서 자기 자신과 나누는 대화
2. 코치가 준비하면서 자기 자신과 나누는 대화
3. 회기 중에 고객의 머릿속에서 일어나는 무언의 대화
4. 고객과 코치 사이의 실제 대화
5. 회기 중 코치의 머릿속에서 일어나는 무언의 대화
6. 고객이 성찰하면서 자기 자신과 나누는 대화
7. 코치가 성찰하면서 자기 자신과 나누는 대화

1단계: 코칭 회기 자체를 넘어서 무슨 일이 일어나고 있는지 탐구하는 것이 흥미로운지 질문한다.
2단계: 동의를 얻은 후 수퍼바이저는 나머지 6개의 대화 가운데 어느 것이 유용한 시작점이 될 수 있는지 평가한다.
참고: 3~6단계는 순서와 관계없이 수행할 수 있다.

3단계: 수퍼바이지가 코칭 고객과 함께 작업하면서 생각은 했지만 말하지 않은 것이 무엇인지에 대해 고려한다. 그 생각을 표현하지 못하게 한 것이 무엇이 었는지 질문한다.

4단계: 수퍼바이지에게, 고객이 무엇인가 생각하고 있는 것이 있지만 아직 말할 준비가 되지 않은 것과 그 이유에 대해 '최선의 추측'을 해보도록 요청한다.

5단계: 고객이 회기를 어떻게 준비하고 성찰하는지에 관해 수퍼바이지가 알고 있는지 고려한다. 수퍼바이저는 무엇이 실제로 알게 된 것이고, 무엇이 가정인지 명확히 알고자 노력한다.

6단계: 수퍼바이지가 그 고객과의 코칭을 어떻게 준비하고 성찰하는지 탐색하여 이것이 다른 고객과 얼마나 유사한지, 또는 다른지 주목한다.

7단계: 이 탐색을 시작하여 얼마간 진행된 지금은, 수퍼바이지가 초기에 제시한 수퍼비전 질문에 대해 어떻게 생각이 변화하고 있는지 성찰해 보도록 잠시 시간을 준다.

8단계: 수퍼바이저는 대화의 어느 지점에서건 정보가 누락되어 있었음을 관찰할 수 있게 된다. 이는 다음 코칭 회기에서 적용할 질문리스트가 될 기회로 볼 수 있다.

이 기법을 사용하는 방법

수퍼바이저는 처음부터 이 접근 방식을 사용하지 않을 가능성이 크며, 수퍼비전에서 '끈기^{grit}'가 없음을 알아차렸을 때 참조점으로 사용할 것이다. 탐색은 수퍼바이지와 모델을 공유하면서 명시적으로 수행될 수 있다. 또는 수퍼바이저는 탐색을 알리기 위해 '생각지도'에 '일곱 대화 모듈'을 적어 둘 수 있다.

그 밖에 주목해야 할 사항은 무엇인가?

이 접근 방식은 흔히 수퍼바이지가 코칭 회기 밖에서 고객에게 기대되는 것을 못 보고 지나친 점을 드러낸다. 이는 각 당사자가 코칭 성공을 위해 어떤 책임을 져야 하는지에 관해 더욱 강력하게 계약할 수 있는 기회이다. 때로는 변화가 '코칭 현장'에서 일어나야 한다는 기대를 부각하기도 한다. 코치가 없을 때 고객에게 훌륭한 통찰력이 나오는 경우가 많다는 확신과 현실 점검이 필요할 수 있다. 만약 이 개념이 수퍼바이지에게 성가신 경우에는, 영향력과 통제에 대한 기대 사항에 대해 개인적으로 작업해 보는 것이 도움이 될 수 있다.

주의 사항

수퍼바이지는 회기 전후에 무슨 일이 일어나는지 코칭 고객과 함께 탐구하지 않았을 수도 있다. 이로 인해 수퍼바이지는 많은 질문에 '모르겠어요'라고 대답하게 될 수도 있다. 경험이 적거나 자신감이 부족한 수퍼바이지에게는 그로 인해 쉽게 자신이 무능하다는 느낌을 줄 수 있다. 수퍼바이저의 목소리 톤에 따라 질문이 호기심으로 경험되는지 아니면 판단으로 경험되는지가 결정된다.

이 기법의 다른 용도로는 무엇이 있는가?

참가자가 모델을 이해한다면 그룹에서도 사용할 수 있다. 그러나 창발적인 면을 고려하면 이를 진행할 때 어색한 면이 있다. 일련의 질문에 대해 심층 분석이 필요하며, 깊이 생각해야 할 때 일부는 빠져나갈 위험이 있다.

　이 모델은 고객 코칭에도 유용하다. 상호작용 자체를 넘어 무엇을 생각하고 있는지에 주의를 기울이게 하는 원리 자체가 대다수 리더십 상황에 적용될 수 있다.

참고 문헌

- Lancer, N., Clutterbuck, D. and Megginson, D. (2016) *Techniques for Coaching and Mentoring*, 2nd ed. London: Routledge.

~~~~

30. 상황-생각-결과

카멜리나 로튼 스미스 Carmelina Lawton Smith[26]

어디에서 사용할 수 있는가?			일반적 수준의 수퍼바이지 경험 필요
전문적 일대일 수퍼비전		개인적 성찰	경험이 많은 수퍼바이지들만 해당

[26] **카멜리나 로튼-스미스**Carmelina Lawton Smith 박사는 프리랜서와 옥스포드 브룩스 경영대학원의 컨설턴트를 겸하고 있는 코칭 및 개발 전문가이다. 그녀는 일대일 임원코칭과 함께 경영 및 리더십 개발을 전문으로 하며, 최근 연구 관심 분야는 리더십 회복탄력성과 코칭 역량 평가에 중점을 두고 있다. 그녀는 옥스포드 브룩스 대학의 코칭 및 멘토링 연구를 위한 국제센터의 일원으로서 코치를 위한 수퍼비전 및 마스터 클래스를 제공한다. 카멜리나는 코칭 및 멘토링 실습 분야의 석사와 전문 박사 학위 모두에서 교육 팀을 지원하고, 영국심리학회와 코칭협회의 회원으로 활동한다. 정기적으로 글을 쓰고, 증거 기반 코칭 국제 저널의 편집위원회 회원이자 국제 스트레스 예방 및 웰빙 저널의 컨설팅 편집자이다. 그녀는 많은 컨퍼런스에서 발표했으며 옥스포드 브룩스 대학 수퍼비전 콘퍼런스 학술위원회의 회원이다.

언제 사용하는가?

이 기법은 수퍼바이지에게 자신의 생각이 코칭 고객과의 관계 및 활동에 어떻게 영향을 미칠 수 있는지 강조한다. 그들은 관계가 올바르지 않다고 느낄 수도 있고, 고객이 자신을 좋아하지 않거나 존중하지 않는다고 느낄 수도 있다. 아마도 고객이나 자신의 코칭 성과에 대해 매우 부정적인 생각을 하는 수퍼바이지를 수퍼비전할 때 가장 효과적일 것이다. 이 기법에는 높은 수준의 신뢰와 수퍼바이지의 인식이 필요하다.

이 기법은 무엇인가?

1단계: 상황

수퍼바이지에게 그들이 탐구하고 싶은 시나리오/상황/감정 또는 관계를 설명하도록 요청한다.
- 이 상황에 대해 좀 알려주세요….
- 이 문제를 수퍼비전하게 된 계기는 무엇입니까?
- 이것이 중요한 이유는 무엇입니까?
- 당신의 고민은 무엇입니까?
- 당신이 인식한 감정은 어떤 건가요?

2단계: 생각
- 이 고객/상황을 다룰 때 당신은 어떤 생각을 하는지요?
- 당신의 머릿속 목소리는 뭐라고 말하고 있나요?
- 고객에게 말하지 않은 건 어떤 걸까요?
- 여기서 논의하고 싶지 않은 것은 어떤 생각인가요?

3단계: 결과
- 이러한 생각의 결과는 무엇인가요? (매우 열린 질문으로 시작하되, 어떤 영

역이 탐색되지 않는 경우, 예를 들어, 행동, 선택 등에 초점을 맞추도록 유도할 수 있다.)
- 어떤 일이 발생하는 경향이 있고 그것이 코칭에 어떤 영향을 미칠 수 있습니까?

4단계: 재구성
- 어떤 생각이 최선을 다하는 데 도움이 될까요?
- 이런 식으로 생각하면 어떤 결과가 나올 수 있나요?

이 기법을 사용하는 방법

이 기법은 간단한 수준에서 수퍼비전 질문을 위한 구조로 제공될 수 있다. 그러나 수퍼바이저는 수퍼바이지의 우려나 좌절이 코칭 대화에 영향을 미칠 수 있다고 가정하는 것이 일반적 탐색을 수행할 때보다 유용하다. 수퍼바이지가 가진 생각을 정직하고 비판단적인 방식으로 살펴보는 수퍼바이저의 스타일이 중요하다. 그러면 그 생각들이 가져올 결과에 대한 성찰이 이어진다. 3단계와 4단계에서 수퍼바이저는 각 생각을 더 자세히 살펴보면서 더욱 깊게 고려하도록 유도한다. 생각이 밖으로 표출되면 에너지에 변화가 생기고, 코칭 작업에 더 유익한 대안적 인식과 생각이 명확하게 표현될 수 있다.

그 밖에 주목해야 할 사항은 무엇인가?

만약 수퍼바이지가 대안적 생각을 찾아내는 데 어려움을 겪고 있다면, 가설을 제안해야 할 수도 있다. 예를 들면, '코치로서 당신을 어떻게 생각하는지 신경이 쓰이나요?', '그 고객은 어떤 압박감을 느끼고 있을까요?'

논의하고 싶은 또 다른 측면은 '전이의 가능성(Sandler, 2011)'이다. 이는 수퍼바이지가 실제로 코칭 고객의 속내 감정을 알아차릴 때 발생한다. 예를 들어, 승진 기대가 어긋나서 심기가 매우 불편한 고객은 그 불만을 코치에게 '전가'할 수도 있다. 그런 일이 일어날 수 있다고 설명하고 다음과 같이 질문해 본다. '당신의 감정이 코칭 고객이 실제로 느끼는 감정의 결과일 수 있습니까?'

주의 사항

수퍼바이지가 자신의 인식을 바꿀 준비가 되어 있지 않을 수도 있다는 점을 알고 있어야 한다. 질문하고 가설을 세운 후에도 다른 선택지가 나오지 않으면 다음 단계로 넘어간다. 문제가 매우 민감하거나 실제로 나쁜 경우가 있을 수 있으며, 이러한 상황에서는 배우고 포기하는 것을 수용해야 한다.

이 기법의 다른 용도로는 무엇이 있는가?

사고 패턴에 대한 평가는 수퍼바이지가 자신의 코칭 실습에 얼마나 영향을 미칠 수 있는지 인식하지 못할 수 있으므로 매우 중요할 수 있다. 그들은 자신의 성과에 대해 걱정할 수도 있고 코치가 '해야 하는 일'에 대해 걱정할 수도 있으며, 그러한 생각은, 예를 들어 고객에게 관심이 없는 것처럼 보이는 결과를 초래할 수 있다. 그들은 고객이 보류하고 있는 상황을 어떻게 처리해야 하는지에 대해 생각할 수 있지만, 이는 질문과 '질문 라인'에서 특정 선택으로 이어진다.

고객이 경직된 사고 패턴을 보일 때, 수퍼바이지는 이 기법이 자신의 코칭에 도움이 될 수 있다는 점을 알게 된다. 예를 들어, 코칭 고객이 하기 어려운 대화 나누는 것을 힘들어한다면, 이와 관련된 생각이 무엇인지 조사하는 것이 도움이 될 수 있다. 그들은 갈등을 예상하거나 미움을 받는 것에 대한 두려움을 가졌을 수도 있다. 이러한 사고 패턴은 자기 주장이 결여된 것으로 간주하는 결과를 가져올 수 있다.

참고 문헌

- Sandler, C. (2011) The use of psychodynamic theory in coaching supervision. In T. Bachkirova, P. Jackson, and D. Clutterbuck (Eds.), 2010. *Coaching and Mentoring Supervision*. Maidenhead: McGraw-Hill, Ch. 8, pp. 107-120.

더 읽어보기

- Rao, S. (2010) Happiness a t Work. London: Mc Graw-Hill.

~~~~~

31. 행동 논리형 수퍼비전

클레어 데이비Claire Davey[27]

---

[27] 클레어 데이비Claire Davey는 영국 및 국제적으로 임원 코치와 수퍼바이저로 활동하고 있다. 또 전문 서비스, 금융 부문, 교육, 통신, 제3섹터 및 엘리트 스포츠 분야에서 글로벌 조직을 위한 개발컨설턴트이다. CDPerformance Ltd를 설립하기 전에는 딜로이트의 코칭 및 리더십 개발 책임자로 재직하면서 시스템 팀코칭을 개척하고, 외부 및 내부 수퍼비전을 시도했으며, 초기에 수퍼비전에 대한 수퍼비전을 받아들였다. EMCC 이사장직을 수행하면서 코칭과 수퍼비전 분야에서 계속 혁신하고 발전에 도전한다. 클레어는 문화 간 수퍼비전과 팀 및 조직 수퍼비전을 전문으로 하는 Bath Consultancy Group에서 수퍼비전과정을 수료했다. 그녀는 현재 Henley Business School의 수퍼비전 전문 자격증을 취득하는 사람들을 지원하는 수퍼비전팀의 일원이다. 그녀는 수퍼비전에 대한 통합적 접근 방식을 추구하며, 흔히 창의적 접근 방식과 생태학을 기반으로 탐구하고 실험한다.

어디에서 사용할 수 있는가?			일반적 수준의 수퍼바이지 경험 필요
전문적 일대일 수퍼비전	전문적 그룹 수퍼비전	개인적 성찰	경험이 많은 수퍼바이지 들만 해당

언제 사용하는가?

수퍼비전과 코치의 성장 및 수퍼비전 과정에 대한 성공이나 도전을 탐색하는 데 사용된다.

행동 논리는 무엇인가?

행동 논리는 우리의 경험을 알리고 행동을 형성하는 태도 결정이라고 설명할 수 있다.
　다음 [표1.4]는 심화된 자기 인식 수준에서 나타나는 일곱 가지 행동 논리이다.

이 기법은 무엇인가?

토버트의 연구는 이후 행동 논리가 나올 때까지 우리의 행동을 이끄는 것이 무엇인지 모를 수 있음을 보여준다. 특정 순간에 우리가 어떻게 방향을 잡는지 관찰하고 목격함으로써만 우리의 인식이 향상되고 자기 변형 가능성이 발생한다.
　따라서 카드의 목적은 개인이 선호하는 행동 논리 '상태'를 인식하고 액세스할 수 있는 다른 '상태'(자신과 다른 사람 모두)를 강조하는 것이다. 이렇게 높아진 이해는

[표 1.4] 일곱 가지 행동 논리(Torbert, 2004)

행동 논리	
1. 기회주의자	가능한 모든 방법으로 자신을 위해 승리한다.
2. 외교관	소속감을 가지고 어울리고 싶어한다.
3. 전문가	논리와 전문성에 중점을 둔다.
4. 성취자	개인 및 팀 성과에 의해 주도된다.
5. 재정의	독특한 방식으로 프레임을 재구성한다.
6. 변신	조직적, 개인적 전환을 창출한다.
7. 연금술	물질적, 정신적, 사회적 변화를 통합한다.

출처: 저작권 © 2019 글로벌 리더십 어소시에이츠Torbert and Associates & 창의적 리더십 센터

의도하지 않은 갈등과 오해를 줄일 수 있다. 그렇게 함으로써 우리는 '존재하는 가정의 한계를 넘어 자신과 다른 사람들이 변화하도록 도울 수 있게 된다'(Torbert, 2004, p.66).

1단계: 상황과 카드 정렬

수퍼바이지를 초대하여 수퍼비전 주제를 공유하고 적절한 설명을 요청한다.

모든 변신 카드를 테이블/바닥에 앞면이 보이도록 놓고, 수퍼바이지에게 아래 각 질문을 가장 잘 설명하는 카드 3~5개를 선택하도록 요청한다.

- 당신의 고객은 어떻게 보이나요?
- 당신은 어떻게 보이나요?

2단계: 행동 논리 렌즈를 통해 살펴보기

행동 논리의 개요를 설명하고 나서, 수퍼바이지에게 두 세트의 카드 컬렉션을 볼 수 있도록 한다. [그림 1.7]과 [그림 1.8] 참조.

[그림 1.7] 카드 컬렉션 1(고객)

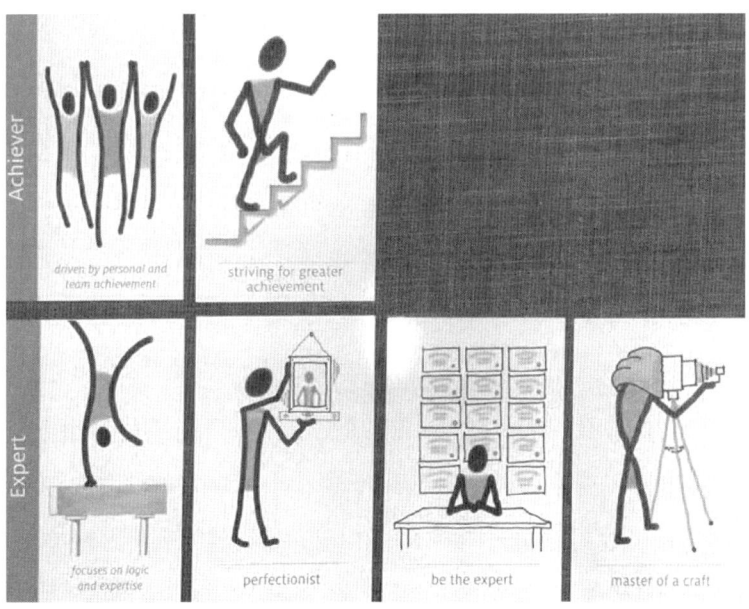

[그림 1.8] 카드 컬렉션 2(수퍼바이지)

a. 수퍼바이지에게 첫 번째 카드 컬렉션을 보고 어떤 패턴이나 주제가 눈에 띄는지 생각해 보라고 한다. 예를 들면, '행동 논리 중 하나가 다른 행동 논리보다 더 많이 표현됩니까?'
b. 선택한 행동 논리를 사용할 때, 코치가 고객에게 어떤 질문을 할지 시도해 본다.
c. 두 번째 카드 컬렉션을 사용하여 수퍼바이지와 함께 선택한 행동 논리가 인식에 어떤 영향을 미치는지 살펴본다.

3단계: 성찰 섹션

수퍼바이지가 자기 생각을 충분히 다룰 수 있도록 시간을 허용한다. 생각이 정리되면 개인 또는 프로세스 관점에서 자신의 의견을 공유하게 한다.

이 기법을 사용하는 방법

카드를 처음 사용할 때는, 카드를 선택하기 전에 수퍼바이지가 익숙해질 수 있는 충분한 기회를 제공한다. 수퍼바이지에게 한 번에 몇 장의 카드만 제공하거나, 그저 무작위로 몇 장 뽑아서 배열하는 것이 도움이 될 수 있다(행동 논리 범주에 맞춰 구성하지 않음). 각 카드 뒷면에는 카드가 어떤 행동 논리에 속하는지 알려주는 문자가 있다.

그 밖에 주목해야 할 사항은 무엇인가?

탐색에 필요한 대화의 깊이와 폭을 얻으려면 행동 논리와 관련 질문에 정통해야 한다.
    수퍼바이지가 어떤 행동 논리를 자신의 메인 기반으로 가져갈지 더 정확하게 알고 싶다면, 인증받은 전문가와 함께 '글로벌 리더십 프로파일the Global Leadership Profile(GLP)'을 진행할 수 있다.

주의 사항

개인은 행동 논리를 계층적으로 보는 것이 일반적이므로 안전한 환경을 조성하는 것이 중요하다. 또 성숙도가 혼합된 그룹에서는 카드를 '더 낫거나 더 나쁘다'고 생각하게 만들 수 있으므로, '단계'나 '수준'보다는 '상태'를 참조하는 것이 가장 효과적이다. 수퍼바이저의 역할은 참여한 그룹 구성원들을 기본 수준으로 잡고 유지하는 것이다.

이 기법의 다른 용도로는 무엇이 있는가?

이는 특히 인증 또는 조직 코치 검증 프로세스를 시작할 때 코치가 자신의 관행을 검토하는 데 매우 효과적이다. 이 경우 수퍼바이지에게 각각 4~5개의 카드를 선택하게 하여 함께 작업함으로써 과거, 현재, 미래를 기반으로 하는 코칭 관행을 검토하고, 패턴을 식별하고, 코칭 여정과 향후 중점을 둘 부분과 발전계획에 관한 설명을 작성할 수 있다.

카드는 적절한 조정을 통해 그룹과 코칭 고객에게도 사용할 수 있다.

참고 문헌

- Torbert, B. (2004) *Action Inquiry - The Secret of Timely and Transforming Leadership*. San Francisco, CA: Berrett-Koehler Publishers.
- Global Leadership Associates (2019) Global Leadership Profile (GLP) [online] Avaiable at: www.gla.global/the-glp-overview/ [Accessed 17 October 2019].
- Rooke, D. and Torbert, B. (2005) Seven transformations of leadership, *Harvard Business Review*, April 2005, [online] Available at: https://hbr.org/2005/04/seven-transformations-of-leadership [Accessed 17 October 2019].

더 읽어보기

- Kegan, R. and Lahey, L.L. (2009) *Immunity to Change: How to overcome it and Unlock the Potential in Yourself and Your Organisation (Leadership for the common good)*. Boston, MA: Harvard Business Review Press.
- Petrie, N. (2015) *White Paper: The How-To of Vertical Leadership Development Part 2-30 Experts, 3 Conditions and 15 Approaches*. [pdf], Colorado Springs: Center for Creative Leadership. Available at: www.ccl.org/wp-content/uploads/2015/04/verticalLeadersPart2.pdf [Accessed 17 October 2019].
- Herdman Barker, E. (2017) *Images in Leadership Development*. [pdf] Available at: www.gla.global/wp-content/uploads/2017/07/Images-of-Leadership-Development.pdf [Accessed 28 October 2019].
- Herdman-Barker, E. and Wallis, N.C. (2016) *Imperfect Beauty, Heirarchy and Fluidity in Leadership Development* [pdf] Available at: www.gla.global/wp-content/uploads/2017/02/Imperfect-Beauty-Herdman-Barker-and-Wallis-2016.pdf [Accessed 28 October 2019].
- Tobert, W.R. (2017) *The pragmatic impact on leaders and organisations of interventions based on the collaborative developmental action inquiry approach*. Integral Leadership Review, November 2017, pp. 1-16.

자료가 있는 곳

- Bill Torbert's resources via his website. Available at: www.williamrtorbert.com/resources/ [Accessed 28 October 2019].
- A pack of Transformation Cards is available at: www.gla.global/the-glp/transformations-deck/ [Accessed on 17 October 2019].

~~~~~

32. 레고 수퍼비전

데미안 골드바그^{Dr. Damian Goldvarg}[28]

언제 사용하는가?

말로 표현하는 데 어려움을 겪는 수퍼바이지를 위해 레고는 창의적인 공간에서 문제를 탐구할 수 있는 기회를 제공한다.

이 기법은 무엇인가?

'레고 시리어스 플레이^{LEGO Serious Play}'는 언어, 청각, 운동 감각의 세 가지 의사소통 모드를 지원하여 향상된 표현과 더 깊은 경청 기회(Blair & Rillo, 2016)를 제공한다. '레고 시리어스 플레이'는 문제해결, 아이디어 탐구, 목표 달성을 돕는 체계적인 방법이다. 이는 참가자들이 당면 이슈에 대해 이해를 공유하며 성장하기 위하여, 생각하

---

[28] **데미안 골드바그**^{Dr. Damian Goldvarg} 박사는 50개국이 넘는 나라들에서 30년 이상, 임원코칭, 리더십 교육 및 퍼실리테이션을 제공하고 있다. MCC이며 Alliant University에서 조직심리학 박사학위를 받았다. 그는 인증코치 수퍼바이저(ESIA)이며 전문코칭, 멘토코칭 및 코칭 수퍼비전 분야의 인증을 지원한다. 데미안은 2013~2014년 ICF 글로벌 회장을 역임했다. 또 코칭에 관한 세 권의 책 외에도 여러 권의 책에 공저자로 출판에 참여했으며, 코칭 전문성에 대한 글로벌 공헌으로 ICF로부터 Circle of Distinction 상을 받았다.

고, 구축하고, 이야기하고, 성찰하고 다듬는 구조화된 과정이다.

1단계: 워밍업

수퍼바이지가 레고 부품에 익숙해지도록 한다. 예를 들어, 수퍼바이지에게 빠르게 탑을 쌓으라고 한다(단지 2~3분만 허용). 탑이 쌓이면 수퍼바이지와 탑에 관해 간략한 이야기를 나눈다. 탑을 쌓는 동안 배경 음악을 틀어주면, 너무 조용하지 않게 하는 데 도움이 될 수 있으며 창의적인 환경도 제공된다.

2단계: 수퍼비전 질문의 개발

'레고 시리어스 플레이'는 고객의 세계, 고객과의 관계, 고객 관계에서 원하는 결과, 고객과의 작업에 대한 수퍼바이지의 반응과 같은 문제를 탐색하는 데 다양하게 사용된다. 당신의 판단력을 발휘하여 레고 수퍼비전의 초점을 제시한다. 예를 들면 다음과 같다. '만약 당신이 당신의 내면세계를 나타내는 모델을 만들었다면 어떨까요? 즉 이 고객과 함께 일하면서 당신의 마음속에서는 어떤 생각이 들었나요?'

3단계: 빌드

수퍼바이지가 모델을 구축하도록 5분 이하의 짧은 시간을 허용한다.

4단계: 이야기

수퍼바이지에게 모델에 관한 이야기를 공유하도록 요청한다. 이야기는 회기에서 논의될 자료를 생성하기 때문에 매우 중요하다.

5단계: 이야기 꾸미기

수퍼바이지가 자신이 만든 창작물을 탐색하도록 도와준다. 예를 들면 다음과 같다.

- 선택한 작품에 관해 자세히 알려주세요.
- 당신이 사용한 색상은 어떤 의미가 있나요?
- 모델을 구축하느라 손의 촉감이 사용되는 과정에서 무엇을 발견했습니까?

- 당신이 만든 것에 얼마나 만족하시나요?

6단계: 원하는 미래의 개발(선택 사항)

학습이나 토론을 기반으로 모델을 변경할 수 있는 기회를 제공한다.

예를 들어, 수퍼바이저는 '모델에서 무엇이든 변경할 수 있다면 그것은 무엇입니까?'라고 질문할 수 있다.

3단계와 4단계의 과정이 반복된다.

7단계: 작업 종료

수퍼바이지가 자신의 레고 모형의 사진을 찍어서 보조 회고록으로 사용할 수 있도록 한다.

이 기법을 사용하는 방법

레고는 다양한 제품을 제공한다. 수퍼비전 작업에는 48개가 들어 있는 창문 탐색the Windows Exploration Bag을 권한다. 이 기법은 직접 또는 가상으로 사용할 수 있다. 그러나 실제 레고 블록들을 사용하면 더 쉽게 접근할 수 있고 좋은 효과를 얻게 된다. 가상 작업에는 비디오가 포함되어 수퍼바이지가 자기 모델을 시각적으로 공유할 수 있다. 그러나 수퍼바이저가 반드시 모델을 보아야 하는 것은 아니다. 그 대신에 진정한 호기심을 갖지니고 질문을 할 수 있다. '어떻게 생겼나요? 당신이 무엇을 어떻게 만들었는지 설명해 주시겠습니까? 당신의 모델은 어떤 색깔들로 이뤄져 있나요?'

위의 단계는 개별 수퍼비전을 모델로 한다. 그룹 수퍼비전을 할 때 수퍼바이지와 그룹 구성원은 수퍼비전 질문과 연결된 모델을 만들기 위해 동시에 작업한다. 모든 사람은 자신이 만든 것에 관한 이야기를 공유하여 수퍼바이지가 고객과의 작업에 대해 다른 대안을 통찰하게 한다.

그 밖에 주목해야 할 사항은 무엇인가?

레고로 작업하는 것은 흔히 토론의 촉매제가 된다. 레고가 그 목적에 부응하고 수퍼비전 논의에 대한 다른 접근 방식이 더 적합하다고 느껴지는 시점이 올 수 있다.

주의 사항

어떤 사람들은 처음에는 레고를 사용하는 것이 순진하거나 어린아이 같다고 생각하고 저항하게 될 수도 있다. 수퍼바이저는 창의적 학습과 운동감각적 학습의 유용성을 설명하기 위해 더 논리적인 주장을 제시해야 할 수도 있다. 레고를 가지고 실험하기를 즐기기 때문에, 이 기법을 적절하게 판단해서 사용하지만, 모든 사람에게 다 적합하지는 않을 수 있다는 점을 기억한다.

이 기법의 다른 용도로는 무엇이 있는가?

'레고 시리어스 플레이'는 진행자를 위한 다양한 툴킷과 교육을 제공한다. www.lego.com 참조

참고 문헌

- Blair, S. and Rillo, M. (2016) *Serious Work. How to Facilitate Meeting and Workshops Using the LEGO® Serious Play® Method*. London: ProMeet.

자료가 있는 곳

- Lego Serious play starter kit. Available at: www.lego.com/en-gb/product/starter-kit-2000414 [Accessed 18 August 2019].

~~~~~

33. 고객 관점 활용

레슬리 마타일Lesley Matile[29]

언제 사용하는가?

수퍼바이지는 코칭 고객에게 미치는 영향에 대해 궁금한 경우 이 접근 방식이 도움이

---

[29] **레슬리 마타일**Lesley Matile은 자기 업무에 관해 배우고 발전하고자 하는 열정이 있다. 그녀는 사람들이 자신이 추구하는 성공과 성취를 달성하기 위해 자신의 특성과 기술을 최대한 활용하려는 동기와 결단력을 찾도록 전문적으로 지원한다. 코치로서 레슬리는 주로 제조업 분야에서, 모두가 성장할 수 있는 환경을 구축하기 위해 코칭리더십 프로그램과 개별 세션을 통해 코칭 문화를 장착하게 한다. 수퍼바이저로서 레슬리는 고객이 발전하고 탁월해지도록 돕고자 하는 사람들을 지원하고 도전하는 것을 즐긴다. 그녀는 수퍼바이저가 코칭의 동기부여 요소에 세심한 주의를 기울일 것을 권한다. 그녀는 다양한 고객과 함께 일했다는 것을 영광으로 생각한다.

될 수 있다. 이는 기존 코칭 고객 또는 신규 고객 모두 관련될 수 있다. 수퍼바이저는 '고객의 의견을 듣는 것'이 수퍼바이지에게 유용하고 신선한 사고를 불러일으킬 수 있다고 판단되는 경우 이 접근 방식을 선택할 수 있다.

이 기법은 무엇인가?

수퍼바이지가 호기심을 가지고 듣는 가운데, 각 그룹 구성원은 고객이 어떻게 경험하고 있는지, 직접 작성한 영향력 설명을 통해 코칭 고객, 즉 코치 관계를 경험하는 방법을 공유한다. 이러한 '한 단계 제거' 피드백을 통해 강력한 메시지를 제공할 수 있는 경우가 많다. 새로운 통찰력을 갖춘 수퍼바이지는 자신의 다음 단계를 결정할 수 있다.

1단계(a): 수퍼바이지에게 논의하고 싶은 코치/고객 관계를 설명하게 한다. 수퍼바이저는 그룹에 참여하면서 일곱 눈 모델 Seven-Eyed model(Hawkins & Smith, 2006)에서 모드 1(고객을 방으로 데려오기)과 3(코치와 고객 사이의 관계)에 초점을 맞춘 질문을 장려한다.
예를 들어:
- 코칭은 어떻게 이루어졌나요?
- 고객에 대해 설명하고 고객에 대해 알아낸 점을 설명하세요.
- 이 고객에 대해 어떻게 생각하시나요?
- 이 관계의 성격에 대해 무엇을 발견했습니까?
- 말하지 않은 것에서 무슨 일이 벌어지고 있다고 생각하시나요?
- 실제로 생산적인 관계를 방해하는 것이 무엇이라고 생각하십니까?

1단계(b): 한편 수퍼바이저는 그룹 구성원들이 수퍼바이지가 사용하는 언어와 신체 언어를 주의 깊게 듣도록 권장한다. 그리고 그들 자신은 어떻게 반응하고 있는지 알아보게 한다.

2단계: 수퍼바이저는 그룹 구성원을 위한 질문의 정확한 표현에 대해 수퍼바이지와 동의한다.

예를 들어:

1. 나에게 코칭을 받는 것은 어떤가요?
2. 당신은 나에 대해 개인적으로 어떤 의견을 갖고 있나요?

3단계(a): 수퍼바이저는 그룹에게 코치와 코칭 관계를 어떻게 경험하고 있는지에 대해 고객인 것처럼 응답하도록 조언한다. 각 그룹 구성원은 수퍼바이지에게 직접 '나'를 주어로 하여 제시된 질문에 응답한다. 그들은 자신이 생각하고 상상하는 느낌을 공유할 수 있으며, 이것이 이전 반응과 중복된 때는 그럴 듯하지만 다른 반응을 제공하여 다양한 관점을 추가하는데 도움이 되도록 한다.

3단계(b): 수퍼바이지는 응답하지 않고 듣고 있으면서 무엇에 공감하는지 기록한다.

4단계: 각 그룹 구성원이 말한 후, 수퍼바이저는 수퍼바이지의 성찰을 유도하고 다른 구성원들은 침묵을 유지한다. 적절한 경우, 수퍼바이저는 '어떤 새로운 유용한 통찰을 얻었나요?' 또는 '특히 당신에게 어떤 것이 공감이 되었나요?'와 같은 질문을 던진다.

5단계: 마지막으로 수퍼바이저는 다음과 같이 질문한다.

'고객의 관점에서 무슨 일이 일어날지에 대한 이러한 신선한 생각을 바탕으로 후속 회기에서 무엇을 할 수 있습니까?'

이 기법을 사용하는 방법

이 접근 방식은 흐름의 관점에서 볼 때, 수퍼비전 과정 초기에 도입하는 것이 가장 유용하다. 그런 다음 수퍼바이지는 이 접근법이 제안되는 시점에서 중요한 설명 없이 이 접근법에 대해 사전 동의를 제공할 수 있다.

영향 설명을 작성할 때, 수퍼바이저는 그룹 구성원에게 수퍼바이지가 더 넓은 시스템에 대한 조언이나 의견을 구하는 것이 아니라, 자신의 접근 방식이 코칭 고객에게 미칠 수 있는 영향을 이해하고자 한다는 점을 상기시켜야 한다(그들이 고객을 얼마나 이해하고 있는지에 따라).

수퍼바이지는 각 의견에 차례로 응답할 필요가 없으며, 가장 가치 있는 내용만 큰 소리로 공유한다.

그 밖에 주목해야 할 사항은 무엇인가?

긍정적인 의견과 덜 긍정적인 의견이 혼합되어 있을 것으로 예상할 수 있으며, 한 방향으로의 편견은 현재 그룹이 만들어 내는 역동성에 대한 정보를 담고 있을 수 있다. 이는 그룹 프로세스 검토에 유용한 자료를 제공할 수 있다.

주의 사항

언제나 그렇듯이 수퍼바이저는 그룹에 대한 신뢰 수준을 가늠하고 수퍼바이지의 회복탄력성에 따라 솔직한 정도를 관리할 필요가 있다. 수퍼바이저는 그룹 구성원이 대담하면서도 세심하게 말하도록 유도해야 하며, 도움이 되는 새로운 사고를 자극하는 긴장감을 유지하고, 잠재적으로 부정적인 영향을 인식하는 것이 듣기 어려울 수 있다는 점을 인식해야 한다. 그룹 구성원들은 자신들이 비판적이라고 느낄 수 있으며, 그것이 바로 요구되는 것을 요청하는 것이다!

이 기법의 다른 용도로는 무엇이 있는가?

피드백이 명시적으로 요청되는 경우, 적절한 계약을 통해 코치와 고객 사이에 사용될 수 있다.

참고 문헌

- Hawkins, P. and Smith, N. (2006) *Coaching, Mentoring and Organisational Consultancy: Supervision and Development*. Maidenhead: McGraw-Hill. p. 32. 『수퍼비전: 조력 전문가를 위한 일곱 눈 모델』 피터 호킨스, 로빈 쇼헤트 지음. 김상복, 이신애 옮김. 2019. 코칭수퍼비전아카데미

~~~~~

34. 튜터 모드 수퍼바이저

데이비드 클러터벅

어디에서 사용할 수 있는가?			일반적 수준의 수퍼바이지 경험 필요
전문적 일대일 수퍼비전	전문적 그룹 수퍼비전	동료 그룹 수퍼비전	대부분의 단계

언제 사용하는가?

'튜터' 역할은 훌륭한 수퍼비전 관행과 분리되고 병행되는 것으로 볼 수 있다. 우리의 '규범적인' 역할 내에서 코치의 관행을 개선하거나 코치, 고객 또는 기타 이해관계자에

게 해를 끼치는 것을 방지하기 위해 정보를 공유하는 것은 윤리적으로 적절할 수 있다.

이 기법은 무엇인가?

수퍼바이저는 자신의 권리와 수퍼바이지를 통한 대리 코치로서 풍부한 경험이 있는 경우가 많다. 따라서 수퍼비전 대화는 수퍼바이저의 마음속에 수많은 연관성을 불러일으키는 것이 불가피하다. 이러한 연관성을 사용할지와 방법을 결정하면 개입이 주의를 산만하게 하는지 아니면 귀중한 통찰력의 원천인지 결정할 수 있다.

어떤 과정들은 그런 생각의 경계를 정하도록 가르친다. 그렇지만 그런 생각은 계속 존재하므로 우리가 인식하지 못하는 범위에서 영향력을 행사할 수 있다. 게슈탈트는 우리 자신의 신체적, 정서적 반응을 인식하고 사용하도록 가르친다. 개인 교습은 한 단계 더 나아가 우리 자신의 경험과 전문 지식의 관련성과 유용성을 고려해야 한다.

> **1단계**: 수퍼바이저는 '코치가 더 현명하게 대처할 수 있도록 어떻게 도울 수 있을까?'를 고려하기 위해 근거를 찾고 성숙한 마음을 취한다. 그들의 정보 공유가 고객의 이익을 염두에 두고 이루어졌는지 아니면 지식이 풍부한 것처럼 보이려는 자신의 욕구를 바탕으로 이루어졌는지 정직하게 따져볼 것이다.
>
> **2단계**: 그다음에는 현장에서의 성찰이 뒤따른다.
> '나는 알겠지만 수퍼바이지가 미처 발견하지 못한 맥락은 무엇이고, 수퍼바이지가 들고 온 이슈에 대해 좀 더 현명하게 고려할 수 있도록 도우려면 뭘 해야 하지?'
>
> 참고: 맥락은 다양한 형태를 취할 수 있다.
>
> - 형성적 사례 : 좋은 코칭 관행, 대안적 도구 또는 기법, 유사한 상황에서 다른 코치가 시도한 접근 방식, 리더십 이론 또는 행동 과학에서 가져온 모델, 또는 직면한 딜레마 등에 대한 연구에서 얻은 증거적 맥락

- 규범적 사례 : 윤리적 기준이나, 고객/조직에 해를 끼칠 가능성이 있는 과제 수락의 사회적 영향력을 고려하는 맥락.
- 회복적 사례 : 코치 역량의 전환점에서 일반적으로 영향을 미치는 자기 의심 패턴을 열어줄 수 있는 맥락(모든 사람이 자신만의 고유한 경험이라고 가정함).

3단계: 멘토링 역할의 잠재적 유용성에 대해 수퍼바이지에게 확인한다. 예를 들어:

- 다른 코치들이 이 문제를 어떻게 해결했는지 살펴보는 것이 지금 당장 도움이 될까요, 아니면 현재 탐색 방향을 고수하는 것이 더 나을까요?
- 계약에서 우리는 내 관점을 공유하는 것이 도움이 될 수 있다는 데 동의했습니다. 이제 그런 경우 가운데 하나가 될 수 있다고 생각합니다. 당신의 생각은 어떠십니까?
- 내 안에서 우려가 생기는 것을 느낍니다. 내 관점을 공유하여 그것이 당신 생각에 어떤 영향을 미치는지 탐구해도 괜찮을까요?

4단계: '맥락적 이해를 제공하는 가장 좋은 방법은 무엇인가?'를 생각해 본다. 각각의 상황은 독특하겠지만 아마도 당신이 발견한 명백한 '격차'가 주의를 끌 것이다. 그들의 경험이 누락된 이유에 대해 공감한다. 수퍼비전 대화 내에서 자신의 반응을 확인한다.

(#29에서 언급한 일곱 대화 모듈 중 대화 5 참조).

당신이 그들의 인식을 잘못 읽었을 수도 있다는 점을 겸손하게 언급한다.

5단계: 정보가 공유되면, 수퍼바이지의 관점이 어떻게 변하고 있는지 확인하고/하거나 다음 회기 전에 더 깊이 생각해 보도록 권한다.

이 기법을 사용하는 방법

수퍼바이저는 수퍼비전 회기 내에서 '개인 교습'을 제공할 수 있지만 대신해 주는 것으로 간주해서는 안 된다. 이 접근 방식의 핵심은 수퍼바이지를 약화하거나 압도하지 않고 도움이 될 만큼(그리고 책임감 있게) '충분한' 정보를 주는 것이다. 이를 위해서는 독백이 아닌 신중하고 반복적인 접근 방식이 필요하다. 개입의 적시성을 자신과 수퍼바이지 모두에게 확인해야 한다.

주의 사항

막혀 있다는 느낌에 빠진 수퍼바이지는 기본적으로 조언을 구하는 상황이 될 수 있다. 조언은 상대방과 그들의 상황에 관한 판단을 수반한다는 점에서 맥락 제공과는 다르다. 이는 또한 전문성을 지시적으로 행사하는 것을 의미한다. 따라서 고객 가운데 한 명이 조언을 구한다면 수퍼바이지가 어떻게 할 것인지에 대해 주의 깊게 연습해 보는 게 도움이 된다. 이는 자연스럽게 앞으로 나아가는 데 필요한 맥락 정보에 대한 더 큰 인식과 명확성으로 이어진다.

이 기법의 다른 용도로는 무엇이 있는가?

이 접근 방식은 서로가 인식의 차이를 깨닫고 수퍼바이지의 코칭을 위해 정보를 공유하는 데 효과적이다. 수퍼바이지가 안전한 기반에서 정기적으로 작업할 수 있다면, 고객에게도 유사하게 적용될 수 있다.

더 읽어보기

- Clutterbuck, D., Kochan, F., Lunsford, L., Dominguez, N. and Haddock-Millar, J. (2017) *The Sage Handbook of Mentoring*. London: Sage.

35. 3Cs: 계약, 역량, 고객 유익

마리 페어

언제 사용하는가?

이 기법은 수퍼바이지가 '코치'로서의 역할을 넘어 다른 조력자 역할(상담, 치료, 멘토링, 컨설턴트)을 하는 것은 아닌지 우려를 표명할 때(또는 수퍼바이저가 우려할 때) 사용된다. 그들은 수퍼바이저에게서 '내가 지금 무엇을 하고 있는지/코칭을 하고 싶은지?'라는 질문을 받고 확인을 얻고자 할 때가 있다.

이 탐구는 무엇인가?

어떤 상황에서는 특정한 지원 전략이 더 적합한 상황이 있지만, 코치에게 주어진 특정한 작업에서는 정확한 말뜻을 찾아내는 것이 중요하고, 격려하고 독립시켜 놓아야 정의를 내릴 수 있다고 전제할 수 있다. 이 기법은 전문적인 관행을 무엇이라고 부르는가보다 어떻게 결정하는지에 관해 더 효과적인 논의를 진행하는 데 도움이 되는 세 가지 질문을 제공한다.

1단계: 계약과 관련된 질문

- 당신이 하는 일이 당신과 당신의 고객 사이의 계약 내에서 이루어지고 있습니까?
- 현재 진행 중인 코칭이 두 사람이 함께 작업하기로 합의한 내용입니까?
- 그렇지 않다면 계약을 재협상하는 것이 적절한가요?

2단계: 역량(가능성과 수용성)에 관한 질문
- 이러한 방식으로 일할 수 있는 역량과 가능성을 갖추고 있습니까?
- 이 이슈를 적절하게 다룰 수 있는 수용성이 있습니까?

3단계: 고객의 최선 이익에 관한 질문
- 고객의 이익에 부합합니까?
- 이 고객이 당신과귀하와 함께 이 문제를 해결하는 것이 적절합니까?
- 이러한 맥락에서 해결하는 것이 이 고객에게 적합합니까?

4단계: 종료
- 어떤 조치를 할 것인지, 그리고 향후 상황을 알릴 수 있는 학습 방법을 탐색한다.

이 탐구를 사용하는 방법

각 질문에 대한 수퍼바이지의 답변을 차례로, 그리고 전체적으로 살펴본다. 계약을 올바르게 체결하고 합의한 내용을 수행하는 것이 중요하다(Block, 1981; Fielder & Starr, 2008). 따라서 작업이 계약(또는 재계약)되지 않은 경우 수퍼바이지는 질문 2와 3에 긍정적으로 대답했을 수 있지만, 수퍼바이지는 그 영역과는 무관한 상황이 된다.

역량에 관한 질문은 무엇을 할 수 있는 '자격'이 있는지 그 이상을 다룬다. 이는 전문가로서의 수퍼바이지에게 '내부 수퍼바이저'(Casement, 1985)를 활용하여 업무 수행에 대한 자신의 역량과 수용성을 확인하도록 요청하는 것이다. 코칭은 계약에 포함될 수 있지만, 코치가 역량(기술)이 없거나 수용 능력(즉, 자원, 시간, 또는 에너지)

이 없는지는 조회해 보아야 한다.

마지막으로, 모든 코칭 고객은 시스템의 일부이므로, 수퍼바이지가 수행하는 작업이 해당 시스템 생태계에서 고객의 최선 이익에 부합하는지 확인해야 한다. 해당 코칭 계약을 할 수도 있고, 코치가 유능할 수도 있지만, 코칭을 진행하는 것은 옳지 않을 수도 있다. 예를 들어, 두 당사자가 동일한 조직에서 근무하고 있고, 문제가 더 심오하거나 개인적인 성격을 갖는 경우, 이러한 상황이 발생할 수 있다. 즉 우리가 할 수 있다고 해서 그래야 한다는 의미는 아니다.

세 다리 의자 비유는 아주 적절할 것이다. 다리 가운데 하나가 없으면 의자가 넘어진다. 마찬가지로, 세 가지 질문에 대한 대답은 모두 '예'여야 한다. 그렇지 않은 때는 수퍼바이지가 코칭 고객을 다른 데 소개하는 방법을 고려하거나 고객과 수행하는 작업의 경계를 정하도록 지원해야 할 수도 있다.

그 밖에 주목해야 할 사항은 무엇인가?

재계약 시 발생하는 문제와 코칭에 도움이 될 수 있는 개발 이슈에 관해 논의할 수 있다.

주의 사항

질문 2에 대한 대답이 '아니오'이고 질문 3에 대한 답변이 '예'인 경우 코치에 대해 좀 더 알아볼 필요가 있다. 이는 필요한 전문 지식을 갖고 있지 않지만 고객이 '관계없이' 그와 함께 작업하기를 원한다고 주장하는 때에 발생할 수 있다.

이 기법의 다른 용도로는 무엇이 있는가?

이 질문들은 특히 코치-코칭 고객 관계에 중점을 두고 있다. 특정 상황에서는 수퍼바이지-수퍼바이저 관계에도 적용될 수 있다. 더 넓은 적용 범위를 다루는 것은 쉽지 않다.

참고 문헌

- Block, P. (1981) *Flawless Consulting*, New York: Jossey-Bass.
- Casement, P. (1985) *On Learning from the Patient*. London: Tavistock Publications.
- Fielder, J. H. and Starr, L.M. (2008) What's the big deal about coaching contracts? *International Journal of Coaching in Organisations* 6(4), pp. 15-27.

더 읽어보기

- Faire, M. (2013) The three Cs of professional practice. *AICTP Journal*, November 2013, Issue 6, pp. 13-15.

~~~~~

36. 나무 관점: 창의적 성찰 기록

재키 홀더Jackee Holder[30]

30) **재키 홀더**Jackee Holder는 런던에서 태어나고 자랐으며 도시 생활의 다양성과 풍요로움을 좋아한다. 그녀의 다층적인 포트폴리오에는 임원 코치, 작가 및 출판 작가로서의 작업, 창의성 코칭, 리더십 촉진 및 웰빙 과정과 워크숍이 포함된다. 재키는 회의와 행사에서 강연하면서 우리의 영혼과 정신을 먹이고 키우는 데에 자기 의견을 제시한다. 자연과 나무를 사랑하는 그녀는 기회가 있을 때마다 자연의 세계를 자신의 코칭과 치료 작업에 도입하고 그것이 자신을 창의적인 정신으로 이끈다고 생각한다. 온라인 Paper Therapy 과정의 큐레이터이자 진행자이며 현재 다섯 번째 책을 집필 중이다. 웹사이트: www.jackeeholder.com; 이메일: info@jackeeholder.com; 트위터: @jackeeholder; 인스타그램: @jackeehol

	어디에서 사용할 수 있는가?			일반적 수준의 수퍼바이지 경험 필요	
			개인적 성찰	대부분의 단계	

언제 사용하는가?

코칭에 투영되는 특성은 탐색적이고 직관적이며 성찰적이다. 거의 모든 주제나 이슈에 적용할 수 있다. 아래 예시에서 질문들은 수퍼바이지의 코칭 또는 수퍼비전 관행에 관한 발전적 탐구에 초점을 맞추고 있다.

이 기법은 무엇인가?

이 기술은 클레르보의 성 베르나르 St. Bernard of Clairvaux 인용문에서 영감을 받았다.

'나무와 돌은 스승에게서 결코 배울 수 없는 것을 가르쳐 줄 것이다.'

뒤로 물러서서 반성하는 시간을 갖는 것은 긍정적인 습관이다. 나무, 자연 이미지 및 은유는 특히 활기 있게 글쓰기를 자극한다. 나무는 우리에게 성장의 자연 요소들을 상기시키며 균형, 정렬, 리듬과 순환, 상실과 탄력성을 포함한 생성적 은유와 연관되어 있다. 이는 더 유기적이고 직관적인 관점에서 문제와 주제를 탐구할 수 있도록 우뇌 사고를 촉발하는 역할을 한다.

1단계: 10개 이상의 다양한 나무 이미지를 수집하고([그림 1.9] 참조) 그림 카드를 만든다. 모든 것이 보이도록 이미지를 배치한다.

2단계: 수퍼바이지에게 마음에 드는 이미지를 선택하게 한다. 그들이 성찰 공간으로 이동할 수 있게 한다. 예를 들어;

'당신의 코칭과 관련하여 나무가 어떤 방향성, 연결성, 유사성 또는 차이점을 자극하는지 생각해 보십시오.'

3단계: 수퍼바이지가 더 창의적인 생각을 하기 시작하면 수퍼비전의 초점을 향해 토론을 이어간다. 일반적으로 수퍼바이지는 한두 개의 예시 문장이 필요할 수 있다.

몇 가지 예시:

- 이 나무는 당신의 코칭에서 어떤 걸 생각나게 합니까? 그 이유는?
- 은유적으로 이 나무는 당신이 최근에 한 코칭에 대한 느낌을 어떻게 반영합니까? 어떤 기분이었으면 좋을까요? 당신이 있고 싶은 곳의 어떤 구체적인 측면이 당신의 나무에 반영되어 있습니까?
- 당신이 집중하기로 선택한 이슈에 대해 나무는 무엇을 반영하고 있습니까?
- 당신의 나무가 당신과 지혜를 나누고 있다고 상상해 보세요. 당신의 코칭을 성장시키는 방법과 당신의 행복을 증진하는 방법에 대해 어떤 생각을 하고 있을까요?
- 당신 내면의 지혜로운 자아와 나뭇가지와 당신이 나란히 앉아 있다면, 그들은 지금 당신의 발전과 성장을 격려하고 동기를 부여하기 위해 어떤 말을 해줄까요?
- 이 나무가 미래에 어떻게 당신에게 자원이 될 수 있을까요?

4단계: 수퍼바이지가 서두르지 않고 자유롭게 글을 쓰도록 격려하고 그들의 생각과 아이디어의 실타래가 잘 풀리도록 한다.

참고: 일단 흐름에 빠지면 시간 감각이 사라진다. 시간 경계가 중요한 경우

알람을 설정한다.

5단계: 나무 이미지에서 촉발된 생각과 아이디어에 따라 작성한 글에 대해 생각해 볼 수 있는 추가 시간과 공간을 만든다. 그 생각들을 기록해 두도록 권한다.

[그림 1.9] 나무 그림 카드

이 기법을 사용하는 방법

접근 방식은 유기적이고 유동적이며 의도적으로 수퍼바이지를 스스로의 권한과 지략에 연결하고 내부 수퍼바이저를 강화한다. 수퍼바이지에게 '올바르게' 답변하려는 욕구를 내려놓도록 상기시켜야 할 수도 있다.

이 연습은 코칭 전, 코칭 후 또는 개인이나 그룹 회기를 통한 활동으로 수행될 수 있다. 온라인으로 작업할 때는 화면의 이미지를 공유하도록 한다. 예를 들어, 이미지를 무작위로 또는 의식적으로 선택할 수 있도록 조정할 수 있다.

재미있게 즐기시길! 임의의 나무 이미지를 봉투에 넣고 각 의자에 놓아두면 어떨까요?

그 밖에 주목해야 할 사항은 무엇인가?

짧고 자유로운 글쓰기 연습은 사람들의 긴장을 푸는 데 도움이 될 수 있다. 문법이나 구두점에 대해 걱정하지 않도록 명시적으로 설명한다. 예시 문장은 초점과 방향을 제시하는 데 도움이 될 뿐만 아니라 무엇이든 자유롭게 사용할 수 있도록 도와준다.

주의 사항

설정이 중요하다. 이를 수퍼바이지에게 제공하기 전에 직접 시험해 보고 작동 방식을 파악하고 저항이 있는지 확인해 본다. 어떤 사람들은 논리적 사고에서 벗어나는 것에 대해 불안감을 느낄 수 있으므로 가벼운 터치로 소개해야 한다.

이 기법의 다른 용도로는 무엇이 있는가?

이 기법은 거의 모든 수퍼비전 논의에서 사용될 수 있다. 이는 언어, 이미지 및 시각화를 사용하여 이슈에 대한 다양한 통찰력과 관점을 찾아내는 방법이다. 상상력을 자극하고 고정관념에서 벗어난 사고를 장려한다. 이 기법은 개인과 팀코칭 고객에게도 적용할 수 있다.

더 읽어보기

- Holder, J. (2013) *49 Ways to Write Yourself Well: The Science and Wisdom of Reflective Writing and Journaling*. Brighton: Stepbeach Press.
- Holder, J. (2014) Imagine a world without trees. [online article] 28 August. Available at: https://welldoing.org/article/imagine-world-without-trees [Accessed 6 September 2019].

- Holder, J. (2014) The write stuff. *Coaching Today*, January 2014, pp. 28-33.
- Holder, J. (2014) Notes to self. *Coaching at Work*, 9(2), pp. 38-41.
- Holder, J. (2014) *Slow Hand*. London: MSLEXIA, pp. 18-19.
- Holder, J. (2015) The wisdom of trees. [online article] 29 July. Available at: https://welldoing.org/article/wisdom-trees [Accessed 6 September 2019].
- Holder, J. and Levin, S. (2016) *Writing with Fabulous Trees: A Writing Map for Parks, Gardens and Other Green Spaces*. London: Writing Maps.
- Holder, J. (2019) Creative forms of reflective and expressive writing in coaching supervision. In E. Turner and S. Palmer (Eds.), *The Heart of Coaching Supervision: Working with Reflection and Self Care*. Abingdon: Routledge. Ch. 7.
- Turner, T., Lucas, M., and Whitaker, C. (2018) *Peer Supervision in Coaching and Mentoring: A versatile Guide for Reflective Practice*. Abingdon: Routledge, pp. 34-35 & 46.

~~~~~

37. 시도-승리-게임

클레어 노먼

언제 사용하는가?

이 기법은 그룹 수퍼비전 회기가 시작될 때 회의실에 있는 모든 사람의 의견을 전달하여 작업을 수행할 수 있도록 하는 데 사용된다. 이는 어려웠던 점, 성공한 점, 재미 있는 점을 공유함으로써 신뢰를 구축하는 데 도움이 되며, 우리의 경험 전반을 보여주고 더보다 공평한 경쟁의 장을 조성한다.

이 기법은 무엇인가?

1단계: 기술을 상황에 맞게 설정한다. 예를 들어, 지난 수퍼비전 회기 이후에 많은 일이 일어났을 수 있음을 상기시켜준다. 모든 종류의 경험을 환영하며 수퍼비전 공간에서 함께 학습할 수 있음을 상기시킨다.

2단계: 그룹 구성원들에게 한 가지 시도(어려웠거나 잘 진행되지 않은 것), 한 가지 승리(성공했다고 생각하는 것), 한 가지 게임(재미있는 것)을 공유하도록 간략하게 설명한다.

3단계: 잠시 생각해 볼 시간을 준다.

4단계: 그들이 겪은 시도, 승리, 게임에 관해 이야기하도록 권한다. 이는 한 명씩 차례로 수행할 수도 있고, 그룹 구성원이 테이블별로 준비가 되었다고 느낄 때 시작할 수도 있다. 시간에 따라 방에 있는 모든 사람의 의견을 듣기 위한 간략한 발표로 진행할 수도 있고, 각 사람의 내용에 더 깊이 들어갈 수도 있다.

5단계: 더 깊이 들어가기로 한 경우 다음과 같이 질문할 수 있다.

- 시도한 결과, 자신에 대해 무엇을 배웠습니까? 그리고 승리? 게임에서는?
- 시도해 보니 무엇을 버려야 합니까? 계속 진행하려면 무엇이 필요합니까? 오늘 우리는 어떻게 당신을 지원할 수 있습니까?
- 당신의 장점 중 어떤 것이 승리에 기여했습니까? 승리를 어떻게 축하할까요? 누가 승리에 대해 알아야 합니까?
- 게임과 코칭 사이에는 어떤 유사점이 있습니까? 무엇을 알아차렸나요?

이 기법을 사용하는 방법

이것은 수퍼바이저에게 각 수퍼바이지가 수퍼비전 질문으로 가져올 수 있는 내용에 대해 '미리 확인'하는 유용한 방법이 될 수 있다. 물론 여기서 얻은 정보는 수퍼바이지가 무엇을 가져와야 할지 확신할 수 없는 경우 예시 문장으로 사용될 수 있다. 이는 또한 그룹 내에서 발전적인 주제를 발견할 기회이기도 하며, 나중에 회기에서 질문 라인으로 사용될 수 있다.

수퍼바이지는 매우 흥미로운 말을 하는 것에 대해 걱정한다. 어쩌면 그들의 시도는 남들과 비교하면 '매우 어렵다'고 느껴지지 않을 수도 있고, 다른 사례들보다 '어렵다'고 느껴서 공유하기에 곤란하다고 느껴질 수도 있다. 승리에 대해서도 마찬가지이다. 그들은 그것이 승리라고 부를 가치가 없다고 느낄 수도 있다. 게임도 매우 흥미롭지 않을 수 있다. 그들은 흔히 그룹 내의 다른 사람들과 자신을 비교하는데, 이는 그룹 역동성에 해로울 수 있다. 그러므로 시작할 때 가능성을 끌어내는 것이 도움이 될 수 있다.

흥미롭게도 이러한 비교는 흔히 그룹 자체에서 작업할 때 발생하는 일과 유사한 프로세스여서 성찰해 볼 수 있는 지점으로 사용될 수 있다.

다음과 같이 질문할 수 있다.

- 이 그룹에서 당신의 시도, 승리 및 게임을 공개하는 기분이 어떻습니까?
- OOO에 대한 당신의 느낌은 우리가 그룹과 함께 일할 때 알아야 할 사항이 무엇이라고 제안합니까?
- 그룹에 속한 개인이 자기 자신이나 자기 경험을 최소화하여 드러내지 않는 대신, 자신의 모든 권한을 주장할 수 있도록 하려면 어떻게 해야 합니까?

주의 사항

수퍼바이지가 그룹 앞에서 반복적으로 자신을 최소화하는 경우, 당신은 그들이 자기 잠재력을 주장하면서 중심을 잡고 이번에는 최소화하지 않고 문장을 다시 말하도록 도전하게 한다.

수퍼바이지가 관심을 끌고자 과도하게 과시적으로 행동하면, 수퍼바이지와 그룹에게 그룹에 미치는 영향에 관해 생각해 보도록 요청할 수 있다.

이 기법의 다른 용도로는 무엇이 있는가?

팀코칭을 포함한 모든 그룹 작업에 사용할 수 있다.

~~~~~

38. 애착 이론 수퍼비전

헨리 캠피온Henry Campion[31]

---

[31] **헨리 캠피온**Henry Campion 박사는 옥스퍼드 브룩스 대학과 코칭협회의 인증을 받은 숙련된 코칭수퍼바이저이다. 그는 의사(정신과 인턴십 포함), TV 프로그램 제작자, BBC 고위 관리자 및 수석코치로 일했다. 그는 또한 정신통합(자아초월) 상담 분야의 대학원 학위를 보유하고 있다. 헨리 캠피온은 특히 신경과학의 통찰력이 코칭과 코칭수퍼비전에 어떻게 영향을 미칠 수 있는지에 관심이 있다. 그는 국제 수퍼바이저네트워크와 미주 코칭수퍼비전네트워크에 애착이론을 발표했다. '신경행동수퍼비전: 응용신경과학'에 코칭수퍼비전에 관한 챕터의 원고를 집필했다. 그의 웹사이트는 www.coachsupervisor.co.uk이다.

언제 사용하는가?

코치 업무의 핵심은 관계이다. 애착 이론은 수퍼바이지가 자신과 코칭 고객 주변 사람들과의 관계 패턴을 모두 이해할 수 있는 틀을 제공한다. 이는 코치 자신, 고객과의 관계, 직장 내 고객의 행동에 대한 이해를 심화하고자 하는 모든 수퍼바이지를 위한 것이다.

이 기법은 무엇인가?

'애착 패턴'은 유아기에 발달단한다. 그것은 근본적으로 바뀔 수 없지만 후속 경험을 통해 형성될 수 있는 관계에 대한 평생 작업 모델로 내면화되어 있다. 안전한 애착은 타인에 대한 자신감과 신뢰와 관련이 있다. 더 불안하고 경계하는 애착 패턴(자립형, 불안형, (드물게) 두려움형으로 알려짐 – [그림 1.10] 참조)에서는 다른 사람에 대한 신뢰 수준이 감소하거나 불안 수준이 증가하거나 둘 다 나타난다.

안정적인 애착 패턴은 사람들에게 강력하고 광범위한 안정감을 제공하여 관계를 소중히 여기고 지속하도록 장려한다. 따라서 수퍼바이저로서 안전한 애착 대상이 되는 데 필요한 것이 무엇인지 수퍼바이지와 함께 탐구해 볼 가치가 있다. 이는 생산적인 수퍼비전 관계를 구축하는 데 유용하며, 결과적으로 수퍼바이지가 고객을 위해 동

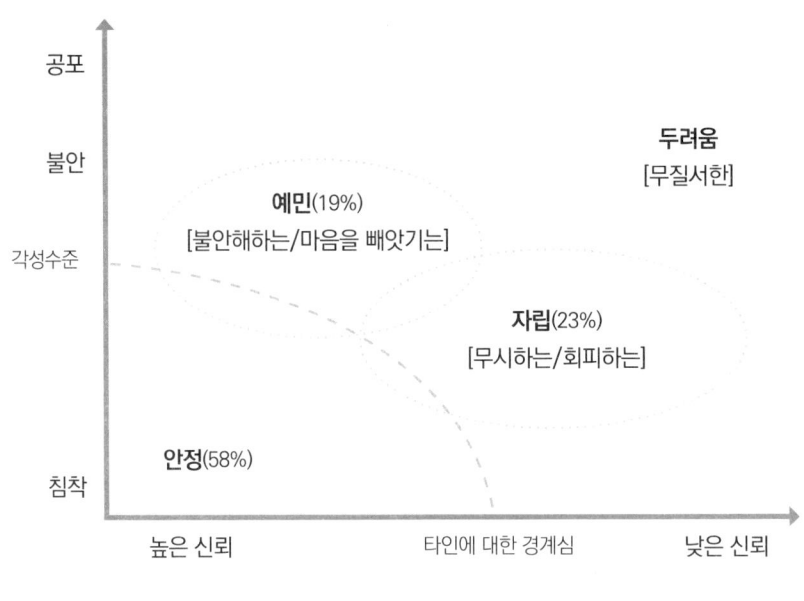

[그림 1.10] 성인의 애착 패턴

일한 작업을 수행하는 데 도움이 된다.

1단계: 적절한 계약을 설정한다.

잠재적인 토론과 발견의 깊이로 인해 모든 애착 이론을 사용하려면 초기 수퍼비전 계약에서 적절하게 설명되고 다루어져야 한다. 수퍼바이지는 자신의 일반적인 관계 패턴(2단계 참조)에 대한 통찰력을 얻게 되지만, 목적은 이러한 통찰력을 코치로서의 전문적인 작업에 구체적으로 적용하는 것이다. 이를 반영하도록 경계를 설정한다.

2단계: 수퍼바이지의 관계 패턴을 이해한다.

수퍼비전을 시작할 때 수퍼바이지에게 조부모, 부모, 형제자매, 중요한 지인 및 자신과의 관계를 간략하게 설명하는 가족사 양식을 작성하도록 요청한다. 가족 체계 내의 관계 패턴, 이러한 패턴이 3대에 걸쳐 어떻게 진화해 왔는지, 그리고 이것이 가족 관계 패턴에 어떤 영향을 미쳤는지 함께 생각해 본다.

3단계: 수퍼바이지의 애착 패턴이 코칭 고객에게 어떤 영향을 미치는지에 대한 인식을 심화시킨다.

수퍼바이지가 애착 이론과 안정적 애착과 불안정 애착의 다양한 패턴에 대해 더 많이 이해[32]하도록 돕는다. 그런 다음 코치의 애착 패턴이 고객에게 어떤 행동으로 반영될 수 있는지 고려하도록 유도한다.

4단계: 애착 렌즈를 통해 코칭 고객의 행동을 탐색한다.

안정적 애착 형태를 모델링하는 코치는 고객에게 안전한 피난처와 안정적 기반을 제공하여 잠재적으로 어려운 문제를 더 큰 신뢰와 확신을 가지고 탐색할 수 있도록 한다. 경력과 경험, 코칭 참여의 성격과 목적에 따라 수퍼바이지는 다음과 같은 애착 문제를 직접 해결할 수도 있다.

- 자신과 코칭 고객의 애착 행동을 성찰하고, 이해하고, 함께 작업한다.
- 불안정 애착 고객의 행동을 이해하고 관리한다. 예를 들어, '저항'을 극복하려고 하기보다는 그 필요성에 대해 호기심을 갖고 이에 반응한다.
- 코칭 고객이 새롭고 더욱 신뢰하는 애착 행동을 실험하고 개발하도록 도울 준비가 되어 있다.

이 기법을 사용하는 방법

이 작업에는 수퍼바이저의 심리적 이해, 잘 발달한 자기 지식 및 민감성이 필요하다 (아래 참조).

---

[32] Brown et al.(2019). 온라인에서 이용 가능한 설명은 Drake(2009) pp 49-54를 참조

그 밖에 주목해야 할 사항은 무엇인가?

이 접근 방식은 코칭 회기 중에 경험하는 감정과 감각을 해석하고, 고객에게서 얻은 감정과 감각을 구별하는 수퍼바이지의 능력에 달려 있다. 그러므로 그들이 마음챙김 인식 실천을 개발하도록 격려하는 것이 유용할 수 있다.

주의 사항

- 애착 이론과 그 적용은 하나의 큰 주제이다. 그러나 애착 이론에 대한 기본적인 이해조차도 그것이 사람들에게 꼬리표를 붙이는 것이 아니라는 것을 기억하는 한 유용할 수 있다.
- 수퍼바이저 자신의 애착 패턴은 수퍼비전 관계에 큰 영향(Beinhart & Clohessy, 2017, p. 38)을 미칠 수 있다. 수퍼바이저는 애착의 불안정성을 잘 알고 있어야 하며, 수퍼비전 관계에서 이를 고려할 수 있어야 한다.

이 기법의 다른 용도로는 무엇이 있는가?

이 설명은 개별 작업에 적용된다. 그룹 작업의 경우 이상적으로는 모든 구성원이 애착 이론을 이해하는 데 사용된다.

참고 문헌

- Beinhart, H. and Clohessy, S. (2017) *Effective Supervisory Relationships: Best Evidence and Practice. Hoboken*, NJ: Wiley-Blackwell.
- Brown, P., Hasanie, S., and Campion, H. (2019) Neurobehavioural supervision:

applied neuroscience in the context of coaching supervision. In J. Birch and P. Welch (Eds.) *Coaching Supervision: Advancing Practice, Changing Landscapes*. Abingdon: Routledge, Ch. 3, pp. 35-52.
- Drake, D.B. (2009) Using attachment theory in coaching leaders: The search for a coherent narrative. *International Coaching Psychology Review*, 4(1), pp. 49-58. Available at: http://study.sagepub.com/sites/default/files/using_attachment_theory_in_coaching_leaders.pdf [Accessed 20 August, 2019].

더 읽어보기

- Bowlby, J. (2005) *A Secure Base*. Abingdon: Routledge Classics.
- Brown, P. and Brown, V. (2012) *Neuropsychology for Coaches: Understanding the Basics*. Maidenhead: Open University Press.
- Cozolino, L. (2014). *The Neuroscience of Human Relationships: Attachment and the Developing Social Brain*. New York: W.W Norton & company.
- Mikulincer, M. and Shaver, P. (2016). *Attachment in Adulthood: Structure, Dynamics and Change*, 2nd ed. New York: The Guilford Press.

~~~~~

39. AI 수퍼비전

데이비드 클러터벅

AI란 무엇인가?

AI 또는 인공지능은 빠르게 발전하는 기술로 다양한 작업을 수행하는 데 있어 인간을 지원하고 경우에 따라 인간을 대체할 수도 있다. 단순히 알고리즘을 사용하여 일상적이고 예측 가능한 작업을 수행하는 코치봇과 달리 AI는 각 상호작용을 통해 학습하고 환경에 지속해서 적응한다.

AI는 수퍼비전 논의를 촉진하기 위해 가상현실 매체를 사용하는 ProReal과 같은 가상 도구와도 다르다. 생각은 기술이 아니라 인간에 의해 이뤄진다.

언제 사용하는가?

AI가 일반적으로 코치나 수퍼바이저를 대체하기 전에 극복해야 할 과제는 여전히 많지만 빠르게 발전하고 있다. 이는 코칭과 수퍼비전 모두에서 새롭게 등장하는 개념이므로 다음은 인공지능의 적용과 개발에 관한 현재의 개발전에서 추론한 내용이다.정하는 것이다.

이 접근 방식은 무엇인가?

코칭수퍼비전 파트너십과 같은 더 복잡한 수준의 상호작용에서 코치들은 마치 그림자 컨설턴트가 있는 것처럼 AI 시스템과 협력 파트너십을 구축해야 한다. AI가 수퍼바이저와 수퍼바이지의 보조역할로 사용되는 두 가지 주요 시나리오가 있다.

1. 코치는 자신의 문제를 수퍼비전 회기에 가져온다. AI는 다음과 같이 지원한다.
    - 신체 언어, 대화 톤, 유사한 중요한 단어나 문구의 반복 사용 패턴을 모니터링하고 감지한다.

- 문제의 패턴을 파악하기 위해 이전 수퍼비전 회기들을 연결한다.
- 수퍼바이저가 공유하기로 선택한 경우 인터넷 및/또는 수퍼바이저의 파일을 검색하여 문헌 또는 이론적 모델을 참조하도록 제공한다.
- 수퍼비전 회기가 끝나면 요약할 주제를 제안한다(수퍼바이저의 후속 성찰에도 도움이 될 수 있음).

2. 코치에게는 자신의 코칭 회기에 들어왔던 AI가 수퍼비전에 참여할 수 있다. 두 AI는 수퍼비전 대화 중에 서로 질문하고 지원할 수 있다. 이 배치의 장점 중 하나는 수퍼바이지와 수퍼바이저가 코칭 고객이 사용한 정확한 단어를 마음대로 불러내고 재생할 수 있다는 것이다. 또한 두 AI는 코칭 회기에서 고객이 어떻게 했는지 보여주려는 코치의 신체 언어와 같은 병렬 프로세스의 징후들을 함께 살펴볼 수 있다.

이 접근 방식을 사용하는 방법

수퍼바이저와 수퍼바이지 모두가 진정으로 AI를 환영받는 자원이라고 여기려면 인간 지능과 인공지능이 조화롭게 작동하는 것이 가능해야 한다.

위성 내비게이션이 운전 경험의 일부로 받아들여지고 환영받는 것처럼 AI의 추가적인 투입을 수퍼비전 회기에 통합하는 방법도 찾을 것이다.

AI와의 협력 과제로는 다음과 같은 것들이 있다.

- 정보에 압도당하는 것 – '귀에 들리는 목소리'를 갖는 것은 큰 방해가 될 수 있으며, 고객 중심적이고 완전한 존재감을 느끼기 어렵게 한다.
- 가상 파트너를 신뢰하는 방법을 배워야 한다.
- AI 관찰에 대한 의존도와 우리 자신의 본능과 지혜에 의존하는 것의 균형을 맞춰야 한다.

주의 사항

AI와 함께 일하는 방법을 배우려면 아직 정의되지 않은 완전히 새로운 역량이 필요하다. 그러나 모든 회기를 풍부하게 할 수 있는 잠재력은 중요하다.

AI는 어느 시점에서 인간의 개입 없이 수퍼바이지를 위한 수퍼비전 회기를 개최할 수 있는 기술적 능력을 갖출 수 있지만 당분간은 AI가 코칭 수퍼바이저를 대체하기보다는 보완할 것으로 예상된다. 우리는 수퍼비전을 관계적 과정으로 보고 인간이 AI와의 관계를 발전시킬 수 있지만, '다른 사람'이 인공지능이라는 것을 알면 그 관계의 질이 바뀔 것이다.

그 밖에 주목해야 할 사항은 무엇인가?

이러한 작업 방식의 새로움을 고려하면, 우리는 AI와 함께 일하는 것이 무엇을 포함할 수 있는지 아는 데 제한적이다. 그러나 계약 시 제삼자(AI)가 프로세스의 일부라는 점을 고려해야 한다고 가정할 수 있다. AI가 수퍼비전 작업에서 발생하는 정보를 저장하는 경우 이 데이터가 어떻게 처리되고 보호되는지 명확해야 한다.

이 기법의 다른 용도로는 무엇이 있는가?

AI 치료사를 대상으로 한 실험에서는 그들이 인간 치료사보다 진단이 더 정확하고 판단력이 덜하다는 사실(Tieu, 2015)이 드러났다.

상황과 행동에서 자주 등장하는 패턴과 관련한 예측 가능성 등을 기반으로 하는 매우 기본적인 코칭은 이미 코치봇과 기본 AI를 통해 제공될 수 있다.

참고 문헌

- Tieu, A. (2015) We now have an AI therapist, and she's doing her job better than humans can. [online] Available at: https://futurism.com/uscs-new-ai-ellie-has-more-success-than-actual-therapists [Accessed 25 September 2019].

더 읽어보기

- Birch, J. and Welch, P. (2019) Coaching Supervision: Advancing Practice, Changing Landscapes. Abingdon: Routledge.
- Hall, M. (2017) Herts NHS trust trials CoachBot digital coaching. Coaching at Work, 12 (6), p. 7.
- Whitehouse, E. (2019) Would you let a Chatbot coach you? [online] Available at: www.peoplemanagement.co.uk/long-reads/articles/would-let-chatbot-coach-you [Accessed 25 September 2019].

~~~~~

40. 비전 보드 활용

리즈 포드

언제 사용하는가?

비전 보딩vision boarding은 수퍼비전의 발달 목적과 특히 관련(Hawkins & Smith, 2006)이 있다. 이는 수퍼바이지가 인증 완료, 코칭 사업 시작 또는 코칭 개발 계획과 같은 목표 또는 비전을 향한 동기를 얻는 데 도움이 될 수 있다. 이 기법은 경계, 일과 삶의 균형 및 웰빙을 탐색하기 위한 더 많은 자원 확보 목적으로도 사용될 수 있다.

이 기법은 무엇인가?

비전 보딩에는 도달하려는 목표, 욕구 또는 장소/상태를 시각적으로 표현하는 작업이 포함된다. 이것을 정기적으로 볼 수 있는 공간에 배치하면 본질적으로 하루 종일 짧은 시각화 연습을 하게 된다. 이는 정신을 집중하는 데 도움이 되며 놀라운 에너지와 동기를 부여할 수 있다.

1단계: 수퍼바이지가 비전 보드의 목적을 결정하고 그 목적을 식별하도록 돕는다.
2단계: 원하는 비전 보드의 크기와 베이스를 논의한다(코르크 보드, 스크랩북, 아트 캔버스, 플립차트 종이 등).
3단계: 수퍼바이지가 성취하고 싶은 것, 느끼고 싶은 감정, 취해야 할 단계의 본질을 포착하는 그림, 인용문, 상징, 기념품 및 사진을 수집하도록 지원한다.
4단계: 수퍼바이지가 자신이 수집한 자원을 모아 콜라주를 만들도록 권장한다.
5단계: 수퍼바이지가 보드를 만들 때 수퍼바이저는 다음과 같은 질문으로 선택 사항을 탐색하여 도움을 줄 수 있다.
- 무엇을 달성하고 싶습니까?
- 달성한다면 어떤 기분이 들까요?
- 무엇을 상징한 것인가요?

- 어떤 모습일까요?
- 어떻게 연결되나요?
- 완성품이 어느 정도의 공간을 차지하기를 원하시나요?

6단계: 완료되면 수퍼바이지에게 비전 보드를 자주 볼 수 있는 곳에 전시하도록 권한다.

이 기법을 사용하는 방법

수퍼바이지가 시작하는 데 도움이 되도록 수퍼비전 회기에서 비전 보드 예시와 다양한 수공예 자료들을 제공하는 것이 유용할 수 있다. 원격으로 작업하는 경우 화면에서 공유할 수 있는 예를 보여주면서 이야기하는 것이 도움이 된다. 수퍼바이지가 원하는 만큼 창의적일 수 있도록 격려하고 그들에게 의미 있는 관련성을 추가하는 것이 가치를 부가할 수 있다. 콘텐츠, 색상 및 레이아웃이 모두 중요하므로 창작물에 매력을 느끼는 것이 중요하다. 예를 들어, 깔끔한 라인과 질서를 좋아하는 수퍼바이지는 각 사업 분기별로 정의된 영역으로 구분하여 비전 보드에 반영할 수 있다. 반대로, 자신의 코칭이나 생활에서 더 많은 재미와 자발성을 원하는 사람들은 자신의 보드를 상당히 다르게 설정할 수 있다. 수퍼바이지가 자신의 일지나 코칭 회기에 더 많은 공간을 원할 경우 보드에 이를 반영하고 단어, 말 또는 그림으로 가득 차있지 않게 하는 것이 중요하다.

비전 보드 만들기는 일반적으로 수퍼비전 회기에서 시작되고, 이후에 집에 가져가서 계속된다. 때로는 수퍼바이지가 향후 회기에서 참조할 수 있도록 비전 보드가 어떻게 발전하고 있는지에 대한 사진을 수퍼바이저에게 보낸다.

핀터레스트와 같은 온라인 도구를 사용하여 디지털 콜라주를 만드는 것도 가능하지만 사진과 상징적 참조를 선택하고 제자리에 붙이는 촉각적 과정이 더 강력할 수 있다. 또 비전 보드를 눈에 잘 띄게 배치하면 더 큰 효과를 얻을 수 있다.

주의 사항

비전 보드의 목적은 수퍼바이지가 무언가를 향해 나아갈 수 있도록 돕는 것이다. 표시하는 것만으로는 이런 일이 발생하지 않으므로 조치가 필요하다. 수퍼비전 논의는 수퍼바이지가 자신이 달성하고자 하는 것과 그 이유는 물론, 목표에 도달하기 위해 수행해야 하는 단계를 실제로 이해하는 데 도움이 될 수 있다. 그러면 보드는 목적지뿐만 아니라 여정도 나타내야 할 것이다.

이 기법의 다른 용도로는 무엇이 있는가?

이 기법은 개인과 팀코칭에도 사용할 수 있다.

참고 문헌

- Hawkins, P. and Smith, N. (2006) *Coaching, Mentoring and Organisational Consultancy: Supervision and Development*. Maidenhead: McGraw-Hill. p. 32. 『수퍼비전: 조력 전문가를 위한 일곱 눈 모델』 피터 호킨스, 로빈 쇼헤트 지음. 김상복, 이신애 옮김. 2019. 코칭수퍼비전아카데미

더 읽어보기

- Ford, L. and Matthews, K. (2019) Using vision boards in supervision. *Coaching Perspectives*. July 2019, Issue 22, pp. 44-45.
- Schuck, C. and Wood, J. (2011) *Inspiring Creative Supervision*. London: Jessica Kingsley Publishers.

41. 미로 글쓰기

재키 홀더

어디에서 사용할 수 있는가?				일반적 수준의 수퍼바이지 경험 필요	
			개인적 성찰	대부분의 단계	

언제 사용하는가?

코칭 고객 회기를 성찰하고, 수퍼비전 문제 또는 딜레마에 대해 생각하는 데 가장 유용하다. 이는 문제에 대한 관점을 바꾸는 데 유용한 도구이며, 수퍼비전 주제에 대한 다른 접근 방식을 제시한다. 또 개인의 코칭 스타일이나 코칭 개발과 같은 더 광범위한 문제를 반영하는 데 사용될 수도 있다.

이 기법은 무엇인가?

미로는 개별적으로 작성된 성찰을 편리하게 반영하게 하는 두 개의 인쇄 가능한 템플릿이다(아래 자료가 있는 곳 참조). 서로 다른 방향으로 완성함으로써 서로 다른 사고가 생성된다. 미로에 글을 쓰면 현재의 문제가 해결된다. 그런 다음 중앙에서 미로 입구까지 글을 써서 해결책과 새로운 아이디어를 탐색한다.

1단계: 방해받지 않고 일할 수 있는 조용한 시간을 확보한다. 성찰을 철저하게 완료할 수 있도록 최소 20분을 사용한다.

2단계: 연필(또는 원하는 경우 색이 있는 펜)을 사용하여 '안으로 쓰기'라는 페이지 제목으로 시작한다. 미로 입구에서 시작하여 통로를 따라가며 미로 안에서 생각하고 있는 성찰 이슈에 대해 적는다. 설명적이고 마음에 떠오르는 모든 측면, 지금까지 수행한 작업, 현재 영향, 당시에 대해 어떻게 느꼈는지 포함한다. 쓸 수 있는 모든 것을 다 썼을 때 중앙에 도달할 때까지 아직 공간이 있다면 거기까지 데려다 줄 선을 긋는다.

3단계: 비유적으로 '물러서서' 자신이 쓴 내용을 살펴보고 처음 보는 내용처럼 소화해 본다. 떠오르는 새로운 생각을 포착한다.

4단계: 이제 '밖으로 쓰기' 페이지로 이동한다. 중앙에서 시작하여 이번에는 바깥쪽으로 반복한다. 현재의 생각과 감정을 적고 문제를 진행하거나 대응하기 위한 해결책이나 대체 방법에 대한 아이디어를 포함하기 시작한다. 쓸 수 있는 모든 것을 다 썼을 때, 출구까지 아직 공간이 있다면, 거기까지 데려다 줄 선을 긋는다.

5단계: 단계 3을 반복한 다음 지금 무엇을 발견했는지, 그리고 숙고하고 있는 이슈가 어떤 의미가 있는지 생각해 본다.

6단계: 추가적인 성찰이나 수퍼비전이 도움이 될 수 있는 것을 포함하여, 자신이 취하려는 모든 행동과 함께 자기 생각과 성찰을 기록한다.

7단계: 시간이 지나면서 생각을 더 할 수 있도록 작업 내용을 정리한다. 여러 가지 성찰을 정기적으로 검토하여 어떤 패턴을 발견했는지 확인한다.

자신에게 물어볼 수 있는 좋은 질문은 다음과 같다.
- 미로 글쓰기는 다른 성찰적 접근 방식과 어떻게 다릅니까?
- 관점을 전환하고 새로운 아이디어를 창출하는 데 어떻게 도움이 됩니까?
- 내가 가장 자주 반성하는 경향이 있다면 무엇입니까?
- 내가 반성하지 않는 경향이 있다면 무엇입니까?
- 시간이 지남에 따라 다르게 행동/일하려는 내 의도는 어떻게 됩니까?

이 기법을 사용하는 방법

놀라움을 불러일으키기도 하고, 미로를 둘러싼 글쓰기의 적극적인 성찰을 통해 예상치 못한 해결책이 떠오르는 경향이 흔히 있다. 이를 사용하여 개인은 가장 잘 활용할 수 있는 방법을 발견하고 많은 사람들이 선호하는 작업 방향을 알아차린다.

이는 수퍼비전 회기 자체에 대한 준비와 성찰로서 특히 유용할 수 있다. 예를 들어, 수퍼바이지는 회기 시작 시 개인적으로 완료한 다음 회기를 닫기 전에 이를 사용하여 학습 내용을 캡처하는데 사용할 수 있다.

그 밖에 주목해야 할 사항은 무엇인가?

이 도구를 일상적으로 사용하거나 다른 성찰 활동과 함께 사용하면 수퍼바이지가 어떤 종류의 문제를 성찰하는 경향이 있는지, 아닌지를 파악하는 데 도움이 될 수 있다. 이러한 주제는 전문 수퍼바이저와 공유하여 성찰 관행을 더욱 확장하는 데 유용한 통찰력을 제공한다.

주의 사항

성찰은 가치가 있으며 여기서 우리의 의도는 우리가 수행하는 방식에 변화를 불러일으키는 것이다. 작성한 내용을 되돌아보는 단계 6은 프로세스의 필수 구성 요소이다.

이 기법의 다른 용도로는 무엇이 있는가?

이것은 각 그룹 구성원이 수퍼비전에서 다루고 싶은 이슈를 명확히 하기 위해 시작 단계에서 사용할 수 있다. 회기가 끝날 때 그룹으로 성찰하는 경우 개인이 성찰한 내용을 공유하는 대신 실습에 참여하는 것의 효과를 공유하도록 초대할 수 있다. 그룹은 흔히 미로를 완성하면서 종이를 물리적으로 움직이는 카타르시스적인 경험에 감탄하며, 이는 그룹을 더 성찰적이고 창의적인 에너지로 연결하는 역할을 한다.

성찰을 돕기 위해 미로 템플릿을 고객에게 제공할 수도 있다.

더 읽어보기

- Holder, J. (2013) *49 Ways to Write Yourself Well: The Science and Wisdom of Reflective Writing and Journaling*. Brighton: Stepbeach Press.
- Holder, J. (2014) The write stuff. *Coaching Today*, January 2014, pp. 28-33.
- Holder, J. (2014) Notes to self. *Coaching at Work*, 9(2), pp. 38-41.
- Holder, J. (2014) *Slow Hand*. London: MSLEXIA, pp. 18-19.
- Holder, J. and Levin, S. (2016) *Writing with Fabulous Trees: A Writing Map for Parks, Gardens and Other Green Spaces*. London: Writing Maps.
- Holder, J. (2019) Creative forms of reflective and expressive writing in coaching supervision. In. E. Turner and S. Palmer (Eds.), *The Heart of Coaching Supervision: Working with Reflection and Self Care*. Abingdon: Routledge, Ch. 7, pp. 125-146.
- Turner, T., Lucas, M., and Whitaker, C. (2018) *Peer Supervision in Coaching and Mentoring: A versatile Guide for Reflective Practice*. Abingdon: Routledge, pp. 34-35 & 46.

자료가 있는 곳

- Holder, J. (2011) Writing the labyrinth – Guidance notes. Download free template. [pdf] Available at: www.jackeeholder.com/wp-content/uploads/2015/06/Writing-the-labyrinth-April15.pdf [Accessed 19 August 2019].

제2장
코칭수퍼비전을 위한 실존적 접근

저자: 에르네스토 스피넬리 Ernesto Spinelli[1]
역자: 김상복

실존 철학은 어떻게 설명할 수 있는가?

실존 철학 existential philosophy은 존재를 중심으로 한 질문과 더 넓게는 인간됨 to be human 이란 무엇을 의미하는지에 대한 탐구와 관련 있다. 이 사상은 심리학과 심리치료 psycho therapy에 큰 영양을 미쳤다(Spinelli, 2005, 2015a; van Deurzen-Smith, 1988; Yalom, 1980). 최근 프랙티셔너들이 주장하는 코칭에 대한 기존의 정보에 근거한 실존적 관점 역시 비슷한 영향이라고 여겨진다(Spinelli, 2018; Spinelli & Horner, 2018; van Deurzen & Hanaway, 2012).

[1] 에르네스토 스피넬리 Ernesto Spinelli: 실존 치료, 최근에는 코칭 및 퍼실리테이션 분야의 선도적인 현대 트레이너이자 이론가 가운데 한 명으로 국제적인 명성을 얻고 있다. 영국심리학회 British Psychological Society(BPS)의 펠로우이자 코칭심리학 특별 그룹의 창립 멤버, APECS 공인 임원 코치 및 코칭수퍼바이저이다. 1999년에 에르네스토는 심리치료, 상담 및 상담심리학 교수로서 개인 석좌 Personal Chair를 수여받았다. 현재 에르네스토는 전문 세미나와 교육 프로그램을 통해 치료, 코칭과 퍼실리테이션에 대한 실존적 관점을 발전시키는 데 전념하는 조직인 ES Associates의 이사로 재직 중이다. 가장 최근 저서인 『실존 치료 실습: 실존 치료의 실제: 관계적 세계』(Practising Existential Therapy: The Relational World, 2판, Sage, 2015. 『실존 치료의 실제』이상훈 외 옮김, 학지사 2023)은 실존 이론과 실천의 발전에 크게 기여했다는 평가를 받고 있다.

실존 철학의 근간이 되는 원칙과 신념은 무엇인가?

실존 철학은 인간이 **의미를 만드는 존재**meaning-making beings라고 주장한다. 우리는 자기 경험에 영향을 미치고 자신과 관계 맺는 사물이나 사건에 대해 의미를 구성한다. 이런 의미-만들기meaning-making는 근본적 관련성relatedness을 통해 창발한다. 의미를 생성하는 것은 분리되고 고립된 개인이 아니다. 오히려 언제나 관계적이고 내재하여 있는embeded '세계-안의-존재being-in-the-world'이다. 또 이 근본적인 '관련성' 때문에 한 개인이 유지하는 모든 의미는 결코 최종적이거나 완전하다고 말할 수 없다. 그 대신 자신의 가치, 신념, 정체성에 초점을 맞춘 가장 중요한 의미조차도 늘 도전받고, 재해석되거나 거부될 여지가 있다. 이런 실존적 관점에서 볼 때 모든 의미는 필연적으로 개방적open-ended이거나 **불확실**할 수밖에 없다. 따라서 관계적으로 불확실한 의미의 세계에 존재하는 우리의 삶, 즉 체화된 경험embodied. experience은 항상 **불안**에 휩싸여 있다. 실존적 불안existential anxiety은 우리를 쇠약하게 만들거나 방해하거나 문제를 일으킬 수 있지만[문제적 현존problematic presence], 창의적이고 독창적인 통찰과 의사결정의 원천이 되기도 한다.

 관련성, 불확실성, 불안이라는 세 가지 근본 원칙은 **선택, 자유, 책임**과 함께 우리 존재의 기본 요소에 대한 실존 철학 접근 방식의 기초를 형성한다(Cohn, 2002; Jacobsen, 2007; Yalom, 1980). 이런 고민은 분명히 고객이 코칭받을 때 제기하는 많은 이슈와 상당히 관련 있다. 마찬가지로 코칭수퍼비전 과정에서도 이와 동일한 이슈가 발생한다.

 그러나 응용 실존 이론applied existential theory이 다른 모델 및 접근 방식과 구별되는 것은 주로 이러한 문제를 탐구하는 **방식**에 있다. 이 방식은 설명에 초점을 맞춘 연구적 탐구 과제investigative enquiry를 중심으로 한다. 그 목적은 특정한 삶의 경험이나 **체화된**embodied 경험을 표현하는 진술에 내포된 암묵적인 것을 개방하거나 명시적으로 드러내는 것이다. 체화된 입장에는 합리적(및 비합리적), 정서적, 행동적, 느낌에 기반을 둔 가치, 신념, 가정, 편견이 포함된다. 이 모든 것이 함께 개인적인 삶이나 '함께-존재하기be-with'[특정 경험에 대해 어떻게 사는가, 어떻게 '함께'하는지]를 표현하고자 한다는 점에서 주어진 삶의 경험을 구성하거나 구조화한다(Spinelli, 2005, 2015a).

코칭수퍼비전을 적용할 때, 이 묘사/서술적descriptively이고 경험에 초점을 맞춘 탐구 방식은 가장 기본적인 질문을 즉시 제기한다. '코칭수퍼비전이란 무엇인가? 그 목적은 무엇인가?' 다양한 실존적 실천가들이 심리치료사와 상담사의 수퍼비전과 관련하여 이 질문을 다루어 왔다(du Plock, 2007, 2009; Mitchell, 2002; Spinelli, 2015b; van Deurzen & Young, 2009). 이 장은 코칭수퍼비전도 이런 암묵적 가정 하에 재숙고reconsideration하는 것이 중추적이고 중요하다는 점을 분명히 한다.

철학의 맥락에서 코칭수퍼바이저의 역할은 무엇인가?

대다수 수퍼바이저와 코치에게 **수퍼비전**은 살펴보듯 '위에서 (살펴)-보기over-seeing' 행위라고 **제안**한다.[2] 이 관점에서 볼 때 수퍼비전은 위에서 언급한 지도, 판단, 해석 개념을 강조하고, 이를 통해 수퍼바이저의 전문성, 지위, 권력power에 대한 암묵적인 가정이 포함되어 있다. 이런 '위에서 (살펴)-보기' 관점에서 볼 때, 수퍼비전은 프록터

---

2) 'over-seeing'은 'overseeing'에서 over와 seeing의 동등 결합으로 강조와 구별의 의미로 이해한다. '위에서'와 '보기'가 결합 된 '위에서 (살펴)-보기'이다. 보는 사람의 시선에서는 '내려다-보기'이다.

overseeing의 의미가 '보지 않는 듯이 하면서도 돌보는 마음으로 관심을 기울이고 살펴보는 의미를 지닌 바라봄'이다. 이를테면 아이가 놀이터에서 놀고 있는 모습을 옆에서 다른 일을 하더라도 신경 쓰며(염려를 보이지 않고 간직한 채 마음-씀을 유지하며) 보고 있는 모습에 비유할 수 있다. over-seeing이란 수퍼바이저가 이런 마음으로 무엇인가를 **형성**해 내도록 하고, 그런데도 일정한 **규범**을 견지하게 하며, 놀이와 쉼을 통한 **회복**을 제공하는 마음가짐으로 '위에서 (살펴)-본다'는 의미가 강조된 그동안 통상적으로 이해해 온 수퍼바이저의 시선과 수퍼비전 관계를 적절히 설명한다.

Proctor(1991)가 주장한 주로 형성적formative, 규범적normative, 회복적restorative 기능과 관련된다.

형성적 기능은 수퍼바이저가 특정 코칭 이론과 관련 기술 및 기법에 대한 수퍼바이지의 이해를 향상하게 하려는 광범위한 교육 기획 작업enterprise에 초점을 맞추고, **규범적 기능**은 코치의 전문적인 행동과 윤리 기준 유지에 대한 수퍼바이저의 '감시/치안policing'을 통해 고객을 보호하는 것이 관련되어 있다. 마지막으로, **회복적 기능**은 코칭수퍼바이저가 수퍼바이지의 작업 집중력과 에너지에 영향을 미치는 특정 고객이 제기한 이슈에 수퍼바이지가 집중하도록 우선 격려한다. 이후 이런 이슈가 전체 코칭 역동에 미치는 영향을 수퍼바이저 및/또는 코치가 선호하는 코칭 모델의 렌즈를 통해 살펴본다.

일반적으로 '위에서 (살펴)-보기'[결국 '내려다-보기'가 된다]의 초점은 수퍼바이지의 고객과 그들의 우려나 열망에 대한 논의를 무대의 중심에 두고, 수퍼비전하는 동안 이를 확인하고identified 조사하고examined 해석한다interpreted. 그러나 사이먼 듀 플록Simon du Plock이 지적했듯이, 여기에는 '모든 것이-너무도-명백한all-too-obvious' 자주 놓치는 중요한 핵심이 있다. 즉 **위에서 (살펴)-보기/내려다-보기로 수퍼비전**하는 마주함/접촉encounter에는 중요하게 초점을 두고 있는 **고객은 실제로 존재하지 않는다는 점**이다. 오히려 수퍼비전에서 마주하는 사람은 고객을 코칭한 '경험을 이야기하는'[3] '코치'이다. 더 정확하게는 수퍼비전에서 논의되는 것은 코치가 마주했던 **경험**이다 (du Plock, 2007, 2009). 실존에 초점을 맞춘 수퍼비전 관점에서 볼 때 위에 강조한 핵심인 위에서-보기/내려다-보기는 실존주의의 인식perception이나 가정과 쉽게 어울리지 않는다. 그렇다면 실존적 코칭수퍼비전에서 말하는 대안적 관점은 어떻게 공식화할 수 있을까?

---

3) 이는 '경험'을-시간이 지난 후-'말하기'이다. 이를 서사, 내러티브라 한다. 엄밀하게는 '회상하여-말하기'이고 이 과정 안에서 성찰, 선택, 누락, 망각, 무시와 꾸미기가 동시에 일어난다.

듀 플록의 주장을 확장하여 실존적으로 조율된 접근은 수퍼비전이 '**그냥 두루 (살펴)-보는**seeing-over'[4] 행위를 암시한다고 제안한다. 이때 초점은 코칭수퍼비전은 수퍼바이지에게 코치로서 고객과 마주한 **경험**을 체화된 입장에서 검토하도록 요청하는 것이다. 예를 들어, '코칭의 마주함encounter'은 즉시 코치가 현재 '코치라는 존재being a coach'에 대해 유지하고 있는 의미를 어떻게 눈으로 확인할 수 있는지(일반적으로 혼란스럽고, 불안하고, 고통스러운 일이지만), 이런 '마주함'이 어떤 영향을 미쳤는지 탐색하게 한다. 이런 즉각적 탐색은 곧 '코치가 된다는 것'과 관련해 코치의 신념, 가치, 가정 및 편견을 밝히는 길로 귀결되기 마련이다.

간단하게 이런 접근은 수퍼바이지에게 몇 가지 중요한 질문을 제기하게 된다.

1. 코치가 되고 코칭하면서 내 가치관/신념/가정이 이 특정 고객과의 만남에서 어떻게 도전받고 있는가?
2. 나는 어떤 방식으로 고객이 나와 함께[존재]하는 방식을 경험하고 있는가?
   내 도전과 개입에 대한 그들의 응답을 나는 왜 '잘못된' 것으로 경험하고 있는가?
   전문적으로나 개인적으로 이것이 나에게 어떤 도움을 주는가?
   우리의 마주함이 지닌 가능성에는 어떤 영향을 미치는가?
3. 고객에 대한 내 우려가 코칭 전반에 또는 개인적으로 체화된 입장을 검증하고 유지하는 데 어떻게 도움이 될 수 있는가?
   내가 보호하고 있는 것은 무엇인가?

이런 '그냥 두루 (살펴)-보기seeing-over' 접근은 최선을 다해 수퍼바이지와 함께하

---

[4] over-seeing과 구별한 'seeing-over'란 어떠한 **전제 없이** 무심히 '그냥 두루 (살펴)-보기'로 이해한다. '있는 그대로의 전체를 그냥 두루 살펴보기'에는 어떤 '염려'나 '마음-씀'을 전제하지 않고/없이 보는 것이다. 다만 '두루 살펴' 볼 때마다 새로운 것이 보이거나 새로운 염려, 마음-씀이 출현할 수 있으나 이런 결과가 필연적이지 않다. 이런 의미에서 '두루 그냥 살펴-보기'로 구별한다.

고, 그를 돕고, 도전하는 코치의 능력을 방해하는 요소가 무엇인지 탐색해 명시적으로 밝히려는 시도이다. 대체로 실존적 코칭수퍼비전의 주요 목적은 수퍼바이지가 지지하고 적용하고자 하는 코칭 모델에 대한 체화된 입장이 무엇인지 탐구하는 것이라는 점을 명확히 한다. 이를 통해 문제로 경험하는 그의 위치/태도의 요소들을 드러내고, 이어서 **고객을 위해 함께**하려는 의지와 능력에 장애물을 만든다.[5]

이 접근을 적절히 작업하기 위해 어떻게 준비해야 하는가?

실존적 코칭수퍼비전은 일반적인 실존 코칭과 마찬가지로 주로 묘사/기술descriptively 중심 탐구 과정이다. 묘사/기술description은 시도하기 전까지는 쉬운 작업처럼 들린다. 그렇지만 이 과정에서 우리가 묘사/기술에만 머무르는 경우는 드물다. 그 대신에 설명explanation, 판단, '있는 것'을 바꾸려는 욕구가 얼마나 빠르게 도입되는지 분명해진다. 수퍼바이저는 수퍼바이지를 더 나은 또는 더 바람직한 코칭 방식으로 이끄는 방법에 직접 집중하기보다는 수퍼바이지의 현재 경험에 '머물러 있는' 데 도움이 되는 다양한 묘사적 조사 방법methods of descriptive investigation을 취한다. 이 목표를 위해 대체로 현상학적 조사 방법을 따른다. 이 방법은 실존적 코칭수퍼바이저에게 다음과 같이 권고한다.

  a) 초기의 편견과 이로 인한 악영향을 제쳐두거나 '괄호'를 치고 수퍼바이지에

---

5) 코치는 수퍼비전 경험을 통해 자신이 고객을 위해 돌보려 애쓰고 기존의 어떤 위치나 입장에서 '위에서 (살펴)-보기(over-seeing)'보다는, 고객을 위해 함께하기이다.
  조금 떨어져 무심하게 '그냥 두루 (살펴)-보고(seeing-over)'는 이를 통해 드러나는 어떤 알아차림이 일어나면 그것을 그 순간의 경험, 지금-여기의 경험으로 받아들이는 것이다. 이를 위해 '고객과 함께하는be present for', 의지나 능력, 의도, 습관, 당연시해 온 자세가 드러난다면 어떤 '장애물'(거리를 두고 바라보게 하는 질문, 문제 제기 등)을 설치하는 것까지만 한다. 나머지는 수퍼바이지 몫이다.

대한 모든 기대와 가정을 중단한다.

b) 수퍼바이지가 '왜'를 추구하기보다는 '무엇을 어떻게' 경험했는지를 더 적절히 파악할 수 있도록 **설명하지 말고 묘사**하게 한다.

c) 수퍼바이지에게 정말로 중요한 것이 무엇인지, 실제로 수퍼바이지가 해결하고자 하는 것이 무엇인지에 대해 섣불리 결론으로 뛰어들지 않는다. 그 대신에 수퍼바이저는 수퍼바이지가 하는 모든 진술을 **처음에는** 그 의미가 불분명할지라도 이를 통해 표현하고자 하는 그 자신의 관심 사항과 똑같이 중요하게 다루도록 권고한다.

현상학적 연구는 논의 중인 코칭 만남encounter에서 경험한 수퍼바이지의 체화된 입장을 검토review(또는 그냥 두루 (살펴)-보기seeing-over)할 수 있는 수단을 제공한다. 일반적으로 실존적 실천가들은 **묘사 안에 그리고 그 묘사 자체가 묘사를 변화시킨다**고 주장하지만, 무엇이 변화하고 그 변화가 어떻게 경험되는지는 불확실함으로 남아 있다.

그러나 기술/묘사 중심 구조 틀 안에 머무르기 위해 실존적 코칭수퍼바이저는 '**위에서 (살펴)-보기**' 입장의 많은 권한과 권위를 기꺼이 포기해야 한다. 그 대신 수퍼바이저는 수퍼바이지를 더 나은 실천이나 이해의 공간으로 이동시키려 하기보다는 그들을 **현재 있는 곳**에서 그대로 **만나려고** 시도한다. 수퍼바이저가 얻게 될 즉각적인 결과 가운데 하나는 이 대안이 실존적 이론과 실천의 명시적인 보급/파종dissemination과 관련이 훨씬 덜 하다는 점이다. 그 대신에 수퍼바이저의 주된 시도는 수퍼바이지가 수퍼비전으로 가져온 이슈를 논의할 때 더 분명해진다. 곧 수퍼바이지에게 있는 것을 묘사해서 공개적으로 드러나는 것과 관련한 실존적 태도나 존재 방식이 구체적으로 나타나는embodying 것이다.

이 시도는 수퍼바이저와 수퍼바이지 모두를 불확실한 상황에 놓이게 한다. 토론에서 무엇이 나올지, 둘 중 하나 또는 둘 다 어떻게 경험하게 될지 불확실하고 예측하기 어렵다. 이런 관여는 불안이라는 특성을 보일 여지가 매우 높다. **수퍼바이지** 입장에서는 자기 선택의 무게감을 느끼는 경험을 자극해 유발하거나provoke, 어떤 식으로든 문제가 있거나 부적절하거나 당황스럽거나 수치스럽다고 판단되는 코칭 만남을 이야기하는 불편함을 **지닌 채** 앉아 있게 된다. 또한 수퍼바이지가 원하는 코치로서의 모습/존재 방식에 초점을 맞춘, 이전에는 인지하지 못했던 이슈가 부각될 수 있다. **수퍼바이저**의 입장에서는 더 유동적인 새로운 탐색을 시도하는 과정에서 수퍼바이저로서의 권한이나 권위에 모순적인 사례로 지적받을 수 있다. 두 사람 모두에게 이 어렵고 불확실한 기획 작업enterprise은 방향을 잃고 도전적인 불안을 일으키게 된다. 그러나 이들의 만남은 상호 존중하는 학습 경험의 공유라는 매우 가치 있는 감각sense의 원천이 될 수 있다.

실존적 접근을 적용하기 전에 고려해야 할 사항이 있는가

전문 기관이 정한 현행 가이드 라인에 해당하는 모든 코칭수퍼비전은 어떤 식으로든 수퍼비전의 형성적, 규범적, 회복적 기능에 주의를 기울여야 한다는 주장은 인정된다. 즉 실존적 코칭수퍼비전은 '위에서 (살펴)-보기over-seeing'라는 면을 피하거나 완전히 부정할 수 없다.

    이런 실존적 관점을 논의하는 것이 곧 '위에서 (살펴)-보기'가 부적절하거나 부정확하다는 것을 시사하기 위한 것은 **아니다**. 의문은 코칭수퍼비전을 반드시 '위에서 (살펴)-보기'라는 면에서**만** 고려해야 하는지이다. 그 대신에 실존적으로 초점을 맞춘 코칭수퍼비전 접근 방식에서 옹호하는 '그냥 두루 (살펴)-보기seeing-over' 입장이 중요한 대안이라고 제안하고자 한다.

    실존적 수퍼비전의 '위에서 (살펴)-보기'와 보다 일반적인 '그냥 두루 (살펴)-보기'라는 해석 사이의 긴장을 양자택일해야 할 또 다른 사례로 이해할 필요는 없다. 수퍼비전의 형성적, 규범적, 회복적 기능을 둘러싼 이슈를 언제나 무시하거나 부정할 수 없으며, 부정해서도 안 된다. 예를 들어, 수퍼비전 논의에서 다양한 이론적 또는 실천적 관점에서 고객의 관심 사항 검토하기를 피해야 한다고 제안하는 것은 터무니없는 주장이다. 그러나 이것이 일어나는 경우에 이런 논의는 여전히 주요한 초점이 될 수 있다. 요컨대, 실존 코칭수퍼바이저와 수퍼바이지 모두 수퍼비전에 대한 이 두 가지 해석 사이의 **긴장**을 유지하고 그 사이를 가장 잘 탐색할 수 있는 방법을 찾는 것이 여전히 **과제**로 남아 있다.

이런 작업 방식이 특히 수퍼바이지에게 어떻게 유용할 수 있는가?

실존적 코칭수퍼비전은 모든 실존적 탐구의 도전과 질문, 드러냄의 정신을 유지한다. 이러한 공명은 실존적 수퍼비전과 실존적 치료, 실존적 코칭 과정 사이에 중요한 연관성이 있음을 보여준다. 코칭이나 치료 그 자체는 아니지만, 실존적 코칭수퍼비전은 자주 **이 모두를** 코치들이 **개인적으로 조명**하는 illuminating(또는 가장 넓은 의미에서 치료적으로 느끼는) 것으로 **경험**한다. 그런데도 실존적 코칭수퍼비전 과정에서는 수퍼바이지가 전문가를 넘어 개인에게까지 확장되는 더 넓은 예상 밖의 파문을 경험하게 되는 이슈가 다뤄질 수 있다. 이런 경우 수퍼바이저는 항상 수퍼바이지가 그러한 광범위한 통찰이 논의 중인 구체적인 코칭 만남에 어떤 영향을 미칠지에 초점을 두고 탐색하게 도움을 줄 수 있다.

실존적 코칭수퍼비전은 실존적으로 조율되고 훈련된 수퍼바이저와 코치 간의 수퍼비전 만남에만 국한할 필요는 없다. 실존적 코칭수퍼비전의 주요 관심사가 코치가 되는 것과 코치로서 코칭과 코칭 실천에 관한 코치의 체화된 입장을 기술/묘사적으로 탐구하는 데 있는 한, 코치가 선호하는 코칭 모델과 관계없이 실존적 코칭수퍼비전은 더 '위에서 (살펴)-보기' 모드에 관한 **귀중한 경험적 대안**이 될 수 있다.

궁극적으로 실존적 코칭수퍼비전은 수퍼바이지가 더 나은 실존적 코치가 되도록 훈련하는 것보다는 수퍼바이지가 자신이 지지하는 모델을 구체적으로 **구현하도록** 격려하는 데 더 관심이 있다. 이런 실행을 통해 실존적 코칭수퍼비전은 '경험하는 존재' 중심을 강조하는 데 충실하다. 이와 동시에 코칭수퍼비전이 무엇이고 무엇을 제공할 수 있는지에 대한 우리의 이해를 넓히도록 도전하며, 코치가 코치가 되고 코칭을 실천하는 경험이 향상되도록 노력한다.

참고 문헌

- Cohn, H. W. (2002) *Heidegger and the roots of existential therapy*. London: Continuum.
- du Plock, S. (2007) A relational approach to supervision: Some reflections on supervision from an existential-phenomenological perspective. *Existential Analysis*, 18 (1), pp. 31-38.
- du Plock, S. (2009) An existential-phenomenological inquiry into the meaning of clinical supervision: What do we mean when we talk about 'existential-phenomenological supervision? *Existential Analysis*, 20 (2), pp. 299-318.
- Jacobsen, B. (2007) *Invitation to existential psychology*. London: Wiley.
- Mitchell, D. (2002) Is the concept of supervision at odds with existential thinking and the rapeutic practice? *Existential Analysis*, 13 (1), pp. 91-97.
- Proctor, B. (1991) Supervision: A co-operative exercise in accountability. In: A. Marken and M. Payne. Eds. Undated. *Enabling and ensuring: Supervision in practice*. Leicester: National Youth Bureau/Council for Education and Training in Youth and Community Work, pp. 21-23.
- Spinelli, E. (2005) *The interpreted world: An introduction to phenomenological psychology*, 2nd ed. London: Sage.
- Spinelli, E. (2015a) *Practising existential therapy: The relational world*, 2nd ed. London: Sage. 『실존치료의 실제』. 이상훈·김예인·신성만 옮김. 학지사. 2023.
- Spinelli, E. (2015b) On existential supervision. *Existential Analysis*, 26 (1), pp. 168-178.
- Spinelli, E. (2018) Existential coaching. In: E. Cox, T. Bachkirova, and D. Clutterbuck. Eds. *The complete handbook of coaching*, 3rd ed. London: Sage. pp. 81-94. 『코칭 이론의 모든 것』. 장환영·백평구·연경심 옮김. 교육과학사. 2019
- Spinelli, E. and Horner, C. (2018) The existential-phenomenological paradigm. In: S. Palmer and A. Whybrow. Eds. *The handbook of coaching psychology: A guide for*

- practitioners, 2nd ed. London: Routledge, Ch.13, pp. 169-179. 『코칭심리학』(2nd). 강준호·김태희·김현희·신혜인 옮김. 한국코칭수퍼비전아카데미, 2024.
- van Deurzen, E. and Hanaway, M. (Eds.) (2012) Existential perspectives on coaching. London: Palgrave Macmillan.
- van Deurzen, E. and Young, S. E. (Eds.) (2009) Existential perspectives on supervision: Widening the horizon of psychotherapy and counselling. Basingstoke: Palgrave Macmillan. 『실조주의 수퍼비전』. 한재희·이동훈 옮김. 학지사. 2023.
- van Deurzen-Smith, E. (1988) Existential counselling in practice. London: Sage.
- Yalom, I. (1980) Existential psychotherapy. New York: Basic Books. 『실존주의 심리치료』. 임경수 옮김. 학지사. 2007.

~~~~~

42. 의도적인 자기-중심적 수퍼비전

미셸 루카스 Michelle lucas[6]

어디에서 사용할 수 있는가?			일반적 수준의 수퍼바이지 경험 필요
전문적 일대일 수퍼비전	전문적 그룹 수퍼비전	개인적 성찰	경험이 많은 수퍼바이지들만 해당

언제 사용하는가?

자기 작업의 패턴과 주제를 탐색하는 성숙한 수퍼바이지를 위한 것이다. 코칭 작업에

[6] 미셸 루카스Michelle lucas: 편집자 소개 참조

도구는 바로 '자기self' 존재라는 점을 중요한 원리tenet로 믿는다(Bachkirova, 2016).

이 접근 방식은 무엇인가?

수퍼바이저는 수퍼바이지가 고객과 작업에서 고객이 개인 성찰을 해 가며 자기 정체성을 어떻게 형성하게 하는지, 반대로 수퍼바이지 자신도 그러한지 메타 성찰을 하도록 촉진한다.

1단계: 수퍼비전 회기 전체가 수퍼바이지의 발달에 초점을 맞춘 구조 아래 진행되는 경우 이에 따른 적절한 계약이 필요하다.

2단계: 회기 전에 수퍼바이지는 '고객과의 작업이 당신에 대해 무엇을 말하고 있는가?'라는 질문으로 성찰하도록 요구받는다. 일반적으로 수퍼바이지는 작업에서 발생하는 패턴과 주제를 알아차리고, 현재 고객이 '표준norm'으로 경험하는 것의 변화와 차이점을 알아차릴 수 있다.

3단계: 오직 가장 가벼운 촉진만이 필요하다. 각 그룹원은 공간을 사용하여 서두르지 않고 자신의 생각을 공유한다.

4단계: 오래된 그룹에서 한 구성원이 자기 생각을 말하면 다른 구성원이 자연스럽게 반응하는 경향이 있다. 필요한 경우 유용한 프롬프트는 다음과 같다.

- 무엇이 공감되나요?
- 공유하고 싶은 점은 무엇인가요?
- XX의 생각을 어떻게 경험했나요?
- 어떤 불협화음이나 놀라움을 경험했나요?

5단계: 모든 구성원을 위한 공간이 있는지 확인하기 위해 수퍼바이저는 적절한 시점에 개입하여 수퍼바이지에게 학습 내용을 요약하도록 요청한다. 유용한 질문을 예로 들면,

> Q. 그럼, [그다음] 어디로 갔나요?

6단계: 다른 그룹원에게 초점을 옮길 수 있는 기회를 안내하고^{signpost} 그룹에서 그렇게 하도록 허가하게 한다.

7단계: 전체 그룹 회기가 끝나면 수퍼비전 작업이 고객에게 어떤 의미가 있는지 검토할 수 있도록 잠시 멈춘다.

8단계: 마무리 전에 그룹 과정을 신속히 검토한다. 질문은 다음과 같다.
- 우리의 격려나 안심이 언제 공모로 바뀌었는가?
- 우리의 공감/공명이 미묘한 차이를 간과하게 만든 적은 언제인가?
- 우리는 언제 관계에 타격을 줄까 봐 도전을 피했나?
- 오늘 시간을 어떻게 공유했는가? 이는 우리 그룹 역동에 대해 무엇을 말해 주고 있나?

이 접근 방식을 사용하는 방법

이 접근 방식은 개인적인 작업을 깊게 생성하므로 그룹과 회기 설정$^{set-up}$ 시 이 같은 점을 검토하고 맞춤화해야 한다. 이 작업은 우리의 진정성과 밀접하게 연관되어 있기에 회기 설정을 어떻게 할 수 있는지 설명하거나 스크립트로 보여주기 어렵다.

아마도 수퍼바이저는 자신의 취약성^{vulnerability}을 롤 모델로 사용해 다가오는 수퍼비전 회기를 위한 렌즈로 자신의 현재 개인 개발 여정의 일부를 공유할 수 있다. 이는 지침이 아닌 촉매제^{catalyst}로 의도된 것으로, 참가자는 자신이 성찰에 참여할 때 이 프롬프트에 참여하거나 무시할 자유가 있다.

작업을 서두르지 않으려면 긴급 회기의 경우 시간을 공유하되 균등하게 나누지 않을 수 있다는 데 동의하는 계약을 사전에 맺는 것이 도움이 된다. 성숙한 그룹은 시간의 흐름을 인식하고 스스로 조절하는 경향이 있다. 새로운 그룹의 경우, 진행자가 더 많은 통제권을 갖고 싶은 유혹을 받을 수 있지만 이는 권장하지 않는다. 8단계에서 시간이 어떻게 흘러갔는지에 주의를 기울이면서 회기가 나름대로 전개되도록 하는 것이 좋다.

그 밖에 주목해야 할 사항은 무엇인가?

이 작업의 설정은 개인이 고객의 실질적인 난제를 이해하고 탐구하기 위해 다른 형태의 [바로 현재의 수퍼비전 회기] 성찰적 실천reflective practice에 참여할 것이라고 가정한다.

주의 사항

이를 깊이 작업하려면 그룹은 높은 수준 또는 라포와 신뢰를 구축해야 한다. 그러나 수퍼바이저는 그룹이 담합이나 집단 사고에 빠지지 않도록 한다. 수퍼비전이 '코치를 코칭하는coaching the coach' 공간이 아니라 수퍼비전 안에 거주하여 작업하도록 수퍼바이저는 그룹이 궁극적인 고객을 염두에 두도록 격려해야 한다. 따라서 7단계는 수퍼바이저의 '상당한 배려/주의, 자발적인 실제 사실 조사 작업due diligence'에서 필수적인 부분이다.

이 접근 방식의 다른 용도로는 무엇이 있는가?

2단계에서 설명한 질문은 더 전통적인 수퍼비전 방식에도 사용할 수 있다. 이 경우, 현장에서 짧은 계약/동의spot contracting가 유용할 수 있으며, 대화가 고객 중심의 토론보다 자기 성찰적인introspective 토론으로 전환될 수 있도록 허락을 구한다.
　고객과 작업에 사용하는 것은 권장하지 않는다.

참고 문헌

- Bachkirova, T. (2016) The self of the coach: Conceptualization, issues and opportunities for practitioner development. *Consulting Psychology Journal: Practice an dResearch*, 68 (2), pp. 143-156.

더 읽어보기

- Lucas, M. (2017) Applying the oxygen mask principle to coaching supervision. *International Journal of Mentoring and Coaching*, Special Issue October 2017, pp. 13-20.

~~~~~

43. 자기-의문 self-doubt 활용하기

미셸 루카스

어디에서 사용할 수 있는가?				일반적 수준의 수퍼바이지 경험 필요
전문적 일대일 수퍼비전	전문적 그룹 수퍼비전			경험이 많은 수퍼바이지들만 해당

언제 사용하는가?

경험 많은 수퍼바이저가 안심하기를 찾는 것처럼 보일 때 실천 수준에서 아마도 회기에서 무언가가 잘 진행되지 않았거나 무언가 이해하기 어려운 느낌이 들 수 있다. 에너지 면에서는 수퍼바이지에게 어린아이 같은 특성이 나타난다. 이 접근 방식은 규범적인 대화에서 벗어나 깊이 있는 개인적이고 발전적인 대화로 에너지를 전환한다.

이 접근 방식은 무엇인가?

수퍼바이지가 '충분히 안전하다'고 느끼는 환경을 조성하는 동안 수퍼바이저의 의도는 수퍼바이지가 안심하거나 자기-의문을 제거하는 것을 도와주는 것이 아니라 자기-의문이 지닌 배움의 잠재력을 받아들이게 하는 것이다.

1단계: 수퍼바이저가 직접 질문하거나 수퍼바이지가 수퍼바이저에게 안심을 구하는 것을 알아차릴 때 작업이 시작되는 경우가 많다.

2단계: 수퍼바이저는 마주함에서 느낀 느낌을 드러내고 더 깊은 수준에서 작업할 수 있도록 허락을 요청하며, 각자가 도움이 되지 않는 불편함의 경계에 도달했는지를 어떻게 알 수 있는지 명확히 하기 위해 신중하게 동의를 구한다.

3단계: 수퍼바이지에게 자신이 경험하고 있는 의문에 대해 더 자세히 설명하도록 요청한다.

유용한 질문은 다음과 같다.
- 어떤 종류의 의문인가요?
- 어느 부분에서 의심이 가장 크게 느껴지나요?
- 의문은 당신에게 무엇을 알려주길 원하나요…? 아마도 당신이 거의 말하기 힘든 내용일 수도 있나요?

- 의문에 진실의 조각이 있다면 그것은 무엇일까요?

4단계: 수퍼바이지가 자신의 의문을 탐구한 경험을 명확하게 표현하도록 도와주어 질문을 심화하게 한다. 다음과 같은 질문이 유용할 수 있다.

- 지금 이 작업을 어떻게 경험하고 있는가?
- 자신의 알아차림에 대해 무엇을 주목하고 있는가? 이미 알고 있는 것은 무엇인가? 아직 알려지지 않은 것은 무엇인가?
- 불편함의 경계는 얼마나 멀리 떨어져 있는가? 어떻게 하면 그 경계에 가까워질 수 있는가?

5단계: 수퍼바이지가 휴식을 취하고 떠오르는 정보를 처리할 수 있도록 잠시 멈춘다.

6단계: 수퍼바이지가 남은 시간을 어떻게 사용하고 싶은지 확인하고 그에 따라 대응한다.

이 접근 방식을 사용하는 방법

이는 수퍼바이지가 불확실성을 느끼고 불안감이 높아지는 것을 억제하는 특별한 방법이다. 따라서 위의 단계는 대화가 어떻게 전개될지에 대한 근사치이다. 질문이 법의학적 성격을 띠는 경우가 많기에 안심시키지는 않더라도 지지적 태도를 보이는 것은 도움이 된다. 수퍼바이저는 자신의 의문과 불확실성을 역할 모델링하여 대화를 촉진할 수 있다. 이를 위해서는 신뢰와 알지 못함을 동등하게 담아내는 언어가 필요하다. 평행/병렬 과정 또는 공명도 발생할 수 있다. 질문을 제공할 때 잠정적인 언어를 사용하고 있고 자신의 신체적 반응에서 부드러운 불안감이 느껴진다면 아마도 도움이 되는 공간에서 일하고 있는 것이다. 탐색이 끝날 무렵에는 더 안전하고 가볍고 긍정적인 공간으로 토론을 옮기고 싶은 유혹을 뿌리쳐야 한다.

이 접근의 요점은 불편한 상황에 앉아 그 불편함이 더 온전히 처리되는 경험을 묘사하고 어떤 배움이 나오는지 확인하는 것이다.

그 밖에 주목해야 할 사항은 무엇인가?

이 질문은 수퍼바이지의 고객 작업을 방해할 수 있는 개인적 내러티브에 대한 알아차림을 올라오게 한다. 이런 연결은 회기 중에 발생하지만 더 자주 추가적인 성찰이나 작업 후에도 발생한다. 따라서 수퍼바이지가 경험을 계속 처리하도록 격려하는 동시에 아직 알아차림이 완전하지 못할 수도 있다는 점을 강조한다. 수퍼바이저도 역시 이런 불편한 영역에 함께 앉을 준비를 해야 한다.

주의 사항

계약의 중요성을 과소평가해서는 안 된다. 충분한 시간을 필요한 만큼 주어야 한다. 재-계약은 그 자체로 흥미로운 작업이 될 수 있다. 즉 수퍼바이지가 편안함과 불편함의 경계를 어떻게 관리하는지 명확히 하는 것이다. 당신 자신의 호기심을 가볍게 여기고 항상 수퍼바이지를 위해 일하라.

이 접근 방식은 수퍼바이지의 알아차림 가장자리를 탐색하므로, 확립되고 지속적인 관계 맥락에서만 수행해야 한다. 이 작업에는 지적 전환이 아닌 발달적 전환이 필요하다. 알아차림은 서두를 수 없으며 그것 자체의 시간과 지원적이고 발달적인 관계의 맥락에서 발생한다.

이 접근 방식의 다른 용도로는 무엇이 있는가?

그룹 환경에서 사용할 때 추가적인 수준의 취약성이 발생할 수 있다. 따라서 그룹 역동에 깊은 경험을 가진 수퍼바이저가 있는 성숙하고 안정된 그룹에서만 사용해야 한다. 예외적으로, 이것은 관계의 심리적 안전이 전제되어야만 고객을 코칭하는 데 유용할 수 있다.

더 읽어보기

- Lucas, M. (2017) From coach to coach supervisor - A shift in mindset. *International Journal of Evidence Based Coaching and Mentoring*, 15 (1), pp. 11-23.

~~~~~

44. 의도와 개입

베니타 트레노^{Benita Treanor[7]}

언제 사용하는가?

변화의 '도구'로서의 자기^{self}에 대한 깊은 이해를 키울 때, 우리는 우리의 사각지대

---

[7] **베니타 트레노**^{Benita Treanor}: 경험이 풍부하고 자격을 갖춘 코치 수퍼바이저, 임원 코치, 퍼실리테이터. 코칭협회AC의 수퍼비전 평가자로 활동했으며 10년 넘게 AC의 수퍼비전을 개척해 왔다. AC, CSA 및 BACP 공인 수퍼바이저로 활동하기 전에는 금융 부문에서 경력을 쌓았다. 1998년에 코칭 및 조직 개발 비즈니스를 설립했으며 지역 및 전 세계에서 민간, 공공, 가족 기업 및 비영리 부문과 계속 협력하고 있다. 사람들을 목적과 가치, 변화의 촉매제로 연결하는 것이 작업의 핵심이다. 건전한 청렴성과 수퍼비전을 통해 유지되는 매력적이고 영감을 주는 접근 방식은 함께 일하는 사람들에게 비옥한 환경을 조성한다. Oasis 인간관계 학교의 동료로서 21세기 인간관계를 위한 전인적 학습 접근법을 발전시키며 파트너십을 맺고 있다.

를 환영하고 우리의 의도intention에 깨어 있어야 하며, 이를 통해 고객에게 개입/중재intervention하는 방식을 의식적으로 선택할 수 있다.

1970년대에 헤론Heron이 개발한 여섯 가지 개입 범주는 우리가 개입하는 방법에 대한 도구상자toolkit를 제공한다. 이는 행동 결과를 느슨하게 파악하기보다는 의도 수준에서 명확성을 높이는 데 사용된다. 수퍼바이지의 알아차림 안에 '목격자'(내부 수퍼바이저internal supervisor)의 자리를 확립하고 결과와 의도 사이의 '격차'를 인식하고 자기 행동을 스스로 규제할 수 있는 능력을 높인다. 이는 수퍼바이지가 자신이 하는 일에 대해 스스로 인식할 수 있는 능력을 향상하게 한다.

이 접근 방식은 무엇인가?

여섯 가지 범주는 다양한 스타일을 제공하며, 새로운 상황에 맞게 개입을 전환하여 민첩성을 지원한다. '개입'은 프랙티셔너가 고객에게 제공하는 서비스의 일부인 구별 가능한 언어적 또는 비언어적 행동이다(Heron, 1991, 3p). 각 스타일 안에서 강조하는 것은 의도, 개입의 배후에 있는 동인 또는 동기이며, 개입 방식을 설명하는 두 가지 기본 스타일(권위적 및 촉진적)이 있으며, 각 하위 스타일은 아래 [표 2.1]에 요약된 대로 더 세분화된다.

1단계: 경청할 때 여섯 가지 스타일 가운데 어떤 스타일이 작용하는지 알아차린다. 권위적인 스타일인가, 아니면 촉진적인 스타일인가? 이를 잘 인식한다.

2단계: 수퍼바이지에게 질문한다.
- 개입의 의도는 무엇인가?
- 어떻게 받아들여졌을 수 있는가?
- 자기 행동이 작업 의도에 어떤 영향을 미쳤는가?

3단계: 어떤 스타일이 작용하고 있는지 더 의식적으로 파악하라.

- 수퍼바이지가 의도한 바를 달성했는가?
- 수퍼바이저가 관찰적 또는 개발적 피드백을 제공할 수 있었나?

[표 2.1] 헤론Heron의 여섯 가지 개입 범주와 예시

수퍼바이지를 대신하여 책임지고 권위적으로 시도한다.	
스타일	예시
규범적 – 행동 지시, 조언 제공, 위계적 입장 취하기	취소 정책이 명확하지 않으므로 고객과 다시 명확히 해야 한다.
정보 제공 – 지식, 정보, 의미 전달을 통한 지침 제공	만난 지 얼마 되지 않아 친밀감이 거의 형성되지 않은 상태에서 이런 식으로 이의를 제기하면 도움이 되지 않을 수 있다.
직면적 – 수퍼바이저의 알아차림 또는 사각지대를 개선하기 위해 건설적인 피드백 제공	고객이 스스로 해결책을 찾도록 하기보다는 자신의 해결책을 소개하는 것 같다.
수퍼바이지를 격려/확언을 통한 촉진, 자기-알아차림	
정화적cathartic – 긴장을 풀고, 정서를 인식하고, 에너지를 자유롭게 한다.	고객이 두 번째로 회기를 취소했을 때 기분이 어떠했는가?
촉매적catalytic – 자기 발견, 자기 주도적 학습 및 문제 해결을 장려한다.	이전에는 이런 상황에 어떻게 대처했는가?
지원적 – 가치(확인), 확언을 제공하는 실천능력과 연민심과 친절함의 질	고객이 좌절감을 극복하는 동안 당신은 진정으로 고객과 함께 있었는가?

이 접근 방식을 사용하는 방법

이 수준의 관찰은 어려울 수 있다. 이 접근법을 도입하는 방식에 주의를 기울여야 한다. 그룹 수퍼비전에서는 동료가 '제3의 입장'이 되어 의도와 개입 사이의 단절을 알아차릴 수 있다. 동료들은 이런 방식으로 상대방에게 도전할 수 있도록 부드러운 격려가 필요할 수 있으며, 이는 비슷한 관찰을 통해 자기 고객에게 도전하는 방법에 대한 유용한 유사점이 된다.

주의 사항

실제 개입은 우리의 의도와 상충될 수 있다. 이는 더 많은 주의가 필요하다는 신호이다. 예를 들어, 수퍼바이저는 수퍼바이지가 잘못하거나 거절당하거나 아마도 관계를 잃을까 봐 본능을 따르지 않으려는 경향을 발견할 수 있다. 수퍼바이저는 수퍼바이지의 선한 의도를 다시 확인하고 위험을 감수하도록 격려하는 동시에 인지된 위험 perceived risks을 완화하거나 대처할 방법을 모색해야 한다.

이 접근 방식의 다른 용도로는 무엇이 있는가?

수퍼바이저는 자신의 개입을 염두에 두고 주의 깊게 살펴볼 수 있다. 속도를 늦추고, 의도와 행동을 명확히 표현하고, 교육적인 자세를 취함으로써 자기-알아차림과 취약성의 역할 모델을 제시할 수 있다. 마찬가지로 코치는 고객의 개입에 대한 인식을 높이고 결과에 영향을 미칠 수 있다.

참고 문헌

- Heron, J. (1991) *Helping the client: A creative practical guide*. London: Sage Publications.

더 읽어보기

- Heron, J. (1976) Six category intervention analysis, *British Journal of Guidance and Counselling*, 4 (2), pp. 143-155.
- Heron, J. (2001) *Helping the client, 5th ed*. London: Sage Publications.

자료 찾기

- Visit John Heron's South Pacific Centre for Human Inquiry, website: www.human-inquiry.com/jhcvpubl.htm [Accessed 4 September 2019].
- Oasis School of Human Relations Intervening in Human Relations [online] Available at: www.oasishumanrelations.org.uk [Accessed 5 September 2019].

~~~~~

45. 주목하기의 가치

다이앤 한나Diane Hanna[8]

언제 사용하는가?

이 접근은 수퍼비전 회기를 체크아웃할 때 유용하다. 때로는 코치 또는 코치 그룹이

---

8) **다이앤 한나**Diane Hanna: 15년 동안 자격을 갖춘 코치이자 코치 수퍼바이저로 일대일 및 그룹 환경에서 코칭과 수퍼비전을 해왔다. Barefoot Coaching Ltd와 체스터 대학교를 대표하여 비즈니스 및 개인 코칭과 코칭수퍼비전의 PGC 수석 튜터로 활동하며 모범 사례를 홍보하는 데 적극적으로 참여하고 있다. 국제코칭연맹ICF의 PCC 코치 및 코칭수퍼바이저로 일하기 전에는 기업에서 20년 이상 다양한 고위 인사 및 개발 직책을 맡았으며, CIPD의 펠로우이다.

수퍼비전 작업에서 반응이 있을 때 성찰적 실천 회기에서 사용할 수도 있다.

이 접근 방식은 무엇인가?

이 접근 방식의 의도는 코치의 자기-성찰 기술을 키우고 인지적, 정서적, 감각적 수준에서 느낀 감각에서 자기-알아차림을 구축하는 것이다.

1단계: 수퍼바이지와 함께 내적 성찰introspection을 권유한다.

2단계: 질문에 대한 자기-성찰을 조용히 격려한다.
- 이번 회기에서 나에 대해 무엇을 발견했는가?

3단계: 다음과 같은 질문을 통해 수퍼바이저가 자기 성찰을 더 하도록 계속 격려한다.
- 내가 알아차린 것에 대해 어떻게 반응해야 하는가?
- 어떤 생각이 들었을지 생각해 볼 수 있는가?
- 어떤 감정이 떠올랐나요?
- 어떤 감각이 떠올랐는가?

4단계: 마지막으로, 수퍼바이지가 자기-성찰을 하고 다음과 같은 질문에 대한 답을 적어보도록 유도한다.
- 내 반응이 나에 대해 무엇을 말해주는가?
- 무엇이 익숙하게 느껴지거나 반대로 새롭게 느껴지는지 생각해 보라.
- 마음을 거꾸로 돌려서, 이것이 여러분의 작업이나 더 넓은 삶에서 공통된 주제를 반영하는 것은 아닌가?

5단계: 수퍼바이저가 질문한다.
- 무엇이 달라졌는가?
- 이것이 앞으로의 실천에 어떤 영향을 미칠 것인가?

6단계: 마무리로, 수퍼바이저가 독립적으로 어떤 성찰을 더 할 것인지 생각해 보도록 초대한다.

이 접근 방식을 사용하는 방법

이 접근은 수퍼바이저의 깊은 성찰을 격려하는 현혹될 만한^{deceptively} 간단한 방법이 될 수 있다. 이 방식은 수퍼비전 체크아웃 프로세스에 엄격함을 제공하고 코치가 여러 수준에서 자신에게 더 쉽게 접근할 수 있도록 한다. 수퍼바이지가 그저 이야기하는 것보다 자신의 반응을 적어보고 이야기하도록 격려한다. 이렇게 하면 더 깊은 학습과 이 과정에서 더 많은 감각을 사용할 수 있다. 또 그룹으로 작업할 때는 개별 수퍼바이저가 다른 그룹 구성원에게 자신의 반응을 처리할 수 있으므로 본능적인 반응을 공유하기보다는 사려 깊은 방식으로 자신의 응답을 공유할 수 있도록 한다. 그룹 환경에서 이러한 질문은 대답하기 어렵기 때문에 잠시 멈춰야 하는 경우가 많다. 회기의 대부분을 동료 수퍼바이저의 지원과 도전을 염두에 두고 보낸 후에는 다시 생각하고 경험하기 위해 알아차림을 전환하는 작업이 필요하다.

그 밖에 주목해야 할 사항은 무엇인가?

때때로 이 연습은 더 깊은 성찰로 이어질 수 있으며 수퍼바이저는 자신에 대해 지나치게 비판할 수 있다. 이 연습에서 수퍼비전의 회복적 측면에 주의를 기울이고, 수퍼바이저가 자신의 능력을 의심하지 않고 최고의 코치로 새롭게 회복하고 떠날 수 있도록 하는 것이 중요하다.

"이것이 당신의 업무에 어떤 영향을 미치는가?" 또는 "코치로서 어떻게 하면 최고의 코치가 될 수 있는가?"라는 질문은 수퍼바이저의 상태를 파악하기 위한 훌륭한 질문이다. 수퍼바이지가 반성할 것이 없다고 판단되면 내면의 작업이 이루어질 수 있도록 침묵을 유지한다. 또는 코치 고객과 대화할 때와 마찬가지로 잠시 대화 상태를 바꾸고 코치가 고객에게 하는 것처럼 다시 성찰 연습으로 돌아간다.

주의 사항

이 활동은 체크아웃 활동이므로 세션이 끝날 때 서두르지 않는 것이 중요하다. 세션 자체의 길이에 따라 이 프로세스에 비례하는 시간을 허용해야 한다. 또 다른 고려 사항은 코치들이 긍정적인 에너지를 가지고 세션을 마치고 코치로서 최고의 모습을 되찾을 수 있도록 하는 것이다.

이 접근 방식의 다른 용도로는 무엇이 있는가?

이러한 질문을 고객과 함께 유용하게 사용할 수 있으며, 고객과의 세션에서 자기 성찰을 장려하여 고객과 자신을 더 잘 이해할 수 있도록 할 수 있다.

더 읽어보기

- Hay, J. (2007) *Reflective practice and supervision for coaches*. Maidenhead: Mc GrawHill.
- Morgan, K. and Watts, G. (2015) *The coaches casebook: Mastering the 12 traits that trap us*. Cardiff: Inspect & Adapt Ltd.
- Passmore, J. (2011) *Supervision in coaching supervision, ethics and continuous professional development*. London: Kogan Page.

~~~~~

46. [신체] 체현에 근거한 코칭embodied coaching을 활용한 부끄러움 다루기

차피 레더만Tsafi Lederman[9], 제니 스테이시Jenny Stacey[10]

어디에서 사용할 수 있는가?			일반적 수준의 수퍼바이지 경험 필요
전문적 일대일 수퍼비전	전문적 그룹 수퍼비전	동료 그룹 수퍼비전	경험이 많은 수퍼바이지들만 해당

언제 사용하는가?

수퍼비전 시스템에 창피함/부끄러움shame을 다루는 과정이 있을 때 유용하다. 이

---

9) **차피 레더만**Tsafi Lederman: 25년 이상의 경력을 가진 코치 트레이너, 수퍼바이저, 통합 예술, 신체 심리치료사, 그룹 진행자. 통합 예술 심리치료, 게슈탈트 및 신체 심리치료를 전문으로 한다. 런던에서 개인 심리치료 및 수퍼비전을 실천한다. 통합 예술 치료 MA 프로그램의 선임 강사, 트레이너, 수퍼바이저이다. IATE에서 창의성 및 상상력 프로그램을 개발, 교육 및 공동 지휘하는 데 참여했다. 지난 12년 동안 Creative Expansion에서 일하면서 소매틱 코칭 워크숍을 개발하고 교육하는 데 참여했다. 임상의와 치료사를 위한 상담 및 커뮤니케이션 기술 워크숍을 운영한다. Creative Expansion은 전문적 및 개인적 개발의 일부로 코칭에서 발생하는 심리적 문제에 대한 성공적인 경험적 과정을 고안하고 제공한 풍부한 실적을 가지고 있다(www.creativeexpansion.co.uk).

10) **제니 스테이시**Jenny Stacey: 영국 요크셔에 거주하는 임원 코치, 코치 수퍼바이저, 게슈탈트 심리치료사(UKCP, HCPC). 성인 교육자 및 퍼실리테이터로서 폭넓은 경험이 있다. 현재 더블린의 마이클 스머핏Michael Smurfit 경영대학원에서 고급 비즈니스 및 임원코칭 디플로마를 운영하고 있으며, 임원코칭과 심리학 이론에 대한 전문적인 경험을 결합한 교육 프로그램을 운영한다. 2018년까지 리즈 베켓 대학교에서 코칭수퍼비전 대학원 디플로마 과정의 튜터로 활동했다. 소매틱 체화된 코칭과 창의적 예술에 중점을 둔 교육 기관인 크리에이티브 익스팬션의 디렉터이다. 최근 강좌 제목은 몸 알알아차림,부끄러움과 내면의 비판가, 거울을 들고, 우리 스스로에게 하는 이야기이다(www.creativeexpansion.co.uk).

방식은 수퍼바이지의 부끄러움 트리거에 대한 알아차림을 높이고, 자기-수용Self-Acceptance의 근거place를 발견하는 데 사용한다.

이 접근 방식은 무엇인가?

[몸에] 체현된 코칭 방법은 암묵적이고 무의식적 앎을 다루어 알아차림을 확장한다. 즉 우리가 '알고' 있지만 말로 쉽게 표현할 수 없는 것이 있다. 이런 '앎'은 두 가지 주요 경로를 통해 접근할 수 있다. 신체 과정body process과 예술art의 활용을 통해 떠오르는emerging 이미지나 은유를 통해 탐구한다.

1단계: 작업의 깊이에 맞게 적절하게 계약한다.
2단계: 수퍼바이지에게 부끄러움 관련 상황을 상상해 볼 것을 요청한다.
    예를 들어,
- 이 상황에 대해 떠오르는 이미지나 은유가 있다면 무엇인가?
- 그렇게 묘사하며 주목되는 몸의 반응이 있다면 무엇인가?

3단계: 수퍼바이지에게 지금 코칭 룸에서 부끄러움을 나타낼 만한 장소를 선택해 그곳에 서보라고 요청한다.
    수퍼바이지에게 그곳에서 느끼는 반응이나 모습, 자세를 취해 보도록 요청한다.
- 몸에서 무엇을 알아차릴 수 있는가?

4단계: 수퍼바이지에게 부끄러움의 장소에서 벗어나 몸에서 체화되는 것embodiment에서 '떨어지도록' 요청한다.
- 그 경험에서 무엇을 알아차렸는가?
- 이 상황으로 이끈 촉발 요인은 무엇이라고 생각하는가?

    수퍼바이지의 촉발 요인은 표정이나 음성, 톤 등 비언어적일 수 있음을 기억해야 한다.

5단계: 이제 수퍼바이지에게 자기-수용의 장소/상황을 상상하도록 요청한다.
- 이 장소/상황에 대한 이미지나 은유는 무엇인가?
- 그것을 설명하면서 몸에서 무엇을 알아차릴 수 있는가?

6단계: 수퍼바이지에게 자기-수용을 나타내는 다른 장소를 선택하고 거기에 가서 그곳에 있는 것을 나타내는 모양으로 자세를 취하도록 요청한다.
- 무엇을 알아차릴 수 있는가?

7단계: 자기-수용 대신 수퍼바이지에게 중요한 목표를 달성했던 때를 떠올리도록 요청한다.
- 당신은 자신의 기술, 능력, 당신이 이룰 수 있는 것에 대해 무엇을 배웠는가?

그런 다음 수퍼바이지에게 성취감, 만족감의 자세를 몸으로 취하게 하고 그 자세에서 몇 가지 설명하도록 요청한다.

8단계: 두 자세에서 벗어나기
- 이제 원래 이슈에 대해 생각해 보면 당신은 무엇을 이해하고 있는가?
- 이것이 당신의 관점에 어떤 변화를 주는가?
- 당신은 그 변화 중에 어떤 것을 취하고 싶은가?

이 접근 방식을 사용하는 방법

이 작업을 어떻게 시작해야 할지 어려울 수 있다. 동기는 수퍼바이지가 부끄러움을 느끼고 있다는 점을 알게 되는 데서 알 수 있다. 수퍼바이저는 부끄러움을 느끼고 있다고 조금 큰 소리로 궁금해할 가능성이 더 크다.

수퍼바이저와 수퍼바이지 사이에는 안전하고 신뢰하는 지속적 관계가 필요하다. 수퍼바이저의 태도는 수퍼바이지와 그들이 일하는 시스템에 대한 조건 없는 긍정적 존중과 공감을 제공해야 한다.

부끄러움은 우리 인간 존재의 특징, 즉 자존감self-esteem의 붕괴이며, 이는 우리의 관계적 패턴에 영향을 미칠 수 있다는 점을 말해준다. 부끄러움은 내면의 비판자inner-critic의 자기-대화self-talk에 의해 유발되며, 이 접근 방식은 반드시 부끄러움을 줄이거나 제거하려고 하지 않고 부끄러움의 경험을 탐구하도록 장려하며, 오히려 부끄러움의 '거기에 있다(존재한다)'와 그것이 무엇을 밝혀낼 수 있는지 탐구하게 한다. 때로는 부끄러움을 느끼는 것이 전적으로 적절할 수 있다. 또 더 긍정적인 자기 이미지와 연결하면 수퍼바이지의 과정을 더 잘 이해할 수 있다.

병렬/평행 과정을 통해 부끄러움은 코치-고객 관계에 거울처럼 반영되고 더 넓은 시스템에서 부끄러움을 메아리처럼 반영echo할 수 있다. 수퍼바이저가 부끄러움이 자신에게 어떻게 나타나는지, 그리고 그것을 건설적으로 관리하는 방법을 이해하면 고객 시스템에서 부끄러움을 구별하고 이를 다루는 데 훨씬 더 명확한 입장에 서게 된다.

이 작업은 자기 수용의 장소에서 끝나는 것이 중요하다. 수퍼바이저는 적절하게 5단계에서 시작할 수 있다.

그 밖에 주목해야 할 사항은 무엇인가?

부끄러움의 기원은 대체로 어린 시절에 있다. 수퍼비전 관계 밖에서 추가적인 개인 작업이 필요하다.

주의 사항

부끄러움은 코칭수퍼비전 관계에서 경험되지만 수퍼바이저가 알아차리기 어려울 수 있다. 우리가 모두 부끄러움을 숨기려고 노력하기 때문이다. 수퍼바이지는 보호 전략을 사용하기도 한다. 예를 들어, 접촉 철회withdrawing contact, 지나친 순응overly compliant,

자기 비판적 또는 공격적인 태도이다. 수퍼바이저가 부끄러움을 구별하는 데 도움이 되는 비언어적 단서가 많이 있다. 예를 들어, 수퍼바이지가 시선을 돌리거나, 얼굴이 붉어지거나, 자세와 에너지 수준이 바뀐다.

이런 체현에 의한 작업 방식embodied way of working에서 수퍼바이저는 수퍼바이지가 다양한 위치에서 어떻게 반응하는지 알아차려야 한다. 수퍼바이저의 기술은 수퍼바이지를 부끄럽게 만들지 않고 주의를 끌 수 있게 이를 가져오는 것이다. 중립적인 관찰과 질문을 제공한다.

- 지금 몸에서 무엇을 알아차리고 있으며 어떤 느낌인가요?
- 이 접근 방식에 어떤 다른 용도가 있나요?[11]

이 접근 방식은 예술을 사용하여 확장할 수 있다. 수퍼바이지에게 두 장소를 나타내는 이미지를 그리거나 찾으라고 요청하기만 해도 된다. 이미지는 수퍼비전 과정에서 무의식적인 역동과 부끄러움 촉발 요인을 구체적으로 표현할 수 있다. 다른 관점을 제공하고 '수퍼'-비전super-vision을 제공한다.

더 읽어보기

- Lederman, T. and Stacey, J. (July 2014) Embodied coaching: Pathways to implicit knowledge using the arts and somatic process. *Coaching Today*, (11), pp. 6-9

---

11) [역자] 수퍼바이지가 행하는 개입이나 태도, 수퍼비전에서 설명하는 내용 자체를 수용하면서/반대 보다는 호기심으로 어떤 나름의 의도가 있는지를 묻는 것을 말한다.

제3장
게슈탈트적 접근 방식

저자: 줄리 앨런Julie Allan[1], 앨리슨 와이브로우Alison Whybrow[2]
역자: 이서우

이 철학은 어떻게 설명할 수 있는가?

게슈탈트(독일어에서 번역됨)는 형태, 패턴 또는 구성을 말하는데, 이것은 맥락의 '배경ground'과 대비되는 별도의 '전경figure'으로 구분[3]된다. 유명한 양초 촛대 얼굴 착시 현상은 전경과 배경이 어떻게 작동하는지 잘 보여준다. 그러나 전경은 사람처럼 구체적일 필요는 없으며, 감각이나 혼란스러운 경험 같은 것일 수 있다.

[1] **줄리 앨런**Julie Allan: 경험 많은 코칭 심리학자이자 임원 코치로서 성인 발달 프로세스에 대한 수퍼바이저 및 고문으로 활동하고 있다. 언론 배경을 가지고 있으며 게슈탈트, 윤리, 수퍼비전, 지혜, 메타인지 및 복잡성에 관한 기사, 논문에 기여했고, 조직의 이야기와 내러티브에 관한 『The Power of the Tale』의 공동 저자이기도 하다. Petruska Clarkson과의 초기 훈련은 도전적인 시기에 효과적인 학습과 리더십을 가능케 하는 종합, 탐구 중심 접근 방식의 기초를 마련했다.

[2] **앨리슨 와이브로우**Alison Whybrow 박사: 리더십 코칭, 고위 관리팀 개발 및 시스템 변화를 전문으로 하는 영국심리학회 부회원(AFBPsS)으로 있으며, 심리학 박사이다. 2000년 초에 코칭심리학의 발전을 선도적으로 이끌었으며, 코칭심리학 주제에 관한 논문과 도서에 기여했으며 오랫동안 코칭 실무에서 공인된 프로그램을 진행했다. 앨리슨은 다양한 심리학적 및 철학적 기반, 리더십 프레임워크와 생태학적 세계관을 통합하여 작업하고 있다. 게슈탈트를 핵심 기초로 삼고 있다.

[3] 전경figure과 배경ground: 게슈탈트를 형성할 때 관심의 초점이 되는 부분을 전경, 관심 밖에 놓여 있는 부분을 배경이라고 한다. 출처: 상담학 사전

게슈탈트 접근 방식은 삶과 그 도전에 대한 건강하고 강력한 경험을 가능하게 하도록 주의attention와 실험experiment을 통해 얻은 알아차림에 초점을 둔다. 게슈탈트 실천가practitioner는 사람들을 본질에서 건강한 존재로 간주한다. 모든 것을 종합적으로 고려할 때, 그들은 최선을 다하고 있으며 동시에 계속 발전 중인 존재로 여긴다. 지원, 도전 및 탐색은 지각된 결점을 고치기보다는 향상하기 위해 제공된다.

심리학과 치료를 통해 발전된 게슈탈트 실천은 조직 컨설팅을 포함하며, 최근에는 코칭과 수퍼비전 실천에 각각의 주요 측면을 적용하고 있다. 게슈탈트 코칭은 핵심 요소를 거의 유지하면서 다른 접근 방식에 기여할 수 있도록 계속 진화하고 있다(Allan & Whybrow, 2019; Bluckert, 2015; Siminovitch, 2017; Simon, 2009; Spoth, Toman, Leichtman & Allan, 2013).

복잡성을 인정하는 알아차림awareness, 관계 및 전체론holism의 중요성은 개인부터 생물권biospheric까지 다양한 규모의 도전을 다루는 오늘날의 생태학적 관점 대화와 잘 어울린다. 게슈탈트의 생물학적biological 및 현상학적phenomenological 측면은 신체적 앎, 감각 및 의미 형성, 인지 발달 및 신경 심리학을 탐구할 수 있는 풍부한 공간을 제공한다. 다른 성인 발달적 관점에도 호환성compatibility 있는 영역이 있다. 여기에는 버거Berger와 존스턴Johnston(2015), 샤머Scharmer(2016), 라스케Laske(2007, 2008, 2015), 키건Kegan(1980, 1994), 루크Rooke와 토버트Torbert(2005) 그리고 토버트 외(2004) 등의 연구가 있다. 코칭과 수퍼비전 맥락에서 지혜의 심리학은 관련성이 있으며(Allan, 2013; Kilburg, 2006), 관계에서 이루어지는 상호 학습의 복잡성을 지속해서 표현한 노라 베이트슨Nora Bateson(2015, 2017)의 연구 또한 관련이 있다.

이 철학의 기본 원리와 신념은 무엇인가?

알아차림은 이 철학의 목표이자 방법론이다. 욘테프Yontef(1981)는 게슈탈트 코칭과 코칭수퍼비전에도 관련 있는 게슈탈트 치료의 세 가지 원리를 설명한다. 세 가지 원리의 각각을 완전히 이해하면, 나머지는 포괄적으로 이해할 수 있다고 여겨진다.

첫 번째, 현상학phenomenology은 즉시 경험할 수 있는 모든 것을 통해 상황을 이해하려고 한다(Allan & Whybrow, 2019). 예를 들어, 게슈탈트 수퍼바이저는 감각과 해석을 구별하는 방식으로 현상학적 탐구의 틀을 유지할 수 있어야 한다.

두 번째는 대화적 실존주의dialogic existentialism의 원리이다. 코칭수퍼비전에서 이것은 수퍼바이지와 수퍼바이저 사이의 '접촉 경계contact boundary'[4]에서 일어나는 지금-여기의 대화를 의미하며, 수퍼바이지와 고객의 대화와 유사한 방식으로 이루어진다. 대화dialogue는 그리스어 **dia**와 **logos**(흐르는 것flowing through을 의미)에서 유래한 것으로, 관계에 관한 관심과 탐구 정신에 주의를 기울이면 대화를 시작할 때 양쪽 모두의 마음minds에 없었던 무언가가 새롭게 나타날 수 있다는 것을 의미한다(Allan & Whybrow, 2019 참조). 이것은 창조적인 공간이며, 전체론의 원(아래 참조)을 통해 더 넓은 맥락을 포괄한다.

세 번째 원리는 전체론holism이며 장 이론field theory을 포함한다. 우리는 실제로 더 넓은 맥락의 장field에서 존재하고 발전하며, 맥락을 고려하지 않고서는 이해될 수 없다. 이것은 수퍼바이저-수퍼바이지 간 관계의 중요성을 강조하며, 여러 중첩되고 얽힌 맥락이 그 순간에 어떻게 나타나고 있는지에 주의를 기울인다. 수퍼바이저와 수퍼

---

4) 접촉 경계contact boundary: 접촉contact은 알아차림과 더불어 개체의 유기체 순환과정을 이끄는 두 축을 이룬다. 즉 알아차림이 개체가 유기체-환경의 장에서 벌어지는 현상들을 전경으로 떠올려 게슈탈트를 형성하는 행위라고 한다면, 접촉은 그렇게 형성된 게슈탈트를 행동을 통하여 완결하는 행위이다. 유기체는 환경과의 접촉을 통해 자신에게 필요한 것을 얻고, 또한 환경에서 무언가를 돌려주는 상호 교류관계 속에 존재한다. 이때 유기체와 환경이 만나는 장소를 접촉 경계라고 하는데, 모든 심리적인 사건들은 바로 이 접촉 경계에서 일어난다. 펄스에 따르면 접촉 경계에 의해 의미가 발견되고 행동이 이루어지는 것들만이 심리적으로 존재한다고 한다(게슈탈트 심리치료, 2023. 학지사). 접촉 경계는 '개인은 환경과 연결지어 생각하며 무엇이 자기self이고 무엇이 아닌지 확인한다'라는 게슈탈트 개념에서 나온 것으로, 자기와 비자기를 구별하는 실제적인 지점이며(Perls, 1957), 자기를 바라보는 인식이 변화함과 함께 순간에 따라 바뀐다(코칭심리학, 2016, 코쿱북스).

바이지는 서로 장의 일부이다.

두 가지 철학적 입장은 게슈탈트 작업에 특별한 방식으로 영향을 미친다.

1. 변화의 역설적 이론paradoxical theory of change(Beisser, 1970): 변화는 다른 것이 되려고 노력하는 것이 아니라 있는 그대로의 모습이 더 온전해지는 과정에서 일어난다. 이것은 알아차림의 한 측면으로, 현재 상황에 온전히 주의를 기울이고 접촉하면 자연스럽게 변화가 일어나는 결과를 가져온다.
2. 모든 사람은 근본적으로 건강하다. 본질에서 건강한 유기체가 지속해서 진전할 수 있도록 하는 데 초점을 맞춘다. 게슈탈트 주기gestalt cycle는 건강한 진전에 대한 '걸림돌blocks'이나 '저항'을 알아차리고 해결하여 완전하고 원만한 '접촉'이 이뤄지게 하는 가이드이다.

클락슨Clarkson(1989)은 이러한 알아차림의 주기를 우리의 주의를 끄는 첫 번째 지표부터 완전한 참여, 그리고 다음 항목이 나타나기 전까지의 소강상태와 휴식 기간으로 설명한다. 이 기본 주기는 펄스Perls(1965) 및 폴스터와 폴스터Polster & Polster(1973)에서 발전하여 전 세계의 게슈탈트 실천에서 찾을 수 있으며, 경험 주기cycle of experience 또는 변화 주기cycle of change로도 알려져 있다. 클리블랜드 연구소는 코칭 중에 전체 주기를 나타내기 위해 '작업 단위unit of work'라는 용어를 사용한다(Spoth, Toman, Leichtman & Allan, 2013, p.397). 누구나 주기의 어떤 지점에서 '접촉 방해interruption to contact'로 인해 막힐stuck 수 있다. 숙련된 수퍼바이저는 고객을 위한 숙련된 게슈탈트 코치처럼 이러한 방해를 알아차릴 수 있다. 주기, 방해 및 유용한 행동에 대한 관점은 앨런Allan과 와이브로Whybrow(2019) 및 L. 조이스Leary-Joyce(2014)에서 찾을 수 있다.

이 철학의 맥락에서 코칭(코치) 수퍼바이저의 역할은 무엇인가?

게슈탈트 실천의 기초를 형성하는 창의적인 실험은 코칭수퍼비전 과정에서 항상 존재한다.

게슈탈트 관점에서의 수퍼비전은 실험과 알아차림을 통한 실천 개발의 명시적 과정의 일환으로 설명된 원리들과 일관되게 작업할 수 있는 온전하고 열린 기회를 제공하는 것을 목표로 한다. 따라서 이 텍스트에 사용된 수퍼비전의 정의는 다음과 같이 수정될 수 있다.

- 관계에서 상호 학습을 강조한다.
- 점진적인 개선 이외의 변화를 허용한다.
- 어떤 '시스템'도 수퍼바이저나 수퍼바이지와 객관적으로 분리된 것이 아니라 그들을 통해 나타난다show up는 장 이론의 관점과 일관성을 유지한다.

아마 다음과 같이 표현할 수 있을 것이다.

코칭수퍼비전은 성찰적 실천을 성장시키고, 고객의 안전에 **주의를 기울이면서 자신의 실천능력**capabilities**을 확장하고, 수용력**capacities**을 넓히도록 촉진하는 관계**이다. 이는 수퍼바이지와 그들의 고객 작업을 둘러싸고 있거나 **나타나는 다양한 맥락과 상호 관련된 '시스템'을 고려**하며 **이러한 관계**에 가치를 부여하려 한다.

수퍼바이저의 자세stance는 특별한 호기심과 행동 탐구이다(예:Fisher, Rooke & Torbert, 2003). 이 둘이 함께 작용하면, 어디에서 호기심이 멈추거나 경직된 신념이 적용되는지, 어디에서 모순이 발생하거나 극단적인 차이가 드러나는지 주의 깊게 관찰할 수 있다. 더 큰 풍경에서 패턴을 보기 위해 '밖'으로 나가거나, 다양한 감각을 통해

'그 안에' 있는 느낌을 체감하기 위해 '안'으로 들어가는 등 다양한 관점을 탐험할 수 있다. 관점 전환shifting에 대한 이러한 주의는 관점 수용 능력을 키우고 수퍼바이지와 수퍼바이저 사이에 도구-로서의-자기self-as-instrument에 대한 감각을 만들어낼 수 있다.

'현실'에 대한 우리 경험이 주관적이라는 점을 고려할 때, 묘사적이고 은유적인 언어를 사용하여 호기심을 유발하는 것은 다른 형태의 분석적 조사(Clarkson, 1989) 또는 심층심리학과 대조적인 측면을 제공한다. 수퍼바이지에게 전경foreground에 무엇이 있는지 풀어내도록 하거나, 구절이나 단어를 반복하고 일어나는 감각과 연결하여 그 감각을 온전한 알아차림 속으로 가져오도록 초대invite[5]할 수 있다. 게슈탈트 사고에서는, 말 또한 행동이라고 간주한다.

게슈탈트 접근 방식을 채택하는 수퍼바이저는 수퍼바이지를 다음과 같은 방법으로 지원하는 것을 목표로 할 것이다.

- 그들의 작업에서, 특히 지금-여기에서 자기 자신을 사용하는 것에 대해 더 온전히 알아차릴 수 있게 된다. 이러한 '프레즌스presence'[6]는 코칭과 관련하여 매

---

[5] [역자] 초대한다invite: 'invite'는 제안하다, 고려한다, 요청한다, 지원한다 등 코칭에서 자주 사용하는 단어 중 하나이다. 이 단어가 코칭에서 주로 언제 사용되는지, 어떤 의미인지 알아보기 위해 ICF 8가지 핵심역량 항목을 참고해보면, 총 63개 실천항목 중 다음과 같이 3개 항목에서 사용했다. 7-5: Invites the client to share more about their experience in the moment, 7-9: Invites the client to generate ideas about how they can move forward and what they are willing or able to do, 8-5: Invites the client to consider how to move forward, including resources, support and potential barriers. 살펴보면, 고객이 자신의 경험 속에서 방법을 찾거나, 앞으로 나아갈 때 이 단어를 사용하고 있다. '초대'라는 것은 호스트가 초대를 하지만 그 초대에 응할지 말지의 결정권은 고객에게 있다. 응하지 않을 수도 있는 것이고, 응한다면 고객은 자신의 방법을 가지고 코치에게 방문할 것이다. 경험에서 방법을 찾는 것을 넘어 invite가 가지고 있는 상호등가성, 고객경험 존중의 의미를 생각해 볼 때 invite가 남다른 용어가 되어야 한다는 생각에, 번역할 때 그대로 '초대한다'로 표현하고자 한다.

[6] [역자] 프레즌스presence: 프레즌스는 코칭계에서 이미 널리 알려진 단어로, 번역함으로써 단어의 한계를 짓지 않기 위해 그대로 '프레즌스'로 표기하고, present는 '현존하는'으로 번역하고자 한다.

우 광범위하게 언급됐으며(예: Siminovitch, 2017), 수퍼바이저 작업에도 동일하게 적용된다.

- 자신의 프로세스에 주목하고 그것을 활용할 수 있는 수용력과 역량을 키우는 것이다. 따라서 수퍼비전은 메타인지적 알아차림(Efklides, 2008; Flavell, 1979)을 개발하는데 특별한 주의를 기울인다. 여기서 메타인지는 일어나는 사고 유형, 예를 들어, 방 안이나 방 바깥에서 일어나는 사고 유형 또는 학습에 대한 학습 등에 대해 생각하는 것을 의미한다. 게슈탈트 관점에서 메타인지는 정서emotion와 인식cognition을 동일하게 포함하며 개인에서 행성planetary 수준까지 다양한 관점을 포괄한다.

- 수퍼바이지에게 떠오른 게슈탈트 전경이나 무한한 가능성으로부터 필요한 초점을 출현시키고 탐구하는 것을 돕기 위해 현재의 순간을 사용하는 것이다. 과거의 시간과 예상되는 미래를 현재로 가져온다. 사고thoughts, 감정feelings, 감각sensations 및 다양한 외부 맥락이 형성되는 과정에서 체현embodiment과 실용적인 지혜는 모두 장 안에 존재한다.

무엇이 전문적이고 윤리적인 실천인가에 대한 질문은 언제나 살아있는 탐구로 수퍼비전 공간에 있을 것이다. 수퍼비전 파트너십은 수퍼바이지가 그들의 윤리적 기준navigation으로 가져오는 프레임 같은 서로 다른 규범에 대한 인식을 키우고 발전시킨다.

이 접근 방식을 따라 작업하려면 어떤 준비를 해야 하는가?

다른 게슈탈트 기반 작업과 마찬가지로, 배움은 수퍼바이저와 수퍼바이지 간의 접촉 경계에서 일어난다. 수퍼바이저로서 당신은 관계를 통해 알아차림의 목적을 가지고 변화의 도구가 되겠다고 제안한다(Whybrow & Allan, 2014). 호기심과 탐구의 렌즈는 '저기 밖out there'뿐만 아니라 '여기 안in here'에도 적용된다. 즉 나에게 무슨 일이 일어나고 있는지, 내가 무엇을 주목하고 있는지, 나에게 어떤 변화가 일어나고 있는지, 내가 어떤 것에 귀를 기울일 수 있는지, 언제 호기심이 줄어드는지? 같은 것들이 해당한다. 그리고 수퍼바이지의 성장을 위해 그 개방성과 내재한 취약성을 수퍼비전 과정에 가져오게 되며, 양측 모두 영향을 받는다.

이 방식으로 작업하기 위한 준비는 미얀 청저지Mee-Yan Cheung-Judge(2001)가 다음과 같이 두 가지 핵심적인 특징으로 잘 설명하였다.

- 자기를 알기 위해 시간과 에너지를 할애하여 자신만의 도구를 소유하기
- 평생학습 습관을 개발하고 권력과 통제 문제를 해결하며, 감정적이고 직관적인 자기 알아차림을 구축하고, 자기 돌봄에 전념함으로써 자기 이해와 역량을 유지하는 데 시간을 할애하기

네비스Nevis는 '유능한 중재자의 바람직한 기술The Desired Skills of a Competent Intervenor' (Nevis, 1987, pp.88-104) 장에서 주의력, 관찰, 집중 및 호기심과 관련된 게슈탈트 주기의 요구에 근거해서 필요한 기술을 설명하고 있다. 게슈탈트 방식으로 작업하는 수퍼바이저는 자신의 반응을 포함하여 순간순간 떠오르는 것들을 다룰 적절한 수용력과 역량이 필요하다. 철학적으로 그들은 긍정적인 성장과 발전 과정에 있다고 여겨지는 수퍼바이지를 '고치지fixing' 않는 데 편안해야 하며 이것은 수퍼바이저 자신도 마찬가지이다. 물론, 윤리적 기준navigation이 관련된 전문적이거나 법적인 기준에 경각심을 가지고 있어야 한다.

이 접근 방식이 수퍼바이지에게 특히 유용할 수 있는 방법은 무엇인가?

우리는 수퍼바이지에게 게슈탈트 렌즈가 다른 어떤 것보다 본질에서 더 유용하다고 주장하지는 않는다. 그렇지만 우리는 작업에서 이 렌즈를 자주 사용하면서 다음과 같은 높은 가치를 찾을 수 있다.

- 설명된 원리에 따라 완전하고 투명하게 작업하기 위해 관계를 사용할 기회, 작업이 어떻게 구성되고 있는지, 관계의 공간에서 무엇이 작용하고 있는지, 연결과 단절 지점(즉, 경험 주기)에 주목하는 이러한 관심은 수퍼바이지를 게슈탈트 렌즈와 실제 사용에 맞게 조정한다.
- 수퍼바이지가 도구로서의 자신에 대한 패턴을 탐색하기 위한 모델링, 실습 및 지원
- 실험, 출현^{emergence} 및 탐구^{enquiry}에 대한 강조. 이는 지각된 불확실성이나 환경적 복잡성과 같은 일반적인 도전에 직면했을 때 유연한 자세를 개발하는 데 도움이 된다. 또한 다른 이론적 관점의 작업 방식도 포함할 수 있다.

게슈탈트적 접근을 사용하기 전에 고려해야 할 다른 사항이 있는가?

이 작업 방식에 익숙하지 않은 수퍼바이지들에게는, 수퍼바이저가 수퍼바이지 자신에 대한 작업이 '저기 밖$^{out\ there}$'으로의 작업을 수행하는 데 어떤 도움이 되는지 명확히 표현하면 매우 유용할 수 있다. 그러나 이는 항상 간단한 여정은 아니며, 교육 과정은 일반적으로 '이것'을 객관적으로 측정하고 '저것'을 고치는 것이 강조됐다. 실제로, 이것은 우리가 성공적인 경력에서 가장 큰 보상을 받았던 부분이기도 하다.

자기 자신을 도구로 활용하는 수퍼바이저는 또한 자신이 탐험하고 실험하며 성장

할 수 있는 수퍼비전 공간을 확보해야 한다. 그들은 수퍼비전을 온전히 유지하면서도 더 완전한 '있는 그대로의 모습 what is'을 모델링하는 과제를 가지고 있다. 또 수퍼바이저로서 우리는 수퍼비전의 상당 부분이 화상 회의를 통해 온라인으로 이루어진다는 점을 주목해 볼 때, 이것은 관계적 실천의 본능적이고 접촉적인 측면이 이 형식에서 어떻게 유지되는지를 배우는 도전을 가져온다.

게슈탈트 방식으로 일하는 것은 근본적으로 도구 tools와 기술 technique에 관한 것이 아니라 '실험'이라는 개념에 더 부합한다. 레스닉 Resnick(1984)은 게슈탈트 치료에 대해 다음과 같이 매우 간결하게 언급했는데, 이것은 코칭과 수퍼비전에도 똑같이 적용된다.

모든 게슈탈트 치료사는 지금까지 해왔던 게슈탈트 기술을 모두 멈추고 바로 게슈탈트 치료로 넘어갈 수 있어야 한다. 만약 그렇게 하지 못한다면, 그들은 애초에 게슈탈트 치료를 하지 않은 것이다. 그들은 여러 가지 요령과 기교를 부려서 사람들을 속이고 있었던 것이다. (p.19)

경험적 학습에 초점을 맞춘다면, 게슈탈트 수퍼비전을 위한 그룹 설정은 상호작용과 실험 가능성을 확장하는 데 유익할 수 있다.

참고 문헌

- Allan, J. (2013) Metacognition: Why supervision isn't super without it. *4th International Coaching Psychology Congress*. Edinburgh, 2013.
- Allan, J. and Whybrow, A. (2019) Gestalt coaching. In S. Palmer and A. Whybrow (Eds.). *Handbook of Coaching Psychology: A Guide for Practitioners*. Hove: Routledge, Ch. 14, pp. 180-194.
- Bateson, N. (2015) Symmathesy – A word in progress: Proposing a new word that refers

to living systems. *Journal the International Society fo r Systems Sciences -59th Meeting*, 1 (1),pp.1-22. Available at:〈http://journals.isss.org/index.php/proceedings59th/article/view/2720/886〉 [Accessed on 8 October 2019] and Available at: 〈https://norabateson.word-press. com/2015/11/03/symmathesy-a-word-in-progress〉 [Accessed on 8 October].
- Bateson, N. (2017) *Small Arcs of Larger Circles: Framing through Other Patterns*. Axminster: Triarchy Press.
- Beisser, A.R. (1970) The paradoxical theory of change. In J. Fagan and I. Shepherd (Eds.). *Gestalt Therapy Now*. New York: Harper and Row, pp. 78-80.
- Berger, J.G. and Johnston, K. (2015) *Simple Habit for Complex Times: Powerful Practices for Leaders*. Stanford, CA: Stanford University Press.
- Bluckert, P. (2015) *Gestalt Coaching: Right Here, Right Now*. Maidenhead: McGraw Hill.
- Cheung-Judge, M.-Y. (2001) The self as instrument: A cornerstone for the future of OD. *OD Practitioner*, 33 (3), pp. 11-16.
- Clarkson, P. (1989) *Gestalt Counselling in Action*. London: Sage.
- Efklides, A. (2008) Facets and levels model of metacognitive functioning in relation to self-regulation and co-regulation. *European Psychologist*, 13 (4), pp. 277-287.
- Fisher, D., Rooke, D., and Torbert, W.R. (2003) *Personal and Organisational Transformations: Through Action Inquiry*, 4th ed. Edge/Work Press.
- Flavell, J.H. (1979) Metacognition and cognitive monitoring: A new area of cognitive developmental inquiry. *American Psychologist*, 34, pp. 906-911.
- Kegan, R. (1980) Making meaning: The constructive-developmental approach to persons and practice. *Journal of Counseling & Development*, 58 (5), pp. 373-380.
- Kegan, R. (1994) *In Over Our Heads: The Mental Demands of Modern Life*. Cambridge, MA: Harvard University Press.
- Kilburg, R. (2006) *Executive Wisdom: Coaching and the Emergence of Virtuous Leades*. Washington, D.C.: American Psychological Association.
- Laske, O. (2007) Contributions of evidence-based developmental coaching to coaching psychology and practice. *International Coaching Psychology Review*, 2 (2), pp. 202-212.
- Laske, O. (2008) On the unity of behavioural and developmental perspectives in coaching. *International Coaching Psychology Review*, 3 (2), pp. 125-146.
- Laske, O. (2015) *Dialectical Thinking for Integral Leaders: A Primer*. Tuczon, AZ: Integral Publishers LLC.
- Leary-Joyce, J. (2014) *The Fertile Void: Gestalt Coaching at Work*. St Albans: AoEC Press.
- Nevis, E.C. (1987) *Organisational Consulting: A Gestalt A pproach*. New York: Gardner Press, Ch. 5, pp. 88-104.
- Perls, F.S. (1965) Three approaches to psychotherapy: Gloria. Part II: Frederick Perls.

Founder of Gestalt Therapy. Available at: www.youtube.com/watch?reload=9&v=8y5tuJ3S-ojc. [Accessed 21 October 2019].
- Polster, E., and Polster, M. (1973) *Gestalt Therapy Integrated: Contours of Theory and Practice*. New York: Brunner/Mazel.
- Resnick, R.W. (1984) Gestalt therapy East and West: Bi-coastal dialogue, debate or debacle? *Gestalt Journal*, 7 (1), pp. 13-32.
- Rooke, D., and Torbert, W.R. (2005) Seven transformations of leadership. *Harvard Business Review*, 83 (4), pp. 66-76, Harvard Business School Publication Corp.
- Scharmer, O. (2016) *Theory U: Leading from the Future as It Emerges*. Oakland: Berrett-Koehler.
- Siminovitch, D.E. (2017) *A Gestalt Coaching Primer: The Path towards Awareness IQ*. Toronto: Gestalt Coaching Works, LLC.
- Simon, S.N. (2009) Applying Gestalt theory to coaching. *Gestalt Review*, 13 (3), pp. 230-240.
- Spoth, J., Toman, S., Leichtman, R., and Allan, J. (2013) Gestalt Approach. In J. Passmore, D.B. Peterson, and T. Friere (Eds.). *The Wiley-Blackwell Handbook of the Psychology of Coaching and Mentoring*. Chichester: John Wiley & Sons, pp. 385-407.
- Torbert, W.R., Fisher, D., and Rooke, D. (2004) *Action Inquiry: The Secret of Timely and Transforming Leadership*. Oakland: Berrett-Koehler.
- Whybrow, A., and Allan, J. (2014) Gestalt approaches. In J. Passmore (Ed.). *Mastery in Coaching: A Complete Psychological Toolkit for A dvanced Coaching*. London: Kogan Page, pp. 97-126.
- Yontef, G. (1981) Gestalt therapy: A dialogic method. In P. Clarkson (Ed.). (1989). *Gestalt Counselling in Action*. London: Sage, p. 26.

더 읽어보기

- Gillie, M. (2011) The Gestalt supervision model. In J. Passmore (Ed.). *Supervision in Coaching: Supervision, Ethics an d Continuous Professional Development*. London: Kogan Page, Ch. 4, pp. 45-64.
- Houston, G. (1995) *The Now Red Book of Gestalt*. London: Rochester Foundation.
- Kuhn, L., and Whybrow, A. (2018) Coaching at the edge of chaos: A complexity informed approach to coaching psychology. In S. Palmer and A. Whybrow (Eds.). *Handbook of Coaching Psychology: A Guide fo r Practitioners*. Hove: Routledge, Ch.

31, pp. 413-423.
- Perls, F.S. (1967) *Ego, Hunger an d Aggression*. New York: Random House.
- Perls, F.S., Hefferline, R., and Goodman, P. (1994) *Gestalt Therapy: Excitement and Growth in the Hum an Personality*. London: Souvenir Press Ltd.
- Varela, F.J., Thompson, E., and Rosch, E. (1993) *The Embodied Mind: Cognitive Science and Human Experience*. Cambridge, MA: The MIT Press.

~~~~~

47. 물건에 목소리 부여하기

미셸 루카스 Michelle Lucas[7]

언제 사용하는가?

수퍼바이지가 관찰자 관점을 취하여 자신의 경험과 거리를 두고 자기 생각을 개방하는 데 도움이 될 때 유용할 수 있다. 따라서 어떤 '감정의 정체stuckness'[8] 상태를 탐색해야 할 때 특히 유용하다.

---

7) 편집자 소개 참조
8) [역자] stuckness: 유착 상태 즉, 감정의 정체 상태(심리치료에서 정서를 어떻게 다룰 것인가, 2008, 학지사)로 표현하고 있다. 이와 비교하여 stuck은 '막힘'으로 번역하였다.

이 실험은 무엇인가?

조이스 스카이프Joyce Scaife(2010)의 작업에 영향을 받은 수퍼바이지는 주위의 물건들이 작업 과정이나 상황에 대한 정보를 담고 있을 수 있으므로, 작업하는 동안 주위에 있는 물건들을 고려하도록 초대된다. 이 아이디어는 우리가 다른 위치를 취하면 (심지어는 무생물의 위치라도!) 새로운 정보에 접근할 수 있다는 개념을 이용한 지각 위치 실험perceptual positions experiment이다.

1단계: 당신에게 맞는authentic 방식으로 조사enquiry에 대한 수퍼비전 초점을 만든다. 이 접근은 매우 구체적인 고객 상황뿐만 아니라 수퍼바이지의 작업에서 주제나 패턴을 이해하려 할 때도 사용될 수 있다.

2단계: 수퍼바이지에게 작업할 때 항상 함께 있는 물건들을 고려한 다음 하나를 선택하도록 초대한다.

3단계: 탐구 주제가 진행 중일 때 수퍼바이지에게 선택한 물건이 어디에 있었는지 물어보고 이를 생생하게 떠올릴 수 있도록 몇 가지 시각화 기법을 사용한다. 그래서 만약 그들이 펜을 선택했다면, 그때 펜이 어디에 있었는지? 어떻게 잡고 있었는지? 종이에 흐르는 잉크의 색깔은 무엇이었는지? 사용하거나 잡을 때 어떤 소리가 들렸는지 숙고해 보라고 초대할 수 있다.

4단계: 재미있게 다음과 같이 몇 가지 탐색적인 질문들로 초대한다.

- 아직 당신이 눈치채지 못했지만 [물건]은 눈치챘을 수도 있는 것은 무엇일까요?What might [object] have noticed that you might not yet have noticed?
- 만약 [물건]이 목소리를 가졌다면, 어떤 말을 할 수 있을까요? 누구에게? 그리고 어떻게?If the [object] had a voice what might it be saying? To who? And how?
- [물건]이 지금 당신에게 어떤 조언을 할 수도 있을까요?What advice might the [object] be giving you right now?

5단계: 잠시 성찰의 시간을 갖고, 수퍼바이지가 이전에 주의를 기울이지 않았을 수도 있는 현재 자신에게 떠오르는 것들을 고려하도록 격려한다.

6단계: 만약 5단계에서 이것이 자연스럽게 일어나지 않았다면, 탐색을 원래의 수퍼비전 초점으로 되돌린다.

7단계: 수퍼바이지에게 과정을 되돌아보고, 이 접근 방식에 대한 자신의 반응에서 무엇을 알아차렸는지 성찰하도록 초대한다.

이 실험을 사용하는 방법

이것은 '상자 밖에서out of the box'[9)]의 사고방식이 필요하며, 이런 이유로 수퍼비전 관계가 확고하게 확립되어 있으면 도움이 된다. 수퍼바이저가 창발적 접근 방식emergent approach을 취하여 그 순간에 생성된 것으로 작업할 때 가장 효과적이다. 예를 들어, 한 수퍼바이지가 자신의 휴대폰이 '휴식을 취하고, 진지한 태도를 항상 취하지는 말라'라고 조언한다고 느꼈다. 그래서 수퍼바이저는 이를 바탕으로 '그렇다면 만약 당신의 휴대폰이 당신을 휴가 보낸다면, 어디로 보낼까요?'라고 물었다. 흥미롭게도 휴대폰 없이 휴가를 떠난다는 생각은 가설인데도 불안을 불러일으켰고, 이를 알아차린 순간 웃음이 터져 나왔다. 이러한 본능적인 알아차림은 자신이 얼마나 업무에 매몰되어 있는지 깨닫게 해주었다. 수퍼바이지는 그 뒤 동료 코칭에 참여하여 이 문제를 해결하기로 했다.

실험은 수퍼바이지가 좀 더 추론하고 가정할 수 있게 돕기 위한 것이므로 수퍼바이저의 질문은 모호하게 제기될 필요가 있다. 4단계에서 'would'가 아닌 'might'라는 단어를 사용한 점에 주목하라. 이는 답을 알아야 한다는 확신이나 어떤 가정을 암시하기보다는 가능성과 선택지를 장려한다.

---

9) [역자] out of the box: 직역하면 '상자 밖에서', 의미를 생각해 보면 '원래의 틀을 벗어나서 새로운 관점에서' '고정관념과 선입견에서 벗어나 창의적으로' 등으로 해석할 수 있다.

그 밖에 주목해야 할 사항은 무엇인가?

어떤 수퍼바이지는 이러한 추상적인 활동에 참여하는 것에 어려움을 겪을 수 있는데, 이것은 유용한 정보를 제공한다. 라포가 잘 형성되어 있는 경우, 이런 접근 방식에 어려움을 겪는 수퍼바이지에게 고객과의 작업에서 어떤 어려움을 겪고 있는지 물어볼 수 있다. 예를 들어, 어떻게 그들은 모호함을 다루는지? 이런 활동이 얼마나 편안한지? 이것은 그 후 수퍼비전 논의의 주제가 되거나 개인적으로 성찰해야 할 사항이 될 수 있다.

주의 사항

재미있는 방식이긴 하지만, 아이스브레이킹으로는 적합하지 않다. 이는 논리적이고 분석적인 방식에 더 익숙한 사람들에게는 혼란스러울 수 있다. 더 안정된 그룹에서도 수퍼바이지가 새로운 작업 방식에 열려 있고 이것을 '실험'으로 받아들일 수 있도록 신중한 포지셔닝과 계약이 필요하다.

이 실험의 다른 용도로는 무엇이 있는가?

외부 관점을 활용하는 아이디어는 많은 상황에서 사용될 수 있다. 코칭 고객과 명확하게 계약돼 있고 실무자가 고객이 코칭으로 얻는 것을 즐긴다고 느끼면 코칭 고객에게 사용할 수 있다.

참고 문헌

- Scaife, J. (2010) *Supervising the Reflective Practitioner: An Essential Guide to Theory and Practice*. East Sussex: Routledge, pp. 98-99.

~~~~~

48. 내면에 주의 기울이기 inner noticing

줄리 앨런, 앨리슨 와이브로우

언제 사용하는가?

이 접근 방식은 조사의 한계를 확장하여 몸이 제공하는 정보에 대한 알아차림을 높인다. '나는 왜 이 고객에게 이렇게 어려움을 겪고 있는 걸까?' 또는 '이 특별한 상황에서 좋은 계약을 위한 조건은 무엇일까?'와 같은 많은 수퍼비전 질문에 적용할 수 있다. 게슈탈트 주기의 초기 단계에 가장 적합하며, 주기 전반에 걸쳐 사용할 수 있다.

이 실험은 무엇인가?

이 접근 방식은 감각, 생리학 및 (선택적으로) 정서에 주의를 기울인다. 이는 젠들린Gendlin의 Focusing(Gendlin, 1978)에서 핵심인 '의미 있는 느낀 경험felt sense'[10]을 포함한다. 먼저, 수퍼바이지가 편안하게 앉거나 서 있는지 확인하고 당신이 선호하는 접근 방식을 사용해서 중심을 잡는다. 이 시작점에서 가볍게 촉진할 프로세스는 다음과 같다.

1단계: 초대하기inviting
- 주의를 기울이고 싶은 상황을 떠올려 본다. 마음의 눈이 그 주변을 돌아다니게 하고, 다른 곳에서 그것을 본다. 어쩌면 대화의 조각들을 들을 수도 있다.
- 이 과정을 진행하면서 자신이 경험하고 주목하는 것에 호기심을 갖게 된다.
- 호기심과 탐구를 통해 몸에서 느껴지는 감각에 주목한다. 어떤 사람들은 향기나 맛을 연상하는 자신을 발견하기도 한다. 이 과정은 시간이 걸릴 수 있으며 때로는 모든 것이 약간 흐릿할 수도 있지만 그것 또한 정보이다.
- 무엇이 당신의 주의를 끄는가? 자신이 어떤 정서적 라벨을 사용하는지 발견

---

10) [역자] 젠들린Gendlin은 정서emotions와 감정feelings을 구별할 수 있는 새로운 용어가 필요하다고 주장했는데, 이때 감지된 복잡성을 가진 감정에 "felt sense"라는 이름을 붙이고 다음과 같이 서술한다. "나는 'felt sense'라는 용어를 전체적인 질감에 대한 개인의 느낌을 나타내기 위해 사용한다. 이는 기쁨이나 분노와 같은 정서와 구별되어야 한다. 그러한 정서는 'felt sense'에 내재하여 있다." 부연 설명하자면 "something"에 대한 불분명하고, 사전적인 감각, 즉 의식적으로 생각되거나 언어화되지 않은 내면의 지식이나 인식에 관한 것을 "felt sense"라 표현했으며, "something"이 신체에서 경험되는 것이다. 이 신체가 느끼는 "something"은 상황이나 오래된 상처에 대한 인식일 수도 있고, "다가오는" 것에 대한 인식일 수도 있고, 아이디어나 통찰일 수도 있다. 젠들린이 정의한 개념에서 중요한 것은 그것이 불분명하고 모호하며, 항상 그것을 언어적으로 표현하려는 어떤 시도보다 더 중요하다는 것이다. 젠들린은 또한 "묵시적인 복잡성, 자신이 작업하고 있는 것에 대한 전체론적인 감각을 감지하는 것"이라고 설명했다. -젠들린Gendlin의 Focusing(Gendlin, 1978) 내용을 참조하여 정리함

하는가?
- 편안한 상태로 이 모든 요소에 주목한다. 무엇이 명확해 보이는가? 무엇이 그렇게 보이지 않는가?

2단계: 받아들이기receiving
- 내면 세계에서 당신에게 전해지는 중요한 메시지가 두세 개 있다고 상상해 본다. 이러한 메시지들은 당신이 탐험하고 있는 상황을 알아차리는 데 유용할 것이다. 이것들이 무엇인지 스스로 느껴본다. 어떤 것은 매우 분명해 보일 수 있지만, 그렇지 않을 수도 있다.
- 당신에게 일어나는 일을 큰 소리로 말하는 것이 도움이 된다면 그렇게 한다. 판단하기보다 탐험한다. 표현할 단어가 없다면, 표정이나 소리로 표현할 수 있다. 당신은 큰 소리로 '이것이/이것들이 알아차리는 데 도움이 되는가?' 또는 '다른 것이 있는가?'라고 물어볼 수도 있다.

3단계: 인정하기acknowledging
- 오늘 작업할 가장 중요한 측면에 주의가 집중되었다고 느끼면, 조금 혼란스럽더라도, 잠시 멈추어서 당신이 주목한 것들을 알아차리고 나타난 모든 것에 감사의 말을 전한다. 또한 모임을 해산하도록 초대한다.[11]
- 새로운 알아차림을 가지고 외부 세계로 돌아온다.

그런 다음 내면에 주목하기inner noticing에서 얻은 정보를 적절하다고 생각되는 방식으로 활용한다. 이것은 단순히 조용한 성찰일 수 있다. 2단계에서는 사람들이 '여기에 내가 공포를 느끼게 하는 어떤 것이 있다, 어떤 이유에서인지 나는 내 목이 아프다는 것을 알아차린다. 또한 나는 전에 생각하지 못했던 세 사람이 이 일에 관여하고 있다는 걸 알아차리고 있다'와 같은 말을 할 수 있다.

---

11) [역자] 이 문장은 감정적, 정신적인 과정에서 집중되어있던 생각이나 감정을 흩어지게 한다는 은유적 표현으로 보이며 11)에서 그 이유를 설명하고 있다.

이 실험을 사용하는 방법

주목하기 작업은 어떤 문제에 대해 혼란스러워할 때 사람들이 일반적으로 하는 것보다 더 완전한 방식으로 주의를 기울이고, 떠오르는 모든 정서를 아우르면서 감각^{sensation}에 가까이 머무르는 것이다. 예를 들어, 감각과 정서, 또는 이들 가운데 하나와 판단을 명확히 구별해야 한다. 수퍼바이저가 '주목^{notice}'에 초대하는 것은 쉽고 편안한 방식으로 하는 것이 가장 좋다. 사람마다 모두 속도가 다르므로 수퍼바이지가 다음으로 나아갈 준비가 되었는지에 대한 예민한 주의가 필요하다. 정해진 시간에 얽매이지 말고 수퍼바이지의 상황에 맞게 유연하게 대응한다.

주의 사항

적절한 깊이로 질문하고 수퍼바이저와 수퍼바이지의 역량과 수용성에 적합하게 작업한다.

　조사에서 발생한 '의미 있는 느낀 경험$^{felt\ sense}$'이 도움이 되지 않는 반추나 걱정을 유발하는 방식으로 맴돌고 있지는 않은지 확인한다. 이것이 감사를 표하며 은유적으로 모임을 해산하라고 요청하는 이유이다.[12]

이 실험의 다른 용도로는 무엇이 있는가?

이 실험의 의도는 우리의 더 넓은 앎/이해 방식을 활용하고, 현상학적 방식으로 알아차리며, 의미를 만드는 체화 과정을 위한 대화 공간을 만들어내는 것이기 때문에 이와 유사한 형식이 많이 사용되고 있다. 우리가 스스로 알아차리고 배우는 경험을 할

---

12) [역자] 10)에 대한 이유를 설명하고 있다.

때, 우리는 우리 자신의 필터, 해석, 그리고 맥락의 공동 진화를 탐험하기 시작하는데, 이것은 보통 도움이 된다. 코칭 고객도 비슷한 혜택을 누릴 수 있다.

참고 문헌

- Gendlin, E.T. (1978) *Focusing*. New York: Everest House.

더 읽어보기

- Stelter, R. (2000) The transformation of body experience into language. *Journal of Phenomenological Psychology*, 31 (1), pp. 63-77.
- Varela, F.J., Thompson, E., and Rosch, E. (1993) *The Embodied Mind*. Cambridge, MA: The MIT Press.

자료 찾기

- Gendlin's Focusing: International Focusing Institute. Available at: (www.focusing.org/sixsteps.html) [Accessed 8 October 2019]
- Gendlin film clip; Focusing with Eugene T. Gendlin. PhD. Available at: www.youtube.com/watch?v=Bjhf_qUklSc [Accessed on 8 October 2019] And any basic sources on phenomenology according to Husserl and to Merleau-Ponty

~~~~~

49. 수퍼비전과 감지

클레어 데이비Claire Davey[13]

언제 사용하는가?

이 기법은 수퍼바이지가 말하고 생각하는 것 이상의 작업에 호기심이 있고, 때때로 간과되거나 무시되거나 묻혀버린 내면의 지혜를 활용하여 감각을 탐험하고 경험하기를 원할 때 유용하다. 또 이것은 막힌stuck 상태에 있는 수퍼바이지에게 도움이 되어, 스스로를 다잡고 다른 관점에 접근할 수 있게 해준다.

이 기법은 무엇인가?

수퍼바이저의 안내에 따라 이뤄지는 명상적 자기 탐구self-enquiry의 한 형태이다. 지혜의 전통인 요가 니드라Yoga Nidra의 영향을 받았다.

> **1단계**: 수퍼바이지가 탐구하려는 영역을 설정하고 작업할 기간을 합의한다. 시간이 왜곡될 수 있으며 당신이 그 과정의 수호자가 될 것이라고 설명한다. 이렇게 하면 수퍼바이지가 그 경험 속으로 더 깊이 빠져들 수 있다.

13) 기법 31. 저자 소개 참조

2단계: 개별 작업 시에는 서로 마주 보는 두 개의 의자를 설치하고, 그룹 작업 시에는 의자를 원형으로 배치하여 당신이 그 원의 일부가 되도록 한다. 원격으로 작업하는 경우에는 상황에 맞게 조정한다.

3단계: 수퍼바이지에게(들에게) 눈은 뜨거나 감은 채로 공간에 적응할 수 있도록 앉는 자세를 최종적으로 조정하라고 요청한다. 예를 들어, 어떤 사람들은 신발을 벗고 발이 바닥에 닿는 것을 느끼기를 좋아한다.

4단계: 자신의 단어를 사용하여 참여자들을 실습으로 안내한다. 예를 들면,

'자리에 편안히 앉아 몸과 마음을 안정시키고 발이 바닥에 닿는 느낌, 등이 의자에 닿는 느낌, 옷이 피부에 닿는 느낌을 느껴보세요….'

그런 다음 수퍼바이지의 주의를 호흡으로 돌려 몸에 남아있는 긴장을 풀어주고, 지금에 집중하고 자기 존재의 가장 깊고 진정한 측면과 연결 surrendering to the core of being 되도록 한다. 이 단계를 완전히 수행하는 데 일반적으로 5분에서 15분 사이의 시간이 소요된다.

5단계: 수퍼바이지가(들이) 탐구의 초점을 알아차리도록 안내한다. 떠오르는 것을 환영하도록 초청하고, 판단이나 가정을 내려놓고 탐구에 몰입할 수 있도록 한다. 다음 중 일부를 제공한다.

a) '몸에서 느껴지는 감각에 주목하세요….'
b) '몸의 어디에서 감각이 느껴지나요…?'
c) '감각과 함께 떠오르는 정서가 있나요…?'
d) '만약 그렇다면, 그 정서의 반대는 무엇인가요…? 그리고 그 반대 정서가 몸의 감각으로 드러나나요…?"
e) '이 두 정서가 한 정서에서 다른 정서로 이동하는 게 느껴지나요…?'
f) '이 두 가지 정서를 몸에서 동시에 경험할 수 있나요…?'

6단계: 다음과 같이 연습을 마무리한다.

'준비가 되면 호흡을 가다듬고 방으로 돌아와서 천천히 눈을 뜨고, 방향을 바꾸면서 자연스럽게 움직이거나 스트레칭을 합니다.'

7단계: 수퍼바이지에게 침묵속에서 즉각적인 성찰을 포착하도록 초대한다.

8단계: 개인 또는 그룹이 준비되면 다음과 같은 질문을 던진다.

- 경험은 어땠나요?
- 그 경험이 딜레마/질문/문제/관계에 어떤 정보를 주었나요?
- 계속해서 탐구하고 싶은 것은 무엇인가요?
- 어떤 행동을 취하는 것이 중요하다고 느끼나요?
- 향후 회기에서 중요하게 인식해야 할 패턴이나 주제에 대해 알아차린 게 있나요?

이 기법을 사용하는 방법

수퍼바이저는 공간과 침묵을 담아내고, 직관적인 멈춤pausing과 속도 조절pacing, 목소리 톤을 사용하며, 출현하는 소리를 활용하여 흐름을 유지하는 것이 중요하다.

스크립트를 읽지 말고 진정성 있게, 경험하는 맥락을 바탕으로 자신만의 '생생한' 내러티브를 만들어 작업하는 것이 도움이 된다. 또한 실습(8단계)에서 나온 신체 반응을 공유하면 개인과 그룹 과정에 대한 통찰력을 얻을 수 있다.

처음에는 수퍼바이지가 눈을 감는 것을 주저할 수도 있지만, 눈을 감으면 마음이 편해지는 데 도움이 될 수 있다.

그룹으로 작업하는 경우 7단계에서는 사람들의 행동과 에너지를 관찰하고, 모두가 다음 단계로 넘어갈 준비가 될 때까지 침묵을 유지한다.

주의 사항

수퍼바이지가 마음챙김이나 명상에 익숙하지 않으면, 프로세스나 당신의 목소리 등에서 좌절감을 느낄 수 있다. 그들의 경험은 있는 그대로의 경험이라는 것을 전제로, 그들의 성찰에서 이것을 탐구하도록 격려한다.

이 기법의 다른 용도로는 무엇이 있는가?

1~4단계는 회기의 시작이나 끝에서 수퍼바이지나 고객을 안정화하는 데 사용될 수 있다.

더 읽어보기

- Kline, J. (1984) *The Ease of Being*. Durham, NC: The Acorn Press.
- Miller, R. (2010) *Yoga Nidra: A Meditative Practice for Deep Relaxation and Healing*, 2nd ed. Louisville, Colorado: Sounds True Inc.

~~~~~

50. 물건과 은유를 통한 변혁적 탐험

슈 콘그램Sue Congram[14]

언제 사용하는가?

일반적으로 이 접근 방식은 수퍼비전 대화를 변혁적 수준으로 끌어올리는 데 도움이 된다. 프로세스가 정체되거나 빙빙 돌고 있을 때 에너지를 전환할 수 있다. 수퍼비전이 지나치게 논리적/합리적일 때(균형이 맞지 않을 때) 대안적인 관점을 제공할 수 있다.

이 실험은 무엇인가?

이 기법은 물건과 은유를 사용하여 지금-여기의 탐험을 통해 아직 알지 못한 것

---

14) **슈 콘그램**Sue Congram: 경험이 풍부한 리더십 개발 컨설턴트이자 깊이 있는 임원 코치 및 수퍼바이저이다. 슈는 그녀의 작업에 체계적이고 진보적이며 창의적인 사고를 접목한다. 고객들은 그녀를 끈기와 영감을 주는 사람, 생생한 삶에 대한 전염성 있는 열정을 지닌 사람으로 묘사한다. 슈는 국내외에서 활동하며, 코칭과 코칭수퍼비전과 같은 전문 실천에 영향을 미치는 문화적 차이와 문화적 신념 체계에 대한 풍부하고 다양한 이해를 쌓았다. 30년 이상 이 분야에서 일한 그녀의 성공은 사람들이 상황을 새롭고 다양한 방식으로 볼 수 있도록 하는 창의적인 의견과 논리적 프로세스를 결합하는 능력에 뿌리를 두고 있다. 리더십의 근본적인 영향에 관한 박사 연구(2013)를 통해 리더십 균형 유지를 위한 EB 센터를 공동 창립했다. 존경받는 작가로서, 슈는 비즈니스 심리학, 경영 및 리더십, 조직 개발, 코칭, 코칭수퍼비전, 다양성 및 포용성에 관한 다양한 책과 논문을 출간했다.

을 발견하는 데 사용한다. 이는 예술에 기반을 둔 변혁적 학습 철학(Lahad, 2000; Mezirow & Taylor, 2009)의 영향을 받은 여러 가지 창의적인 작업 방식 가운데 하나이다.

1단계: 그룹원에게 수퍼바이지의 사례를 새롭게 등장하는 이야기처럼 경청하고, 내용과 사례를 설명하는 방식에 주의를 기울이고, 이에 대한 자신의 반응에 주목하도록 안내한다. 세부 사항이나 미묘한 차이small nuances도 전반적인 이야기의 중요성big story만큼이나 중요하다.

2단계: 수퍼바이지는 고객 시나리오를 가져온다.

3단계: 수퍼바이지에게 은유를 통해 시나리오의 요소를 탐험하도록 초대한다. 예를 들어,

'이 고객과 막혀stuck 있는 느낌이라고 하셨는데, 물건과 은유를 사용하여 시나리오를 다른 방식으로 탐험해 보시겠어요?'

4단계: 수퍼바이지에게 방에서 탐험할 요소를 나타낼 수 있는 물건을 빠르게 선택하도록 요청한다. 물건에 의미를 부여하지 않고 본능적으로 선택하도록 격려한다.

5단계: 수퍼바이지에게 한 번에 한 물건씩 묘사하도록 하는데, 묘사할 때 그 물건이 나타내는 은유로 표현하게 한다. 예를 들어, 수퍼바이지가 고객을 나타내기 위해 작은 꽃병을 선택했고, 자신을 나타내기 위해 조약돌을 선택했다고 가정한다(내러티브를 통해 다른 요소가 선택되었을 수도 있다).

수퍼바이저: 선택한 것에 관해 말해주세요.
수퍼바이지: 꽃병은 둥글고, 녹색이며 소용돌이무늬가 새겨져 있어요. 작은 꽃을 위한 작은 꽃병이에요. 꽃병 안에 꽃은 없고, 오늘은 장식품이에요.

수퍼바이저: 이제 동일한 설명을 은유로 고객에게 사용해보세요.

수퍼바이지: 내 고객은 작고, 녹색이며 소용돌이무늬가 새겨져 있어요. 그 안에 꽃이 없어서, 그들은 오늘은 장식품이에요.

수퍼바이저: 이렇게 당신의 고객을 묘사하는 동안 당신에게 어떤 일이 일어나고 있나요?

수퍼바이지: 공허한hollow 기분이 들어요.

6단계: 사용된 단어에 대한 호기심을 유지하면서 더 확장하도록 초대한다. 이러한 탐험의 즉각성, 통찰의 순간과 새로운 정보에 주의를 기울인다. 위의 예는 다음과 같이 이어질 수 있다. '그들은 매번 빈 그릇으로, 장식품으로, 리더십의 상징으로 오는 것이지, 그 안에 꽃을 담고 오지는 않는다.'

7단계: 나머지 물건에 대해 5~6단계를 반복한다.

8단계: 그런 다음, 수퍼바이지에게 물건들을 서로 관련 있는 위치에 놓도록 초대하고, 배치된 물건들에 대해 어떤 점을 주목했는지 서로 공유한다. 이 예에서 수퍼바이지는 이전에 조약돌에 있는 '작은 결함'을 주목했는데, 지금은 이 결함이 보이지 않게 숨겨져 있었다. 흥미롭게도, 그들은 고객이 그 결함을 볼 수 없게 물건들을 배치했다. 이것에 주목하면서 통찰이 생겼고, 이는 더 깊은 탐험의 동력이 되었다.

9단계: 이제 그룹 구성원들은 본인들이 주목한 사항을 공유할 수 있다. 특히, 대안적 관점을 반영할 수 있는 개인적인 반응과 과정의 이미지를 공개할 수 있다.

이 실험을 사용하는 방법

경험을 통해 순간의 자발성이 개입을 결정하게 된다. 먼저, 다음과 같은 세 가지 핵심 원리가 지침을 제공한다.

- 지금-여기에 머물러라.
- 풍부한 은유를 능숙하고 편안하게 표현하라.
- 프로세스가 통제(또는 기법)의 제약 없이 나타나도록 허용하라.

이 마지막 포인트는 기본적인 사항이다. 수퍼바이지는 아마도 그들의 고객을 나타내기 위해 두 개 또는 세 개의 물건을 선택할 것이다. 모든 선택 포인트는 탐구를 위해 열려 있으며, 물건의 수와 선택은 가장 통찰력 있는 탐험을 제시할 수 있다. 실험은 미리 지정하지 말고 지금 여기에서 나타나는 것을 한다.

주의 사항

매우 이성적이고 논리적인 사람들은 이러한 작업 방식이 도움이 되지 않을 수 있다. 만약 이것을 예상하지 못한 상황이고 이미 작업의 흐름에 들어가 있다면, 지금-여기에서 과정을 탐험하는 것이 배움 측면에서 매우 유익할 수 있다.

이 실험의 다른 용도로는 무엇이 있는가?

그룹과 팀은 이 실험을 활용하여 각자 물건을 선택하고 은유를 묘사하고 공유한 다음, 모든 물건을 서로 연관시켜 그룹을 대표하도록 배치하면서 그룹 과정을 풍부하게 할 수 있다. 이것은 코칭 및 수퍼비전 맥락에서 모두 사용할 수 있다.

참고 문헌

- Lahad, M. (2000) *Creative Supervision: The Use of Expressive Arts in Supervision and*

Self-supervision. London and Philadelphia, PA: Jessica Kingsley.
- Mezirow, J., and Taylor, E.W. (2009) *Transformative Learning in Practice.* San Francisco: Jossey-Bass

더 읽어보기

- Congram, S. (2008) Arts-informed learning in manager-leader development. In R.A. Jones, A. Clarkson, S. Congram, and N. Stratton (Eds.). *Education and Im agination: Post-Jungian Perspectives.* London: Routledge, Ch. 10, pp. 160-1

~~~~~

51. 두 의자 실험

앨리슨 와이브로우, 줄리 앨런

어디에서 사용할 수 있는가?				일반적 수준의 수퍼바이지 경험 필요
전문적 일대일 수퍼비전	전문적 그룹 수퍼비전	동료 그룹 수퍼비전	개인적 성찰	경험이 많은 수퍼바이지들만 해당

언제 사용하는가?

하나 이상의 관점을 탐험할 때, 이 실험-성찰 방식은 현재 순간과 떠오르는 가능성에 대한 알아차림을 높인다. 일반적으로 한 사람과 함께 작업할 때 사용되지만 그룹 수퍼비전에서도 수행할 수 있다. 컨스텔레이션 작업constellations work[15]은 이 유형의 실험을 매우 확장한 버전이다.

이 실험은 무엇인가?

간단히 말해, 이 실험은 수퍼바이지와 수퍼바이저 사이의 대화에서 제3의 관점을 위한 공간을 만드는 것이다. 이 제3의 관점은 다른 사람일 수 있다(예: 수퍼바이지의 고객, 동료, HR 구매자, 가족 구성원 등).

> **1단계: 다른 사람의 지속적인 프레즌스를 알아차리기**
> 수퍼바이저로서 당신은 수퍼바이지가 어떤 사람과 관계에서 뭔가 어렵거나 감정적으로 막혀 있는 것 같다고 자주 언급하는 것을 듣게 될 수 있다.
>
> **2단계: 그 사람을 안으로 초대하기**
> 이 실험은 다른 사람이 이미 '방 안에', 즉 이미 그들이 장field 안에 있다는 전제에서 진행된다. 여기서 우리는 그 프레즌스에 주의를 기울이고 대화에 그들을 위한 공간을 만든다. 초대는 'XXX를 대화에 초대할까요?' 또는, '만약 그(그녀)가 여기 있다면 XXX가 무엇을 생각할 것 같아요, 말할 것 같아요, 또는 어떻게 행동할 것 같아요?'와 같이 수퍼바이지에게 질문하는 형태로 이루어진다. 그다음은 '그들을 초대할까요?'라고 이어진다. 공들여서 섬

---

15) 8장 시스템적 접근 참조

세하게 초대하면서, 이러한 성격의 실험을 기꺼이 할 준비가 되어 있는지 알아testing본다.

3단계: 참여를 격려하기

공간을 만든 후, 수퍼바이지는 의자에 앉아 있는 상상 속 인물을 마치 방 안에 있는 것처럼 말하면서 의도적인 전환을 한다.

4단계: 대화를 지원하기

수퍼바이지에게 자신은 '나', 다른 사람은 '당신'을 사용하여 빈 의자에 말하도록 초대한다. 그들은 현재 당면한 개인 또는 그 문제에 대해 이미 회기에서 다뤘던 내용 가운데 일부를 다시 살펴보고 싶어 할 수 있다. 그런 다음 수퍼바이저는 수퍼바이지에게 '빈 의자'로 이동하여 그 사람이 '되어보고embody', 방금 말한 사람이 자신에게 말한 것 처럼 들어보라고 한다. 그리고 수퍼바이지는 자신이 상대방인 것처럼 말하고 응답한다.

이 체화embodiment 과정은 유용한 통찰과 알아차림을 제공한다. 수퍼바이지는 필요한만큼 의자를 옮겨 자기 입장과 다른 사람의 입장을 취할 수 있다.

5단계: 조사를 유지하기

수퍼바이저는 주의를 더 기울일 수 있도록 몇 가지 문구나 단어를 반복할 수 있으며 다음과 같은 호기심을 자극하는 조사 기반의 질문을 할 수 있다.

- 수퍼바이지로서/상대방으로서 그 말을 들으면 어떤 기분이 드나요?
- 더 말해야 할 것이 있나요?
- 지금 무엇을 알아차렸나요?

6단계: 마무리

실험은 필요한 만큼 계속한다. 적절한 시점에서 수퍼바이저는 수퍼바이지에게 원래의 의자로 돌아가서 자기 자신과 다시 연결하고 어떤 새로운 알아차림 있는지 성찰하도록 초대한다.

이 실험을 사용하는 방법

모든 게슈탈트 실험과 마찬가지로 정해진 방법이나 정해진 과정은 없다. 조명illuminate하고 알아차림을 높이는 것이 목적이다. 이동하는 과정 자체가 주의를 분산시킬 수 있어서 이 접근 방식을 처음 접하는 사람들에게 주의를 산만하게 할 수 있다. 신중하게 계약하고 도움이 되지 않는 것은 버린다. 실험은 때때로 예상치 못한 영역을 탐험할 수 있다. 도움이 되지 않는 수준의 불편함이 감지되면 중단할 준비를 하고 민감하게 반응한다.

그 밖에 주목해야 할 사항은 무엇인가?

당연해 보일 수도 있지만 작업하는 공간을 고려하는 것이 중요하다. 물리적인 움직임에 참여하게 하려면 움직일 수 있는 공간과 단단한 벽(프라이버시를 위한)이 필요할 수 있다. 추가적인 관점을 위해 더 많은 의자가 필요할 수도 있다.

주의사항

수퍼바이지와 함께 사용하기 전에 대상자로 참여하거나 실습 그룹에서 이 접근 방식을 어떤 식이로든 실험해 보는 것이 도움이 된다.

이 실험의 다른 용도로는 무엇이 있는가?

이것은 수퍼비전 그룹 내에서 탐험과 해체deconstruction를 허용하는 실험적인 방식으로 잘 작동하여 수퍼바이지가 코칭 고객과 함께 사용할 수 있는 수용력capacity을 구축할 수 있도록 한다. 이 방법은 자신의 실천을 성찰할 때도 사용할 수 있다.

더 읽어보기

- Houston, G. (1995) *The Now Red Book of Gestalt*, 7th ed. London: Rochester Foundation.

~~~~~

52. 걸림돌과 함께 작업하기

줄리 앨런, 앨리슨 와이브로우

어디에서 사용할 수 있는가?			일반적 수준의 수퍼바이지 경험 필요
전문적 일대일 수퍼비전	전문적 그룹 수퍼비전	동료 그룹 수퍼비전	경험이 많은 수퍼바이지들만 해당

언제 사용하는가?

이 유형의 연습 목적은 누군가가 자신에게 중요한 일과 관련하여 '걸림돌block' 또는 '저항resistance'을 경험할 때 무슨 일이 일어나고 있는지 그 본질을 탐험하는 데 있다. 예를 들어, 그들은 게슈탈트 주기gestalt cycle의 어떤 지점에서 막혀 있을 수 있다. 주기의 각 단계에는 저항이 나타날 수 있는 방식이 따라오는데, 이를 '접촉 방해interruptions to contact'라고 하며, 그 의도는 이러한 방해를 다루어 진전이 이루어지도록 하는 것이다.

게슈탈트 프레임에서 볼 때, '걸림돌'과 완전히 접촉하는 것 자체가 더 큰 주기 내에서 한 주기가 완성되는 것이다. [그림 3.1] 참조. 이 접근 방식은 이 걸림돌에 대한 말이 있든 없든, 신체적으로(몸으로) 작업할 때의 이점을 포함하여 정보를 제공하고 접촉할 수 있는 체화된embodied 유형의 탐색을 가능하게 한다. 이것은 어떠한 전환shift을 가져와서 새로운 움직임을 만들 수 있다.

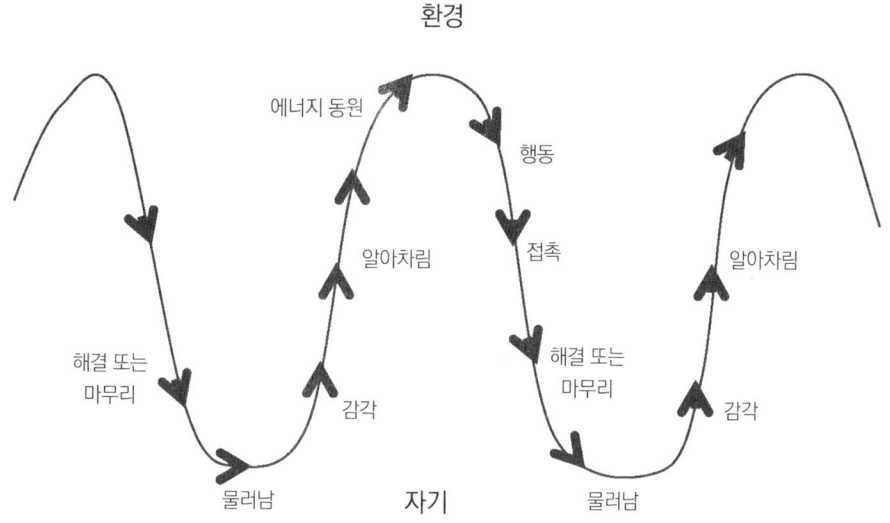

[그림 3.1] 알아차림 주기The gestalt cycle of awareness adapted from Zinker(Zinker, 1977)

이 실험은 무엇인가?

이 실험에서는 걸림돌의 체화를 위해 벽이나 방의 다른 움직이지 않는 부분을 사용한다. 상황에 따라 서 있거나 앉아서 할 수 있다. 수퍼바이지에게 다음 내용을 간략하게 설명한다.

1단계: 설정하기set-up
- 등을 벽에 대고 서봅니다, 막혀 있다고 느껴지는 상황을 떠올려 보세요.

- 편한 대로, 눈은 뜨거나 감으세요. 벽은 '막힘'을 나타냅니다.

2단계: 탐험하기 explore

- 뒤에 있는 벽을 느껴보고, 벽에 무겁게 또는 가볍게 기대보거나, 체중을 좌우로 옮기거나, 몸의 자세를 조절하며 실험해 보세요. 손등이나 손바닥을 벽에 대는 등 당신이 찾을 수 있는 모든 다른 방법들을 찾아보세요.
- 어떤 감각들이 느껴지는지 주목하세요. 자세를 조정할 때 상황이 어떻게 변화하는지 주목하세요. 떠오르는 색상, 장소, 이미지가 있나요?

3단계: 추가 탐험하기 explore more

- 원한다면 다른 방법으로 실험해 볼 수 있습니다. 벽이 부드러운 느낌이라면요? 그게 나무라면 어떨까요? 만약에…?

4단계(선택사항): 걸림돌을 넘어 안전하게 확장하기 expanding safely beyond the block

- 그곳에 몸을 기댈 때 당신을 위한 안전한 거품이 있다고 상상해 보세요. 벽과 그 뒤에 있는 모든 것을 포함하도록 뒤에 있는 거품을 확장하면 어떨까요? 시도해볼 수 있으면, 잠시 머물렀다가 거품을 다시 벽의 이쪽으로 가져와 보세요.

5단계: 알아차림을 견고히 하기 consolidate awareness.

- 준비가 되면 벽에서 떨어집니다. 지금 무엇을 알아차렸나요?

이 실험을 사용하는 방법

많은 게슈탈트 실험과 마찬가지로, 가벼운 촉진을 사용하여 누군가가 탐험할 수 있도록 돕는 이 작업 방식이 모든 사람에게 적합하지 않을 수도 있고 어떤 사람들에게는 혼란스럽거나 귀찮게 느껴질 수 있다는 점을 고려하라. 이러한 반응 역시 그 장field의 일부이며 잠재적으로 정보를 제공할 수 있다. 그렇지만 수퍼바이지가 작업하기로 선택한 것은 모두 자신의 선택이며, 실험은 실험일 뿐, 특정 과정이나 결과에 대한 수퍼바이저의 부적절하고 강한 애착 때문에 선택이 좌지우지되는 명령은 아니다. 따라서 수퍼바이지 자신이 느끼는 '아무것도 아닌 것' 또는 '짜증'의 본질을 탐구하고 싶다면 그것은 괜찮으며, 아무것도 얻지 못한다고 생각해서 계속하고 싶지 않다고 말하는 것도 괜찮다.

주의 사항

저항은 정상적이며 기능적일 수 있다. 과제는 저항을 근절하는 것이 아니라 탐험하는 것이며, 이를 통해 저항이 어떤 것인지, 그것이 무엇을 제공하는지, 그리고 여전히 필요한지에 대한 알아차림을 확장하는 것이다. 저항은 그대로 유지되어야 할 수도 있지만 형태form를 변화시켜야 할 수도 있다.

이 실험의 다른 용도로는 무엇이 있는가?

그룹 환경에서 숙련된 고객 및 수퍼바이저가 함께 등을 맞대고 앉아 파트너의 살아있는 '걸림돌'이 되는 것은 흥미로울 수 있다. 이는 움직일 수 있고 살아있는 걸림돌에 대한 신중한 탐험 가능성을 제공하고 실제로 걸림돌 역할에서 자기를 경험할 가능성을 제공한다. 어떻게 느껴지는가? 이후에는 역할을 해제하는 것이 중요하다.

    이러한 방식으로 걸림돌을 탐험하는 것은 이전의 수퍼바이지 학습이나 훈련과 함께 코칭에서도 사용될 수 있다.

참고 문헌

- Zinker, J. (1977) *Creative Process in Gestalt Therapy*. Toronto: Vintage Books, p. 77.

더 읽어보기

- Allan, J., and Whybrow, A. (2019) Gestalt coaching. In S. Palmer and A. Whybrow (Eds.). *Handbook of Coaching Psychology: A Guide for Practitioners*, 2nd ed. London: Routledge, Ch. 14, pp. 180-194.
- Clarkson, P. (1989) *Gestalt Counselling in Action*. London: Sage, Ch. 3, p. 29.
- Spoth, J., Toman, S., Leichtman, R., and Allan, J. (2016) Gestalt approach. In J. Passmore, D.B. Peterson, and T. Freire, (Eds.). *The Wiley-Blackwell Handbook of the Psychology of Coaching an d Mentoring*. Chichester: John Wiley & Sons, Ch. 20, pp. 385-406.

~~~~~

53. 몸짓을 사용하여 작업하기

앨리슨 와이브로우, 줄리 앨런

언제 사용하는가?

이 접근 방식은 정신-신체적 알아차림, 즉 마음과 몸 사이의 역동적인 연결을 강화하는 데 사용된다. 아마도 수퍼바이저로서 당신은 특정 주제와 관련하여 수퍼바이지가 특별히 움직임이 부족하거나 반복적으로 움직이는 것을 알아차렸을 것이다. 이 접근 방식의 의도는 자세posture와 몸짓gesture16)이 수퍼바이지의 관점 및 에너지 영역에 미치는 영향을 조명하기 위한 것이다.

이 실험은 무엇인가?

몸짓으로 실험하는 한 가지 방법은 신체 행동 및/또는 신체 감각과 특정 심리적 의도 또는 심리적 알아차림 사이의 연결을 강화하는 것이다. 예를 들어, 수퍼바이지는 자신이 몸을 앞으로 기울이고 좁게 집중하는 경향이 있다는 것을 발견할 수 있다. 이것은 거의 '감정의 정체stuckness' 상태가 된다. 더 넓은 관점을 취하려는 의도를 표현하면서, 수퍼바이지는 더 열린 시선으로 더 똑바로 서도록 약간 자세를 바꿀 수 있다. 이를 포착하여 몸짓과 정신적 집중 사이의 연결고리를 강화하고 고정하면, 수퍼바이지가 다른 경우에도 의도적으로 신체 자세를 바꾸도록 도울 수 있으며, 이는 고객과 상호작용할 때 다른 에너지와 초점을 가져올 수 있을 것이다. 거의 눈에 띄지 않는 미세한 몸짓을 알아차리고 그에 맞춰 작업하는 것은 큰 변화를 불러올 수 있다.

아래에 몸짓, 목적에 따른 앵커링으로 작업하는 한 가지 방법을 공유하고, 마지막 노트에서 다른 방법을 제안한다.

1단계: 수퍼바이지가 바꾸고 싶어 하는 패턴에 주목한다. 위의 예시를 바탕으로, 수퍼바이지는 고객이나 고객 상황에 편협하게 집중하는 자신을 발견했다고 보고할 수 있다. 그들은 이런 패턴으로 인해 관점을 잃고 세부 사항에서 '길을 잃게getting lost' 된다는 것을 알아차릴 수 있다. 수퍼바이지가 패턴을 설명

---

16) [역자] posture(자세) and gesture(몸짓): gesture는 특정 의미나 감정을 전달하기 위해 손이나 팔을 사용하여 의도적으로 몸을 움직이는 것, posture는 서 있을 때, 앉을 때, 누워 있을 때 등 몸을 어떻게 잡는가와 관련이 있다. 신체적 건강, 자신감 수준, 기분에 대해 많은 것을 드러내며, 대부분 의도되지 않은 것이다. 이 두 개념은 서로 관련되어 있지만 인간 행동을 해석하는 데 있어 서로 다른 렌즈를 제공한다. https://www.difference.wiki 참고하여 역자 재정리

할 때 그들의 자세^{posture}에 주목한다.

2단계: 수퍼바이지에게 '길을 잃는' 대신에 무슨 일이 일어나기를 원하는지, 그들의 심리적 의도는 무엇인지 물어본다.

3단계: 수퍼바이지가 새로운 의도에 집중할 때 하는 작은 신체 동작에 주의를 기울인다.

4단계: '이 의도를 담아내는 신체 동작이나 몸짓은 무엇인가요?'라고 물어본다. 또는 눈에 띄는 신체 동작을 시연하고^{demonstrate} 그들에게 반복하도록 요청할 수 있다.

5단계: 그 동작을 몇 번 시도해 본다. 그것이 심리적 의도와 얼마나 잘 어울리는지 살펴본다. 그 동작의 결과로 무슨 일이 일어나는가? 수퍼바이지이에게 그 동작이 불러일으키는 감각에 세심한 주의를 기울여 달라고 요청한다.

6단계: 수퍼바이지에게 이러한 변화^{shift}를 실험해 볼 수 있는 방법을 찾아달라고 요청한다. 코칭 회기뿐만 아니라 다른 사람들과 어떤 종류의 대화에서도 가능하다. 이렇게 하면 다른 대안을 선호하여 오래된 습관을 버리고 몸짓을 더 쉽게 사용할 수 있도록 도와준다.

7단계: 수퍼바이지는 그 순간을 자신에게 의미 있지만 일상적인 맥락에서는 주의를 산만하게 하지 않는 더 작은 순간으로 조정해야 할 수 있다.

이 실험을 사용하는 방법

모든 게슈탈트 작업과 마찬가지로, 이것은 더 큰 알아차림을 만들어내기 위해 공동 창조된 실험이다.

5단계에서는 이 감각을 충분히 경험하기 위해 신체적 몸짓을 실제로 증가시키도록 수퍼바이지를 초대해야 할 수도 있다. 그 후에는 몸짓을 일상적인 동작으로 쉽게 통합할 수 있을 정도로 작게 만들어야 할 것이다.

주의 사항

항상 수퍼바이지에게 안내받는다. 판단하거나 당신의 관점을 강요하지 않는 것이 중요하다. 비록 당신이 그 상황이나 비슷한 상황에서 다른 선택을 했을지라도, 수퍼바이지가 선택한 동작은 당신의 수퍼바이지에게 적절한 동작이다.

이 실험의 용도로는 무엇이 있는가?

이 접근 방식은 위에서 설명한 대로 코칭 고객과 함께 사용할 수 있다.

몸짓을 사용하여 작업하는 또 다른 방법은 수퍼바이지가 특정한 생각이나 상황에 동반되는 신체적 몸짓이 있는지 알아차리도록 지원하는 것이다. 이런 의미에서, 당신은 신체 동작과 심리적 영향 사이의 동일한 연결고리를 사용하고 있지만, 차이점은 의도를 표현하는 것이 아니라 몸짓으로 직접 작업한다는 것이다. 예를 들어, 수퍼바이지가 특정 코칭 고객을 설명할 때마다 수직으로 자르는 동작을 사용하는 것을 알아차릴 수 있다. 몸짓을 재연하고 설명하는 사건이나 문구와 연결하면 그 몸짓의 감각적이고 심리적인 영향을 탐색하는 데 도움이 된다. 이 예에서 그들은 의도하지 않은 분노를 표현하는 비판적 정서나 패턴을 인식하게 된다. 몸짓에 주의를 기울이고 탐구하면 그 몸짓이 어떤 의미와 연관되어 있는지 알 수 있다. 자신의 몸짓에 관한 이러한 탐구는 고객의 반응을 이해하는 데에도 도움이 된다.

알아차림을 높인 후에는 위에서 설명한 7단계로 돌아가거나, 알아차림을 높임으로써 수퍼비전을 다른 방향으로 진행할 수 있다.

더 읽어보기

- Leary-Joyce, J. (2014) *The Fertile Void: Gestalt Coaching at Work*. St Albans: AoEC press, Ch. 7.

제4장
인간 중심적 접근 방식

저자: 린다 애스피 Linda Aspey[1]
역자: 이서우

이 철학은 어떻게 설명할 수 있는가?

심리치료사 칼 로저스 Carl Rogers(1902-1987)는 1940년대 후반에 인간 중심적 접근을 개발했다. 이는 사람은 독특하며 본질에서 자원이 풍부하며 통찰력이 있고 잠재력을 실현하기 위한 동기를 가진다는 철학을 기반으로 둔다. 명칭에서 알 수 있듯이, 그는 자신의 작업에서 사람을 중심에 두었다.

[1] **린다 애스피** Linda Aspey: 이 분야에서 30년 가까이 경력을 쌓은 임원 코치, 수퍼바이저, 치료사, 리더십 개발 전문가이다. Time to Think 코치, 퍼실리테이터, Thinking Partnership 교사 및 Time to Think 컨설턴트 자격을 가지고 있으며, Time to Think Global Faculty의 일원으로 활동하며 Thinking Environment™ 접근 방식을 가르치고 수퍼비전하며 자격을 부여하고 있다. 등록 및 공인된 상담사/심리치료사로, 2010년에는 영국 상담 및 심리치료협회(BACP)에서 봉사 활동을 한 공로로 재정을 보조받았고, 특히 BACP 코칭 부문 설립과 그 저널 「Coaching Today」 출판을 시작한 데 기여했다. 전략적 인사 관리 분야 석사학위를 가지고 있으며, 상담, 집단 및 개인의 통합적 수퍼비전, 스트레스 관리에 관한 자격증을 보유하고 있다. 2012년부터 2018년까지 New Entrepreneurs Foundation의 코칭 패널 의장을 맡았으며, Coaching at Work 잡지의 편집 위원회 구성원이며, East London 대학의 상담 및 코칭심리학 과정의 외부 평가자로 활동하고 있다.

이 긍정적, 낙천적, 인본주의적humanistic 접근 방식은 무의식적인 욕망과 힘이 우리를 통제한다고 믿었던 프로이트Freud(1856-1939)와 같은 초기 정신분석가들의 지배적인 생각과 대조적이었다. 로저스는 오토 랑크Otto Rank(1884-1939)의 영향을 많이 받았다. 랑크는 한때 프로이트의 열렬한 추종자였지만, 결정론적이고 분석적인 접근 방식을 거부하고 클라이언트와 치료사 간의 관계적 접근 방식을 선호했다.

이 철학의 기본 원리와 신념은 무엇인가?

1. 사람은 환자가 아니라 클라이언트이다.

그 시대와는 달리 로저스는 '환자' 대신 '클라이언트'라는 용어를 사용했다. 그는 치료를 찾는 사람들이 무력하거나 아프다고 보지 않았으며 오히려 개인적인 책임을 적극적으로 수행하며 이미 변화를 위해 노력하고 있다고 믿었다. 동정(연민)compassion은 그의 치료 중심이었으며, 남들이 보기에는 그들의 노력이 이해되지 않을지라도 사람들은 최선을 다하고 있다는 것이다. 그의 인간다움과 따뜻함은 당시 다른 주류 치료의 냉정한 중립detached neutrality과는 확연한 대조를 이루었고, 이는 여러 인본주의적 접근 방식humanistic approaches에 영감을 주었다.

2. 사람들은 자기-실현을 위한 내재적 동기를 가지고 있다.

로저스는 사람들이 '자기-실현self-actualise'에 대한 내재적 동기를 가지고 있다고 믿었다. 이 용어는 아브라함 매슬로우Abraham Maslow(Maslow, 1943)의 인간 동기론의 계층적 이론에서 처음으로 소개된 것으로, 우리는 생리적, 안전, 사랑 및 소속, 존경의 필요가 충족될 때만 잠재력을 실현하려고 시도할 수 있다는 것이다. 로저스는 '되어가는 것becoming'을 평생에 걸친 과정으로 보았으며, 이것은 어려운 상황에서도 모든 개인 안에 내재한 동기이다. 그는 지하실 창문에서 멀리 떨어진 바닥에 놓아두었던 저장된 감자에 대해 다음처럼 생생한 비유로 묘사하고 있다.

> 환경은 좋지 않았지만 봄에 땅속에서 올라오는 건강한 녹색 싹과는 달리 감자는 옅고 하얀 싹을 틔우기 시작했다. 그러나 이 애처롭고 가느다란 싹들은 멀리 창문을 통해 들어오는 빛을 향해 키가 2피트 또는 3피트씩 자라곤 했다. 기괴하고 헛되게 자라던 새싹들은, 내가 지금까지 설명해 온 지향적 성향directional tendency[2])을 필사적으로 표현하고 있었다. 새싹들은 결코 식물(나무)이 될 수도, 성숙할 수도, 본래 가지고 있던 진정한 잠재력을 발휘할 수도 없었다. 그렇지만 가장 불리한 상황 속에서도 새싹들은 식물이 되기become 위해 분투했다. 생명은 번성할 수 없더라도 포기하지 않는다.
> (Rogers, 1980, p.118)

로저스는 치료사therapists가 그 질병을 분석, 진단 또는 치료하는 전문가여야 한다는 생각을 거부했다. 그는 오히려 사람들이 불리한 조건에 영향을 받아 자신의 성격과 행동을 발전시켜 왔다면, 유리한 조건에서도 긍정적인 변화를 이룰 수 있다고 느꼈다. 사람들은 자기 자신에 대한 최고의 전문가이며, 그 전문성이 펼쳐지기 위해서 비지시적non-directive 접근이 필수적이라고 믿었다.

코치들은 이를 코칭수퍼비전에 적용하여 전문적이고 개인적인 성장을 원한다. 그들 역시 빛을 향해 나아가고 있다. 예를 들어, 만약 수퍼바이저가 보기에 수퍼바이지의 개입이 이상해 보인다면, 수퍼바이저는 오류를 지적하는 대신 수퍼바이지

---

2) 지향적 성향directional tendency: 모든 유기체 안에는 고유의 잠재력을 적극적으로 실현하고자 하는 성장의 흐름이 내재하여 있는데, 인간 안에는 더 복잡하고 완전한 발달을 향하는 자연적인 성향이 있다. 이에 대해 가장 자주 사용된 용어가 실현 성향actualizing tendency인데, 이것은 모든 살아있는 유기체 안에 존재한다. 실현 성향은 선택적인 지향적 성향directional tendency이다. 또한 형성 성향formative tendency은 우주 안에서 전반적으로 볼 수 있는 성향으로 개인에서 집단에 이르기까지 모든 종류의 유기체적 생명 과정에 적용되는데, 실현 성향과 형성 성향 두 가지가 합쳐져서 사람 중심 접근법의 기초를 이루고 있다. 『사람 중심 상담』, 2007, 학지사. – 역자 편집

에게 무엇을 목표로 했는지 고려하도록 초대하여 두 사람 모두 그 행동의 이면에 있는 의도를 이해하게 할 수 있다.

3. 치료사의 역할은 고객이 변화하고 성장할 수 있는 유리한 조건을 만들어내는 것이다.

로저스는 개인이 심리 치료적 변화나 건설적인 성격 변화를 위한 방대한 자원을 가지고 있다고 믿었다. 이러한 변화에는 '더 큰 통합, 더 적은 내적 갈등, 효과적인 삶을 위해 활용할 수 있는 더 많은 에너지, 일반적으로 미성숙하다고 여겨지는 행동에서 벗어나 성숙하다고 여겨지는 행동으로의 변화'가 포함될 수 있다(Rogers, 1957, p.95). 이 자원은 '촉진적인 심리 태도가 제공될 수 있는 명확한 분위기'가 제공되면 가장 잘 활용할 수 있다(인용문). 로저스는 '의미 있는 긍정적 성격 변화는 관계에서만 일어난다'라는 가설을 세우고, 이러한 변화가 일어나기 위한 여섯 가지 '필요충분' 조건을 제안했다. 참고: 로저스의 연구에 대한 기존 문헌 가운데 많은 부분은 공감empathy, 일치성congruence 및 조건 없는 긍정적 존중unconditional positive regard을 세 가지 핵심 조건으로 여기지만, 이 용어는 그의 것이 아니라 1970년대/1980년대에 영국의 개인 중심적 운동에서 채택된 것이다. 여기에는 인간 중심 수퍼바이저와 수퍼바이지 사이의 의도된 관계를 반영하도록 조정된 여섯 가지가 모두 포함되는데 내용은 다음과 같다.

1. 그들 사이의 심리적 '접촉', 즉 양쪽이 현존present하며 상대와의 관계를 통해 서로를 인식
2. 수퍼바이지가 자신의 감정이나 행동과 그래야 한다should는 생각 사이에서 갈등이 있을 때, 특히 다른 사람들이 자신을 실제로 어떻게 인식할지에 대한 우려가 있을 때 생기는 코치 불일치
3. 수퍼바이저가 실제적이고 인간적이며 투명하며 수퍼바이지에 대한 자신의 감정을 수용하고 이를 관계에서 적절하게 표현하는 수퍼바이저의 일치성

congruence 또는 진실성genuineness.

4. 수퍼바이저가 수퍼바이지를 어떤 조건이나 판단 없이 완전히 받아들이며 그들이 최선을 다하고 성공하길 원한다고 인식하는 수퍼바이저의 조건 없는 긍정적 존중

5. 수퍼바이저가 수퍼바이지의 내면 세계를 깊이 이해하여 그들과 여정을 공유하고자 하는 수퍼바이저의 공감적 이해

6. 수퍼바이저를 진실되고 이해심 깊은 존재로 여기며 그들에게 가치의 조건을 강요하지 않는다고 여기는 코치의 인식

로저스는 이러한 조건들이 필연적으로 잠재력을 향한 움직임이나 변화를 불러올 것이라고 믿었으며, 자기-실현을 위해 지속해서 노력하는 사람들은 '충분히 기능하는fully-functioning' 사람이 될 수 있다고 했다(Rogers, 1963, p.17). 이것은 일치하고 현재에 살며, 경험에 열려 있으며, 다른 사람들과 조화롭게 살 수 있으며, 유연한 자기 개념, 조건 없는 자기 존중, 그리고 자존감과 자신감을 가지고 자기 잠재력을 충분히 발휘할 수 있는 상태를 의미했다.

이 철학의 맥락에서 코칭(코치) 수퍼바이저의 역할은 무엇인가?

수퍼바이저는 수퍼바이지의 고유한 자원을 존중하는 방식으로 수퍼비전의 주요 기능에 주의를 기울여야 한다. '우리가 함께하는 이 시간에 무엇을 하고 싶나요?'와 같은 개방적인 초대로 회기를 시작하면, 수퍼바이저가 아닌 수퍼바이지가 회기를 주도한다는 신호가 된다. 그리고 나서 그들은 수퍼바이지가 자신의 내재한 지식에 접근하고 성장할 수 있는 조건을 제공하는 데 중점을 둔다. 로저스의 스타일은 분석하거나 가설을 제시(당시 유행했던 것처럼)하기보다는 진실해지고자 하는 그의 열망에 따라

비교적 대화적이었고, 클라이언트에게 들은 것을 되돌려주거나 통찰을 불러일으키는 질문을 했다. 인간 중심 수퍼바이저도 마찬가지이다. 수퍼바이저가 자원 확보 또는 학습 목적으로 지식을 공유하거나 수퍼바이지가 비윤리적 선택을 하지 않도록 유도한다면, 그것은 그들을 본질에서 자원이 있는 존재로 다루는 것이 아니다. 수퍼바이저는 수퍼바이지가 '되어가는' 상태라는 인식을 유지하면 그들을 '틀렸다'거나 자원이 부족한 사람으로 볼 가능성이 줄어든다.

그러므로 만약 수퍼바이저가 수퍼바이지의 작업에 대해 불안하거나 불편함을 느낀다면 다음과 같이 적절하게 공유할 것이다.

"저는 당신과 함께 탐구하고 싶은 관찰과 질문이 있습니다. 방금 당신이 클라이언트에 대한 반응을 전달할 때 나는 혼란과 우려의 감정을 느꼈어요. 그리고 당신의 클라이언트가 어떤 감정을 느낄지 궁금했어요. 어떤 생각을 하고 있나요?"

이것은 판단이 담긴 것이 아니라, 감정을 공유하는 데 있어 일치하고 진솔하려는 것이다.

수퍼바이지가 이에 어떻게 반응할지는 맥락에 따라 다를 수 있다. 초대와 탐구로 받아들일 수도 있고, 도전으로 받아들일 수도 있다. 아마도 그룹 수퍼비전 중에 이런 질문을 받으면 도전으로 받아들이는 경우가 더 많을 것이다. 에드몬슨Edmonson(1999)은 '심리적 안전감', 즉 자기 이미지, 지위 또는 경력에 대한 부정적인 결과를 두려워하지 않고 자신을 표현하고 활용할 수 있는 환경(Kahn, 1990, p.708)에서 팀 성과가 더 높다는 사실을 발견했다. 이러한 환경에서 사람들은 실수하거나, 모르거나 이해하지 못하거나, 동의하지 않는 것이 안전하다고 믿었다. 그녀는 이것이 배움의 핵심이라고 믿었고, 사람들이 존재하고 표현하는 데 있어서 편안한 분위기를 만드는 것의 중요성을 강조했다. 이것은 개인과 그룹 수퍼비전에 동일하게 적용된다고 가정할 수 있다.

수퍼바이저가 안전한 환경을 조성하면 수퍼바이지는 위험을 감수할 수 있는 새로운 용기를 얻는다. 그러한 안전감이 없으면 두려움, 무지, 부적절함 또는 취약성에 대한 감정을 자극해서 그들의 잠재력 발휘 능력을 방해할 수 있다. 수퍼바이저가 우려 사항을 적절하게 공유하는 것은 역동 안에 여전히 우려 사항이 있지만 아무 말도 하지 않을 때보다 수퍼바이지가 통찰력을 얻을 가능성이 더 높다.

이 접근 방식을 따라 작업하려면 어떤 준비를 해야 하는가?

인간 중심적 접근 방식은 존재의 방식, 또는 일련의 태도이지 기술의 집합이 아니다. 수퍼바이저의 준비에는 수퍼바이지가 적극적인 역할을 할 수 있는 적절한 조건을 제공하기 위해 자신이 무엇을 하거나 하지 않을지, 또는 어떤 존재인지를 고려하는 것이 포함될 수 있다.

수퍼바이저는 수퍼바이지가 불확실성 속으로 들어가서 통찰과 배움이 일어나게 해야 한다. 이는 우리가 전문가가 되고자 하는 욕구를 내려놓고 그 대신에 수퍼바이지가 전문가가 되거나 전문가로 성장할 수 있도록 뒤로 물러나는 것을 의미한다. 이 아이디어는 저자가 블로그 게시물에서 탐구한 것이다(Aspey, 2016).

인간 중심적 수퍼비전 작업에서 수퍼바이지의 여정에 따뜻한 자양분과 안전한 그릇을 제공하는 것은 관계라고 할 수 있다. 최상의 관계를 만들기 위한 의도를 설정할 때 수퍼바이저는 유명한 '글로리아' 테이프(1965년)에서 로저스가 했던 질문과 비슷한 질문을 다음과 같이 스스로에게 던질 수 있다.

Q. 나는 진실하고 진정성 있고 일치할 수 있을까?
Q. 내 수퍼비전 철학을 어떻게 공유하여 수퍼바이지가 언제든지 상황을 이해하고 회기에서 리드하게 할 것인가?
Q. 그들에게 강요하지 않고 내 감정을 어떻게 표현할 것인가?

- Q. 조건 없는 긍정적 존중이라는 것은 어떤 의미이며, 어떻게 전달하여 수퍼바이지가 인식하고 믿을 수 있게 할 것인가?
- Q. 나는 그들을 분석하거나 어떤 식으로든 불완전한 존재로 대하지 않고, 그들의 내면세계를 이해할 수 있을 정도로 충분히 오랫동안 내 질문과 아이디어를 제쳐놓을 수 있을까?

만약 수퍼바이저가 일치감을 느끼지 않는다면, 이것은 그들의 반응과 말, 어조^{tone} 또는 신체 언어로 전달하는 내용에 영향을 미칠 수 있으며 이는 수퍼바이지가 반응하고 마음을 열고 연결하는 방식에 영향을 미칠 수 있다. 그러나 이것 자체가 좋은 작업을 하는 데 장애물이 될 필요는 없다. 수퍼바이저와 수퍼바이지 둘 다 '되어 가는' 상태에 있다는 것을 마음에 담을 수 있을 때, 우리는 완전해야 한다는 불안에서 좀 더 벗어날 수 있다. 그 대신 우리는 함께 불완전하다는 것이 무엇을 의미하는지 탐험하는 영역으로 들어간다.

만약 수퍼바이저가 그들의 연습, 기술, 이론이라는 도구상자를 제쳐두고 이런 식으로 스스로 준비할 수 있다면, 그들은 이 독특하고, 본질에서 자원이 풍부하며 긍정적인 동기를 가진 사람, 즉 수퍼바이지와 함께 일할 수 있는 훌륭한 토대를 제공할 수 있다.

이 접근 방식이 수퍼바이지에게 특히 유용할 수 있는 방법은 무엇인가?

좋은 계약은 필수적이다. 수퍼바이지와 수퍼바이저는 모두 가능성, 공동 창조, 그리고 잠재적으로 불확실성이 가득한 영역으로 기꺼이 발을 내디딜 용의가 있어야 한다. 이전에 더 지시적이거나 구조화된 접근 방식을 경험한 수퍼바이지에게는 이러한 방식이 반가울 수도 있고 불쾌할 수도 있다. 이런 식으로 참여하는 것이 안도감을 줄 수도 있고, 그렇게 노출되어 생각, 반응, 의견, 행동을 공유하도록 초대받는 것이 위험하다고 느낄 수도 있다.

수퍼바이지에게서 일어나는 어떤 움직임이나 변화change는 치료적 변화change가 아니라 성장과 유사하고 성장을 알리는 신호일 수 있다. 이것은 새로운 배움으로 이어지는 통찰력이 될 수 있다. 이는 수퍼바이지의 내면 세계에 변화change를 가져올 수 있다(예: 더 정확한 자기 개념 또는 판단에 대한 더 많은 자신감). 또는 코칭 고객에게 반응하는 방식에서 변화change가 일어날 수도 있다(예: 경계 관리, 고객에게 진실하고 진정성 있는 태도 등). 이 작업은 개인 자신으로부터 시작되기 때문에, 이러한 전환shifts[3]은 코치가 퍼실리테이션, 트레이닝, 컨설팅 등 다른 개발 작업을 할 때도 동일하게 유용할 수 있다. 실제로 수퍼비전 회기에서 일어나는 모든 일은 코치가 고객과 상호작용하는 방식에 평행적parallel으로 적용할 수 있다.

인간 중심적 접근을 사용하기 전에 고려해야 할 다른 것은 무엇인가?

이런 작업 방식을 경험한 수퍼바이지는 고객이 자신만의 빛, 자신만의 잠재력을 향해 노력하는 데 도움을 줄 좋은 위치에 있게 된다. 이것은 상호적인 과정이다. 누군가가 되어가는 과정을 돕는 동안 우리 또한 좀 더 자신이 되어간다.

---

3) [역자] change와 shift: change는 어떤 것이 이전 상태에서 다른 상태로의 변화를 나타내며, shift는 주로 어떤 것이 위치하던 상태에서 다른 위치로 옮겨가는 것을 의미한다. 위 문장에서 shift는 이 작업에서 일어난 변화change로 인한 수퍼바이지의 관점이나 태도의 전환을 나타내는 것으로 보인다.

참고 문헌

- Aspey, L. (2016) *Coaching Supervision: Who is the Expert in the Room?* [blog] Available at: www.aspey.com/blog-posts/coaching-supervision-who-is-the-expert-in-the-room [Accessed 6 August 19].
- Edmonson, A. (1999) Psychological Safety and Learning Behavior in Work Teams. *Administrative Science Quarterly*, 44(2), pp. 350-383.
- Kahn, W.A. (1990) Psychological Conditions of Personal Engagement and Disengagement at Work. *Academy of Management Journal*, 33(4), pp. 692-724.
- Maslow, A.H. (1943) A Theory of Human Motivation. *Psychological Review*, 50(4), pp. 370-396.
- Rogers, C.R. (1957) The Necessary and Sufficient Conditions of Therapeutic Personality. *Journal of Consulting Psychology*, 21, pp. 95-103.
- Rogers, C.R. (1963) The Concept of the Fully Functioning Person. *Psychotherapy: Theory, Research & Practice*, 1(1), pp. 17-26.
- Rogers, C.R. (1980) *A Way of Being*. Boston: Houghton Mifflin.

더 읽어보기

- Rogers, C.R. (1961) *On Becoming a Person*. Boston: Houghton Mifflin.

자료 찾기

- Rogers, C. (1965) [film] Directed by Everett. L. Shostrom. *Three Approaches to Psychotherapy, Part I.* (aka The Gloria Tapes) California: Psychological and Educational Films. Available at: www.youtube.com/watch?v=24d-FEptYj8 [Accessed 21 October 2019].

54. 일치성 탐험하기 Exploring congruence

미셸 루카스 Michelle Lucas[4]

어디에서 사용할 수 있는가?				일반적 수준의 수퍼바이지 경험 필요
전문적 일대일 수퍼비전	전문적 그룹 수퍼비전			경험이 많은 수퍼바이지들만 해당

언제 사용하는가?

이 탐구enquiry는 수퍼바이저가 수퍼바이지의 고객 작업에 대한 설명을 듣는 동안 지속적인 신체적 불편함을 인지할 때 제공될 가능성이 크다. 이것은 수퍼바이지가 그들이 지지하는 코칭 접근 방식이나 코칭 모델을 어떻게 실연enact하는지를 탐구하기 위한 규범적 토론을 촉발하는 의도를 가지고 있다.

이 탐구enquiry는 무엇인가?

수퍼바이저는 자신의 불편함을 드러내어(프렉티셔너 일치성)을 수퍼바이지가 자신의 모델과 실천 사이의 불일치 가능성에 대한 알아차림을 높이도록 한다(작업 일치성).

1단계: 불편한 감각을 인식하게 한다.
　　　　수퍼바이저는 비지시적인 입장을 유지하면서 수퍼바이지에게 토론의 이전

---

4) 편집자 소개 참조

부분으로 '되돌아가기rewind' 위해 잠시 멈추도록 초대한다. 예를 들면 다음과 같다.

잠시 멈춰도 될까요? 당신이 XXX에 대해 이야기할 때 뭔가가 내 배를 잡아당기는 듯한 감각을 인지notice했는데, 이것은 시스템에서 놓친 부분이 있을 때 자주 나에게 나타나는 신호입니다. 우리의 인식으로 떠오르는 다른 것이 있는지 확인하기 위해 다시 방문해 보는 건 어떨까요?

2단계: 더 세부적인 검토로 초대한다.

일단 수퍼바이저와 수퍼바이지 둘 다 그 순간을 포착하고 위치를 파악하면 수퍼바이저는 다음과 같은 부드러운 질문을 던진다.

- XXX가 어떻게 발생했는지에 대해 당신이 감지sense하는 것은 무엇인가요?
- 그때 당신이 인식한 것은 무엇인가요? 그것에 대해 주의를 기울였을 수도 있고 아닐 수도 있습니다.

3단계: 실천과 코칭 접근 방식이 어떻게 연결되는지 고려한다.

역설적이게도 수퍼바이지의 코칭 접근 방식을 알 필요는 없다. 사실, 알게 되면 수퍼바이저는 더 의심하는 입장으로 끌릴 수 있다. 따라서 다음과 같이 진정한 발견의 위치에서 질문을 던진다.

- 당신의 작업 방식에 대해 고객에게 말하는 내용을 탐구해 볼 수 있을까요?
- 코칭 접근 방식의 어떤 측면이 그 순간 가장 큰 영향을 받았다고 생각하시나요?
- 어떤 부분에 주의를 기울이지 않았을까요?
- 작업이 그런 식으로 전개된 이유에 대해 당신이 감지sense하는 것은 무엇인가요?
- 그날의 작업에 대해 스스로 이야기하는 것을 들으면서, 지금 당신의 코칭 모델을 어떻게 설명할 수 있을까요?

4단계: 새로운 균형equilibrium**이 나타나도록 허용한다.**

대부분 경험이 풍부한 수퍼바이지들은 이러한 유형의 질문을 통해 조정(적응)adjustment의 필요성을 인식하게 될 것이다. 더 직접적인 주의가 필요한 윤리적인 문제가 아니라면, 독립적으로 충분히 성찰할 수 있는 공간을 허용한다.

이 탐구를 사용하는 방법

이 탐구 방법으로 작업할 때, 수퍼바이지에게 최대한의 존중을 표현해야 한다. 당신은 그 순간에 그 방에 있지 않았다는 걸 기억하라. 수퍼바이지를 존경하고 그들이 좋은 의도로 최선을 다하고 있다는 것을 신뢰하라. 이런 태도를 기본으로 하면, 질문은 부드럽게 구성되어 수퍼바이저를 미약한 실천, 진단 또는 문제 해결을 강조하는 것이 아니라, 더 깊은 이해를 촉진하려는 사람으로 경험하게 돕는다.

불일치가 확인되면, 수퍼바이지에게는 그들이 어떻게 일하길 원하고 실제로 어떻게 효과적으로 작업하는지에 대한 고민이 뒤따를 수 있다. 많은 코치가 '순수하고 비지시적'으로 되기를 바라지만 실제로는 고객에게 코칭, 멘토링 및 컨설팅을 효과적으로 혼합하여 제공한다. 이 탐구를 통해 우리는 수퍼바이지가 고객에게 가치를 제공하는 방법에 대해 더 정확하고 명확하게 이해하도록 돕는다. 물론 수퍼바이저는 수퍼바이지의 고객에 대한 의무duty가 있지만(고객은 약속한 것을 받고 있는가?), 그러나 더불어 코칭 전문가로서 의무도 있다(코치들이 자신이 하는 일을 제대로 설명하고 있는가?).

그 밖에 주목해야 할 사항은 무엇인가?

일관성consistency을 확인하기 위해 수퍼바이지는 코칭 접근 방식을 어떻게 명확히 할 것인지를 고려해야 한다. 아직 하지 않았다면 수퍼비전 작업의 일부로 개발될 수 있다(수퍼비전에서 다룰 수 있다).

주의 사항

작업 방식을 바꿀change the way지 아니면 작업 방식에 대해 말하는 것을 바꿀change what they say지는 수퍼바이지가 결정한다. 수퍼바이저의 역할은 차이를 강조하는 것(합의된 경우, 일관성을 높이도록 수퍼바이지에게 책임을 지우는 것)이지 변경해야 할 사항을 지시하는 것이 아니다.

이 탐구의 다른 용도로는 무엇이 있는가?

이것은 개인 리더십 브랜드를 개발하고 새로운 업무 방식이 어떻게 녹아들어서 자리 잡게 할 수embedding 있을지 검토하고자 하는 코칭 고객과 작업하는 경우에 적용할 수 있다.

더 읽어보기

- Counselling Training Liverpool. (2015) *Being Congruent – What Does It Mean?* [online] 23 November. Available at: www.counsellingtrainingliverpool.org.uk/blog/being-congruent-what-does-it-mean# [Accessed 7 September 2019].

~~~~~

55. 수퍼바이지 주도 수퍼비전 supervisee-led supervision

루이스 셰퍼드 Louise Sheppard[5]

언제 사용하는가?

수퍼바이지가 주도하는 수퍼비전은 코칭수퍼비전 전반에 걸쳐 사용될 수 있는 전략이다. 수퍼바이저들은 수퍼바이지 주도 수퍼비전을 할 때, 수퍼바이지의 개인적인 선호도에 적응adapt, 조정accommodate, 조율attune하여 수퍼바이지의 배움을 극대화하는 데 중점을 둔다. 수퍼바이지는 이를 통해 수퍼비전에 대한 소유권을 갖고 배움에 완전히 참여하게 된다.

이 접근 방식은 무엇인가?

수퍼바이지 주도 수퍼비전은 마이클 캐롤Michael Carroll(2014)이 소개하고 셰퍼드

---

[5] **루이스 셰퍼드**Louise Sheppard 박사는 20년 넘게 코칭을 해왔으며 전 세계적으로 50개가 넘는 조직과 협력해 왔다. 코칭수퍼바이저로서 루이스는 개인과 그룹 단위로 내부 및 외부 코치와 협력한다. 그녀는 전문 경영자 코칭 및 수퍼비전 협회(APECS)의 공인 코치이자 코칭수퍼바이저이다. 루이스는 코칭 및 멘토링 전문 박사학위를 보유하고 있으며 코칭수퍼비전에서 수퍼바이저 관점에 대한 연구를 진행했다. 그녀는 최고의 코치가 될 수 있도록 수퍼바이지 주도의 수퍼비전을 장려하는 데 중점을 둔다. 루이스는 콘퍼런스에서 연구 결과를 발표하고 코칭수퍼비전에 관한 기사와 저술들을 작성하여 코칭 커뮤니티와 결과를 공유한다.
연락처: louisesheppard1@btinternet.com

Sheppard(2016)가 발전시킨 개념이다. 셰퍼드는 수퍼바이지가 수퍼비전 중에 어떤 행동이 도움이 되고 어떤 것이 방해가 되는지를 연구했다. 그녀는 수퍼바이지가 수퍼비전 프로세스에서 최대한 활용할 수 있는 구조-틀을 만들었으며([그림 4.1] 참조), 그 사용에 대한 지침도 마련했다.

이 구조-틀은 수퍼비전에서 적극적인 참여자가 되기를 원하는 수퍼바이지를 위해 특별히 설계되었다. 따라서 '수퍼바이지 주도 수퍼비전'은 내부 원의 핵심에 위치한다.

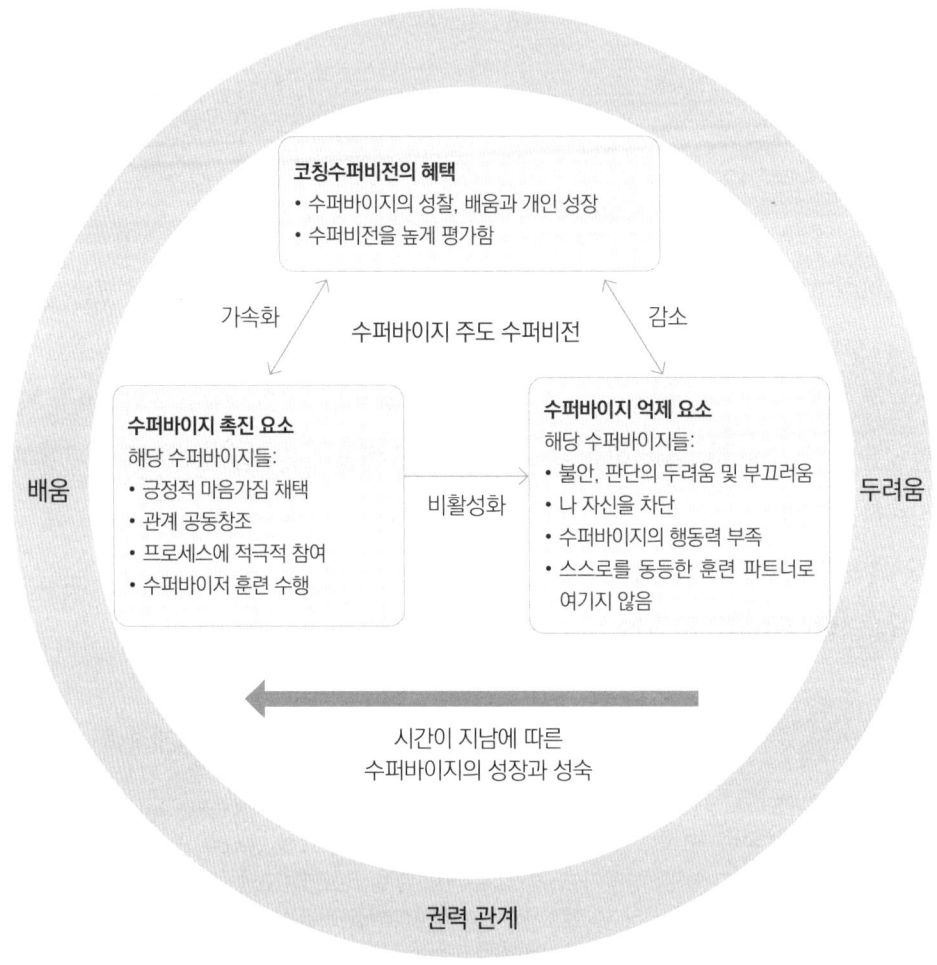

[그림 4.1] 셰퍼드Sheppard(2016)의 수퍼바이지 주도 수퍼비전 구조-틀

구조-틀의 바깥쪽 원은 코칭수퍼비전에 영향을 미칠 수 있는 기저 메커니즘, 즉 배움에 대한 자연스러운 열망, 권력의 관계 및 두려움을 묘사한다. 내부 원 안에는 코칭수퍼비전의 혜택과 수퍼바이지가 수퍼비전 경험을 촉진하거나 억제하기 위해 할 수 있는 일들이 포함되어 있다. 상자 사이의 작은 화살표는 수퍼비전 혜택을 보여주는데, 이것은 수퍼바이지가 수퍼비전을 촉진하고자 하는 열망을 가속화하고, 자기 방식대로 하면서 수퍼비전을 억제하려는 경향을 감소시키는 것을 보여준다. 더 큰 화살표는 시간이 지남에 따른 수퍼바이지의 성장과 성숙화를 나타낸다.

1단계: 수퍼비전 관계를 양측이 공동으로 창출하려면 다음과 같은 내용을 논의해야 한다.
- 각자의 역할과 책임에 대해 어떤 가정과 신념을 가졌는지
- 권력 관계를 인식하고 수평적 파트너십을 구축하는 방법
- 코칭수퍼비전에서 두려움의 영향을 최소화하는 방법
- 수퍼바이지가 코치로서 성장하는 과정 중 어느 단계에 있는지 그리고 그것이 작업에 어떤 영향을 미칠 수 있는지
- 수퍼바이지의 준비가 회기에서 최대한의 이점을 얻을 수 있도록 어떻게 도울 수 있는지
- 수퍼비전 관계와 효과를 검토하는 방법

2단계: 각 회기를 시작할 때, 양측은 다음을 수행한다.
- 수퍼바이지의 요구에 초점을 맞추고 지난 회기 이후 일어난 성찰을 수집한다.
- 회기의 초점 및 원하는 결과를 식별Identify한다.

3단계: 수퍼비전 중에 수퍼바이저는 개방적이며 성인 대 성인 소통방식의 롤모델이 될 수 있는 기회를 얻는다. 양측은 다음을 수행한다.
- 안전한 공간을 조성하고 불안과 두려움을 인정하여 취약성vulnerable을 나타낼 수 있도록 한다.

- 수퍼비전을 협력적인 탐구로 간주하고 권력의 역동dynamics에 대해 투명하게 소통한다.
- 자신들의 경험을 공개하고 그들의 생각과 배움을 공유한다.
- 회기를 어떻게 경험했는지를 검토하며 미래에 무엇을 다르게 할 수 있는지를 확인한다. 이는 무엇이 도움이 되었는지와 앞으로 무엇을 다르게 할 수 있는지에 대한 평가를 포함한다.

4단계: 정기적으로 양측은 다음을 검토한다.
- 수퍼비전의 효과를 검토하고, 수퍼바이지의 수퍼비전 요구사항이 어떻게 발전하고 있는지, 그에 따라 회기가 어떻게 달라질 수 있는지를 확인한다.
- 수퍼바이지가 수퍼바이저보다 더 성장했는지 그리고/또는 대안적인 관점에서 이점을 얻을 수 있는지 탐구한다.

이 접근 방식을 사용하는 방법

이 구조-틀은 수퍼비전 회기를 진행하는 완벽한 안내서가 아니라, 수퍼바이지 주도 중심의 접근 방식을 채택하기 위한 체크리스트로 의도되었다. 수퍼바이지 주도 중심의 수퍼바이저는 약속을 잡는 것에서 작업 탐색에 이르기까지 관계의 모든 측면에서 협업의 분위기를 설정할 것이다.

그 밖에 주목해야 할 사항은 무엇인가?

수퍼바이지 주도 수퍼비전을 사용한다고 해서 수퍼바이저가 자기 역할의 규범적인 부분을 충족하고 윤리적 문제를 제기하는 데 제한을 받지는 않는다. 이 접근 방식은 성인 대 성인의 소통 방식이 필요하며, 이로써 인식, 대안, 그리고 잠재적 결과의 차이에 대해 개방적이고 정직한 대화를 가능하게 한다.

주의 사항

수퍼바이지 주도 수퍼비전을 사용하는 것은 양측에 높은 수준의 자기 인식과 용기가 필요한 도전적인 과제이다. 예를 들어, 수퍼바이저가 너무 '전문가'적인 태도로 지나치게 많은 권한을 행사하는 경우, 수퍼바이지가 그들의 권한에 개입하여 이를 지적하는 것이 중요하다.

이 접근 방식의 다른 용도로는 무엇이 있는가?

수퍼바이지 주도 수퍼비전은 워크숍, 웨비나 및 코칭수퍼비전에서 최대한의 이점을 얻는 방법에 대한 지침으로 활용될 수 있다. 또한, 현재의 수퍼비전 모델이 주로 수퍼바이저 관점에 기반을 두고 있으므로 수퍼바이저 훈련 프로그램에도 유용하다.

수퍼바이지 주도 수퍼비전의 원칙은 코치-고객의 맥락에서도 적용될 수 있다. 고객과 계약을 통해 불안과 두려움, 권력의 역동에 대한 영향을 최소화하고 배움을 극대화하는 방법에 대해 협의할 수 있다.

참고 문헌

- Carroll, M. (2014) *Effective Supervision for the Helping Professions*. London: Sage.
- Sheppard, L. (2016) *How Coaching Supervisees Help and Hinder Their Supervision: A Grounded Theory Study*, PHD, Oxford Brookes University.

제5장
코칭수퍼비전을 위한 긍정심리학적 접근

저자: 카멜리나 로튼-스미스Carmelina Lawton-Smith[1]
역자: 김현주

이 철학은 어떻게 설명할 수 있는가?

'긍정심리학positive psychology'이라는 용어는 1998년 심리학이 인간의 역기능과 고통에 관한 연구에 몰두한 것으로 보인다고 관찰한 미국 심리학회 회장인 마틴 셀리그먼Martin Seligman에 의해 만들어졌다. 수년 동안 심리학자들은 정신이 어떻게 작동하는지 알아내기 위해 정신 질환mental illness과 인지 기능 장애cognitive malfunctions를 연구해 왔다. 어떤 이들은 이렇게 반문했다. 행복한 결혼 생활의 비밀을 배우려고 최근

---

[1] 카멜리나 로튼-스미스Carmelina Lawton-Smith: 코칭 및 개발 전문가로, 개인 진료와 옥스퍼드 브룩스 대학교 경영대학원의 컨설팅 역할을 겸하고 있다. 그녀는 일대일 임원코칭과 함께 경영 및 리더십 개발을 전문으로 한다. 그녀의 최근 연구 관심사는 리더십 회복탄력성과 코칭 역량 평가에 초점을 맞추고 있다. 옥스퍼드 브룩스 대학교의 코칭 및 멘토링 연구 국제 센터의 일원으로 코치들을 위한 수퍼비전 및 마스터 클래스를 제공하고 있다. 코칭 및 멘토링 실무 석사 및 전문 박사 과정의 교수진을 지원하고 있고, 영국 심리학 협회British Psychological Society와 코칭 협회Association for Coaching의 회원이다. 정기적으로 글을 쓰고 있으며, 국제 증거 기반 코칭 저널의 편집위원이자 국제 스트레스 예방 및 웰빙 저널의 컨설팅 편집위원이다. 여러 컨퍼런스에서 발표했으며 옥스퍼드 브룩스 대학교 수퍼비전 컨퍼런스 학술위원회 위원으로 활동하고 있다.

에 이혼한 부부에게 물어보지는 않을 텐데, 우리는 왜 정신 질환의 숲 사이에서 인간 기능의 비밀을 찾으려 하는가? 분명 우리는 더 높은 인간 기능의 비밀을 알아내기 위해 인생에서 번창하는thriving 사람들을 연구할 필요가 있다. 그래서 심리학 연구에 대한 더 긍정적인 관점을 취하는 데 관심을 두기 시작했다. 연구자들은 무엇이 사람들의 회복탄력성resilience을 돕고 행복한 삶을 만드는지, 어떻게 낙관주의optimism와 웰빙을 증진할 수 있는지와 같은 질문을 하기 시작했다. 셀리그먼과 칙센트미하이Csikszentmihalyi(2000)는 긍정심리학을 '개인과 공동체가 성장할 수 있는 요소들을 발견하고 촉진하는 것을 목표로 하는 최적의 인간 기능에 관한 과학적 연구'로 설명한다. 이렇게 최적의 기능에 초점을 맞춰 코칭과의 명확한 시너지를 보여주고 코칭 공동체가 관심을 두게 한다.

이 철학의 기본 원칙과 신념은 무엇인가?

이 접근 방식을 뒷받침하는 세 가지 핵심 원칙이 있다.

1. 강점 기반 개발 접근 방식

프랙티셔너로서 우리는 심리학자들과 같은 함정에 빠지곤 한다. 우리는 때때로 수정해야 할 약점에 초점을 맞춘 차이gap를 분석하는 것으로 개발을 취급한다. 조직 검토 과정에서 사람들은 잘하는 것은 간과하고 부족한 부분을 어떻게 수정할 것인지 초점을 맞추는 것이 일반적이다. 코치 역시 고객에게 해결하고자 하는 '이슈'에 대해 질문함으로써 동일한 패턴에 빠지게 된다. 이는 수퍼비전에서도 흔히 반영된다. 수퍼바이지는 현재 직면하고 있거나 자신이 겪고 있는 문제를 해결하고자 하는 과제를 가지고 오는 경향이 있다.

긍정심리학은 좋은 점을 파악하고 이를 바탕으로 발전할 수 있는 것을 찾는다는 점에서 다른 출발점을 취한다. 특히 '강점' 운동은 우리가 이미 가진 강점에 집중하고 이를 더 효과적으로 활용하여 다른 영역의 잠재적 한계를 극복함으로써 얼마든지 배우고 발전할 수 있다고 주장하며 등장했다. 예를 들어, 뛰어난 대인관계 기술을 가진 사람은 부족한 창의성을 계발하기 위해 이를 활용할 수 있다. 그들은 창의적인 문제 해결에 관한 책을 읽는 것보다 사람들을 문제 해결 그룹으로 모아 창의적인 아이디어를 창출하는 것을 돕는 것이 더 효과적인 전략이라고 생각할 것이다. 이 주장의 논리는 자신이 부적절하다고 느끼는 어려운 일을 계속하는 것은 자극도 동기부여도 되지 않는다는 사실에 근거를 둔다. 반면, 타고난 강점을 적용하는 것은 더 진정성 있고 자연스럽게 느껴지며, 에너지를 불러일으키고, 해당 영역에 타고난 역량을 가지고 있기에 성공할 가능성이 더 크다. 이는 긍정적인 정서를 불러일으켜서 좋은 방향으로 활용이 가능하다.

2. 긍정적 정서의 이점 활용

긍정적인 정서가 특정 호르몬 반응과 상관관계가 있다는 것은 오랫동안 알려져 왔다. 예를 들어, 옥시토신은 촉각에 반응하여 분비되며 신뢰의 신호를 보내고, 세로토닌은 인정이나 자신감^{confidence}을 느끼는 것과 관련 있다. 그렇지만 이러한 긍정적 정서의 광범위한 목적은 오랫동안 연구자들을 혼란스럽게 했다. 부정적 정서는 분명 생존에 도움이 되며, 두려움을 느낄 때 신체는 생리학적으로 싸움이나 도피에 대비한다. 정서 연구자들은 일반적으로 모든 정서 반응이 '행동 경향성'과 연결되어 있어 생존 행동을 효과적으로 유발한다고 가정했다. 반면에 긍정적 정서는 아무것도 하지 않으려는 욕구를 불러일으키는 것으로 나타났다. 화창한 날 강가에 누워 있을 때 느낄 수 있는 만족감은 진화론적 이점이 전혀 없는 것처럼 보였다. 바바라 프레드릭슨(Barbara Fredrickson, 2009)은, 과학적 원리에 따르면 이러한 느낌^{feelings}은 명백한 이득이 없었기 때문에 불필요한 것이며 지금쯤이면 사라졌어야 하지만 여전히 우리 경험의 일부라고 주장했다. 그녀는 이러한 정서의 지속성을 가능하게 하는 목적이 무엇인지 진화론적 측면에서 연구하기 시작했다. 그녀는 긍정적 정서의 세 가지 주요 이점을 알아냈고, 그녀의 연구는 '확장 및 구축 이론'으로 이어졌다. 이 이론은 긍정적 정서를 다음과 같이 말한다:

- 선택의 폭이 넓어져 문제를 해결하거나 새로운 도전에 직면했을 때 더욱 혁신적이고 창의적으로 대처할 수 있다. 사람들은 스트레스를 받지 않고 행복할 때 더 자유롭게 생각하고 혁신적으로 행동한다.
- 다른 사람들과 관계 맺을 가능성을 높이고 사회적 상호작용을 촉진하여 지지와 연대를 구축함으로써 더 안전한 환경을 조성한다. 행복한 사람들이 친구 관계를 더 쉽게 만든다는 것은 놀랄 만한 사실이 아니다.
- [긍정적 정서는] 스트레스성 부정적 정서의 생리적 영향을 '풀어지게undo'하거나 반전시키도록 도와준다. 재미있는 농담이나 영화를 보고 웃으면 스트레스를 받은 신체가 더 빨리 정상적인 혈압과 호르몬 상태로 회복하는 데 도움이 된다. 유머가 때때로 어려운 상황을 어떻게 완화하는지 경험해 본 적이 있을 것이므로, 이러한 결과는 우리가 경험적으로 알고 있던 것과 일치한다.

3. 균형과 진정성을 통한 웰빙 증진

긍정심리학이 비판의 대상이 된 것은 '우리가 늘 알던' 것과의 연관성 때문이다. 언론에서는 긍정심리학을 뻔하거나 단순한 긍정적인 생각으로 표현하기도 한다. 그러나 긍정심리학의 원칙은 긍정적인 태도가 모든 문제를 치유할 수 있다고 주장하는 자기 계발 문학self-help literature과 혼동해서는 안 된다. 긍정심리학은 나쁜 것의 존재를 부인하려는 것이 아니다. 실제로 벤 샤하르Ben-Shahar(2008)의 의미에 관한 연구를 예로 들면, 어려움을 겪는 것이 무엇인가를 의미 있게 만드는 경우가 많다. 마라톤은 능력의 한계까지 고난과 투쟁을 포함하기 때문에 의미가 있다. 오히려 긍정심리학은 우리의 지식과 이해를 균형 있게 조정하기 위해 좋은 점과 나쁜 점에 집중하는 능력을 촉진한다. 우리는 우리에게 해를 끼칠 가능성이 가장 큰 부정적인 것에 우선순위를 두고 관심을 기울이도록 설계되어 있지만, 이에 따라 긍정적인 면이 간과될 수 있다. 긍정심리학은 이러한 부정적 편향을 극복하기 위해 나쁜 것을 부정하기보다는 받아들이도록 권고한다. 긍정심리학의 목표는 개인이 자신의 진정한 자아를 이해하고 받아들임으로써 강한 웰빙을 구축하도록 돕는 것이다.

따라서 긍정심리학의 범위는 개발 중인 코치에게 가치 있고 관심 있는 많은 주제topics로 확장되며 이 장에서는 이러한 주제 가운데 일부 기술을 소개할 것이다. 많은 기법이 강점, 성공 또는 긍정적 사건에 초점을 맞추는 등 긍정적인 정서를 불러일으키기 위한 대화를 가능하게 하는 방법에 집중한다. 또 다른 기법은 수퍼바이지가 정서지능을 개발하고 개인의 회복력을 키울 수 있는 정서와 자기 인식에 대한 이해를 다룬다. 긍정심리학의 다른 중요한 측면은 우리의 일상생활에서 의미와 가치의 중요성을 이해하고 작업에서 일치성과 진정성을 달성하는 방법을 이해하는 것이다. 이러한 모든 개념은 코치 개발을 지원하고 또한 수퍼비전 도구 상자에 유용하게 추가할 수 있다.

이 철학의 맥락에서 수퍼바이저 코치의 역할은 무엇인가?

수퍼비전에는 수퍼바이지의 개발을 강화하고, 자기[수퍼바이지] 관리를 장려하며, 전문성의 질을 높이기 위한 세 가지 핵심 기능이 있다. 긍정심리학 패러다임 안에서 작업하면 긍정적 대화의 힘을 활용하여 동기부여와 자신감을 키울 수 있고, 수퍼바이지가 긍정적 접근 방식의 영향에 노출되어 개발을 강화한다. 이는 수퍼바이지의 동일한 긍정적 초점이 자신의 프랙티스에서 언제, 어떻게 가치가 있는지 평가할 수 있다는 것을 의미한다. 또 긍정적인 접근 방식은 자기 관리를 장려하는 역할에도 큰 도움이 된다. 긍정심리학은 회복탄력성resilience, 수용acceptance, 자기 연민self-compassion, 심리적 웰빙psychological well-being, 성취achieving에 초점을 두고 있으며, 코치가 효과적으로 연습할 수 있도록 지원하고 소진 가능성을 최소화할 수 있는 모든 영역이다.

리프Ryff와 키예스Keyes(1995)에 따르면 심리적 안녕감은 여섯 가지 원칙으로 구성된다.

1. 개인적인 성장
2. 환경에 대한 숙달
3. 자기 수용
4. 삶의 목적
5. 자율성
6. 타인과의 긍정적 관계

수퍼비전은 이러한 모든 원칙과 상당한 시너지 효과를 발휘한다. 수퍼바이저의 발달적 역할은 수퍼바이지가 코치로서 개인적 성장과 숙달을 하도록 지원하는 것을 목표로 한다. 수퍼바이지의 자기 관리가 필요한 경우에는 자기 수용과 핵심 가치를 찾아 삶의 목적을 발견하는 코칭에 중점을 두는 경우가 많다. 또 수퍼바이저와의 상호작용은 수퍼바이지의 자율성을 촉진하며 긍정적 관계를 제공하는 것을 목표로 한다. 따라서 수퍼비전 과정은 긍정심리학 원칙에 부합하면서 코치의 심리적 안녕감을 지원하는 데 유용한 방법이다.

이 접근 방식과 일관되게 작업할 수 있도록 어떻게 준비할 것인가?

수퍼바이저로서 이러한 방식으로 작업할 때 고려해야 할 두 가지 중요한 사항이 있다:

1. 이러한 접근 방식은 유익benefits을 직접 경험하고 가치가 있다고 믿지 않는 한 설득력 있게 사용할 수 있는 방법이 아니다. 이 접근 방식이 유효하다는 믿음이 필요해서 유행하는 과대광고만을 근거로 자기 충족적 예언을 만들지 않도

록 주의해야 한다. 이 기술은 실패할 가능성이 크다. 이러한 아이디어가 가져올 수 있는 유익을 보여주는 많은 증거가 있지만 모든 수퍼바이지에게 항상 효과가 있는 것은 아니다. 아이디어와 기술을 직접 경험하고 피드백을 줄 수 있는 지원자에게 먼저 시험해보기를 권한다. 접근 방식이 효과가 있는지 또는 그렇지 않은지 파악한 후, 어떤 방식을 적용할지 신중하게 선택할 수 있다. 당신이 진정으로 믿는 방법만 사용하는 것이 좋다.

2. 긍정적인 접근 방식이 폴리애나[2]의 의인화는 아니다! 어떤 사람들은 항상 쾌활한 폴리애나의 성격 때문에 지치고 짜증이 나기도 한다. 수퍼바이지가 수용적이거나 비판적이지 않은 환경에서 솔직하게 우려, 의심, 실패를 드러낼 수 있는 여지가 있어야 한다. 긍정적이라고 해서 항상 좋은 것은 아니다. 긍정심리학적 접근을 활용할 때는 수퍼바이지의 개발 지원을 위해 좋은 점을 찾고 집중하려고 노력하겠지만, 그렇다고 해서 미소만 짓거나 행복한 사건에 관해서만 이야기할 필요는 없다.

이 접근 방식이 수퍼바이지에게 특히 유용할 수 있는 방법은 무엇인가?

긍정적 사건에 주의를 집중하고 대화하게 되면 긍정적인 정서가 방출되어 사람들이 더 창의적으로 되고, 관계를 구축하고, 스트레스를 줄이는 데 도움이 된다는 것을 안

---

[2] 『폴리애나』는 미국 여성작가 엘리노 포터(Eleanor H. Porter)가 1913년 발표한 소설로 한국에서는 『파레아니의 편지』(2000, 청목사)라는 제목으로 출간되었다. 가난한 목사의 딸 폴리애나는 양친을 잃고 숙모 집에 가서 살게 된다. 천진하고 때 묻지 않은 소녀의 행동은 독신생활로 얼어붙었던 숙모의 마음을 녹여 마침내 집안에 활기를 되찾게 하고, 또 마을 사람들을 푸근하게 만든다. 이 소설은 미국에서 큰 반향을 일으켰고 이름 자체가 '극단적 낙천가', '어리석을 정도로 낙천적인'이란 의미로 확대되었다.(출처: 위키백과)

다. 따라서 수퍼비전에서 이러한 이점을 활용하면 여러 가지 면에서 수퍼바이지에게 도움이 된다. 첫째, 수퍼비전 관계의 초기 단계에서 강점과 긍정적인 경험에 초점을 맞추면 유대감과 신뢰를 구축할 수 있다. 둘째, 이미 알고 있는 대로 수퍼바이지가 이슈와 가능한 해결책을 찾을 때 창의성과 혁신이 가능해져서 더 자유롭게 생각할 수 있게 된다. 스트레스가 감소함에 따라 마음은 더 자유로울 수 있고, 임박한 위협에 집중할 필요가 없으며 새로운 아이디어를 더 잘 수용한다. 셋째, 수퍼바이지가 자신의 작업과 고객을 위한 프랙티스에서 균형을 맞추는 데 도움이 된다. 수퍼바이저는 자신의 성과에 지나치게 비판적인 수퍼바이지에게 이러한 부정적 편향을 관리하고 자기 관리를 지원하는 기술을 제공한다. 결핍 사고$^{deficit\ mindset}$[3]로 일하는 데 더 익숙한 수퍼바이지들은 이 접근 방식이 가져오는 긍정적인 발전에 놀랄 수 있다. 긍정심리학 접근법을 적용한 수퍼비전은 코칭의 초점이 얼마나 자주 문제 해결만을 위한 접근법이 되는지에 대한 수퍼바이지의 인식을 높이는 데 도움이 된다. 이러한 인식은 수퍼바이지가 자신의 프랙티스에서 시도해 볼 수 있는 다양한 옵션을 개발하는 데 도움이 되며, 자신의 고객과 함께 코칭 세션에서 일부 접근법을 테스트하거나 채택한다. 궁극적으로 수퍼바이지가 긍정적으로 느끼게 되면 자신감이 생기고 에너지가 높아지며 수퍼비전 과제에 대한 몰입이 높아질 가능성이 있다.

이어지는 기법을 사용하기 전에 고려해야 할 다른 것은 무엇인가?

이 철학에는 많은 기법이 포함되어 있다. 언어와 용어가 문맥에 적합한지 고려해야 한다. 단순히 감사 일기에 관해 이야기한다면 일부 수퍼바이지는 그 과정에 참여하지 않을 수 있지만, 감사 일기를 작성하도록 요청한다면 더 수용적으로 된다. 긍정심리학과

---

3) [역자] 결핍 사고$^{deficit\ mindset}$란 잠재력보다는 약점이나 부족한 점, 문제에 초점을 맞춰 자기 비하적이거나 부정적인 편향 사고를 하는 것을 말한다.

관련된 담론과 언어가 오히려 방해가 될 수 있으므로 기본 원칙에 충실하면서 언어를 조정하는 것은 충분히 허용된다. 이어지는 기법을 고려할 때 이 점을 염두에 두어야 하며, 각자의 업무 상황에 따라 프레젠테이션이나 언어의 표현을 조정해야 한다.

상황의 긍정적인 면에 초점을 맞추는 것은 가치가 있지만, 이러한 접근 방식을 유연하고 신중하게 사용하지 않는다면 독단적이고 무반응적인 태도로 비친다. 항상 '긍정적'인 것에 대해 질문하는 것은 무신경하고 부적절할 수 있으므로 이 점에 유의해야 한다. 긍정적인 접근 방식이 매일, 모든 상황에 적합한 것은 아니다. 그렇지만 많은 수퍼비전 세션에서 문제 중심적인 시작점에 대한 신선하고 활력 있는 대안을 제공한다.

참고 문헌

- Ben-Shahar, T. (2007) *Happier*, New York: McGraw Hill. 『하버드는 학생들에게 행복을 가르친다』. 노혜숙 옮김. 위즈덤하우스. 2007.
- Fredrickson, B. (2009) *Positivity*, New York: Crown Publishers. 『긍정의 발견』. 최소영 옮김. 21세기북스. 2009.
- Ryff, C.D. and Keyes, C.L.M. (1995) The structure of psychological well-being revisited, *Journal of Personality & Social Psychology*, 69, pp. 719-727.
- Seligman, M. and Csikszentmihalyi, M. (2000) Positive psychology: An introduction, *American Psychologist*, 55, pp. 5-14.

더 읽어보기

- Biswas-Diener, R. and Dean, B. (2007) *Positive Psychology Coaching*, Hoboken, NJ: Wiley.
- Boniwell, I. (2012). *Positive Psychology in a Nutshell*, 3rd ed. Maidenhead: Open University Press.
- Boniwell, I. and Kauffman, C. (2018) The Positive Psychology Approach to Coaching. In: E. Cox, T. Bachkirova and D. Clutterbuck (Eds.) *The Complete Handbook of*

Coaching, 3rd ed., London: Sage. Ch. 11, pp. 153-166.
- Buckingham, M. and Clifton, D. (2004) *Now, Discover Your Strengths*, London: Simon and Schuster. 『위대한 나의 발견 강점혁명』. 박정숙 옮김. 윤봉락 감수. 청림출판. 2013.
- Corrie, S. (2009) *The Art of Inspired Living*, London: Karnac.
- Driver, M. (2011) *Coaching Positively*, Maidenhead: Open University Press.
- Green, S. and Palmer, S. (2019) *Positive Psychology Coaching in Practice*, Abingdon: Routledge.
- Linley, P.A. (2008) *Average to A+*, Coventry: CAPP Press.
- Seligman, M. (2017) *Authentic Happiness*, London: Nicholas Brealey.

~~~~~

56. 5% 문장

카멜리나 로튼-스미스

어디에서 사용할 수 있는가?			일반적 수준의 수퍼바이지 경험 필요
전문적 일대일 수퍼비전	전문적 그룹 수퍼비전	개인적 성찰	경험이 많은 수퍼바이지들만 해당

언제 사용하는가?

원래 브랜든Branden(1994)이 자존감의 성장을 지원하기 위해 개발한 이 '문장 완성' 접근법은 수퍼바이지의 성장 가능성에 대한 인식을 높이는 데 유용한 방법이다. 이 기능은 세 가지 상황에서 가장 유용하다. 첫째, 수퍼바이지가 수퍼비전 과정 또는 특정 고객 상황에 익숙해졌을 때이다. 수퍼바이저는 이 방법을 사용하여 기존의 안전지대를 넘어서는 것에 관한 대화를 시작할 수 있다. 둘째, 수퍼바이지가 '나는 그렇게 할 수 없어'와 같이 자신의 성장에 불필요한 제약을 가하는 경우로 이러한 상황에서는 5%의 변화를 상상해 보라는 요청이 그 한계를 뛰어넘는 적절한 방법이다. 마지막으로, 수퍼바이지의 장기적인 발전 가능성을 살펴볼 때나 연간 검토의 한 방법으로 유용한 접근 방식이다. 이는 앞으로 집중해야 할 영역을 식별하고 처음에는 달성하기 어려워 보이는 목표의 잠재적 영향력을 파악한다.

이 기법은 무엇인가?

이 기법은 때때로 5%의 변화를 포함하는 일련의 문장 어간을 설정하는 것이 포함된다. 수퍼바이지는 빠르게 작업하면서 나오는 모든 단어로 문장의 어간을 완성하기 위해 최소 6개의 어미를 생성한다. 그런 다음 완성된 문장에 대해 탐색하고 성찰하는 시간을 갖는다.

1단계: 수퍼바이지 준비시키기

진행될 방식에 관해 설명하고 수퍼바이지가 이러한 방식으로 주제를 집중하여 탐색할 수 있도록 한다.

2단계: 문장 준비하기

문장은 다양한 형태를 취할 수 있으며 참고 자료[4]에서 아이디어를 얻을 수 있지만, 여기에 고려할 수 있는 몇 가지가 있다.

Q. 나 자신을 5% 더 받아들이면 …

---

4) Branden, N. (1994) The Six Pillars of Self-Esteem, London: Bantam. 『자존감의 여섯 기둥』. 김세진 옮김. 교양인. 2015. p145-151.

Q. 코칭에 5% 더 많은 알아차림을 가져온다면 …

Q. 코칭에 온전함을 5% 더한다면 …

Q. 코칭할 때 5%를 더 목적에 맞게 운영한다면 …

Q. 내가 코칭에서 5% 더 진정성을 갖게 된다면 …

Q. 내가 완벽주의를 5% 덜어낸다면 …

Q. 내가 5% 더 현실적으로 된다면 …

Q. 내 성공을 5% 더 높이 평가한다면 …

3단계: 의미 탐색하기

작성된 문장을 읽고 성찰하는 간단한 과정도 중요하지만, 그 이상의 대화는 수퍼바이지가 온전한 자율성을 가지고 초점을 선택할 수 있도록 허용한다.

Q. 이것이 당신에게 시사하는 바는 무엇인가요?

Q. 어떤 분야에 대해 더 알아보고 싶은가요?

Q. 어떻게 하면 내[수퍼바이저]가 가장 잘 도와줄 수 있을까요?

Q. 작성된 문장에서 무엇을 알 수 있나요?

Q. 이 정보로 무엇을 하고 싶은가요?

4단계: 결과물이 고객에게 도움이 되는지 확인

마지막 단계로 학습한 내용을 고객의 코칭 상황과 연결하는 것이 유용하다.

Q. 이것이 당신의 고객에게 어떤 도움이 될까요?

Q. 당신이 코칭할 때 어떤 영향이 있을까요?

이 기법을 사용하는 방법

1단계에서 수퍼바이지를 준비시킬 때 몇 가지 민감한 부분이 드러난다. 따라서 수퍼바이저와 함께 살펴볼 내용과 혼자서 숙고할 내용을 선택할 수 있도록 주의 사항을 미리 안내하는 것이 도움이 된다.

수퍼바이지가 5%의 변화도 부담스러워할 때는 변화의 규모를 받아들이고 생각할 수 있다고 느낄 때까지 적절하게 숫자를 조정한다.

이 기법을 사용할 때 주의 사항

성찰에 대해 작성한 것이 비공개로 유지되거나 후속 일대일 수퍼비전 상황에서 논의되지 않는다면 그룹 환경에서 이 기법을 사용하는 것은 적합하지 않다.

이 기법의 다른 용도로는 무엇이 있는가?

이러한 질문은 개인의 성찰을 위한 유용한 자료이며 수퍼비전 회기를 준비하는 방법으로 제공한다. 그런 다음 자기 생각을 수퍼바이저나 그룹과 얼마나 많이 공유할지는 개인에게 달려 있다.

탈 벤 샤하르Tal Ben-Shahar[5]도 이 접근 방식을 확장하여 다른 방식으로 사용한다. 예를 들면 아래와 같다.

Q. 내가 실수하는 것을 허락한다면 …

---

[5] **탈 벤 샤하르**Tal Ben-Shahar: 교육가, 인문학자, 심리학자/정신분석학자. 하버드 대학에 '행복학 열풍'을 불러일으킨 '긍정심리학' 강사. 하버드 대학에서 철학과 심리학을 전공했으며, 현재 하버드생의 약 20퍼센트인 1,400여 명의 멘토가 되어 치열한 경쟁과 스트레스에 갇혀 있던 그들의 삶을 의미 있게 변화시키고 있다. 종신직 교수가 되는 데 필요한 코스를 밟는 일이 '행복하지 않아서' 강사로 남기로 결심한 그는 행복 전도사를 자처하며 '행복하게 사는 법'을 가르치는 일에 전념하고 있다. 또 미국 국영방송, CNN, CBS 등에 출연하고, '뉴욕타임스', '보스톤 글로브' 등에 글을 기고하면서 많은 사람에게 좀 더 행복해지는 법을 전파하고 있다.

Q. 내가 실패하는 것을 허락한다면 …

Q. 내가 내 감정을 거부할 때 …

Q. 내가 진정으로 옳다고 믿는 가치에 충실하다면 …

Q. 나는 …을 두려워한다 …

Q. 나는 …하기를 바란다 …

Q. 나는 …을 보기 시작했다 …

이는 코칭 관계에 대한 신뢰도가 높은 고객을 코칭하는 데에도 유용한 접근 방식이다. 이 기법은 서로 다른 생각을 끌어낼 수 있으므로 코치는 코칭 목표를 염두에 두면서 경계 이슈를 관리하고 새로운 주제를 활용할 수 있는 기술을 갖출 준비가 되어 있어야 한다.

참고 문헌

- Branden, N. (1994) *The Six Pillars of Self-Esteem*, London: Bantam. 『자존감의 여섯 기둥』. 김세진 옮김. 교양인. 2015.

더 읽어보기

- Ben-Shahar, T. (2009) *The Pursuit of Perfect*, New York: McGraw-Hill. 『완벽주의자를 위한 행복수업』. 노혜숙 옮김. 슬로디미디어. 2020.

~~~~~

57. 정서 eMotive 카드

피터 더펠 Peter Duffell[6]

언제 사용하는가?

정서에 대한 이해는 긍정심리학에서 개인 자원을 구축하는 데 핵심 요소이다. 더플과 로튼 스미스의 연구(Duffell & Lawton-Smith, 2017)에 따르면 수퍼바이저는 수퍼바이지와 자주 정서적 접촉을 경험하며 코치의 개인과 전문성 개발을 촉진하기 위해 정서를 탐구해야 한다고 강력하게 믿고 있다. 어떤 사람들에게는 이러한 정서적 탐색이 어려울 수 있다. 정서 eMotive 카드는 더 구체적이고 객관적인 토론을 가능하게 하도록 개발되었다.

이 카드는 코치와 고객 모두에게 정서의 잠재적 근원과 영향에 대한 인식을 높이

---

6) **피터 더펠** Peter Duffell은 전임 코치 및 수퍼바이저가 되기 전 30년간의 비즈니스 경력을 쌓은 숙련된 이사회 임원 및 개인 코치이자 코치 수퍼바이저이다. 그는 HSBC, UBS 등 여러 글로벌 금융 서비스 조직에서 고위직으로 근무했다. 리더십 역량을 갖춘 개인들을 수년간 코칭하고 멘토링한 실무 경험이 있고 여러 조직의 문화적 변화를 이끌었다. 옥스퍼드 브룩스 대학교 Oxford Brookes University에서 코칭 및 멘토링 실무 석사학위를 받았으며 코치 수퍼바이저 자격증을 보유하고 있다. 현재 EMCC UK의 이사회 거버넌스 이사로 활동하고 있다. 그는 코칭 업계 정기 간행물인 Coaching at Work에 정기적으로 기고하고 있으며, 2017년에는 수퍼비전에서의 감정에 관한 연구로 우수 논문상을 수상하기도 했다. 현재 관심 분야는 세대 차이가 수퍼비전에 미치는 영향과 AI가 코칭에 미치는 영향이다.

는 데 도움이 된다. 수퍼바이지가 다음과 같은 경우에 특히 유용하다:

- 자신의 정서를 설명하는 데 어려움을 느낀다.
- 자신의 정서적 상황을 전달하기 위해 은유에 의존한다.
- 자신의 정서를 외부화하거나 객관화할 수 있으며 수퍼비전 토론을 더 풍부하게 하고 싶어 한다.

이 기법은 무엇인가?

이 기법은 수퍼바이지에게 직접 자신의 현재 정서 상태 또는 수퍼비전에서 살펴보고 싶은 정서 반응을 불러일으키는 사건을 묘사하는 단어 카드를 선택하도록 한다.

1단계: 선택

수퍼바이지에게 관련 단어를 모두 선택하도록 요청한다.

- 큰 단어가 위를 향하도록 카드를 펼친다.
- 수퍼바이지에게 카드를 건네고 전체 카드를 살펴보도록 한다.

수퍼바이지는 여러 정서 문구를 선택하는데, 경험상 다섯 장의 카드를 선택하는 것이 도움이 된다. 카드의 앞면에는 큰 단어가 있고 뒷면에는 네 개의 비슷한 단어가 적혀있다. 수퍼바이지는 감정feeling을 표현할 수 있는 적절한 단어가 없는 경우, 빈 카드에 직접 단어를 적는다(마커펜을 사용하면 플라스틱 코팅 카드를 재사용할 수 있다). 여분의 빈 카드도 포함되어 있어 정서에 이름을 붙이는 방법이 매우 다양하다.

2단계: 드릴 다운 drill down[7]

---

[7] 드릴 다운 drill down은 가장 요약된 레벨로부터 가장 상세한 레벨까지 차원의 계층에 따라 분석에 필요한 요약 수준을 바꿀 수 있는 기능이다. (출처: 위키백과)

선택한 정서의 개인적 의미를 탐색한다. 일반적으로 이러한 질문은 수퍼바이지가 개인적으로 정서를 어떻게 경험하는지 명확히 하거나 밝혀내는 데 도움이 되며, 수퍼바이저가 추측하는 것을 방지한다. 이는 어떤 면에서 수퍼바이저와 수퍼바이지가 같은 가치를 공유할 수 있지만 이것이 개인적으로 어떤 의미인지에 대해 완전히 다른 견해를 가질 수 있는 가치 도출과 유사하다. 다음과 같은 질문을 사용한다.

Q. 이 정서를 어떻게 설명할 수 있는가?
Q. 이 상황에서는 그 정서가 어떻게 나타나는가?

3단계: 정서적 영향과 관리

정서가 이해되면 수퍼바이저는 해당 정서 상태의 영향을 살펴보고 관리 전략을 논의할 수 있다. 예를 들어, 고객과의 코칭에 대해 '불안해하는' 수퍼바이지에게 이를 1~10점 척도로 정량화하도록 요청한다. 그런 다음 수퍼바이저는 수퍼바이지가 불안 점수를 낮출 방법에 관해 탐색한다. 또는 그러한 감정적 반응을 일으키는 원인을 탐색하여 예방 전략을 세울 수도 있다.

Q. 그 정서가 당신의 코칭에 어떤 영향을 미치는가?
Q. 언제 그런 정서를 처음 느꼈는가?
Q. 이러한 정서적 영향을 예방/관리/감소시키는 데 도움이 되는 것은 무엇인가?

이 기법을 사용하는 방법

수퍼바이지의 정서 경험에 대한 탐색이므로 이를 가볍게 진행하는 것이 도움이 된다. '몇 장의 카드'나 단어의 문법적 정확성 여부에 대한 규칙을 강요할 필요 없이 수퍼바이지가 탐색을 조절할 수 있도록 한다. 실제로 수퍼바이지가 자신의 정서를 표현하는 자신만의 언어를 만들 때 가장 영향력 있는 탐색이 이루어지기도 한다.

주의 사항

수퍼바이지가 수퍼바이저의 영향을 받지 않고 자신의 정서를 표현할 수 있도록 해야 한다. 이 도구의 가치는 수퍼바이지가 자신의 정서를 자신의 말로 이해할 수 있도록 돕는 데 있다(Duffell & Lawton-Smith, 2015).

이 기법의 다른 용도로는 무엇이 있는가?

수퍼바이저는 자신만의 카드 사용 방법을 개발하는 것이 좋으며, 대부분 개인 수퍼비전에서 사용하지만 그룹 환경에서도 사용한다. 예를 들어, 동료들은 가져온 시나리오를 듣고 표현되거나 표현되지 않은 감정feelings에 귀를 기울인다. 카드는 피드백을 제공하는 수단으로 사용한다. 카드 뒷면에 있는 대체 단어는 제공된 내용을 조정할 수 있으므로 피드백을 더 쉽게 받아들일 수 있으며, 수퍼바이지도 자신의 고객에게 유용하게 사용할 수 있다. 특히 정서에 대해 더 구체적인 방식으로 대화를 시작하는 데 도움이 된다.

참고 문헌

- Duffell, P. and Lawton-Smith, C. (2017) *Once more with feeling, Coaching at Work*, 12(3), pp. 6-40.
- Duffell, P. and Lawton-Smith, C. (2015) The challenges of working with emotion in coaching, *The Coaching Psychologist*, 11(1), pp. 32-39.

자료 찾기

- Cards available from www.westwoodcoaching.co.uk [Accessed 7 September 2019]. 카드 구입 사이트는 www.westwoodcoaching.co.uk

~~~~~

58. 피드포워드

카멜리나 로튼 스미스

언제 사용하는가?

이 기법은 과거의 긍정적 경험을 통해 인식을 높이고 다른 상황에서 교훈을 얻은 다음 현재 직면한 상황과 연결한다. 수퍼바이지 자신이 '최고의 상태'였을 때, 유사한 경험에서 긍정적 교훈을 얻어 그 지식을 활용하는 방법에 대한 아이디어를 이끌어낸다. 수퍼바이지가 원하는 목표를 달성하는 데 필요한 조건을 파악하여 이슈를 처리하거나 자기를 관리할 수 있도록 돕는 데 사용한다.

이 기법은 무엇인가?

이 접근 방식은 수퍼바이지가 주제와 관련하여 자신이 '최고의 상태'였을 때 과거 다른 상황에서의 성공을 이야기할 수 있도록 해야 한다. 예를 들어, 수퍼바이지가 특정 고객과 유대감을 느끼지 못한다고 설명한다. 수퍼바이저는 수퍼바이지가 원하는 상태가 되는 데 필요한 것을 파악하려고 과거 다른 사람과 강한 유대감을 '실제로' 경험했던 이야기를 끌어낸다. 이를 통해 수퍼바이지는 자기 인식을 높이고, 앞으로 취해야 한다고 느끼는 행동에 대한 정보로 활용하는 교훈을 얻는다. 또는 이해와 자기 수용이 높아진다. 이 접근 방식은 클루거와 니어(Kluger & Nir, 2010)의 연구에서 가져온 것으로, 맥도웰(McDowall et al., 2014)이 코칭에 맞게 수정했다.

1단계: 성공 사례를 끌어낸다.

수퍼바이지가 가져온 주제를 가지고 '최고'라고 느꼈을 때의 이야기를 물어본다. 이야기는 업무와 관련된 것일 수도 있고 개인적인 상황일 수도 있다. 긍정적인 정서에 초점을 맞춘 질문을 하여 가능한 한 자세하게 경험을 되살리도록 유도한다.

Q. 코칭 작업에서 '최고'였다고 느낀 순간은 언제인가요?
Q. 다른 상황을 포함하여 돌이켜보면 좌절감을 느꼈지만 이를 잘 극복했을 때는 언제인가요?
Q. 익숙하지 않은 과제를 시작할 때 불안을 성공적으로 관리했을 때는 언제인가요?

2단계: 최고의 순간

주의를 환기하고 '최고의 순간'에 집중한다. 긍정적인 자기 평가와 정서에 집중한다.

Q. 무엇이 그 순간을 '최고의 순간'으로 만들었나요?

Q. 그때 기분^{feel}이 어떠했나요?

다음과 같은 연속 질문을 한다:

Q. 그 경험에 대해 자세히 이야기해 본다면, 무엇을 보거나 듣거나 느꼈나요?

Q. 또 어떤 일이 있었나요?

3단계: 상황 명확히 하기

수퍼바이지가 환경, 자신의 상태 또는 다른 사람의 참여와 같은 촉진 조건에 대해 생각해 볼 수 있도록 안내하는 질문을 한다.

Q. 어떻게 이것을 달성했나요?

Q. 당시 당신에게 가장 중요한 요소는 무엇이었나요?

Q. 이를 달성하는 데 도움이 된 기술과 특성은 무엇인가요?

4단계: 미래를 위한 피드포워드

이제 수퍼바이지는 최적의 수행 조건에 대해 이해했으므로 현재 상황과 비교하도록 권한다. 학습 내용을 바탕으로 개인의 행동 계획을 수립하기 위해 수퍼바이저는 다음과 같은 질문을 한다:

Q. 이전 경험에서 지금 유용하게 활용할 수 있는 점은 무엇인가요?

Q. 이전 경험을 더 잘 반영하기 위해 현재 상황에서 무엇을 바꿔야 하나요?

Q. 이전에 성공하는 데 기여한 부분 중 현재를 위해 활용해야 할 부분은 무엇인가요?

이 기법을 사용하는 방법

이 기법의 핵심은 수퍼바이지가 자기 경험을 재현하여 핵심 요소를 파악할 수 있도록 돕는 것이다. 따라서 1단계와 3단계를 진행할 때 날짜, 시간, 사실에 초점을 맞추기보다 오히려 그 사건을 다시 경험하도록 도와주면서 정서나 시각 또는 후각과 같은 감각에 관해 질문한다. 수퍼바이지가 선호하는 처리 방식이 다를 수 있다는 점을 염두에 둘 필요가 있으므로 가능한 모든 경험 방법과 모든 정보 출처를 고려하여 전체적으로 질문한다.

주의 사항

수퍼바이지가 과거의 성공 사례를 끌어낼 수 없는 경우 더 넓은 맥락과 경험을 질문하는 것이 적절하지만, 사례가 나오지 않으면 다른 접근 방식으로 넘어간다. 이 주제에서 성공 경험이 없다는 점을 강조하는 것은 오히려 동기를 떨어뜨리는 역할을 할 뿐이다.

이 기법의 다른 용도로는 무엇이 있는가?

수퍼바이지는 특히 고객이 막막해하거나 자신의 지혜를 간과하는 것처럼 보일 때 이 기법의 과정을 고객에게 사용할 수 있다.

참고 문헌

- Kluger, N.K. and Nir, D. (2010) The FeedForward interview, *Human Resource Management Review*, 20, pp. 235-246.
- McDowall, A., Freeman, K. and Marshall, S. (2014) Is FeedForward the way forward? A comparison of the effects of FeedForward coaching and Feedback, *International Coaching Psychology Review*, 9(2), pp. 125-146.

더 읽어보기

- Itzchakov, G. and Kluger, A. (2018) *Giving Feed back: The Power of Listening in Helping People Change*. [online] Harvard Business Review (Published 17 May 2018). Available at: https://hbr.org/2018/05/the-power-of-listening-in-helping-peoplechange [Accessed 2 September 2018].

~~~~~

59. 자신에게 'A' 학점 주기

클레어 노먼Clare Norman[8]

언제 사용하는가?

이 기법은 수퍼비전 초기, 일반적으로 첫 번째 세션이 끝난 후, 수퍼바이지가 전체 세션을 마쳤을 때 성공한 모습에 대한 자신의 의도intention를 설정하기 위해 사용된다.

---

8) 기법 20. 저자 소개 참조

이 기법은 무엇인가?

수퍼바이지는 자신의 수퍼비전 전체 과정을 되돌아보며 'A' 학점을 받은 이유를 설명하는 편지를 작성한다. 로자먼드 스톤 잰더와 벤자민 잰더(Rosamund stone Zander & Benjamin Zander, 2000)는 저서 『가능성의 기술The Art of Possibility』에서 학기 초에 이 기법을 사용하여 학생들에게 이미 'A'학점을 받았고, 유일한 과제는 자신이 이 성적을 받을 자격에 대한 이유를 학기 말에 편지로 작성하도록 요청하였다고 설명했다. 학기가 끝날 무렵, 학생들은 성공에 대한 자신의 기대를 충족했거나 초과 달성했다.

1단계: 수퍼바이지에게 다음과 같이 간략하게 설명한다.

당신은 이 수퍼비전 기간인 6개월을 마치면 'A 학점'을 받을 것이다. 이 성적을 받기 위해 당신이 반드시 충족해야 하는 한 가지 요구사항이 있다. [수퍼비전 세션 종료]라는 날짜가 적힌 편지를 작성하라. 이 편지는 다음과 같이 시작한다.

'친애하는 XX에게, 내가 A 학점을 받은 이유는 ….'
이 특별한 성적에 걸맞게 그때까지 코치로서 당신에게 어떤 일이 일어났는지 되도록 자세히 기록한다. 마치 이미 과거에 이룬 성과인 것처럼 미래에서 자신을 되돌아보고 그 기간에 얻은 모든 통찰력과 달성한 이정표에 대해 기록한다. 당신은 여러 시스템의 일부이므로 해당 시스템에 미칠 영향과 이를 어떻게 달성할지에 관해 이야기해야 한다. '희망한다', '바란다', '그럴 것이다'와 같은 문구를 사용해서는 안 된다. 나는 특히 그때까지 당신이 어떤 사람이 되어 있을지, 하고 싶던 모든 일을 해냈거나 되고 싶었던 모든 것이 되어 있을 그 사람의 태도, 감정, 세계관에 관심이 많다. 나는 당신이 당신의 편지에 묘사된 그 사람과 열정적으로 사랑에 빠지길 바란다. 나에게 그 편지를 보낼 수도 있지만, 그보다 더 중요한 것은 자신과의 약속인 만큼 스스로 간직하는 것이다. 그 결과 어떤 일이 벌어지는지 놀라게 될 것이다.

참고: 이 대화는 도서 『가능성의 기술』(p25-53 참고)을 기반으로 한다.

2단계: 수퍼비전 기간이 끝나면 수퍼바이지에게 자신의 편지를 보고 처음 시작했을 때와 현재 위치를 비교하도록 요청한다.

3단계: 다음과 같은 질문을 추가로 할 수 있다.
- Q. 코치로서 당신은 지금 어떤 사람인가요?
- Q. 코치로서 무엇이 달라졌다고 느끼나요?
- Q. 지금 당신의 작업에 대한 태도는 어떤가요?
- Q. 코치로서 현재 어떤 세계관을 가지고 있나요?
- Q. 현재 함께 일하는 사람들에게 어떤 영향을 미치고 있나요?
- Q. 그리고 그들의 시스템에 미치는 영향은 무엇인가요?
- Q. 그리고 세상에 미치는 영향은 무엇인가요?
- Q. 이 훈련의 결과로 자신에 대해 무엇을 배웠나요?
- Q. 이제 코치로서 당신은 무엇을 할 수 있나요?

이 기법을 사용하는 방법

수퍼바이지는 이 편지의 작성 여부에 대한 선택이 가능하다. 그러나 우리는 그들이 원하는 미래와 그것을 표현한 후 실현될 가능성을 시각화함으로써 그 가치에 대해 믿음을 준다. 드물게 'A' 학점에 미치지 못하는 때는 성공적인 수퍼비전이 될 수 있도록 어떻게 다르게 할 수 있는지 생각해 보도록 격려하는 것이 필요하다.

그 밖에 주목해야 할 주의가 필요한 사항은 무엇인가?

원래 기법은 개인에 초점을 맞추고 있지만, 우리는 더 큰 시스템의 일부인 사람들과 함께 일하기 때문에 여기서는 이러한 시스템적 관점을 참조한다. 수퍼바이지가 의도적으로 또는 다른 방법으로 어떤 영향을 미치는지에 관해 더 자세히 설명하도록 한다. 예를 들면 다음과 같다.

- Q. 당신 삶의 철학이 당신의 코칭에 어떤 영향을 미치나요?
- Q. 고객의 선택이 다양성과 포용성 등에 미치는 영향에 대해 고객에게 얼마나 도전하나요?
- Q. 고객의 행동이 기후 변화와 같은 사회와 세계에 미치는 영향에 대한 윤리적 입장은 무엇인가요?

주의 사항

브리핑의 일부 단어(예: '자신과 열정적으로 사랑에 빠지다')에 공감이 가지 않는 부분이 있다면 적절히 수정한다. 이것은 말 그대로 수퍼바이저에게 A를 받는 수퍼바이지가 아니라, 최고의 코치가 되기 위해 수퍼비전 기회를 최대한 활용하려는 개인적인 노력이라는 점을 기억한다.

이 기법의 다른 용도로는 무엇이 있는가?

이 기법은 개인이나 팀 코칭, 교육 등 일정 기간 진행되는 모든 프로그램에서 사용 가능하다.

참고 문헌

- Zander, R. and Zander, B. (2000) *The Art of Possibility*, Boston: Harvard Business Press.

~~~~~

60. 좋은 소식 Good news

미셸 루카스 Michelle Lucas[9], 캐롤 휘태커 Carol Whitaker[10]

언제 사용하는가?

이 기법은 더 나은 방법을 고려하는 우리 경향의 균형을 잡아주므로 적어도 두 가지 시나리오에서 유용할 수 있다. 첫째, 수퍼바이지가 무언가 잘되었다고 느끼고 그 경험을 인정하고 '즐기고 savour' 싶어하는 경우이다.[11] 둘째, 수퍼바이지가 자신감이 부족하거나 지나치게 자기 비판적이거나 재앙적인 사고를 하는 경우이다.

---

9) 편집자 소개 참조
10) 기법 2. 저자 소개 참조
11) 피터슨 Peterson의 『긍정심리학 입문서 A Primer in Positive Psychology』. p.71 참고.

일반적으로 그룹에서 사용하는 기법이지만 개인에게도 적용할 수 있다. 긍정심리학에서 유래한 이 방법은 수퍼바이지가 전반적으로 상황이 완벽하지 않더라도 무엇이 잘 되었는지 찾도록 격려한다. 이는 수퍼바이지가 긍정적으로 생각하면서 강점이 어떻게 발전했는지 더 깊이 생각하도록 유도한다.

이 기법은 무엇인가?

1단계: 수퍼바이지가 무엇을 잘했는지(사소한 것이든 중요한 것이든) 주목하면서 듣는다. 개선할 여지가 있더라도 확실히 업무의 많은 요소가 긍정적으로 평가할 만한 가치가 있다. 그룹에게 수퍼바이지가 잘한 점을 발견하면 왜 그럴 수 있었는지 생각해 보라고 상기시킨다. 세 가지 잠재적 원인이 있다.

1. 이전 행동과 연결될 수 있다. 예를 들어, '고객이 정말 솔직하게 이야기하는 것 같았고, 계약이 얼마나 잘 이루어졌는지 알 수 있었다.'
2. 가설을 제시한다. '고객이 정말 솔직하게 이야기하는 것 같았다. - 아마 당신이 그들이 안전하다고 느끼도록 도와준 것 같다.'
3. 다른 출처에서 얻은 정보가 있을 수 있다. 예를 들어, 동료들 사이에서 평상시 느꼈던 '나는 항상 당신이 매우 예의 바른 사람이라고 생각했고, 이 고객을 대하는 방식도 그런 것 같았다'와 같은 경우이다.

2단계: 수퍼바이지는 고객 사례를 이야기하도록 초대받는다. 수퍼바이저는 다른 참여자들보다 먼저 수퍼바이지가 자기 업무에서 어떤 점을 축하할 수 있는지, 그리고 이를 가능하게 한 것이 무엇인지 이미 알고 있는 것을 생각해 보도록 권한다.

3단계(a): 각 그룹 구성원은 가능한 경우, 어떻게 그런 결과가 나왔는지에 대한 최선의 추측을 할 수 있는 긍정의 이야기를 하도록 초대된다. 같은 내용을 여러 사람이 반복하여 지지하는 것은 특히 효과적일 수 있다는 점을 상기시킨다.

3단계(b): 수퍼바이지는 각 동료에게 '감사합니다'라고 말하고 나중에 참조할 수 있도록 칭찬 내용을 기록한다.

4단계: 수퍼바이저는 수퍼바이지에게 다시 집중한다. 이때 잠시 멈추는 것이 도움이 되며 피드백을 소화할 시간을 주는 것이 좋다. 유용한 질문은 '이것이 당신에게 어떤 영향을 미치나요?'이다.

5단계: 이 단계의 목적은 단순히 긍정적 피드백을 받는 것이 아니라 강점이 적용되었는지를 이해하는 것이다. 이 수퍼비전 라운드를 마무리하기 전에, 어떤 긍정의 말이 가장 잘 이해되는지(즉, 이 역량이 이미 어떻게 발전했는지) 그리고 어떤 말이 더 탐구할 가치가 있는지 확인한다.

이 기법을 사용하는 방법

자기 비판적인 수퍼바이지에게는 2단계가 도전이다. 격려를 받으면 사람들은 대개 축하할 만한 일을 찾게 된다. 이 원칙은 수퍼바이지가 자신의 강점을 인식하고 외부 피드백을 통합할 수 있는 능력이 있다는 것을 상기시켜 준다. 긍정적인 피드백의 근거가 없다면 동료들이 '그냥 친절하게 하는 말'로 간주할 수 있다.

피드백은 질문이 아닌 진술이어야 한다. 우리는 탐색explore보다 확증affirm을 추구한다.

그 밖에 주목해야 할 사항은 무엇인가?

수퍼바이지가 특히 그룹에서 이 기법을 자주 선택한다면, 이는 방어적인 태도(실수에 관해 이야기하고 싶지 않음)거나 어떤 힘겨루기(자기 능력을 다른 사람들에게 알리고 싶은 욕구)의 신호이다. 이런 상황은 계약 내용을 다시 검토할 수 있는 적절한 시기이다.

주의 사항

문화적 차이로 인해 어떤 사람들은 개발 영역을 무시하는 것이 어리석은 일이라고 믿으며 이 기법을 어렵게 생각한다. 이런 경우, 더 큰 균형을 제공하는 칭찬과 대안 기법[12]을 사용한다.

수퍼바이저는 균형이 맞지 않는 경우 편파적으로 인식될 수 있으므로 자신의 '좋은 소식'을 제공하지 않기로 결정할 수 있다.

이 기법의 다른 용도로는 무엇이 있는가?

이 기법은 코치가 고객에게 제공하는 유용한 방법이다. 많은 사람은 자신이 이미 가진 능력에 대해 가치 있게 생각하지 않는데, 이 기법은 고객에게 더 큰 인식 또는 '의식적 역량'을 제공하는 데 도움이 된다.

참고 문헌

- Peterson, C. (2006) *A Primer in Positive Psychology*, New York: Oxford University Press.

12) 『긍정심리학 입문서 A Primer in Positive Psychology』. p.10-12 참고

61. 개인 강점 strengths 검토

카멜리나 로튼 스미스

어디에서 사용할 수 있는가?			일반적 수준의 수퍼바이지 경험 필요
전문적 일대일 수퍼비전	전문적 그룹 수퍼비전	동료 그룹 수퍼비전	대부분의 단계

언제 사용하는가?

이 기법은 수퍼바이지가 자신의 전문성 부족에 초점을 맞춰 차이gap 분석으로 자신의 기술을 평가하는 경향이 있을 때 유용한 접근 방식이다. 수퍼바이지가 이미 가진 강점을 코칭에 활용할 수 있도록 생각해 보는 것은 자신감을 높이는 데 도움이 된다.

새로운 수퍼바이지와 함께 일할 때 이슈나 간단한 자기 소개로 시작하기보다는 코칭에 대한 강점을 질문함으로써 긍정적인 부분에 초점을 맞춰 관계를 구축하는 것이 유용하다. 이 접근 방식은 긍정적인 관계를 구축하기 때문에 함께 일하기 시작한 초기 단계의 그룹에게 유용하며, 질문을 약간 변형하여 동료 그룹에서도 활용할 수 있다.

이 기법은 무엇인가?

이 기법은 코칭에 가져온 강점에 대한 공개적인 토론을 기반으로 한다. 린리 Linley(2008, p.9)는 강점을 '사용자에게 진정성 있고 활력을 주며 최적의 기능, 개발 및 성과를 가능하게 하는 특정 행동, 사고 또는 느낌에 대한 기존의 역량'으로 정의한다. 따라서 수퍼바이지의 타고난 강점을 드러내는 것은 그들의 코칭에서 더 큰 에너지와 진정성으로 이어질 가능성이 크다.

1단계: 성취

핵심 강점을 보여주는 업적에 대한 짧은 이야기를 들려달라고 요청한다. 단순히 '당신의 강점은 무엇인가요?'라고 묻는 것은 대답하기 어렵고 피상적인 토론으로 이어질 수 있으므로 피하는 것이 좋다. 다음과 같은 질문을 사용한다.

Q. 가장 중요한 성과는 무엇이라고 생각하나요?
Q. 어떤 핵심 강점을 강조할 수 있나요?

2단계: 강점에 관한 이야기

강점에 관한 더 일반적인 대화를 이어가는데, 아래에 몇 가지 샘플 질문이 있다. 강점이 무엇이며 중요한 이유를 설명한다. 이 회기는 소그룹으로 또는 그룹 수퍼비전을 통해 짝을 지어 아이스브레이킹처럼 진행하기도 한다.

Q. 당신에게 최고의 날은 언제인가요? 기억에 남는 최고의 날에 대해 말해본다면?
Q. 친구나 가족들은 언제 당신이 가장 가장 행복하다고 말하나요?
Q. 활기찬 하루를 계획할 수 있다면 무엇을 하고 싶은가요?
Q. 어떤 일상적인 일을 즐기나요?
Q. 가장 기분이 좋을 때는 무엇을 하나요?
Q. 자신을 가장 진정성 있게 느끼게 해주는 것은 무엇인가요?
Q. 가장 활력을 주는 일은 무엇이라고 생각하나요?

참고: 린리Linley(2008)의 『평균 A+Average to A+』에서 각색

3단계: 코치 개발에 적용

수퍼바이지에게 자신의 이야기를 통해 어떤 강점을 발견했는지 이야기하도록

한다. 그런 다음 이를 자신의 코칭에 어떻게 적용할 수 있을지 생각해 보도록 요청한다.

Q. 이러한 강점을 코칭에 어떻게 적용할 수 있나요?
Q. 코칭 프랙티스에 어떤 영향을 주나요?
Q. 당신의 코칭 고객은 당신이 이러한 강점을 활용하는 것을 어떻게 경험할까요?
Q. 어떤 핵심 강점을 더 활용하고 싶은가요?

이 기법을 사용하는 방법

그룹 환경에서는 누구도 대화를 지배하지 않고 모든 강점이 동등하고 가치 있게 여겨지도록 주의 깊은 위치 지정과 관리가 필요하다. 강점의 고유한 특성을 명시하고 그룹 작업 관점에서 기대치를 설명하는 명확한 그룹 계약을 도입하는 것이 가장 좋다. 각 발표자에게 동일한 시간을 주고 '분명히 모든 사람은 매우 다른 강점을 가지고 있을 수 있으며 우리 각자가 다양성을 중요하게 생각하는 것이 중요하다'와 같이 안내한다. 그런 다음 몇 가지 답변 가이드 라인을 제시하거나 그룹에게 '우리가 그룹으로서 서로의 강점을 지지하기 위해 어떻게 해야 할까요?'와 같은 질문을 한다.

주의 사항

'저는 매우 체계적organised입니다'와 같이 기술에 초점을 맞춘 매우 피상적인 대화는 주의해야 한다. 목표는 핵심 강점을 인식하고 에너지와 전달 가능한 역량을 강조하는 것이다. 처음에는 그들이 제공하는 것을 인정한 다음 생각을 확장하도록 유도하는 방식으로 계속 탐색한다. 예를 들어, '좋아요, 당신은 매우 체계적일 때 어떤 다른 자질qualities이 드러나기 시작하나요?'라고 이어서 질문을 한다.

이 기법의 다른 용도로는 무엇인가?

이 접근 방식은 이전 성과에서 사용했던 강점을 현재 상황에 어떻게 적용할 수 있는지 묻는 사례 토론과 비슷한 방식으로 적용 가능하다.

참고 문헌

- Linley, P.A. (2008) *Average to A+*, Coventry: CAPP Press.

~~~~~

62. 강점 Strengths 카드

카멜리나 로튼 스미스

언제 사용하는가?

이 기법은 수퍼바이지가 때때로 잠재 고객에게 자신의 코칭 철학을 설명하기 어렵다고 느낄 때 자신의 코칭 스타일을 정의하는 데 도움이 된다. 카드를 사용하여 자신의 강점에 관해 이야기하는 것은 귀중한 출발점이 된다.

또 약점보다는 '흘러넘치는 강점strengths taken to excess'을 설명함으로써 도움이 되지 않는 행동이나 특성을 다루는 좋은 방법이다. 이러한 접근 방식은 핵심적인 본질nature에 충실하면서도 주요 강점을 적용할 때 균형이 필요하다는 점을 인식하는 데 도움이 된다. 균형을 인식한 후 대화를 통해 개발 계획을 세운다.

이 기법은 무엇인가?

이 기법은 카드나 단어 세트를 사용하여 '강점'에 대한 토론을 촉진한다. 잘 알려진 것 가운데 하나는 아래와 같이 24가지 강점을 나열하는 VIA Values in Action Inventory이다.

1. 창의성 creativity	9. 열정 enthusiasm	17. 겸손과 겸양 modesty
2. 호기심 curiosity	10. 사랑 love	18. 신중함 prudence
3. 판단력 open-mindedness	11. 친절 kindness	19. 자기 조절 self-regulation
4. 학구열 love of learning	12. 사회성 social Intelligence	20. 심미안 appreciation of beauty
5. 통찰(지혜) perspective	13. 시민 의식 teamwork	21. 감사 gratitude
6. 용감성 bravery	14. 공정성 fairness	22. 희망 optimism
7. 인내 perseverance	15. 리더십 leadership	23. 유머 humour
8. 진실성 integrity	16. 용서와 자비 forgiveness	24. 목적 의식 sense of purpose

카드 세트를 만들거나 구입한다. 각 카드에는 한 가지 강점이 적혀야 한다. 상황에 따라 적합하지 않은 일부 단어는 적절히 대체한다. 중요한 것은 수퍼바이지가 특정 용어가 자신에게 어떤 의미인지 설명하는 것이다.

1단계: 강점 선택 및 토론

카드를 펼쳐 놓고 수퍼바이지에게 다음과 같은 질문을 한다.

Q. 당신의 3대 강점은 무엇인가요?

SQ. 이를 어떻게 활용하나요?

SQ. 이 강점들이 어떻게 도움이 되나요?

　Q. 코칭 프랙티스에 가장 큰 영향을 미치는 강점은 무엇인가요?

　　SQ. 이것이 의미하는 바는 무엇인가요?

　Q. 한 가지를 선택하여 코칭의 핵심 가치를 명확하게 설명한다면?

　Q. 당신의 고객은 이러한 강점을 어떻게 경험할 수 있나요?

2단계: 강점 개발

　Q. 현재 코칭에 필요하지만 부족한 강점은 무엇인가요?

　　SQ. 이것이 중요한 이유는 무엇인가요?

　Q. 코칭할 때 가장 유용하게 활용할 수 있는 강점은 무엇인가요?

　　SQ. 이를 어떻게 발전develop시킬 수 있나요?

　Q. 이러한 발전을 촉진할 수 있는 다른 강점은 무엇인가요?

　Q. 가끔 과도하게 사용하는 강점은 무엇인가요?

3단계: 요약

　Q. 현재 자신의 코칭 철학이나 스타일을 어떻게 설명할 수 있나요?

　Q. 집중해야 할 가장 중요한 강점은 무엇인가요?

　Q. 자신의 강점을 어떻게 새로운 방식으로 활용할 수 있을까요?

4단계: 프로세스 검토

　Q. 자신의 강점에 관해 이야기해보니 기분이 어떤가요?

　Q. 이 대화에서 얻은 것은 무엇인가요?

이 기법을 사용하는 방법

대화의 깊이에 민감하게 반응하면 마음 깊이 간직하고 있는 핵심 가치가 발견된다. 그룹 환경에서는 수퍼바이지에게 일대일 수퍼비전에서 이슈를 더 잘 해결할 수 있다고 조언하기도 한다. 예를 들어, 청렴의 중요성에 관한 대화를 나누다 보면 수퍼바이지가 원했거나 열망하는 청렴성을 보여주지 못한 사례가 쉽게 드러난다.

주의 사항

수퍼바이지가 비판적 성찰이 부족하여 자기 능력을 과장하는 경향이 있다면 이는 유용한 접근 방식이 아니다. 수퍼바이지는 강점에만 초점을 맞추고 약점을 드러내지 않기 때문에 자신이 강점을 과도하게 발휘했을 때를 인식하지 못해 사각지대가 드러나지 않을 수 있으며 결과적으로 자신의 자부심만 확인하고 과장하게 한다.

이 기법의 다른 용도로는 무엇이 있는가?

수퍼바이지가 특히 어려운 고객 세션으로 인해 자신감의 위기를 겪고 있는 경우, 수퍼바이저는 최적의 경험이 아니더라도 어떤 강점을 활용했는지 생각해 보도록 장려한다. 예를 들어, 고객이 회피적인 태도를 보였음에도 탐구적인 마음가짐을 유지했거나 새로운 관점을 끈질기게 모색했을 수 있다.

수퍼바이지가 고객이나 상황에 갇혀 있다고 느낄 때도 이 방법을 사용한다.

Q. 이 상황에서는 어떤 강점이 필요한가요?
Q. 당신이 가지고 있지만 사용하지 않는 강점은 무엇인가요?

강점 그림 카드는 사람들에게 인지 패턴을 벗어나 더 창의적인 접근 방식을 제공하는 데에도 유용하다.

이 접근법은 수퍼바이지가 코칭 고객과 강점을 토론할 때 쉽게 적용할 수 있다. 자신감을 키우거나 리더십 철학을 정의하거나 개인 브랜딩 작업을 지원하는 데 유용하다.

더 읽어보기

- Buckingham, M. and Clifton, D. (2001) *Now, Discover Your Strengths*, London: The Gallup Organization. 『위대한 나의 발견 강점혁명』. 박정숙 옮김. 2013.
- Seligman, M. (2003) *Authentic Happiness*, New York: The Free Press. 『완전한 행복』. 곽명단 옮김. 2014.

자료 찾기

- There are extensive resources on-line and many psychometric-style assessments that focus on strengths if this is an area you wish to take further. Strengths cards can be obtained from: https://mindspring.uk.com/collections/strengths [Accessed: 28 October 2019]; https://atmybest.com/strengths-cards/ [Accessed: 28 October 2019].

~~~~~

63. 은유metaphor를 사용하여 '최선의 나at my best' 탐구하기

안젤라 던바Angela Dunbar[13]

이것은 언제 사용하는가?

이 기법은 강점에 초점을 맞추고 수퍼바이지가 무엇을 잘하고 어떻게 그런 일이 일어나는지에 대한 이해를 높이는 데 사용된다. 특히 자신감을 키우고 수퍼비전 관계를 형성하는 데 유용하다.

이 기법은 무엇인가?

은유는 단순한 비유 그 이상이다. 우리는 은유를 사용하여 생각을 구성하고 탐구함으로써 강력하고 생생한 경험을 한다. '깨끗한 언어 질문clean language questions'을 사용함으로써 수퍼바이지가 자신에 대한 이해를 통합하고 심화하도록 도울 수 있다. 이러한 질문을 통해 향후에 더 쉽게 접근할 수 있도록 경험을 체화시킨다. 사용되는 질문은 비지시적이며 수퍼바이저의 가정, 편견, 은유가 배제된 '깨끗한' 질문이다.

---

[13] 기법 11. 저자 소개 참조

1단계: "최선의 당신이 코칭할 때, 그것은 무엇과 같은가요?"라는 질문에 대해 생각해 보도록 한다. 이 질문은 준비 과정의 일부가 될 수 있으며, 답을 표현할 수 있는 무엇이든 가져오도록 요청한다(예: 글이나 그림, 물건, 사진 등).

2단계: 수퍼바이지가 한 말과 설명을 그대로 반복하여 더 깊은 성찰을 유도한다. 이렇게 하면 일반적인 양방향 대화를 유도하기보다는 수퍼바이지의 내적 경험에 집중하는 것이 가능하다.

3단계: 수퍼바이지가 사용한 단어를 기반으로 이를 포함하는 일련의 깨끗한 언어 질문을 통해 계속 탐색한다. 아래 XXX가 있는 곳에 수퍼바이지가 사용한 단어를 삽입한다.

    Q. 그 XXX는 어떤 종류의 XXX인가요?

    Q. XXX에 대해 다른 점이 있나요?

    Q. 그 XXX는 어디에 있나요?

    Q. 그리고 그 XXX는 모양이나 크기가 있나요?

    Q. 그리고 그 XXX는 무엇과 같은가요?

    Q. XXX에 대해 무엇을 알고 있나요?

4단계: 위에 제시된 같은 질문을 사용하여 은유에 주의를 집중한 다음, 감각적 언어 또는 상징적 언어에 대해 더 깊이 탐구한다. 예를 들어

    A. 수퍼바이지: 최선의 컨디션일 때는 마치 흐름 속에 있는 것 같아요.

    Q. 수퍼바이저: 그 흐름은 어떤 흐름인가요?

    A. 수퍼바이지: 굽이치는 강물처럼요.

    Q. 수퍼바이저: 굽이치는 강물 같다고 했어요. 그 굽이치는 강에 대해 다른 점이 있나요?

5단계: 동일한 질문 세트를 계속해서 유동적으로 사용한다. 한 질문의 결과를 다음 질문의 입력으로 삼아 반복적인 방식으로 질문함으로써 수퍼바이지가 새롭게 이해하는 것을 따라간다. 은유의 새로운 요소가 하나씩 떠오를 때마

다 위의 깨끗한 언어 질문으로 탐색한다.

6단계: 이 시점에서 다음과 같은 추가 '깨끗한 언어 질문'으로 학습 내용을 마무리한다.

> Q. 이제 최선의 당신이 코칭할 때는 이렇게 해야 한다는 것을 알게 되었네요. 이렇게 하면 어떤 차이가 있을 것 같은가요?

또는 4단계가 끝났다고 생각되면 수퍼바이지가 마지막으로 '최선의 나'가 코칭했을 때의 실제 사례를 살펴보는 등 다른 수퍼비전 접근법으로 넘어간다.

이 기법을 사용하는 방법

질문은 단어 순서를 바꾸지 않고 표시된 대로 정확하게 해야 한다. 예를 들어, '그것은 무엇과 같은가요That's like what?'는 은유를 유도하지만, '그것은 어떠한가요What's that like?'는 설명을 유도하는 매우 다른 질문이다. 명확하게 정해져 있는 질문을 하더라도 어떤 사람들은 은유를 사용하지 않고 응답하기도 한다. 고객 중심을 유지하는 것을 잊지 말아야 한다. 예상했던 답변이 아닐 수도 있지만, 질문을 통해 더 깊은 성찰을 유도할 수 있다. 또 은유에는 다양한 형태가 있으므로 '터널 끝의 빛'처럼 명백하게 은유적인 답변이 나올 수도 있고 '사정이 나아지고 있다'와 같이 좀 더 미묘한 답변이 나올 수도 있다는 점을 기억해야 한다.

주의 사항

이 기법은 적극적이고 긍정적인 경험에 초점을 맞출 때 가장 효과적이다. 깨끗한 언어에 대해 훈련받지 않은 사람들에게는 부정적인 측면에 관한 질문은 피하는 것이 좋다. 예를 들어, '최선의 내가 코칭을 할 때 두려움을 느끼지 않는다'라는 답변에 대해

"어떤 종류의 두려움인가요?"라고 질문하지 않아야 한다. 더 긍정적인 후속 질문은 "두려움을 느끼지 않을 때는 어떤 느낌인가요?"이다.

이 기법의 다른 용도로는 무엇이 있는가?

"그것이 무슨 느낌인가요 That's like what?"라고 질문하면 긍정적인 경험이나 자원에 대한 은유를 끌어낸다. 예를 들어, 수퍼바이지가 '나는 더 신뢰할 필요가 있다'라고 말하는 경우 깨끗한 언어 질문을 사용하여 '신뢰'를 은유적으로 탐구한다. "더 많이 신뢰한다는 것은 어떤 의미인가요?"(등).

수퍼바이지는 연습practice을 통해 자신의 코칭 고객에게도 이 기법을 사용하는 것이 가능하다.

더 읽어보기

- Dunbar, A. (2018) *Using Metaphors in Coaching*, [pdf] Available at: https://cleancoaching.com/files/2018/04/Using%20Metaphors%20with%20Coaching%20April%20'11.pdf [Accessed 1 September 2019].
- Wilson, C. (2004) *Metaphor and Symbolic Modelling for Coaches*. [pdf] Available at: https://cleancoaching.com/files/2018/04/Metaphor-Symbolic-Modelling.pdf [Accessed 1 September 2019].
- Smith, K. (2012) *A Clean Corner of Coaching Supervision*. [online] Available at: www.cleanlanguage.co.uk/articles/articles/318/1/A-Clean-Corner-of-Coaching-Supervision/Page1.html

제6장
정신역동적 관점: 발달 교류분석적 접근

저자: 린다 텅Lynda Tongue[1]
역자: 이서우

이 철학은 어떻게 설명할 수 있는가?

교류분석Transactional Analysis(TA)은 샌프란시스코에서 설립된 에릭 번(Eric Berne, 1970년 사망)과 그의 동료들이 개발한 사회심리학으로 현재 전 세계적으로 다양한 전문가들이 사용하고 있다. 이것은 심리치료 모델이며 심리치료, 교육, 조직 및 상담의 네 가지 적용 분야가 있다. 발달 교류분석Developmental Transactional Analysis(DTA)은 성장과 발전을 장려하는 교류분석의 한 학파로, 조직에서 활동하는 사람들에게 가장 적합하다.

이 장에서는 발달 교류분석에서 사용되는 여러 개념 가운데 일부를 소개한다. 전

---

1) **린다 텅**Lynda Tongue: 경영 교육자 및 코치로, 조직에서 리더십 프로그램을 운영하고 팀과 개인을 코칭하며, 코치 및 트레이너 수퍼바이저로 활동하고 있다. 현재 리더십과 교류분석에 관한 대규모 연구 프로젝트를 수행하고 있다. 조직 분야에서 TA 교육과 수퍼비전을 하고 있으며, 영국, 미국, 러시아, 우크라이나, 루마니아, 스페인, 프라하 및 폴란드에서 워크숍을 진행했다. 또 발달 교류분석 석사학위 과정의 부프로그램 책임자이다. TA 자격증 외에도, 훈련 관리에서의 대학원 학위, 수퍼비전 및 문학 학사(Hons) 학위를 가지고 있다. 신경 언어 프로그래밍Neuro Linguistic Programming 실무자이며, 1991년부터 학습 및 개발 컨설팅을 운영하고 있다.

이transference와 역전이countertransference[2], 평행/병렬 과정parallel process[3](Berne, 1961) 자아 상태ego states[4](Berne, 1961), 동인drivers[5](Kahler, 1975) 및 작업 스타일working styles[6](Hay, 1993)을 포함한 다른 것들도 관계 역동과 오래된 인식에서 일어날 수 있는 일들을 이해하는 데 도움이 된다(추가 자료 참조).

교류분석적 접근 방식의 기본 철학적 전제는 우리가 어떻게 우리의 '각본scripts(환경과 부모의 메시지에 반응하여 자신을 위해 쓰는 내러티브narrative)'을 형성하는지 인식하는 것이다.

우리는 가족 체계에서 태어나 삶의 '주요 인물big people'(부모, 대가족, 종교적 인물, 교사)과 공동으로 '각본'을 만들어간다. 우리는 '이 세상에서 나는 누구인가?'라는 의미를 찾고자 노력한다. 다른 사람들이 우리와 우리에 대해 하는 말은 진실로 받아들여질 수 있으며, 우리는 이 정보를 바탕으로 생존에 관한 결정을 내린다.

교류분석의 철학적 신조 가운데 하나는 누구나 (능력capacity이 있다면) 생각할 수

---

2) [역자] 전이transference: 고객이 자신에게 중요한 인물의 이미지를 코치에게 투사하는 것, 역전이countertransference: 고객의 전이에 대한 코치의 무의식적인 반응을 의미한다.
3) [역자] 평행/병렬 과정parallel process: 수퍼비전 과정에서 수퍼바이저와 수퍼바이지 사이의 상호작용이 실제 코칭에서 코치와 고객 사이의 상호작용과 어느 정도 유사한 특성이 있다는 개념이다.
4) 자아 상태ego state: 일련의 관련된 행동, 사고, 감정을 말한다. 자아 상태는 특정 순간에 우리 성격 일부를 드러내는 방법을 말한다. 교류분석에서는 어른 자아 상태adult ego-state, 어버이 자아 상태parent ego-state, 어린이 자아 상태child ego-state 등 서로 뚜렷이 구별되는 세 가지 자아 상태 유형을 제시한다. 『현대의 교류분석』, 2022, 학지사.
5) 동인drivers: 칼러Kahler(1975)는 우리에게 동기를 부여하고 역기능적 행동의 근원이 될 수 있는 다섯 가지 공통 동인common drivers을 확인했다. 이것은 무의식 속에 잠재되어 있는데 개인이 어떤 동인을 가장 많이 보이는지 파악하면 긍정적인 행동의 잠재력을 인식하고 개발할 수 있으며, 부정적인 행동에 건설적으로 대응할 수 있다. 일반적으로 교류분석 동인으로 분류되지만 독립적으로 사용할 수도 있다. 다섯 가지 동인은 ①Be Perfect ②Be Strong ③Hurry Up ④Please Others ⑤Try Hard 이다. Kahler(1975) 참조하여 역자 정리.
6) 작업 스타일working styles: 칼러의 동인을 연결하여 Hurry Up style, Be Perfect style, Please People style, Try Hard style, Be Strong style로 구분하고 있다. 추가 자료 참조하여 역자 정리.

있고, 따라서 누구나 변화할 수 있다는 것이다. 자율성은 발달 교류분석의 목표이다.[7] 우리는 어린 시절에 결정을 내리기는 하지만, 좀 더 개인적인 힘이 생기면 다시 결정할 수 있다. 어릴 때 형성된 신념을 고수하고 있다는 것을 알게 되면 사실과 의견을 구별하게 되고, 성숙한 평가를 바탕으로 새로운 자율적 결정을 내릴 수 있다. 우리는 '각본'에 따라 반응reacting하는 것이 아니라, 우리의 응답response에 따라 선택한다.

이 철학의 기본 원칙과 신념은 무엇인가?

교류분석은 'I'm okay, You're okay'를 기본으로 한다. 이는 '나는 당신을 인간으로서 소중하게 여기며, 당신도 같은 방식으로 나를 소중히 여겨주기 바란다'라는 입장/자세stance이다. 이러한 인생 태도life positions는 [그림 6.1](Berne, 1972)에 나와 있는 것처럼 우리 자신에 대한 근본적이고 핵심적인 신념이다. 우리는 okay/okay 위치에 있기를 목표로 하지만, 기본적으로 'not okay' 위치에 있는 경우가 많다. 의식적으로 오른쪽 상단에 있는 것을 목표로 하면, 우리는 안정적으로 되고, 더 자신감을 가지며, 환상('나는 부족해', '사람들은 어리석어', '나는 이것을 고칠 수 없고 당신도 마찬가지야')이 아닌 현실을 볼 수 있다.

I'm okay: You're okay 자세는 행동에 대한 긍정적인 도전도 허용한다. 예를 들어, '나는 당신을 한 사람으로서 존중합니다. 그렇지만 당신의 행동 가운데 한 가지는 변화를 제안하고 싶습니다'와 같이 말할 수 있다.

---

7) 에릭번은 자율성을 목표로 제시하였지만, 자율성에 대한 정의를 내리지는 않았다. 그렇지만 알아차림awareness, 자발성spontaneity, 친밀intimacy이라는 세 가지 능력의 발달 또는 회복이라는 점을 시사했다. 에릭번 이후 대부분 교류분석 학자는 자율성과 각본으로부터의 자유를 동일하게 생각해왔다. 따라서 자율성이란 '각본 신념에 따라 반응하지 않고, 지금-여기의 현실에 대한 반응으로서의 행동, 사고 또는 감정'이라고 정의할 수 있다. 『현대의 교류분석』, 2022, 학지사.

인생 태도(생활 자세)

자기부정 타인긍정	자기긍정 타인긍정
자기부정 타인부정	자기긍정 타인부정

[그림 6.1] 인생 태도(에릭 번, 1972)

코칭수퍼비전 맥락에서 이러한 접근 방식은 다음과 같은 세 가지 방식으로 나타난다. 수퍼바이저는,

1. 수퍼바이지가 자기 자신의 생각을 하도록(관련 질문을 통해) 격려한다.
2. 게임[8] 초대, 라켓[9] 표현rackety displays(수퍼바이지가 무의식적으로 자기 제한적인 신념을 가지고 있는 것)을 인식하고 수퍼바이지에 의해 무의식적으로 주의를 돌리는 것을 방지한다.
3. 수퍼바이지에게 윤리적 고려 사항이나 관리적 측면이 없는 한, 무엇을 하라거나 생각하라고 말하지 않는다.

---

[8] 게임: 반복적으로 안 좋은 감정으로 종결되는 상호작용의 한 형태이며, 사회적 수준, 즉 표면적으로는 OK로 보이지만 심리적 수준에서는 OK가 아닌, 전환과 혼란이 일어나는 일련의 이면 교류이며, 두 사람 모두 라켓 감정으로 끝을 맺는 반복적 교류를 말한다. 상담학 사전 참조하여 역자 정리.

[9] 라켓racket: 라켓 감정racket feeling이란 우리가 자주 경험하는 정서로, 아동기에 학습되고 주위 사람이 부추긴 정서이며, 다른 많은 스트레스 상황에서도 잘 일어나며, 어른으로서 문제 해결에 부적응적인 정서라고 정의할 수 있다. 라켓은 일단의 각본에 따른 행동으로서, 자기도 모르게 환경을 조작하는 수단으로 사용하며, 라켓 감정을 경험하게 만든다. 라켓은 라켓 감정을 느끼게 만드는 과정이다. 『현대의 교류분석』, 2022, 학지사.

사실, 수퍼바이저는 가능한 최고의 수퍼바이저가 될 책임이 있고, 수퍼바이지는 자신의 배움에 대한 책임이 있다.

코칭수퍼비전 맥락에서, 교류분석은 계약 방식이라는 점을 이해하는 것이 중요하다.[10] 이것은 수퍼바이저가 계약 프로세스를 지속해서 촉진하여 명확성을 높이고, 모든 당사자를 고려하고, 경계를 식별하고, 심리 게임을 피하고, 진전과 자원이 풍부한 문제 해결을 가능하게 한다는 것을 의미한다. 수퍼비전 파트너십에서 일어나는 모든 일은 그 안에서 유지되는 심리적 계약[11]의 본질에 관한 정보를 담고 있다. 수퍼바이저는 프로세스를 모델링하므로 교류분석 개념에 관한 지식은 수퍼바이저가 통합 어른 자아 상태integrating adult ego state[12]에 머무르는 데 도움이 될 것이다(Tudor, 2003). 그들의 의도는 수퍼바이지와 투명하게 협력하며 작업이 진행됨에 따라 계약을 맺고 재계약하는 것이다.

발달 교류분석에서는 견고한 계약을 통해 수퍼바이저와 수퍼바이지가 모두 'I'm okay, You're okay' 인생 태도에 머무를 수 있도록 도와준다. 인간에게는 심리적 허기/갈망hungers이 있는데, 그 가운데 세 가지가 자극, 구조, 그리고 인정[13]이다(더 많은

---

10) 교류분석에서 무엇보다 계약을 강조하는 이유는 '인간은 OK'라는 철학적 가정 때문이다. 상담자와 내담자는 동등한 입장에서 계약을 맺는다. 따라서 내담자가 원하는 변화에 대해 책임을 나눠 갖는다. 『현대의 교류분석』, 2022, 학지사.
11) 계약의 정신적/심리적 부분: 코칭 참여에 직접 관여하는 사람들이 말하지 못하는 개인적인 무언의 요구와 각 이해관계자들이 가진 '신념'과 더 관련이 있다(Rousseau, 1989). 이 부분에는 ①코치가 구조화하는 코칭 관계와 ②고객의 기대, 이와 관련해 맺는 ③둘 간의 '약속'이 계약에 모두 포함된다(Salicru, 2009). 『10가지 코칭 주제와 사례 연구』, 2022, 한국코칭수퍼비전아카데미.
12) 통합 어른 자아 상태integrating adult ego state: 어버이 자아 상태parent ego-state와 어린이 자아 상태child ego-state의 긍정적 측면을 통합하는 것을 말한다. 통합한다는 것은 일상적인 경험을 통해 끊임없이 자신을 업데이트하고 이를 통해 자아를 이해하는 것을 의미한다. https://www.businessballs.com/emotional-intelligence/transactional-analysis-eric-berne/
13) [역자] 자극 갈망(허기)stimulus hunger: 다른 사람에게서 신체적 접촉을 받고 싶어 하는 욕구, 인정 갈망recognition hunger: 누군가에게서 관심을 받고자 하는 욕구, 구조 갈망structure hunger: 주어진 시간을 어떻게 보낼지를 각자 찾고 발달시키려는 욕구

정보는 Berne, 1961 참조). 이러한 갈망이 충족되지 않으면 사람들은 심리 게임을 시작하거나 그에 빠져들게 된다. 계약 과정은 양 당사자가 관계에서 일어나는 일을 근거 기반의 평가적 관점에서 바라보도록 장려한다. 이를 통해 각자 자기 행동에 책임지게 된다. 발달 교류분석에서는 이것을 상호/공동 책임accounting이라고 한다.

번Berne(1964)은 계약을 관리적administrative, 전문적professional, 심리적psychological 부분 등 세 가지 수준으로 구분했다. 계약에는 다른 사람이 관여하는 경우가 많은데, 예를 들어 수퍼바이저는 수퍼바이지의 고객이 이해관계자라는 사실을 인지하고 있어야 한다. 지속적인 코칭수퍼비전 프로그램을 계약할 때는 다음 사항을 고려해야 한다.

- **관리적 부분**: 시기, 정기성, 장소, 수퍼바이저 또는 수퍼바이저가 아플 경우의 대처 방안 등의 세부 사항
- **전문적 부분**: 수퍼바이저와 수퍼바이지의 역량 수준, 작업의 적절한 범위와 목표 등 경계 관리 문제(수퍼비전은 치료가 아님). 신뢰성 및 윤리와 같은 영역도 여기에 해당한다. 발달 교류분석적 수퍼바이저는 수퍼바이지의 윤리 또는 직업적 행동 위반을 발견하면 그 행동을 중단하라고 말해야 할 수도 있다.
- **심리적 부분**: 어느 한쪽이 과정을 어떻게 방해할 수 있는지에 대한 고려, 수퍼바이저와 수퍼바이지 사이에 충분한 수준의 신뢰가 있는지 확인, 수퍼바이지가 마음을 터놓을 수 있도록 충분한 보호가 제공되고 있는지 확인한다.

헤이Hay(2007)는 회기 계약을 할 때 수퍼바이저가 결과, 관계 및 책임이라는 세 가지를 고려해야 한다고 제안한다.

이러한 형식들은 공동 창조 방식으로 사용될 수 있으며, 이를 통해 수퍼바이지는 자기 알아차림과 셀프 수퍼비전 능력을 향상할 수 있다.

이 철학의 맥락에서 코칭(코치) 수퍼바이저의 역할은 무엇인가?

교류분석적 수퍼비전은 메타 활동, 즉 하나의 활동으로 의미가 있으면서도 더 넓은 주제나 활동 패턴의 일부로도 의미가 있는 실천이다. 따라서 수퍼바이저에게는 '수퍼바이저의 메타 기술'(Tudor, 2002, p.40)이 필요하며, 이는 특히 수퍼바이저가 이러한 기술을 수퍼바이지에게 모델로 제공할 때 중요하다. 이런 방식으로 수퍼바이지는 자신의 알아차림과 성찰 능력을 향상하고, 고객과 함께 있을 때 새로운 배움을 적용할 수 있다.

[그림 6.2]는 수퍼바이저와 수퍼바이지가 작업을 구조화하고 담을 수 있는 EDGE 모델을 제공한다. 평행사변형은 윤리, 개발, 성장 및 평가에 속하는 것을 설명하는 영역으로 나뉘어 있다. 메타적 관점을 취하기 때문에 양쪽 당사자는 그 순간에 작업할 때 EDGE(Ethics, Development, Growth, Evaluation)라는 네 가지 요소에 대한 알아차림을 유지할 수 있다. 또 준비와 성찰을 돕는 데에도 사용할 수 있다.

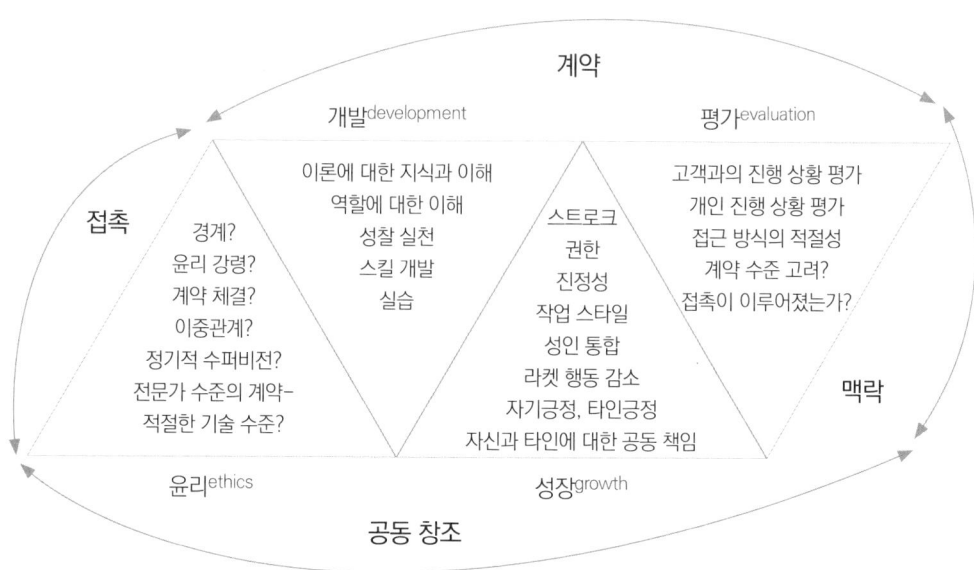

[그림 6.2] 텅Tongue의 EDGE 모델(출처: 저자)

이 요소들은 4C 내에 위치한다.

- 접촉Contact – 수퍼바이저와 수퍼바이지가 서로 '만났는가?'
- 계약Contract – 계약이 명확했는가? 계약이 충족되었나?
- 맥락Context – 고객 시스템을 고려했는가?
- 공동 창조Co-creative – 양쪽 모두 상호성, 존중, 배움이 제공되었나?

수퍼바이저는 교류분석 개념을 사용하여 반성적reflexive 실천을 허용하는 것과 함께, 다음과 같이 두 가지 수준에서 학습이 일어날 수 있는 안전한 공간을 제공한다.

1. 수퍼바이저의 모델링을 통해 의식하지 않고 습득(암묵적 기억)
2. 수퍼바이지가 가져온 상황을 분석하기 위해 교류분석 이론에 집중할 때처럼 의식적, 인지적으로 습득

마제티Mazzetti(2007)에 따르면, 교류분석은 견고한 이론에 기반을 둔 '실천 중심 접근법practice-anchored approach'으로 간주되며, 특히 수퍼비전 관계에 적용할 수 있다.

발달 교류분석은 시스템적 접근 방식을 취하므로 수퍼바이저는 '다양한 관점에서 경청'할 수 있어야 한다(Hawkins, 2011, p.170). 조직적 맥락에서 발달 교류분석적 수퍼바이저는 수퍼바이저가 수퍼바이지의 옆에 서 있을 때, 상징적으로 수퍼바이지 뒤에 많은 사람이 '방안에' 있을 수 있다는 것을 인식한다. 이 인식이 프로세스를 가능하게 하고 촉진하는 역할을 한다.

이 철학을 따라 작업하려면 어떤 준비를 해야 하는가?

발달 교류분석적 수퍼비전은 상호적이고 공동 창조적인 접근 방식을 취하며, 수퍼바이저와 수퍼바이지 모두 이 과정을 통해 배우고 발전한다. 파포Papaux(2016, p.340)는 수퍼바이저의 태도가 '회복탄력성과 배움의 과정에 가장 중요'하며 이 과정은 '수퍼비전을 **하는** 것보다 수퍼바이저가 **되는** 것과 더 많은 관련이 있다'라고 말한다.

인간은 자신의 욕구를 충족하기 위해 움직인다. 교류분석 실무자들은 스트로크strokes[14]에 관해 이야기하는데, 스트로크는 인정recognition의 단위이다. 우리가 필요한 수준의 긍정적 스트로크를 얻지 못하면(우리가 무의식적으로 결정하고 유지하는), 우리는 부정적인 스트로크를 얻을 수 있는 상황을 만들기 위해 최선을 다할 것이다, 왜냐하면 어떤 관심이든 전혀 관심이 없는 것보다는 낫기 때문이다. 교류분석은 정신역동적 모델로서, 우리는 무의식적으로 다른 사람과의 관계에서 내면의 갈등을 표출하려 한다. 수퍼바이저도 다르지 않다. 더 의식적인 알아차림을 가지고 작업하려면 수퍼바이저도 수퍼비전이 필요하다.

수퍼바이저가 교류분석적 접근 방식과 일치하고 윤리적으로 작업하기 위해서는 교류분석의 핵심 개념, 특히 디스카운팅discounting[15], 심리적 게임 및 라켓에 대한 이해가 필요하다. 수퍼바이저는 수퍼바이지가 심리적 게임을 시작하거나 끌어들이는 요인을 파악하여 수퍼비전 관계에서 심리 게임이 발생했을 때 이를 알아차릴 수 있는 위치에 있어야 한다.

---

14) 스트로크strokes: 내가 당신과 교류할 때, 나는 당신을 인정recognition한다는 신호를 보내고 당신 또한 이러한 신호를 보낸다. 교류분석 언어로 이렇게 인정하는 행위를 스트로크라고 부른다. 우리가 신체적, 심리적 웰빙을 누리기 위해서는 스트로크가 필요하다. 『현대의 교류분석』, 2022, 학지사.
15) 디스카운트discount: 의식적으로 의도하는 것은 아니지만, 상황의 특정 측면 중 자신의 각본과 어긋나는 것을 지워버리는 것, 즉 자신도 모르게 문제 해결에 관련된 정보를 무시하는 것이다. 『현대의 교류분석』, 2022, 학지사.

따라서 수퍼바이저는 준비 과정에서 어버이 자아 상태와 어린이 자아 상태의 긍정적인 측면을 '지금 여기'의 적절한 반응으로 사용하여 근거가 있고 통합 어른 자아 상태(Tudor, 2003)의 공간에 있는지 확인해야 한다.[16]

게임 초대에 귀를 기울이는 연습을 하고, 게임 초대를 들었을 때 대안을 생각하는 연습을 하면 수퍼바이저가 의식적으로 게임을 하거나 '이 순간에 당신이 필요로 하는 것이 무엇인가요?'와 같이 질문하여 긍정적인 방식으로 개입하는데 도움이 된다.

또 '라켓 시스템Racket System'[17] 개념은 코치 수퍼바이저들에게 특히 유용하며, 이 개념은 수퍼바이지나 고객의 '라켓 신념' 모두에 적용될 수 있다. 우리가 자신에 대해 이러한 자기 제한적 신념을 갖고 그 신념에 따라 행동하면, 주변 사람들의 반응을 얻게 되며, 이는 다시 자기 제한적 신념을 강화한다. 우리는 그렇게 생각하는 것이 옳다고 스스로에게 말할 수 있다. 우리가 보지 못하는 것은 우리가 스스로 만든 폐쇄 루프 시스템 안에 갇혀 있다는 것이다. 헤이Hay(1993, 2009)가 고안한 BARs 다이어그램([그림 6.3] 참조)을 보면, 마치 우리 자신을 그 안에 갇혀 있게 하는 것처럼 보인다.

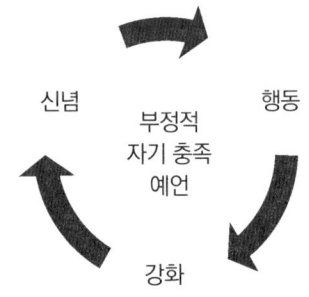

[그림 6.3] 헤이의 BARs 다이어그램(1993, 2009)

---

16) 각주 12) 참고
17) 라켓 시스템racket system: 인생 각본의 특징을 설명하고 평생 어떻게 자신의 각본을 유지하려고 하는지 보여주는 모델이다. '사람들이 자기 각본을 유지해 나가기 위한 자신의 감정, 사고, 행동의 자기 강화 및 왜곡된 체계'라고 정의할 수 있으며, 각본 신념과 감정script belief and feeling, 라켓 표현racket display, 기억 강화reinforcing memory라는 세 가지의 서로 관련되고 의존적인 구성 요소로 이루어진다. 『현대의 교류분석』, 2022, 학지사.

수퍼바이저의 역할은 수퍼바이지의 라켓을 주의 깊게 경청하는 것이며, 그러기 위해서 그들은 그들 자신에 대해 알고 있어야 한다. 동료에게 실망해서 수익성이 높은 일을 잃은 수퍼바이지가 슬픔을 표현한다면, 그 슬픔은 진정한 감정인 분노를 가리기 위해 사용되고 있을 수 있다. 수퍼바이저가 경각심을 가지고 있지 않으면 수퍼바이지에게 무슨 일이 일어나고 있는지 감지하지 못해서 '글쎄, 당신 입장이라면 화가 났을 것 같은데…'와 같은 좀 더 적절한 도전으로 응답하지 못할 수 있다.

이 접근 방식이 수퍼바이지에게 특히 유용할 수 있는 방법은 무엇인가?

수퍼바이지는 'I'm okay, You're okay'의 인생 태도를 벗어나는 순간을 수퍼비전에 가져올 때가 있다. 수퍼바이저는 수퍼바이지가 자신의 디스카운팅discounting을 발견할 수 있도록 도와주기 위해 질문한다. 디스카운팅은 쉬프와 쉬프Schif and Schiff(1971)가 설명한 개념으로, 자신의 기준 틀에 맞지 않는 것을 보지 못하는 무의식적인 과정이다. 수퍼바이지가 교류분석 지식이 풍부하다면 '여기서 무엇을 디스카운팅하고 있을까?'라고 질문하는 것만으로도 자신의 디스카운팅을 발견하고 그 과정에서 디스카운팅에 대해 조금 더 배울 수 있다! 이것은 교류분석적 수퍼비전을 체화embodies하는 실천(이론에서 실무로 이어지는) 작업의 좋은 예이다.

수퍼바이지는 이러한 수퍼비전 과정을 통해 깊은 수준의 배움을 얻게 된다. 특정 문제에 대한 통찰력을 얻고, 앞으로 나아가기 위한 대안을 식별하며, 개념을 사용하여 자신의 언어를 날카롭게 다듬어 성찰하고 인간 행동, 특히 자기 행동에 대한 이해를 심화하면서 전문적으로나 개인적으로 진전을 이룰 수 있다.

가장 가치 있는 부분은 무의식적으로 어떻게 그들을 게임에 초대하는지를 식별하고, 이러한 반응이 어려운 상황(또는 심리적 게임)으로 전개될 수 있다는 점을 배우는 것이다. 수퍼바이지가 이를 더 많이 이해할수록 자기 행동을 더 잘 바꿀 수 있고, 스트레스 없이 프로세스를 원활하게 진행할 수 있는 다양하고 긍정적인 초대를 할 수 있다.

다음 기법을 사용하기 전에 고려해야 할 다른 사항이 있는가?

수퍼바이지에게 도움이 되기 위해서는 'I'm okay, You're okay' 인생 태도에 있어야 한다. 여기서 우리는 게임 초대, 수퍼바이지가 자신의 라켓을 운영하거나 디스카운팅하는 것을 식별할 수 있다. 다시 말해, 우리는 수퍼바이지와 깨끗하게[cleanly][18] 작업하기 위해 자신의 심리적 행동[psychological act][19]을 정리한다.

참고 문헌

- Berne, E. (1961) *Transactional Analysis in Psychotherapy*. New York: Grove Press.
- Berne, E. (1964) *Games People Play*. New York: Penguin books.
- Berne, E. (1972) *What Do You Say after You Say Hello?* New York: Grove Press, pp. 110-114.
- Hawkins, P. (2011) Systemic Approaches to Supervision. In: T. Bachkirova, P. Jackson, and D. Clutterbuck (Eds.) *Coaching and Mentoring Supervision*. England: Open University Press. Ch.13.
- Hay, J. (1993) *Working It Out at Work*. Watford: Sherwood Publishing.
- Hay, J. (2000) Organisational TA, Some Opinions and Ideas. *Transactional Analysis*

---

18) [역자] 깨끗하게[cleanly]: '솔직하고 숨기는 것 없이 투명하게'의 의미로 사용한다.
19) [역자] 심리적 행동[psychological act]: ICF 8가지 핵심 역량 중 2번 코칭 마인드셋을 구현한다의 7번 지침인 '코치는 정신적으로, 정서적으로 세션을 위해 준비한다[Mentally and emotionally prepares for sessions]'와 연결되는 것으로 보인다.

- *Journal*, 30(3), pp. 223-232.
- Hay, J. (2009) *Working It Out at Work*. Watford: Sherwood Publishing.
- Kahler, T. (1975) Drivers: The Key to the Process of Scripts. *Transactional Analysis Journal*, 5(3), pp. 280-284.
- Mazzetti, M. (2007) Supervision in TA: An Operational Model. *Transactional Analysis Journal*, 37(2), pp. 93-103.
- Papaux, E. (2016) The Role of Vulnerability in Supervision: From Pain to Courage, Inspiration, and Transformation. *Transactional Analysis Journal*, 46(4), pp. 331-34.
- Schiff, J. and Schiff, A.W. (1971) Passivity and the Four Discounts. *Transactional Analysis Journal*, 1(1), pp. 71-78.
- Tudor, K. (2002) Transactional Analysis Supervision or Supervision Analyzed Transactionally? *Transactional Analysis Journal*, 32(1), pp. 39-55.
- Tudor, K. (2003) *Key Concepts in TA Contemporary Views*. London: Ego States Worth Publishing Ltd, pp. 201-231.

추가 읽기

- English, F. (2007) I'm Now a Cognitive Transactional Analyst, are You? *The Script*, 37(5), pp. 1-2.
- Hay, J. (2007) *Reflective Practice and Supervision for Coaches*. Maidenhead: McGraw-Hill.
- Hay, J. (2011) Using Transactional Analysis in Coaching Supervision. In: T. Bachkirova, P. Jackson, and D. Clutterbuck (Eds.) *Coaching and Mentoring Supervision*. England: Open University Press. C
- Karpman, S. (2014) *A Game Free Life: The New Transactional Analysis of Intimacy, Openness, and Happiness*: San Francisco: Drama Triangle Publications.
- Searles, H. (1955) The Informational Value of the Supervisor's Emotional Experience. *Psychiatry*, 18, pp. 135-146.
- Steiner, C. (1995) Thirty Years of Psychotherapy and Transactional Analysis *Transactional Analysis Journal*, 25(1), pp. 83-86.

64. CHECKS 셀프 수퍼비전 체크리스트

린다 텅

어디에서 사용할 수 있는가?			일반적 수준의 수퍼바이지 경험 필요
	동료 그룹 수퍼비전	개인적 성찰	대부분의 단계

언제 사용하는가?

이 기법은 수퍼비전 회기가 끝난 후 성찰 연습으로 사용된다. 일상적으로 수행하면 수퍼바이지의 처리 선호도와 수퍼비전 파트너십을 평가하는 데 흥미로운 기준점을 제공하기도 한다.

이 기법은 무엇인가?

기억을 도울 수 있는 'CHECK' 형태의 셀프 모니터링 체크리스트

1단계: 기호와 기호가 나타내는 의미에 익숙해진다. [그림 6.4] 참조

계약
- 계약이 명확했는가?
- 계약이 충족되었는가?

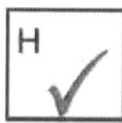
지금 여기
- 프로세스가 모델링되었는가?
- 수퍼바이지가 평행 프로세스에 주목했는가?
- 수퍼바이저가 평행 프로세스에서 벗어나 있었는가?

동등한 관계
- 상호 존중이 보였는가?
- 수퍼바이저가 I'm okay, you're okay 접근 방식을 제안했는가, 그것은 어떻게 나타났는가?

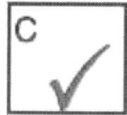
성장을 위한 도전
- 발달 지도
- 학습에 대한 수퍼바이지의 도전

주요 이슈
- 주요 이슈는 무엇이었는가?
- 이전에도 이런 이슈가 제기된 적이 있는가?

안전
- 보호는 어떻게 제공되는가?
- 수퍼바이지에게?
- 수퍼바이지의 고객 및 고객 시스템에?

[그림 6.4] 수퍼비전을 위한 CHECKS 리스트

클락슨Clarkson(1991)에서 적용된 것으로 수퍼비전 회기가 끝난 후 성찰하는 데 유용하다. 수퍼바이저와 수퍼바이지 모두 사용할 수 있다.

2단계: 수퍼비전을 마친 후에 CHECKS 체크리스트를 따라 작업한다. 각 요소를 차례로 신중하게 집중한다.

3단계: 자신의 수퍼비전 경험이나 수퍼비전 받았을 때의 경험에 만족한다는 것을 나타내기 위해 상자에 체크하고 싶은지 알아차린다. 체크를 하기 전에 결정을 지지하는 데 도움이 될 증거가 무엇인지 고려한다.

4단계: 체크할 수 없는 상자가 있다면 그 이유를 고려한다. 일반적으로 이러한 항목은 다음 수퍼비전 회기의 어젠다가 될 수 있다.

이 기법을 사용하는 방법

CHECKS는 '점으로 표시된 목록tick list'으로 제시되어 있지만, 이는 성찰을 위한 보조 수단으로 사용된다. 따라서 완전하고 심사숙고한 응답을 할 수 있는 충분한 시간과 공간을 허용하는 것이 중요하다. 이것은 단순히 체크해야 할 목록이 아니다.

일상적으로 수행하는 경우, 완료한 CHECKS와 완료하는 동안 작성한 모든 메모를 보관하는 것이 유용하다. 정기적으로 모든 항목을 나란히 살펴보고 어떤 패턴이 나타나는지 확인한다.

또 특정 회기(또는 일련의 회기) 이후에 수퍼바이저와 수퍼바이지 모두가 CHECKS 목록을 사용하여 파트너십을 검토하는 것도 유용하다. 어떤 요소를 비슷하게 보았는지와 어떤 것을 다르게 보았는지 주목하는 것은 정보를 얻는 데 도움이 될 수 있다. 이를 살펴보는 것은 양쪽이 서로를 더 완전히 이해하는 데 도움이 되며, 향후 실험해 보고 싶은 관계의 요소를 식별할 수 있게 해준다.

CHECKS 목록에 익숙해지면 수퍼바이저는 여기에 나열되지 않은 다른 요소를 추가하고 싶어질 수 있다. 이를 자신에게 맞게 조정하되, 동시에 중요한 모든 요소를 포함하고 있는지 확인해야 한다.

그 밖에 주목해야 할 사항은 무엇인가?

흔히 목록에 있는 어떤 것이 만족스럽다는 느낌이 들지만, 그러한 견해를 형성하는 근거를 고려하면 정확히 짚어내기가 어렵다. 이는 그 자체로 중요한 정보이며, 향후 수퍼비전을 위한 자료가 될 수 있다. 아마도 회기가 반영되기 전에 과거 수퍼비전 관계에서 중요한 순간들이 '이어져 오고 있는$^{carried\ forward}$' 것이 있을지도 모른다. 아니면 더 엄격한 검토가 필요한 몇 가지 가정들이 있을 수도 있고, 혹은 어떤 개념이 실제로 어떻게 나타나는지에 대한 불확실성을 강조할 수도 있다.

주의 사항

셀프 수퍼비전은 매우 유용한 과정이며 좋은 실천 방법이지만, 대면 또는 온라인으로 수퍼바이저와 함께하는 실시간 수퍼비전을 대체할 수는 없다.

이 기법의 다른 용도로는 무엇이 있는가?

코칭 관계에서도 사용할 수 있다.

참고 문헌

- Clarkson, P. (1991) Through the Looking Glass: Explorations in Transference and Countertransference *Transactional Analysis Journal*, 21(2), pp. 99-107.

~~~~~

65. 네 개의 P를 사용하여 계약하기

미셸 루카스Michelle Lucas[20]

언제 사용하는가?

이 기법은 특히 그룹 수퍼비전 관계를 시작할 때 유용하며, 상세한 계약이 도움이 되는 모든 환경에서 사용할 수 있다.

이 접근 방식은 무엇인가?

이 접근 방식은 그룹 계약을 구조화하고 발전시키는 데 도움이 되는 모델을 사용한다. 모델은 줄리 헤이Julie Hay(2007)의 연구에서 나온 [표 6.1]을 참고한다. 조직 맥락에서 일하면서 영감을 받아 네 번째 'P'를 를 추가하여 수퍼비전 작업에 미치는 정치적 영향을 논의하는 데 도움이 되도록 했다.

　1단계: 개인의 수퍼비전 경험 및 수퍼비전 작업의 품질에 미치는 영향에 관한 토론을 생성한다.

　2단계: 포스트잇을 사용하여 각 그룹 구성원에게 그들이 최상의 작업을 할 수 있

---

20) 편집자 소개 참조

도록 그룹에서 원하는 것들을 나열하도록 요청한다. 규칙은 포스트잇 하나당 하나의 아이디어를 적는 것이다.

3단계: 플립 차트에 2×2 모델을 재현한다. 각 사분면에 어떤 내용이 들어가는지 설명한다. [표 6.1]에 몇 가지 제안이 나와 있다.

[표 6-1] 헤이Hay가 채택한 계약의 4Ps(2007)

절차적 procedural	**전문적** professional
예: 물류, 시간 관리를 위한 프로토콜, 방해 행위 관리	예: 우리 작업의 목적은 무엇인가?
Q. 작업 순서는 어떻게 결정하는가? Q. 매번 누구나 시나리오를 가져와야 하는가? Q. 누군가 회기에 빠지면 어떻게 되는가?	Q. 우리는 서로 어떤 기대를 하고 있나? Q. 어떻게 행동하길 원하는가? Q. 여기서 지원과 도전은 어떤 모습인가?
심리적 psychological	**정치적** political
예: 동료들과의 비교를 어떻게 다룰 것인가?	예: 우리는 의도적으로 또는 무의식적으로 어떤 권력적인 위치를 취할 수 있는가?
Q. 지금까지 어느 정도의 신뢰가 있는가? Q. 수퍼비전에 대한 이전의 좋은 경험과 나쁜 경험은 무엇인가?	Q. 이를 어떻게 투명하게 만들 것인가? Q. 작업에 방해가 될 수 있는 다른 요소는 무엇인가?

4단계: 한 번에 하나의 아이디어를 공유할 수 있도록 그룹을 촉진하여 개인이 포스트잇을 어디에 붙일지 정할 수 있게 한다. 자기 아이디어를 명확히 설명하도록 초대한 다음, 다른 그룹원들이 비슷한 느낌의 포스트잇을 추가한다. 각 개인은 미묘한 뉘앙스가 있는 경우 뉘앙스를 명확히 하도록 초대한다.

5단계: 그런 다음 수퍼바이저는 이전과 다른 의견을 제시하도록 초대하고, 4단계를 반복한다.

6단계: 모든 그룹 구성원이 아이디어를 '주도'하거나, 아이디어가 모두 소진되거나, 시간 제한에 도달할 때까지 계속한다.

7단계: 아이디어의 패턴, 즉 네 개의 사분면 전체에 고르게 분포되어 있는지 아니면 간격이 있는지 성찰하도록 초대한다.

8단계: 7단계에서 계약에 대한 추가 아이디어를 생성하거나, 또는 패턴의 관찰을 단순히 인정할 수도 있다.

9단계: 각 그룹 구성원이 작성한 계약에 대해 얼마나 편안함을 느끼는지 확인한다. 일부 요소가 불편함을 일으키는 경우 회기에서 추가 논의를 위해 강조 표시하거나 나중에 다시 논의할 수 있다.

10단계: 채워진 플립 차트를 사진으로 찍어 그룹에 배포한다.

이 접근 방식을 사용하는 방법

이 작업을 완전히 수행하려면 전체 그룹 회기가 소요될 수 있으므로 수퍼바이저는 각 그룹이 얼마나 세부적으로 작업하는 것이 적절한지 평가해야 한다. 모든 사람이 동시에 포스트잇을 붙인 다음 전체 그룹이 결과물을 검토하면 더 빨리 완료할 수 있다. 그런 다음 수퍼바이저는 기여도를 검토하고 명확성을 추구하며 다른 사람들도 유사한 방식으로 참여하도록 격려한다.

그 밖에 주목해야 할 사항은 무엇인가?

일반적으로 그룹은 전문적 사분면과 정치적 사분면에 관해 이야기할 수 있도록 격려가 필요하다. 몇 가지 개인적인 일화를 공유하면 심리적 및 정치적 영향이 얼마나 미묘하게 작용할 수 있는지를 강조할 수 있다. 이러한 취약성 수준은 그룹 구성원들이 '말할 수 없는 것을 말하는' 방법을 본보기로 삼는 데 도움이 된다.

주의 사항

어떤 그룹은 어쩌면 반직관적counter-intuitively으로 작업에 몰두하고 싶어 하며, 이는 유용한 전략이 될 수 있다. 설명을 추가할 기회가 발견되면 '스팟 계약spot contracting'이 필요하다는 신호를 보내면 된다. 예를 들어, 누군가의 전화벨이 울릴 때까지 기다렸다가 이를 계기로 산만함을 어떻게 관리할지 논의할 수 있다.

참고: Hay(2000)의 저서에는 'Perceptual'을 뜻하는 다섯 번째 'P'가 포함되어 있는데 저자가 다루는 주제는 여기에서 제공하는 주제와는 다르다.

이 접근 방식의 다른 용도로는 무엇이 있는가?

이 모델은 일대일 수퍼비전에서 대화dialogue를 안내할 수 있다. 접근 방식은 어려운 관계를 고려할 때 고객과의 논의에 정보를 제공할 수 있으며, 네 개의 사분면은 어려움의 근본 원인에 대한 단서가 될 수 있다.

참고 문헌

- Hay, J. (2000) Organisational TA, Some Opinions and Ideas. *Transactional Analysis Journal*, 30(3), pp. 223-232.
- Hay, J. (2007) *Reflective Practice and Supervision for Coaches*. Maidenhead: McGrawHill, pp. 121-122.

~~~~~

66. 무인도 판타지 desert island fantasy

미셸 루카스, 크리스틴 챔피온 Christine Champion[21]

언제 사용하는가?

수퍼비전 작업에 참신함과 깊이를 더하고자 할 때 유용하며, 더 일반적인 대화 기반 탐색에서 '막혀 있는 상태 stuck-ness'에 있을 때 도움이 된다. 이러한 유쾌한 접근 방식은 우리가 합리적이고 논리적인 사고를 사용할 때 놓칠 수 있는 무의식적인 관계 역동을 조명해 준다. 전체론적 접근 방식은 우리의 인식 범위를 벗어나는 지식을 활용하는 데 도움이 된다.

이 기법은 무엇인가?

이 방법은 수퍼바이지가 은유와 이미지를 사용하여 작업에서 발견한 주제와 영향을 포착하도록 초대한다.

1단계: 다음 내용에 따라 그룹에게 간략히 설명한다.

---

21) 기법 25. 저자 소개 참조

잠시 후 (이름)님이 고객과의 작업에 대해 더 자세히 공유하실 것입니다. 들으시면서 코치와 고객이 무인도에 고립되어 있다고 상상해 보세요. 그 섬의 위치가 어디일지 상상해 보세요. 그들은 무엇을 하고 있을까요? 어떤 역할을 맡고 있을까요? 이 상황에 대해 어떻게 느낄까요? 하루를 어떻게 보낼까요? 그들이 의견을 끝내면, 여러분이 무언가를 스케치할 수 있는 5분 정도의 시간을 가질 것입니다. 이 작업에는 옳고 그른 방법이 없으니 편안하게 이 기법을 즐기세요.

2단계: 그룹에 있는 경우, 수퍼바이지에게 고객 시나리오를 설명하도록 초대한다. 말이 많은 수퍼바이지의 경우 시간 제한을 두거나 반대로 더 많은 이야기를 공유할 수 있도록 몇 가지 탐색적인 질문을 한다.

3단계: 잠시 멈추고 각 그룹 구성원(수퍼바이지 포함)에게 무인도를 스케치할 시간을 준다.

4단계: 저마다 자신의 스케치를 공유하고 수퍼바이지의 이야기를 들으면서 떠오른 생각과 감정을 공유하도록 초대한다.

5단계: 각 스케치가 끝나면 잠시 멈추고 그룹 간의 대화로 초대하여, 제시된 내용에 대한 추가 토론, 반응 또는 질문을 하고 비공식적인 분위기를 유지한다. 때로는 서로 다른 스케치에서 새로운 통찰력이 나타나며 이는 다음 발표자를 결정하는 데 도움이 될 수 있다. 수퍼바이지는 자신의 스케치를 마지막에 발표한다.

6단계: 수퍼바이지와 함께 새로운 통찰이 있는지 확인한다. 그룹이 제공하는 은유로 시작한다. 예를 들어, 동료의 스케치 중 하나에 구조팀이 언급되었지만 수퍼바이지 자신의 스케치에는 없는 경우, 수퍼바이저는 장난스러운 질문을 할 수 있다. "그래서 궁금한 게 … 당신 구조 팀은 어떻게 된 거죠?"

7단계: 수퍼바이지가 은유에서 벗어나 실제로 적용할 수 있는지 알아본다. '그래서 이것이 현재/미래에 이 고객과의 작업에 어떤 의미가 있을까요?'와 같은 간단한 개방형 질문을 던진다.

이 기법을 사용하는 방법

어떤 사람들에게는 그림을 그리는 것 자체가 불편할 수 있으나, 수퍼바이저가 대략적인 스케치를 통해 이것이 미술 대회가 아니라는 점을 강조하는 것이 도움이 된다. 개인과 이 작업을 할 때는 창의적인 표현에 참여하고 탐구하기를 돕기 위해 색연필을 제공한다. 그러나 그룹과 함께 작업하거나 시간에 제한이 있는 경우에는 메모장과 펜만 사용하는 것이 더 좋다.

그 밖에 주목해야 할 사항은 무엇인가?

이 기법은 의도적으로 모호하고 애매하게 느껴질 수 있으므로 그룹 구성원이 이 기법을 사용하도록 초대받으면 얼어붙을 수 있다. 이는 관계에서 라포 및/또는 신뢰가 강화될 필요가 있음을 암시한다. 이런 일이 발생하면 계약을 재검토하고, 판단이 관계 역동에 미치는 영향에 대해 참가자들이 어떻게 느끼는지 이해하는 기회가 될 수 있다.

주의 사항

이 기법은 수퍼바이지의 더 높은 수준의 의식을 드러내는 데 강력한 도구가 될 수 있으며, 그 깊이와 영향은 놀라울 정도로 강렬할 수 있다. 이럴 때 그룹에 서로 지지하는 문화가 있는 것이 중요하다.

이 기법의 다른 용도로는 무엇이 있는가?

이 기법은 수퍼바이저가 섬 버전을 스케치하는 일대일 수퍼비전에서도 동일하게 효과적일 수 있다. 시간이 지나면서 코칭 관계가 진화하는 것을 기반으로 이야기의 폭을 넓혀 이 기법을 확장할 수 있다.

코치는 코칭 고객에게 동일하게 적용할 수 있다.

더 읽어보기

- Hawkins, P. and Smith, N. (2006) *Coaching, Mentoring and Organisational Consultancy: Supervision and Development*. Maidenhead: McGraw-Hill. p. 32. 『수퍼비전: 조력전문가를 위한 일곱 눈 모델』 피터 호킨스, 로빈 쇼헤트 지음. 김상복, 이신애 옮김. 2019. 코칭수퍼비전아카데미
- Hawkins, P. and Smith, N. (2007) *Coaching, Mentoring and Organizational Consultancy: Supervision and Development*. Maidenhead: Mc Graw-Hill.

~~~~~

67. 디스카운팅 discounting 과 성공으로 가는 단계

린다 텅

언제 사용하는가?

이 기법은 수퍼바이지가 생각에 '갇힌stuck' 것처럼 보일 때 사용한다. 이는 아마도 특정 정보가 그들의 의식적 인식 밖에 있기 때문일 것이다. 수퍼바이저가 수퍼바이지에게 그것을 '보게' 도와주면, 그들은 자신이 작업하는 어떤 문제든 더 잘 해결할 수 있다.

'디스카운팅discounting'은 무엇인가?

디스카운팅은 교류분석의 개념으로(Schiff & Schiff, 1971 참조), 우리의 기준 틀에 맞지 않는 것을 보지 못하는 무의식적 과정이다. 수퍼비전은 디스카운팅되고 있는 것을 알아차리게 하는 데 도움이 된다. '그들은 절대 변하지 않을 거야' 또는 '나는 아무 것도 할 수 없어'와 같이 수퍼바이지가 사용하는 언어에서 디스카운팅이 일어나고 있다는 단서를 찾을 수 있다. 또 '엄청난'(대단히 큰 것을 의미) 또는 '재앙'(약간 불편한 것을 의미)이라고 과장하는 것은 디스카운팅의 신호이기도 하다.

 자신이 가진 정보나 기술을 무시하고 '보지 않음'으로써 자신을 제한하는 경우와 애초에 필요한 정보나 기술을 가지지 않은 경우를 구분해야 한다. (이것은 기술을 디스카운팅하는 것이 아니라 필요한 기술의 부재일 것이다.)

기법은 무엇인가?

성공 단계 모델([그림 6.5] 참조)은 디스카운트가 발생하는 위치를 파악하기 위해 프레임워크를 사용한다. 총 6단계가 있으며, 핵심은 디스카운트가 발생하는 위치를 찾은 다음, 아래 단계로 내려가 작업하는 것이다. 즉 수퍼바이지가 디스카운팅하지 않고 있는 곳에서 작업하는 것이다.

 수퍼바이저로서, 당신이 [그림 6.5]의 맨 위 단계에 서 있다고 상상해 본다. 그런 다음 디스카운트가 어디에 있을지 발견하기 위해 관련된 질문을 한다.

성공 – 결론 – 이제 어떻게 할 것이며, 수퍼바이지가 자기 사보타주를 피하려면 어떻게 해야 하는가?

전략 – 통합 – 구현계획 수립

기술 – 역량 – 수퍼바이지가 해당 기술을 보유하고 있는지 또는 어떻게 개발할 수 있는지

해결 – 내용 – 있을 수 있는 대안에 대한 분석과 고려

중요성 – 계약 – 문제로 보이는 것, 수퍼비전에서 작업해야 할 사항

상황 – 접촉 – 수퍼비전 관계에 대한 알림, 수퍼바이지는 얼마나 발전했는지, 수퍼비전의 성격에 대한 기대치

[그림 6.5] 헤이Hay의 성공으로 가는 단계(2007)

1단계: 상황/접촉
- 우리의 수퍼비전 관계는 얼마나 견고한가요?
- 우리 사이에 '말하지 않은 것'이 있나요?
- 이 문제와 관련하여 저에게 기대하는 것은 무엇인가요?

2단계: 중요성/계약
여기서 무엇이 이슈인 것 같나요? 다음 중 하나일 수 있습니다.
- 자신이 가지고 있는 기술을 고려하지 않고 있습니다(자기 디스카운트).
- 다른 사람의 감정이나 행동을 무시하고 있습니다(타인 디스카운트).
- 윤리 위반 가능성을 알아차리지 못했습니다(상황 디스카운트).

3단계: 해결/내용
- 어떤 대안을 고려해보셨나요?

- 어떤 대안을 거부했나요?
- 그 밖에 무엇을 할 수 있나요?

4단계: 기술/역량

- 과거에 사용한 어떤 기술이 현재에 유용할 수 있을까요?
- 어떤 새로운 기술을 개발하는 것이 도움이 될까요?

5단계: 전략/통합

지금 무엇을 하고 싶으신가요? 예를 들어,

- 당신의 통찰로 무엇을 하시겠습니까?
- 어디서부터 시작하시겠어요?
- 그다음 단계는 무엇인가요?

6단계: 성공/결론

- 당신의 노력을 방해하는 것은 무엇입니까?

이 기법을 사용하는 방법

디스카운트가 어디에 있는지 찾아내고, 수퍼바이지가 알고 있지만 고려하지 않고 있는 부분을 보게 돕는 것이 수퍼비전 기술이다. 일반적으로 수퍼바이지가 디스카운트를 알아차리게 되면, 누락된 부분에 접근할 수 있게 되고(즉, '고려'할 수 있게 되고) 다른 단계는 제자리를 찾게 된다. 때때로 수퍼바이저의 추가 지원이 필요할 수 있는데, 예를 들면 단계가 올라가면 더 많은 디스카운트가 있을수 있다는 것이다. 질문을 하고 그들이 스스로 생각하도록 하는 동일한 프로세스가 적용된다. 그러나 일반적으로 이런 추가 디스카운트들은 해결하는 데 그렇게 많은 작업이 필요하지 않다.

    수퍼바이지는 지적으로는 자신이 디스카운팅하고 있는 것을 이해할 수 있지만, 그들의 언어 패턴을 보면 아직 완전히 이해하지 못했음을 알 수 있다. 이럴 경우 수퍼바이저는 디스카운트가 발생한 단계 아래로 돌아가서 모델의 단계를 다시 '밟아야^{walk}' 한다.

그 밖에 주목해야 할 사항은 무엇인가?

수퍼바이지가 자신이 무엇을 디스카운팅하는지 알 수 없다고 확신할 때까지 해결책을 제공(따라서 수퍼바이지의 기술^{skills}을 디스카운팅하는 것)하는 것을 피하고, 수퍼바이저로서의 역할에 주의를 기울인다.

주의 사항

가끔 수퍼바이저는 수퍼바이지의 디스카운팅을 놓치거나 늦게 인지할 수 있으며, 그 대신에 다른 그룹 구성원이 '잡아내는' 경우도 있다. 이는 수퍼바이저도 비슷한 디스카운팅 영역을 가지고 있으며 수퍼바이저도 수퍼비전으로 혜택을 받을 수 있음을 시사하는 것이다.

이 기법의 다른 용도로는 무엇이 있는가?

성공으로 가는 단계는 수퍼바이지가 고객과 함께 사용할 수도 있으며, 팀에서 공동의 문제 해결을 위해 사용할 수도 있다.

참고 문헌

- Hay, J. (2007) *Reflective Practice and Supervision for Coaches*. McGraw-Hill: Maidenhead, pp. 34-39.
- Schiff, J. and Schiff, A.W. (1971) Passivity and the Four Discounts. *Transactional Analysis Journal*, 1(1), pp. 71-78.

68. 공모collusion 가능성 탐색

미셸 루카스와 린다 텅

언제 사용하는가?

때때로 수퍼바이저는 수퍼바이지가 코칭 과정에서 이해관계자 중 한 명에게 실제보다 더 많이 공감하고 있다고 느낄 수 있다. 이런 일은 코칭 과제가 교정 작업의 성격을 띠고 있고, 시스템이 코치를 일선 관리자 업무의 일부로 끌어들이는 조직 환경에서 일할 때 흔히 발생한다.

또는 코치가 일부 공유된 역사나 경험 때문에 개인 고객과 깊은 공감을 형성하여 중립성을 잃을 수도 있다. 이 접근 방식은 당사자 간의 심리적 거리(Micholt, 1992 참조)에 대한 탐색을 촉진하고 흔히 공모 위험이 있는 곳을 보여준다.

기법은 무엇인가?

1단계: 수퍼비전 대화가 전개되는 동안 수퍼바이지의 객관성, 중립성 또는 호기심에 어떤 일이 일어나고 있는지 염두에 둔다.

2단계: 수퍼바이지에게 꼭지점에 각각 '코치', '고객', '조직'이라고 표시한 삼각형을 그리도록 요청한다. 또는 세 개의 포스트잇을 사용하여 삼각형을 만들어서 어떤 종류의 삼각형 모양이 각 당사자에 대해 자신이 느끼는 '연결'을 반영하는지 생각해 보도록 한다.

3단계: 삼각형의 구성에서 어떤 점이 눈에 띄는지 물어본다.

4단계: 그들과 함께 거리가 다른 경우를 탐색한다. 예를 들어, 당신과 고객 사이의 거리가 (당신과 조직 사이의 거리에 비해) 더 먼 것이 당신의 작업 방식에 어떻게 나타난다고 생각하나요?

5단계: 고객 입장과 조직 입장 사이의 거리를 살펴봄으로써 더 많은 관점을 얻을 수 있다. 매번 그 거리가 작업에서 어떻게 나타날 수 있는지에 집중한다.

6단계: 약간의 성찰 시간을 갖고 수퍼바이지에게 이전에 인식하지 못했던 것을 지금 알아차린 내용을 공유하도록 하고, 이 탐구가 향후 작업에 어떤 영향을 미칠지 물어본다.

기법 작업 방법…

대개 수퍼바이지가 삼각형을 그리자마자 통찰이 생기고 3~5단계는 자연스럽게 진행된다. 수퍼바이지가 정삼각형을 그리는 경우, 작업 중에 삼각형이 어떤 식으로든 한쪽으로 치우친 순간이 있었는지 물어보는 것이 유용할 수 있다. 다시 말해, 이것은 일반적으로 다양한 주제가 작업 관계를 어떻게 변화시키는지에 대한 통찰력을 얻게 해준다. 때로는 더 이상의 대화를 불러일으키지 않아 대안적인 조사 방향을 찾아야 할 수도 있다.

대부분 조직 상황에서는 세 명 이상의 당사자가 관련될 수 있으며, 동일한 원칙을 사용하여 사각형(네 명의 당사자)이나 오각형(다섯 명의 당사자) 등을 사용할 수 있다.

그 밖에 주의가 필요한 사항은 무엇인가?

이 기법을 제공하는 것은 수퍼바이저가 시스템에서 공모의 가능성을 알아차리는 것을 전제로 한다. 수퍼바이지가 이 기법에서 가치를 끌어내지 못하는 것 같으면, 자신의 통찰력에 너무 얽매이지 않도록 주의해야 한다. 이 순간, 이것이 자신의 자기감 sense of self과 수퍼바이지와의 관계에 어떤 영향을 미치는지 알아차리는 것이 유용할 수 있다. 평행 프로세스가 진행 중일 수 있으므로 현재 당신과 수퍼바이지(또는 다른 이해관계자) 사이에서 경험하는 거리를 투명하게 만드는 것은 회기에서 수퍼바이지와 고객에게 일어날 수 있는 일을 밝히는 데 도움이 될 수 있다.

주의사항

모든 수준의 수퍼바이지가 이러한 유형의 탐색을 통해 이익을 얻을 수 있지만, 도구 지향적이고 거래적으로 일하는 프랙티셔너는 미묘한 관계 역동의 중요성을 파악하는 데 어려움을 겪을 수 있다. 언제나 그렇듯이, 수퍼바이저는 수퍼바이지가 있는 '그 자리 where they are'에서 그들을 만나야 한다.

이 기법의 다른 활용 방안은 무엇이 있는가?

수퍼바이지로서 경험을 쌓은 후에는 관계의 역동을 탐색하고자 하는 모든 고객에게 이 접근 방식의 원리를 사용할 수 있다. 고객과 직접 작업할 때는 라벨을 그들이 함께 작업하는 다양한 이해관계자로 대체할 수 있다.

참고 문헌

- Micholt, N. (1992) Psychological Distance and Group Interventions. *Transactional Analysis Journal*, 22(4), pp. 228-233.

더 읽어보기

- Hay, J. (2007) *Reflective Practice and Supervision for Coaches*. McGraw-Hill: Maidenhead, pp. 118-120.

~~~~~

69. 전이와 역전이 탐색

미셸 루카스, 앤 칼레하Anne Calleja[22]

---
[22] 기법 7. 저자 소개 참조

언제 사용하는가?

이것은 코치에게 '특이한uncharacteristic' 무언가, 즉 작업을 방해하거나 왜곡하는 고객 역동이 있는 것처럼 보일 때 유용하다. 경험이 풍부하고 자원이 풍부한 프랙티셔너라도 작업에서 '투박하다clunky'고 느끼거나, 다른 대부분 고객과 비교했을 때 그들의 친밀감sense of rapport이 '이상하다odd'고 느낄 수 있다.

이 탐구enquiry는 무엇인가?

전이와 역전이는 우리의 인식 밖에서 일어나는 현상이며, 더 넓은 시스템에서의 관계 역동이 고객과의 관계로 파급될 때 발생한다. 이 현상이 존재한다는 것을 알면 그것이 언제 나타날 수 있는지 인식하고 탐색할 수 있다.

- **1단계**: 용어에 대한 공통 이해를 확립하는 데 시간을 가지고, 이러한 개념을 '작업가설'로 탐색하도록 허락을 구한다. 추가 읽기 추천 참고
- **2단계**: 수퍼바이지에게 감각 점검을 하고 보디 스캔을 사용하여 신체 감각을 탐색하도록 초대한다.
- **3단계**: 예를 들어, 다음처럼 명확하게 표현하도록 장려한다.

당신의 반응뿐만 아니라 당신에게 반응을 일으키는 다른 사람에 대해 되도록 자세히 설명해주세요. 그들과 반응하면서 자신에게 어떤 생각과 감정과 행동이 나타나는지 주목해 보세요.

- **4단계**: 다음 중 하나 이상의 질문을 한다.
    1. 그들은 당신에게 누구를 떠올리게 하나요?

2. 당신은 그들에게 누구를 떠올리게 하나요?

3. 그 관계에서 당신의 관심은 어디에 집중되어 있나요?

5단계. 이 정보를 통해 전이 및 역전이의 개념으로 돌아가서 신체적 감각과 떠오르는 생각에 대해 성찰한다. 이러한 반응이 '누구' 또는 '무엇'을 연상시키는지 숙고해 본다.

6단계: 수퍼바이지가 성찰할 수 있도록 잠시 멈추고 새로운 통찰이 있는지 확인한다. 탐색을 마무리하기 전에 함께 생각해 볼 추가 질문들을 찾아본다.

이 탐구를 사용하는 방법

전이와 역전이는 모두 처음에는 우리의 인식 밖에 존재한다. 만일 수퍼바이지가 저항을 보이면 이는 방어 기제가 작동 중이라는 표시일 수 있다. 수퍼바이지가 기꺼이 파트너가 되도록 탐색 전반에 걸쳐 협력적으로 허가를 구하고, 나타나는 현상을 식별해야 한다는 압박감을 느끼지 않도록 한다. 압박은 인식을 무의식적 영역에 머무르게 하는 역할을 할 뿐이다.

일반적으로 이러한 과정 가운데 하나가 진행 중이고 수퍼바이지가 그 외의 상황에서는 안정되어 있는 사람일 경우, 4단계에서 제공하는 질문을 통해 깨달음의 순간을 만들 수 있다. 일단 '이상한odd' 관계 역동의 근원을 이해하게 되면, 수퍼바이지의 에너지는 더 자원이 풍부한 공간으로 이동하고 해결의 실마리를 찾을 수 있다. 이런 일이 일어나지 않는 경우, 수퍼바이저는 이 조사를 계속할지 재량에 따라 결정해야 한다. 경험이 풍부한 수퍼바이지는 4단계에 대한 초기 반응을 넘어 더 많은 것을 탐색하고, 인식의 가장자리에 무언가가 있을지도 모른다는 생각을 즐기려 할 것이다.

조사 과정 전반에 걸쳐 불확실한tentative 언어를 사용하기 때문에 무엇이 관계 역동의 특이한 특성에 기여하는지 확실히 알 수 없다. 수퍼비전의 목적은 진단이 아니라 탐색이다. 수퍼바이지가 회기 중에 답을 내리지 못하고 나중에 무언가 도움이 되는 방향으로 전환하는 것은 드문 일이 아니다.

해결책을 찾지 못한 경우, 수퍼바이지는 다음 고객 회기에서 공간을 적절하게 유지하는 방법에 대해 걱정할 수 있다. 이런 경우 수퍼바이저는 수퍼바이지가 고객의 프레즌스에 더 근거를 두고 더 자원이 풍부한 상태를 찾도록 지원해야 할 수 있다.

그 밖에 주목해야 할 사항은 무엇인가?

무의식적인 프로세스로 작업할 때는 수퍼바이지 안에서 미해결 과제가 촉발될 가능성이 항상 존재한다. 이 경우 적절한 전문가에게 의뢰하는 것이 좋다.

주의 사항

수퍼바이저로서 우리는 이런 현상 가운데 하나가 작용하고 있다고 '의심'할 수 있다. 그러나 이러한 현상에 지나치게 집착하지 않는 것이 중요하다. 더 실용적이고 전술적인 지원이 필요할 수 있으므로 수퍼바이지를 위해 작업해야 한다. 예를 들어, 특히 말이 많고 가식적인 고객은 어떤 관계 역동이 나타나는지에 상관없이 언어적인 접근을 줄이는 것이 도움이 될 수 있다.

이 탐구의 다른 용도로는 무엇이 있는가?

이러한 역동을 완전히 이해하면 코칭 고객에게도 유용할 수 있다.

더 읽어보기

- Lee, G. (2018) The Psychodynamic Approach to Coaching. In: E. Cox, T. Bachkirova, and D. Clutterbuck, Eds. *The Complete Handbook of Coaching*. 3rd ed. London: SAGE. Ch. 1, pp. 3-16..
- Sandler, C. (2011) *Executive Coaching: A Psychodynamic Approach*. Maidenhead: McGraw-Hill, p. 27.

~~~~~

70. 감정에 집중하기

미셸 루카스, 캐롤 휘태커Carol Whitaker[23]

언제 사용하는가?

이것은 논리적이거나 이성적인 대화를 선호하는 경우에 유용할 수 있다. 이 접근 방식은 사실에 근거한 토론에 의도적인 균형을 제공한다. 이는 신체적 감각의 탐색을 장려하며, 단순히 일어난 일의 내용뿐만 아니라 경험의 수면 아래로 뛰어들도록 초대한다.

---

23) 기법 2. 저자 소개 참조

이 기법은 무엇인가?

1단계: 그룹에게 다음과 같이 간략하게 안내한다.

수퍼바이지의 이야기를 들으면서 이야기 내용 너머를 보려고 노력하세요. 그들의 목소리나 몸짓에서 느껴지는 에너지에 주의를 기울이세요. 또 그들의 이야기가 당신의 정서나 신체 경험에 미치는 영향과 연결될 수도 있습니다. 예를 들어, 그룹 구성원으로서 여러분은 좌절감이나 무거움을 느낄 수 있습니다. 여러분은 특별히 아무것도 느끼지 못할 수도 있으며, 이것도 관찰의 대상이 될 수 있습니다.

2단계: 수퍼바이지에게 고객 시나리오에 관해 이야기하도록 초대한다. 수퍼바이지에게 동료에게 초점을 맞추라고 요청하지 **않는 것**[NOT]이 가장 도움이 된다.

3단계: 각 구성원은 수퍼바이지의 시나리오를 듣고 자기 경험을 공유하도록 초대된다. 이것을 수퍼바이지가 아닌 수퍼바이저에게 제공하도록 계약하면 수퍼바이지가 과정의 관찰자가 될 수 있다.

4단계: 모든 참여가 이루어진 후, 수퍼바이저는 수퍼바이지에게 돌아간다. 잠시 멈춘 뒤 물어볼 수 있는 유용한 질문은 '그래서 그것이 당신을 어디로 데려 갔습니까?'인데, 이 질문은 의도적으로 모호하다. 왜냐하면 이 기법은 다양한 생각을 불러일으키기 위한 것이기 때문이다.

5단계: 이 기법은 다소 개방적이기 때문에, 주어진 시간 내에 해결되거나 완료되었다는 느낌이 들지 않을 수 있다. 토론을 마무리하기 위해 수퍼바이지에게 허락받아야 할 수도 있다. 예를 들어, '다음 단계로 넘어가야 할 것 같은데, 오늘은 여기서 마무리해도 **될까요**[OK]?'라고 질문할 수 있다.

이 기법을 사용하는 방법

모든 사람(수퍼바이저 포함)이 머리에서 몸으로 이동할 수 있도록 짧은 마음챙김 훈련에 참여하는 것이 도움이 될 수 있다(참고: 24. '침묵^{quiet}' 124-127쪽).

다른 구성원들의 기여를 수퍼바이저가 전달하면, 수퍼바이지가 심리적으로 힘든 경우 거리를 둘 수 있게 해준다. 예를 들어, 그룹 구성원이 고객 시나리오를 들으면서 '지루함'을 경험할 수 있다. 이것은 무례하게 느껴질 수 있으므로 기분을 상하게 하지 않기 위해 그룹 구성원은 이를 꾸며서 표현하려고 할 수 있다. 그러나 이렇게 하면 공유된 정보가 희석될 수 있다. 실제로, 이것은 수퍼바이지가 동료의 기여에 반응하고 합리화하는 것을 막는다. 이것은 수퍼바이지에게 성찰할 시간을 주고 이 기법에 필요한 시간을 줄인다.

그 밖에 주목해야 할 사항은 무엇인가?

그룹 중 한 명이 다른 사람들이 느끼는 것과는 달리 아무것도 느끼지 못하는 경우는 드문 일이 아니다. 이것은 단순히 시스템의 다른 부분을 반영하는 것일 수 있다. 하지만 한 그룹 구성원이 반복적으로 아무것도 느끼지 못한다면, 이는 추가 작업이 필요하다는 신호일 수 있다.

주의 사항

때로는 그룹 구성원이 시스템에서 간과되었던 사람과 공명^{resonates}하는 경우가 있다. 그래서 처음에는 '궤도를 벗어난$^{off\text{-}track}$' 것처럼 보이는 기여가 중요한 조명을 받을 수 있다. 이런 일이 발생하면, 자기 경험이 시스템의 어디에 또는 무엇에 연결되어 있다고 생각하는지 물어본다.

인지 능력이 뛰어난 사람들에게 이 접근 방식은 진정한 성과 불안을 불러일으킬 수 있다. 일부 참가자들은 자신이 어떤 정서나 감각을 경험해야 하는지 추측하려고 한다. 대안은 참가자들에게 어떤 이미지나 은유가 떠오르는지 알아차리도록 초대하는 것이다.

이 기법의 다른 용도로는 무엇이 있는가?

성숙한 실무자 그룹에서는 이 기법이 평행 프로세스에 접근하는 데 도움이 될 수 있다. 이 상황에서는 3단계에서 각 기여 후에 대화를 포함하여 잠재적인 의미를 고려할 수 있도록 한다.

이 기법은 높은 이성적 사고를 가진 개인 코칭 고객들에게는 권장하지 않는다. 고객이 자신의 신체적 반응을 조율하고 이름을 붙일 수 있는 언어가 없는 경우에는 저항할 가능성이 크다. 이 방법은 일부 구성원이 자신의 비인지적 경험을 표현하는 방법을 본보기로 삼을 수 있는 그룹 코칭에서 더 유용하다.

더 읽어보기

- Turner, T., Lucas, M. and Whitaker, C. (2018) *Peer Supervision in Coaching and Mentoring: A Versatile Guide for Reflective Practice*. Abingdon: Routledge, pp. 125-160. 『동료 코칭수퍼비전: 성찰적 실천을 위한 다용도 지침』 김현주, 박정자, 이서우, 정혜선, 추영숙 옮김. 2025. 코칭북스
- Whitaker, C. (2012) *Group Supervision A pproaches for Coaching Supervision*. Available at: www.whitaker-consulting.co.uk/resources-and-papers [Accessed 2 August 2019].

71. 드라마 삼각형drama triangle으로 관계 갈등 다루기

줄리아 메나울Julia Menaul[24], 린다 텅

언제 사용하는가?

이 모델은 교류분석에서 가져온 것으로 고객과의 관계를 둘러싼 '뜨거운 쟁점hot buttons'이나 전이transference를 수퍼바이지와 함께 검토하고 탐색하는 데 사용할 수 있다. 수퍼바이지가 특정 고객과 익숙한 패턴을 인지할 때 특히 유용하다.

이 기법은 무엇인가?

수퍼바이저는 드라마 삼각형에 대해 간단한 설명을 해주면서, 그 작동 방식과 희생자victim, 구조자rescuer, 박해자persecutor의 역할을 명확히 설명한다. 그런 다음 수퍼바이지들은 삼각형을 중심으로 경험적 학습에 참여하도록 격려받는다. 이 기법은 그들이 역동을 이해하고 더 긍정적인 행동 방식을 탐색하는 데 도움이 된다.

 수퍼바이저는 우리가 무의식적으로 이러한 역할을 받아들이며, 심리 게임이라고 알려진 것을 시작하거나 그 게임에 초대될 수 있다는 점을 강조해야 한다. 우리는 역

---

24) 기법 4. 저자 소개 참조

할이나 위치를 '전환switch'25)하며 그 과정에서 부정적인 감정을 느낀다. 아래 단계는 수퍼바이지가 자신이나 고객이 어디에서 게임을 시작할 수 있는지, 그다음에 어떤 일이 일어날 수 있는지 분석하는 데 도움이 될 것이다.

1단계: 수퍼바이지에게 화나게 하는 대화에 대해 생각해 보라고 한다.

2단계: 포스트잇을 사용하여 바닥에 세 개의 위치가 적힌 삼각형을 그리고, 희생자가 아래에 오도록 한다([그림 6.6] 참조).

참고: 삼각형은 수퍼바이지가 한 위치에서 다른 위치로 이동하는 것을 확실하게 느낄 수 있을 만큼 충분히 커야 하며, 동시에 다른 위치도 명확하게 볼 수 있어야 한다.

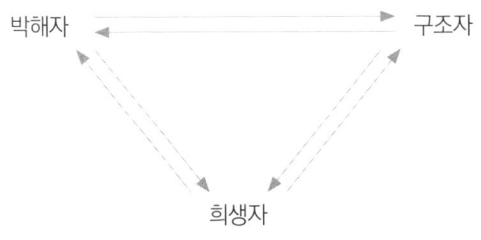

[그림 6.6] 카프만Karpman의 드라마 삼각형(Karpman, 2014)

3단계: 드라마 삼각형에 들어간 위치를 파악하고 그 위치에 서달라고 요청한다. 여기서부터 게임을 시작했나요? 아니면 다른 플레이어의 '초대'를 수락하고 이곳에서 게임을 시작했나요? 다른 플레이어는 어디에 있나요?

4단계: 그들 옆에(삼각형 바깥쪽) 서서 그들의 시선과 마주치지 않도록 한다.

---

25) [역자] swich와 shift: 경우에 따라 두 개를 모두 '전환'으로 번역할 때 그 차이는, swich는 (예기치 않은)전환이나 변경, shift는 (위치, 입장, 방향)의 전환이나 변화를 의미한다. 따라서 이 문장에서의 swich는 무의식적 또는 예기치 않게 이러한 역할로 들어간다는 것을 표현한다고 할 수 있다.

5단계: 다음에 무슨 말을 했는지 생각해 보고, 그렇게 하면서 해당 위치로 이동하고, 다른 플레이어도 해당 위치로 이동하도록 격려한다. 움직일 때마다 '지금 기분이 어떤가요?'라고 질문한다.

6단계: 시작 위치로 돌아가라고 요청한다.
  a 희생자 지점에서는, 희생자 대신 무엇을 할 수 있는지 물어본다.
  b 박해자 지점에서는, 박해자 대신 무엇을 할 수 있는지 물어본다.
  c 구조자 지점에서는, 구조자 대신 무엇을 할 수 있는지 물어본다.

7단계: 드라마 삼각형에서 나오도록 초대한 후 다음과 같은 질문을 한다.
- 이를 통해 얻은 것은 무엇인가요?
- 이전에는 몰랐던 것을 알게 된 것은 무엇인가요?
- 최상의 결과를 얻기 위해 가장 먼저 취해야 할 행동은 무엇인가요?

이 기법을 사용하는 방법

모델을 소개할 수 있도록 허락을 구한다.

소규모 그룹에서 작업할 때는 이슈의 주인공이 진입 지점에 서고, 다른 사람은 관련 위치에 서고, 필요하면 또 다른 사람이 세 번째 역할을 맡아야 한다. 위의 질문을 사용하여 그룹의 다른 구성원이 프로세스를 진행한다. 시나리오 사이에 세 명씩 디브리핑한 후, 대규모 그룹을 모아 다음과 같은 질문을 사용하여 떠오르는emergent 배움(배움의 창발)에 집중한다.

- 당신의 '기본default' 시작 역할[26]은 주로 무엇이며, 이런 상황이 발생했을 때 어떤 감각을 알아차리는가?

---

26) [역자] 특정 상황이나 상호작용에서 일반적으로 먼저 취하는 역할, 즉 어떤 상황에서 자연스럽게 맡는 역할을 의미한다. 이것은 주로 개인의 성격, 경험, 습관 등에 의해 결정된다.

- 코치로서, 고객과 게임에 빠지는 것을 어떻게 막을 수 있나?
- 자신을 위해 어떤 지속적인 지원을 준비할 수 있는가?

그 밖에 주목해야 할 사항은 무엇인가?

수퍼바이지는 이런 활동으로 발생할 수 있는 개인적인 고백과 고객과의 관계에 관한 질문 때문에 취약함을 느낄 수 있다. 모든 인간은 게임을 하며 이 모델은 우리에게 게임을 덜 하는 방법을 찾도록 도와준다는 점을 강조한다. 이러한 '갈등'이 어떻게 발생하고 왜 발생하는지 밝히기 위해 원래의 계약을 살펴볼 필요가 있다.

주의 사항

좀 더 많은 도전을 제공할 수 있는 다른 작업을 하기 위해 현장 계약spot contracting을 하고 허가를 받으면 도움이 될 수 있다(지원을 받더라도).

이 기법의 다른 용도로는 무엇이 있는가?

물리적인 이동 대신 버튼과 같은 작은 물건을 사용할 수 있다. 그런 다음 이 물건들은 드라마 삼각형 주변으로 이동될 수 있으며, 이동성 문제가 있는 사람들을 위한 좋은 대안이다.

이 기법은 수퍼바이지 대신 코칭 고객에게 사용할 수도 있다.

참고 문헌

- Karpman, S. (2014) *A Game Free Life: The New Transactional Analysis of Intimacy, Openness, and Happiness*: San Francisco: Drama Triangle Publications.

더 읽어보기

- Menaul, J. (2019). *The Coach's Guide to the Dram a Triangle*. Available at: www.BookBoon.com
- Karpman, S.D. (1973) *1972 Eric Berne Memorial Scientific Award Lecture [pdf]* Available at: https://karpmandramatriangle.com/pdf/AwardSpeech.pdf [Accessed 30 September 2019].
- Weinhold, B.K. and Weinhold, J.B. (2014). *How to Break Free of the Dram a Triangle and Victim Consciousness*. South Carolina: CreateSpace Independent Publishing Platform.

~~~~~

72. 평행 과정 parallel process

린다 텅

언제 사용하는가?

일반적으로 이러한 탐구는 실무자가 수퍼비전 관계 내에서 고객의 문제와 감정을 무의식적으로 재현할 때 평행 과정 현상이 표면화되기 때문에 수퍼바이저에 의해 촉발된다. 그렇지만 고객 시스템과 자신의 시스템 간에 평행 과정이 발생할 수 있다는 것을 이해하는 경험이 더 많은 수퍼바이지는 수퍼비전에서 이것을 의도적으로 탐구하려고 할 수 있다.

'평행 과정'은 무엇인가?

해롤드 설즈Harold Searles(1955)는 이 현상을 강조했는데, 그 기원은 정신분석적 개념인 전이와 역전이에 있다. 고객의 전이와 코치의 역전이가 수퍼바이지의 거울인 수퍼바이저 관계에서 다시 나타난다.

이 탐구는 무엇인가?

이러한 현상을 발견하고, 질문을 통해 수퍼바이지에게 무슨 일이 일어나고 있는지 인식하게 한 다음 행동을 위한 대안을 식별하도록 하는 것이 수퍼바이저의 일이다.

- **1단계**: 수퍼바이지의 '이야기story'에 귀를 기울인다. 그들은 고객 상황을 어떻게 설명하고 있나? 고객의 이야기는 무엇인가?
- **2단계**: 무의식적인 과정이 진행되는 '상호관계의 장interactional field'(수퍼바이저와 수퍼바이지 사이의 공간)에서 무슨 일이 일어나는지 알아차린다. 신체적 수준에서 자신에게 일어나는 일을 포함하여 이야기에 대한 자신의 반응을 확인한다. 당신, 수퍼바이지, 수퍼바이지의 고객에게 속한 과정의 측면을 식

별하기 위해 당신의 직관을 믿는다.

3단계: 만약 수퍼바이지가 수퍼비전 공간에서 고객 문제를 재현하고 있다고 감지하면, 수퍼바이지에게 그것을 강조할 방법을 찾아본다. 예를 들어, 고객 이야기에서 고객이 '막혀 있다^{stuck}'는 말을 들을 수 있다. 고객은 행동 방향을 결정하지 못했고, 수퍼바이지도 고객과 함께 '막혀 있다'라고 말한다. 즉 두 사람의 관계에서 무슨 일이 일어났는지 알 수 없다는 것이다. '당신이 방금 말한 것에서 어떤 유사점이 보이시나요?'와 같은 질문으로 이를 알아차리게 도울 수 있다. 또는 그들이 이러한 역동에 너무 사로잡혀 있다면 '당신도 막혀 있는 것 같네요 – 그것이 평행 과정이 될 수 있을까요?'와 같은 더 구체적인 피드백을 제공할 수 있다.

4단계: 더 긍정적인 행동이 수퍼바이지를 통해 고객에게 전달될 수 있도록 다른 행동 방식을 모델링한다 ([그림 6.7] 참조).

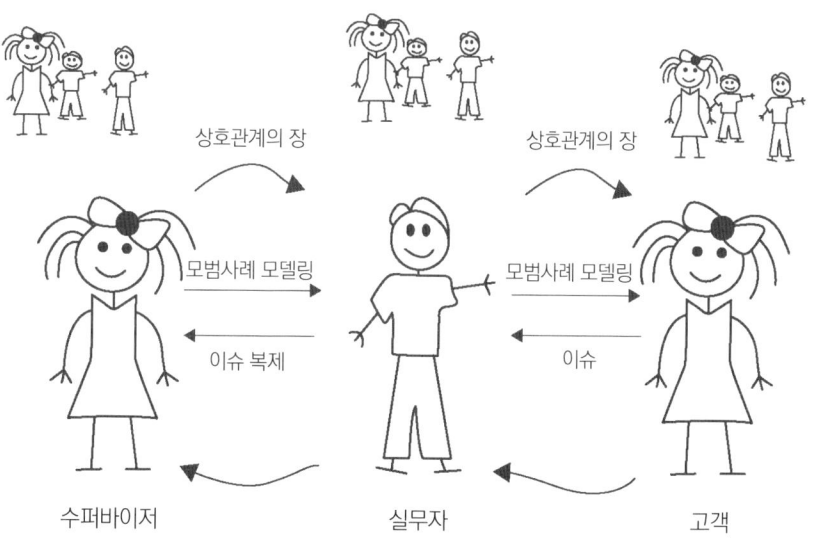

[그림 6.7] 시스템적 평행 과정(출처: 저자)

이 탐구를 사용하는 방법

수퍼바이저는 평행 과정이 존재할 가능성을 항상 경계해야 한다. 평행 과정을 발견하기가 때로는 쉽고 때로는 그렇지 않을 수 있다. 수퍼바이저는 자기 알아차림과 관계 인식이 뛰어나야 이 특정 수퍼바이지에 대한 기본 반응이 무엇인지 이해할 수 있다. 그 기본값의 변형은 평행 과정이 작동 중이라는 단서를 제공할 수 있으며, 수퍼바이저는 또한 '각본'(348-349쪽 참조)에 끌려가지 않고 '지금 여기'에 머물 수 있도록 자신의 성찰 과정에 능숙해야 한다.

평행 과정은 긍정적으로 활용될 수도 있다. 수퍼바이저는 다른 행동을 모델링할 수 있다. 이 예시에서 수퍼바이저는 질문을 하여 그들이 막힌 것이 아니라는 것을 보여주며, 그러한 질문들은 수퍼바이지를 자유롭게 하여 고객과의 작업에 집중할 수 있도록 도와준다.

그 밖에 주목해야 할 사항은 무엇인가?

수퍼바이지가 평행 과정에 빠져있다는 사실을 깨닫게 되면 다음 단계는 행동을 결정하는 것이다. 그러나 이러한 행동들이 다음에 고객과 무엇을 해야 할지와 항상 관련이 있는 것은 아니다. 그 대신 수퍼바이지는 고객과 함께 작업할 때 중심을 잡고 자신을 '깨끗하게' 유지하는 방법을 검토해야 할 수도 있다.

주의 사항

수퍼바이저로서 평행 과정에 빠지기 쉽다. 메타 수준을 유지하고 지금 여기에서 개입을 선택할 수 있도록 수퍼비전으로 작업을 가져간다.

이 조사의 다른 용도로는 무엇이 있는가?

평행 과정에는 '시스템' 측면이 있다. 긍정적인 방식은 부정적인 무의식적 과정에 대응할 수 있으며, 이는 수퍼바이저, 실무자 및 고객의 일, 가족, 친구 등 다양한 커뮤니티에 영향을 미칠 수 있다.

참고 문헌

- Searles, H. (1955) The Informational Value of the Supervisor's Emotional Experience. *Psychiatry*, 18, pp. 135-146.

~~~~~

73. 수퍼비전을 위한 STEPS

린다 텅

언제 사용하는가?

이 모델은 수퍼비전 중에 사용하는 데 특히 유용하지만, 수퍼비전 회기가 끝난 후 성찰 훈련을 돕는 데에도 사용할 수 있다.

이 기법은 무엇인가?

STEPS는 수퍼바이저가 수퍼비전 중에 다양한 요소에 주의를 기울일 수 있도록 도와주는 기억법^{mnemonic}이다. 이것은 교류분석(모델에서 'T'를 나타냄)으로 알려진 정신역동 개념에서 비롯되었다. 그러나 다른 양식을 사용하는 수퍼바이저는 '기법^{technique}'으로 대체할 수 있다.

이 기법을 사용하는 방법

1단계: 수퍼비전 회기 전에 A4 용지 왼쪽에 'S T E P S'를 적는다.

2단계: STEPS가 무엇을 의미하는지 기억해 둔다([그림 6.8] 참조).

3단계: 수퍼비전할 때 모델을 염두에 두고 작업한다. 메모를 하고(허용이 되는 경우) 해당 모델 부분 옆에 응답을 기록하여 진행 상황을 그려볼 수 있다.

4단계: 행동에 대해 성찰한다. 예를 들어, 그 순간에 당신에게 다음과 같이 성찰할 수 있는 질문을 할 수 있다.

- 당신의 관심은 무엇에 끌리고 있는가?
- 아직 탐구하지 않은 것은 무엇인가?
- 주의해야 할 사항에 대한 감각을 어디에서 느끼는가?
- 수퍼바이저로서 당신에게 무슨 일이 일어나고 있는가?
- 포괄적인 접근을 위해 계약해야 할 다른 사항은 무엇인가?

연습생 단계 Stage of trainee: 초급? 중급? 고급?

교류분석Transactional Analysis: TA 모델을 사용하여 실습 분석

윤리Ethics – 강령 및 고려 사항

프로세스Process – 전이, 역전이, 평행 과정

전략Strategy – 수퍼바이지의 경험 단계와 연결된다. 그들은 어떤 전략을 가지고 있으며, 작은 범위를 반복해서 사용하고 있는가?

[그림 6.8] STEPS 모델

5단계: 고려 사항 – 계약이 충족되었는가? 그렇지 않다면 이 문제를 수퍼바이지와 공유한다. 회기 내에서 추가 시간을 계약하거나 해당 주제를 다른 시간에 다시 가져오는 등의 대안을 검토한다.

이 기법을 사용하는 방법

STEPS 프레임워크는 '단계별'로 진행되는 기법이 아닌 메타모델이다. 그렇지만 일단 익숙해지면 'STEPS' 라는 단어를 쓰는 것은 수퍼바이저의 마음을 집중시키는 데 도움이 될 수 있다.

수퍼바이저로서 가장 효과적으로 되려면 '지금 여기'에 머물러야 하며, 수퍼바이지를 그 공간으로 초대하여 우리가 가진 모든 능력을 사용하여 문제를 탐구해야 한다. 시각적인 알림(양측이 이 모델에 익숙해져서 더 이상 필요하지 않을 때까지)이 이 프로세스에 도움이 될 것이다.

그 밖에 주목해야 할 사항은 무엇인가?

같은 수퍼바이지와 시간이 지남에 따라 수퍼바이저는 고객과의 접근 방식에서 패턴을 알아차리게 될 것이다. 교류분석적 수퍼바이저는 이런 패턴이 자아 상태$^{ego\ states}$, 또는 동인^{drivers}, 또는 방해가 될 수 있는 자신의 라켓^{Rackets} 또는 인생 태도$^{life\ position}$와 관련된 것인지 확인할 수 있도록 수퍼바이지를 지원할 것이며, 일단 인식한 후에는 수퍼바이지가 관련된 변화를 이루도록 지원할 수 있다.

물론 교류분석을 하지 않는 수퍼바이저도 패턴을 알아차릴 것이며 동일한 방식으로 수퍼바이지가 패턴을 인식하는지 알아내려고 할 것이다. 일단 그 인식을 갖게 되면 수퍼바이저는 다시 한번 그들을 통해 작업하고 발달적인 진전을 이루도록 도와줄 수 있다.

만약 당신이 수퍼바이저로서 다른 수퍼바이지들에게 STEPS 모델의 동일한 부분을 강조하는 경향을 발견한다면, 자신의 수퍼바이저와 함께 더 깊게 탐색해야 할 필요가 있다.

주의 사항

항상 수퍼바이지와 좋은 접촉을 유지하기 위해 노력해야 하며, 모델 때문에 주의가 산만해지지 않도록 한다. 그것을 염두에 두고 시작하되, 다른 것이 더 유용해지면 그것을 놓을 준비를 한다.

이 기법의 다른 용도로는 무엇이 있는가?

이것은 수퍼바이저의 셀프 수퍼비전 수단으로 유용하다. 놓친 것은 무엇인가? 그 과정에 얼마나 참여했는가? 이 실무자와 함께하는 다음 수퍼비전 회기에서 주의해야 할 점은 무엇인가?

코치들도 이 모델을 활용할 수 있으나 계약의 성격이 다르므로 이를 고려해야 한다. STEPS를 염두에 두면 코치가 고객의 진행을 방해하거나 경계를 더 잘 관리할 수 있는 측면을 '주의 깊게 듣는' 데 도움이 될 수 있다.

더 읽어보기

- Newton, T. (2012) The Supervision Triangle: An Integrating Model. *Transactional Analysis Journal*, 42(2), pp. 103-109.

~~~~~

74. 시간 구조화 time structuring를 사용하여 관계의 친밀감 이해하기

데이비드 크로우 David Crowe[27], 미셸 루카스

---

27) **데이비드 크로우** David Crowe: 경험이 풍부한 인증된 임원, 경력 및 개인 개발 코치이자 숙련된 코치 수퍼바이저이다. 그는 비즈니스 개선, 경력 전환, 은퇴 코칭, 자신감 구축과 같은 영역의 코칭 프로젝트에서 공공 및 민간 부문의 다양한 사람들과 일대일로 작업하고 있다. 데이비드는 오랫동안 코칭 실무에서 활동하였으며, 코칭협회의 정회원이자 인증 코치이다. 옥스퍼드 브룩스 대학교 대학원에서 코칭 및 멘토링 자격과 코칭 슈퍼비전 교육을 받았다. 그는 인사이트 Insights 성격 특성 프레임워크를 사용하는 공인 인사이트 실무자이다. 또한 기초 훈련을 받은 상담자이며, Metanoia Institute에서 통합 심리치료 석사 교육 일부를 수료했다. 그는 집단 분석 협회의 기초 훈련 인증을 받았으며, 신경 언어 프로그래밍(NLP), 교류분석 및 마음챙김 실천과 같은 다양한 프레임워크에 익숙하다.

어디에서 사용할 수 있는가?			일반적 수준의 수퍼바이지 경험 필요
전문적 일대일 수퍼비전	전문적 그룹 수퍼비전	개인적 성찰	경험이 많은 수퍼바이지들만 해당

언제 사용하는가?

만약 수퍼바이지가 이미 교류분석(TA)에 익숙한 경우가 아니라면, 일반적으로 수퍼바이저가 교육적인 내용을 제공한다. 이것은 코칭 고객이 관계에서 어려움을 겪는 부분에 참고할 수 있으며, 고객이 평소 시간을 어떻게 보내는지 성찰하는 데 도움을 줄 수 있다. 또 수퍼바이지가 고객과 연결하는 데 어려움을 겪는 부분을 탐색할 때 유용한 프레임워크가 될 수 있다.

이 탐구는 무엇인가?

시간 구조화는 에릭 번Eric Berne(Berne, 1961)이 개발한 이론으로, 인간은 시간을 하나의 과정으로 구조화할 필요가 있다는 것인데 다음과 같이 여섯 가지 양식[28]을 제시했다.

- 폐쇄withdrawal(다른 사람들과 함께 있을때 감정적으로 위축되거나 다른 사람과 접촉하지 않는 것)
- 의례rituals(미리 프로그램된 방식으로 행동하는 구조화된 행동 방식)

---

28) [역자] 에릭 번은 이러한 방법들이 모두 구조 갈망structure hunger을 만족시키는 방법이라고 말했다.

- 소일pastimes(사회적으로 허용되는 주제에 대한 사람들 간의 정중한 '안전한' 대화)
- 활동activities(단순히 함께 있는 것이 아니라 다른 사람들과 함께하는 활동)
- 심리 게임psychological games(숨겨진 의제와 그에 관련된 나쁜 감정이 포함된 다른 사람들과의 상호작용)
- 친밀intimacy(신뢰, 개방성, 정직성을 바탕으로 다른 사람들과의 진정한 만남, 그리고 그들에 대한 우리의 정서적 반응을 처리하는 것 포함)

순서가 중요하다. 관계에서 정서적 강도는 폐쇄에서 친밀로 이동함에 따라 단계적으로 증가한다.

1단계: 수퍼바이지의 TA 지식에 따라 적절하게 작업하면서 모델을 공유할 수 있도록 허락을 구한다.

2단계: 수퍼바이지가 고객에게서 주목한 행동을 끌어내고 이것이 모델에 적합할 수 있는 부분을 도출하도록 도와주면서 모델에 대한 이해를 확인한다. 유용한 질문은 다음과 같다.
- 그들이 무엇을 하는지 알아차렸나요?
- 이 모델에 따르면 그들이 어디에서 발목 잡혀있다고 직감sense하나요?
- 그들의 행동을 프레임워크와 어떻게 연결했는지 이해하도록 도와주세요.
- 이 행동이 정기적인 패턴인가요?
- 이 행동을 수퍼비전 관계에서 볼 수 있나요? 응답에 차이를 일으키는 원인은 무엇입니까?

3단계: 수퍼비전 질문의 맥락에서 이 모델을 탐색하기 위해 토론의 범위를 확장한다.

4단계: 수퍼바이지가 프레임워크를 탐색하는 것이 얼마나 유용한지 확인한다. 적절하게 계속 진행하거나 방향을 변경한다.

이 기법을 사용하는 방법

수퍼바이지는 고객이 주변 사람들(또는 코치)과 어떻게 관련되어 있는지 이해하기 어렵다고 공개적으로 말할 수 있다. 또는 수퍼바이저는 토론 중에 도움이 되지 않는 패턴(흔히 회피 또는 결핍으로 경험됨)을 관계 역동에서 발견할 수 있다.

수퍼바이지와 이론을 공유할 때는 이해하고 있는지 확인하고 실제 사례를 사용하여 이론을 생생하게 전달한다. 탐색이 시작되는 곳마다 관계 역동이 다른 곳에서 반영될 가능성이 뚜렷하다(즉 '평행 과정', 374-378쪽 참조). 따라서 수퍼바이지가 다른 조직 이해관계자들 같은 고객의 관계 시스템 내에서 문제를 가져온다면, 고객과 코치 사이에 동일한 관계 역동이 반복될 가능성이 크다. 그 반대의 경우도 있을 수 있다. 코치-고객 관계의 어려움은 다른 고객 관계의 어려움을 반영할 수 있다. 행동 패턴으로 보이는 것과 일회성으로 설명될 수 있는 것을 식별할 수 있을 만큼 매우 광범위하게 탐색해야 한다.

탐색은 토론을 유도하므로 작업할 때 원래의 수퍼비전 질문을 염두에 둔다.[29]

그 밖에 주목해야 할 사항은 무엇인가?

토론의 성격은 심오해질 가능성이 있으며, 탐색을 통해 애착^{attachment} 문제가 드러날 수 있다(194-199쪽 참조). 계속하기 전에 재계약하거나 다른 전문가에게 의뢰하는 것이 수퍼바이지나 고객에게 더 적합할 수 있다.

---

29) [역자] 이 문장은 3단계에서 '탐색하기 위해 토론의 범위를 확장한다'라는 내용에 대한 가이드를 제시하는 것으로 보이며, 수퍼비전 회기를 촉발한 초기 질문이나 문제에 초점을 유지하는 것의 중요성을 강조하는 것으로 보인다. 수퍼바이저와 수퍼바이지는 토론이 수퍼비전 회기의 주요 목표와 관련성을 유지하고 일치할 수 있도록 원래 질문을 염두에 둔다는 의미로 해석된다.

주의 사항

더 교육적인 개입을 위해 공개적으로 계약하고, 의견이 제공된 후에는 다시 공동의 공간으로 돌아간다. 분명하게 보이는 혼란스러운 행동을 이해하는 데 도움을 주기 위해 이 모델을 사용한다는 점을 기억한다. 이 모델을 사용하는 것이 현재 수퍼비전 질문에 대한 주의를 흐트러뜨린다면, 모델을 놓아두고 다른 방향으로 진행할 준비를 한다.

이 기법의 다른 용도로는 무엇이 있는가?

그룹 환경에서는 각 구성원의 행동이 모델의 어디에 위치하는지 확인하는 것이 도움이 될 수 있다. 관계적 깊이는 매우 개인적인 문제이지만(제안들은 해당 참가자가 그룹 과정 측면에서 어디에 있는지를 반영할 수 있음), 폐쇄 withdrawal에서 친밀 intimacy로 가는 행동이 어떻게 경험되는지에 대한 다양한 의견은 토론 중인 시나리오뿐만 아니라 수퍼비전 그룹의 연결성에 대해서도 조명할 수 있다.

참고 문헌

- Berne, E. (1961) *Transactional Analysis in Psychotherapy*. New York: Grove Press.

더 읽어보기

- Crowe Associates. (2019). *Time Structuring*, [online] Available at: www.crowe-associates.co.uk/psychotherapy/time-structuring/ [Accessed 26 September 2019].

제7장
코칭수퍼비전을 위한 해결 중심 접근

저자: 에반 조지 Evan George[1], 데니스 유수프 Denise Yusuf[2]
역자: 김현주

이 철학은 어떻게 설명할 수 있는가?

해결 중심 solution-focused 접근 방식은 대화 기반 모델이다. 수퍼바이저는 '포렌식'[3] 질문이 아닌 '초대형' 질문을 한다. 목적은 수퍼바이저의 이해를 돕기 위한 것이 아니라 수퍼바이지가 스스로 자신의 대답을 듣게 하는 데 있다. 질문의 유용성을 판단하는 기준은 단지 그 답이 변화를 불러올 수 있는지이다. 수퍼바이저는 수퍼바이지를 신뢰

---

1) **에반 조지** Evan George는 해결 중심 전문가이자 BRIEF의 창립 파트너이다. 런던에서 치료사 및 코치로 일할 뿐만 아니라 전 세계를 다니며 해결 중심 강의를 하고 있으며, 해결 중심 접근법에 관한 세 권의 책을 공동 저술했다. 에반은 변화를 더 쉽고 간단하게 만들고, 변화를 꺼리는 고객과의 참여와 협력을 구축하는 데 특별한 관심을 두고 있으며, 현재 이 주제에 관한 글을 집필 중이다(www.brief.org.uk).
2) **데니스 유수프** Denise Yusuf는 해결 중심 코치로 주로 아동과 청소년을 대상으로 코치 활동을 하고 있으며, 『아동 및 청소년을 위한 해결 중심 코칭 Solution Focused Coaching with Children and Young People』의 공동 저자이다. 그녀는 또한 고도로 숙련된 실무자들과 함께 일하며 해결 중심 실무 단기 디플로마 과정의 학생들과 함께 일하는 숙련된 수퍼바이저이다. 데니스는 현재 전 세계 아동 및 청소년과 함께 해결 중심 실천을 탐구하는 책을 집필 중이다.
3) [역자] 범죄를 밝혀내기 위한 수사에 쓰이는 과학적 수단이나 방법, 기술 등을 포괄하는 개념이다(출처: 네이버 지식백과).

하고 믿어야 하며, 자신의 콘텐츠 전문성을 내려놓을 수 있어야 한다. 해결 중심 접근법의 공동 창시자인 김인수 버그Insoo Kim Berg는 '우리는 [수퍼바이지의] 삶에 발자국을 남기지 않기를 열망한다'라고 말한다.

해결 중심 접근법은 밀워키의 단기 가족 치료 센터Brief Family Therapy Center에서 스티브 드 셰이저Steve de Shazer, 김인수 버그와 그 동료들이 작업하면서 최초로 개발했다. 이 접근법은 두 가지 구체적인 프랙티스 관찰에서 비롯되었다. 첫 번째 관찰은 당연해 보일 수 있지만, 이로부터 발전한 접근법은 치료, 상담, 리더십, 교육, 사회복지social care, 기업 부문, 그리고 코칭 분야에 상당한 영향을 미쳤다(Berg & Szabo, 2005; Iveson et al., 2012). 해결 중심 접근법의 핵심 이론적 창시자인 스티브 드 셰이저는 고객이 거의 변함없이 문제의 규칙에 대한 '예외', 즉 문제가 전혀 발생하지 않거나 고객에게 미치는 영향이 적었던 경우를 지적한다는 사실을 발견했다. 때로는 고객이 자발적으로 이러한 예외의 순간을 언급하기도 하고, 때로는 치료사의 질문으로 인해 드러나기도 했다. 이러한 예외는 별 의미가 없다고 생각할 수도 있지만, 드 셰이저는 이러한 예외를 고객이 이미 해결된 상태의 일부를 가지고 있는 순간으로 간주하여 의미를 부여했다. 드 셰이저의 초기 접근 방식에서 변화 과정은 고객이 이러한 '예외' 시기에 어떻게 하면 더 많은 일을 할 수 있는지에 대한 탐색을 권했다. 이는 당시 개인적인 변화에 관한 사고방식 맥락에서 급진적인 전환이었다.

두 번째 중요한 관찰은 고객과의 성공적인 작업 기록에 관한 연구에서 도출된 것으로, 드 셰이저와 그의 팀은 '작업 결과가 좋을 때 치료사와 고객은 무엇을 함께하는 것일까'라는 질문을 스스로에게 던졌다. 그 결과, 치료사가 고객에게 '문제problem 이야기'가 아닌 '해결책solution 이야기'로 초대하는 질문을 할 때 고객이 변화를 보고할 가능성이 더 높다는 결론에 도달했다. 이 결론은 코칭의 세계에서는 조금 더 친숙할지 모르지만 치료의 세계에서는 의심할 여지 없이 도전적인 것이었다.

이 접근 방식의 핵심 **과정은 대화에 기반을 둔다**. 밀러Miller와 드 셰이저는 '해결 중심의 언어 게임은 … 고객에게 변화가 가능할 뿐만 아니라 이미 일어나고 있다는 것을 설득하기 위해 고안되었다. 즉 고객이 문제problems에 대한 해결책solutions을 찾도록 설득하기 위해 고안된 수사학적[4] 과정이다(Miller & de Shazer, 1998, p.372)'라고 설명한다.

이 철학의 기본 원칙과 신념은 무엇인가?

드 셰이저의 저서(de Shazer, 1994)에서 루트비히 비트겐슈타인Ludwig Wittgenstein의 연구, 특히 '언어 게임language games'(Wittgenstein, 1953)에 대한 그의 생각을 언급한다. 드 셰이저(1991)는 또한 '내러티브narrative'와 '대화conversation'라는 은유metaphors가 해결 중심 과정을 핵심적으로 설명하는 포스트모던 및 사회 구성주의 사상가들의 연구를 언급한다. 월터Walter와 펠러Peller(2000)는 이러한 발전 과정을 다음과 같이 요약한다.

> 저자로서 대화는 우리에게 고객과 우리 사이에 새로운 이야기가 등장할 수 있다고 생각하게 한다. 고객이 우리에게 말하는 것에 대한 구조적인 해석을 통해 진정한 의미를 찾기보다는 고객과 우리 사이에 새로운 이야기가 만들어질 가능성이 있다고 가정한다.

드 셰이저는 "치료사는 실제로 '문제'를 다루는 것이 아니라 '문제'에 대한 고객의 보고나 묘사를 다루는 것"이라고 말한다(de Shazer, 1988). 해결 중심 프랙티셔너는 고객의 보고, 고객이 자신의 상황을 묘사하는 방법, 대화를 통해 '진보적인 내러티브

---

4) [역자] '수사학적'이라는 표현은 설득이나 표현의 기술과 관련된 것을 의미하며 원래 효과적인 의사소통을 위한 전략이나 기법을 다루는 학문인 수사학(修辭學, Rhetoric)에서 비롯되었다. 일반적으로 '수사학적'이라는 단어는 주로 청중에게 설득력 있게 말하거나 글을 쓰기 위한 방식 또는 표현을 강조하거나 과장하는 방법을 가리킬 때 사용된다. 즉 질문이나 주장, 대화가 실질적인 정보나 답변을 얻기 위한 것이 아니라 특정한 반응을 유도하거나 상대를 설득하려는 목적을 가지고 있다면, 그것을 '수사학적'이라고 표현할 수 있다. 여기서는 문제보다는 해결책에 조금 더 초점을 맞춘 질문을 하는 것으로 볼 수 있다.

progressive narratives'라고 할 수 있는 것을 협력적으로 구성하는 방법을 다룬다. 이렇게 하는 근거는 간단하며 드 셰이저의 관찰에 근거한다. 그는 진보적인 내러티브가 불만 중심 내러티브보다 '변화와 단절을 잘 끌어낼 가능성이 더 크다'라고 보았다(de Shazer, 1991).

드 셰이저는 그의 저서에서 진보적인 내러티브의 네 가지 주요 특징을 다음과 같이 정의했다.

1. 원하는 미래에 집중한다.
2. 고객이 원하는 미래에 맞는 일을 하는 것은 무엇이든 끌어낸다.
3. 변화와 진전을 강조한다.
4. 강점에 기반하여 사람들을 자원 중심의 자기 이야기로 초대한다.

또 해결 중심 프랙티셔너들은 변화의 가능성이 고객의 변화에 대한 기대와 양의 상관관계가 있음을 관찰했다. 해결 중심 대화의 모든 요소는 좋은 결과가 가능할 뿐만 아니라 실제로 가능성이 크고 이미 일어나기 시작했다는 고객의 생각을 강화하는 것으로 볼 수 있다. 해결 중심 프랙티셔너는 변화가 지속적이고 필연적이라고 믿는다.

이 접근법에는 문제 발생이나 문제 유지에 대한 이론이 포함되어 있지 않다. 단지 고객과 상호작용하고 대화하는 매우 구체적인 방법에 대한 설명일 뿐이며, 이는 고객이 자기 삶에서 긍정적인 변화를 보고하는 것과 관련 있는 것으로 보인다.

이 철학의 맥락에서 코치 수퍼바이저의 역할은 무엇인가?

해결 중심 수퍼바이저의 역할은 해결 중심 질문에 답할 수 있는 관계적 맥락을 만드는 것이다. 그 목적은 수퍼바이지가 변화된 내러티브, 즉 변화의 가능성을 허용하는 일련의 다양한 아이디어를 개발하도록 하는 것이다. 수퍼바이저는 수퍼바이지가 무엇을 바꿔야 하는지 알지 못하고 상황에 대한 유용한 아이디어가 있다고 가정하지 않는다. 수퍼바이지는 단지 자신이 발견한 것의 재구성을 통해 다른 경로를 찾을 수 있도록 다시 설명하는 초대를 받을 뿐이며, 그에 따라 발전하는 의미를 찾아야 한다. 작업은 세 가지 핵심 초점 영역으로 구성된다.

1. 미래

해결 중심은 완전히 비규범적인 접근 방식이기 때문에 모든 작업을 시작할 때 수퍼바이저는 수퍼바이지에게 작업을 통해 원하는 목표를 질문한다(George et al., 1999). 수퍼비전에서 이 질문은 "이 작업에 대해 논의하는 것이 유용했다는 것을 어떻게 알 수 있는가?"로 간단히 공식화된다. 수퍼바이저는 수퍼바이지의 답변에 이어서 수퍼바이지에게 작업이 잘 진행되고 있다는 것을 어떻게 알 수 있는지, 무엇을 알아차릴 수 있는지, 수퍼바이지가 고객에게 어떻게 다르게 반응할 것인지, 고객이 어떻게 그 차이를 알아차릴 수 있는지 자세히 설명하도록 요청한다. 수퍼바이저는 수퍼바이지에게 어려운 작업과 관련하여 '다음에 고객과 함께할 때 최선을 다하고 있다는 것을 어떻게 알 수 있는가'를 설명하도록 요청한다. 해결 중심 프랙티셔너는 바람직한 미래를 자세히 설명하는 것이 변화의 가능성을 높이는 것과 관련 있다는 사실을 반복해서 관찰한다. 설명하는 과정에서 수퍼바이지는 때때로 자신이 무엇을 해야 하는지 '이해understand'하게 되었다고 보고한다.

효과적인 프랙티스를 관찰한 결과, 선호하는 미래 설명은 부정적인 용어보다는 긍정적인 용어, 일어나지 않을 일보다는 일어날 일에 초점을 맞출 때 가장 효과적이라는 결론에 도달했다. 마찬가지로, 감정feeling보다는 행동의 관점에서, 즉 수퍼바이지가 스스로 '무엇을 하는지' 알아차릴 수 있도록 설명할 때 효과가 나타난다. 수퍼바이지에게 진행 상황에 대한 가장 작은 가능한 지표, 가능성의 범위가 무엇인지 식별하도록 요청하면 수퍼비전 후 진전이 더 분명히 보이고 인지

할 가능성을 높이는 데 도움이 된다. 이러한 선호되는 미래 설명은 상상력과 창의력을 발휘하여 수퍼바이지가 현재의 고착된 상황에서 벗어날 방법을 설명할 수 있도록 하는 가능성의 언어('**무엇을 알아차릴 수 있을까요?**', '**어쩌면?**', '**아마도?**')로 구성되고 유지될 때 가장 효과적이다. 반대로 '무엇을 해야 할까요?' 또는 '**무엇이 당신에게 알려줄까요?**'와 같은 확실성의 언어는 수퍼바이지가 '무엇을 해야 할지 모르는' 현재의 경험과 다시 연결하는 경향이 있다.

2. 현재와 과거

바람직한 미래가 이미 실현된 경우가 항상 존재한다는 가정하에, 해결 중심 수퍼바이저는 수퍼바이지에게 작업이 더 효과적으로 **진행되었던 시점**이나 수퍼바이지가 고객과 결과에 대해 더 낙관적이거나 희망적이었던 때를 떠올리도록 요청한다. 해결 중심 수퍼바이저는 수퍼바이지에게 그 당시에는 무엇이 달랐는지 파악하도록 초대한다. 해결 중심 수퍼바이저는 대화를 미래로 투영하여 수퍼바이지가 이 순간에 했던 일을 더 많이 했다면 어떤 차이가 있을지 설명하도록 한다. 어떤 것이 효과가 있는지 파악하기 어려운 수퍼바이지의 경우, 수퍼바이저는 초점을 더 넓혀준다. **유사한 작업을 수행했던 경험을 질문하여 그 당시 효과가 있었던 것들**이 현재의 '막힌 stuck' 상황에서 유용할 수 있는 것이 무엇인지 탐색한다. 이러한 질문을 통해 수퍼바이지는 현재 '작동하지 않는 not-working' 개입 범위에서 벗어나 대체 경로를 찾아낼 수 있다.

3. 변화

해결 중심 수퍼바이저는 지속해서 진행 상황에 민감하다. 진행 상황과 변화에 대한 이러한 초점은 미래 지향적인 질문과 아주 작은 변화 징후에 관한 질문뿐만 아니라 현재와 과거에 관한 질문에서도 나타난다. 수퍼바이지에게 현재 상황과 작업 초기의 상황을 비교하도록 하면 진전이 있었다는 것을 인정하게 되는 경우가 많다. 이러한 진전은 작업이 멈춰 있거나 지체되는 것처럼 느껴질 때는 흔히 간과되는 위험이 있다. 그런 다음 해결 중심 수퍼바이저는 수퍼바이지가 현재 위치에 도달하는 데 도움이 된 일과 효과가 있었던 일 중에서 현재 하는 작업에 적용하면 도움이 될 수 있는 일을 물어본다. 해결 중심 척도 질문(407-410쪽 참조)은 특히 이미 이루어진 진전을 강조하는 데 유용하다.

이 접근 방식과 일관되게 작업할 수 있도록 어떻게 준비할 것인가?

해결 중심 접근 방식은 분명히 간단하지만 쉽지 않으므로 수퍼바이저는 고도로 발달하고 매우 구체적인 대화 기술이 필요하다. 해결 중심적 프랙티스는 수퍼바이저가 이 접근 방식을 구현하는 데 필요한 몇 가지 실제적인practical 가정과 관련 있다.

1. 문제의 규칙에는 항상 예외가 존재하거나 바람직한 미래의 사례(Ratner et al., 2012)가 이미 존재한다. 이러한 예외가 가시적이고 의미 있게 보이도록 질문하는 것이 해결 중심 수퍼바이저의 역할이다.
2. 수퍼바이지는 앞으로 나아갈 길을 찾는 데 필요한 지식, 자원, 역량을 이미 갖추고 있다. 해결 중심 수퍼바이저의 임무는 수퍼바이지가 실제로 무엇을 해야 할지 알고 있다는 것을 인식하도록 지원하는 것이다.
3. 수퍼바이저의 아이디어보다 수퍼바이지 자신의 아이디어가 더 잘 맞을 가능성이 크다.
4. 해결 중심 수퍼바이저는 수퍼바이지가 자신의 아이디어를 더 잘 발견할 수 있도록 지원할 수 있는 방식으로 앞으로 나아갈 방향에 대한 자신의 아이디어를 내려놓는 것이 중요하다.
5. 변화와 진전이 일어나기 위해 문제 원인이나 유지를 탐색할 필요가 없다.

이러한 원칙에 따라 운영하면 수퍼바이저가 과정 전문 지식과 유용한 질문을 할 수 있는 역량을 전면에 내세울 수 있다.

이 접근 방식이 수퍼바이지에게 특히 유용할 수 있는 방법은 무엇인가?

해결 중심 코칭수퍼비전은 일반적으로 양 당사자 모두에게 힘든 작업으로 경험된다. 수퍼바이지에게 쉬운 답을 주거나 무엇을 해야 하는지 알려주는 것이 아니라 스스로 최고의 방법을 찾을 수 있도록 힘을 실어주는 것으로 경험된다. 이 과정은 내용이 자유로워서 다양한 모델과 이론적 설득을 사용하는 수퍼바이지와 함께 사용할 수 있다(Thomas, 2013). 해결 중심은 사례 상담이나 전문성 개발과 관련하여 동일하게 사용할 수 있으며, 흔히 두 가지가 동일한 대화에 매끄럽게 통합되기도 한다. 해결 중심 대화가 끝날 때 수퍼바이지가 "나만의 아이디어가 떠올랐어요, 이걸 어떻게 해야 하는지 알았어요!"라는 생각을 하고 돌아갈 수 있기를 바란다.

이어지는 기법을 사용하기 전에 고려해야 할 다른 것은 무엇인가?

해결 중심 접근법을 처음 접하는 수퍼바이저는 이 접근법을 단순히 긍정적인 것과 혼동하여 사소하게 여길 위험이 있다. 이는 결국 부정적인 표현이 이 모델에 맞지 않는다는 생각으로 어려움과 고통의 표현을 적극적으로 차단하는 결과를 초래한다. 숙련된 해결 중심 수퍼바이저는 이러한 어려움에 대한 표현을 항상 수용하고, 검증하고, 인정하며, 추가 조사를 위한 토대로 활용한다. '이 작업은 정말 힘들었던 것 같은데, 당신은 두 사람이 이제 막 앞으로 나아갈 길을 찾기 시작했다는 것을 어떻게 알 수 있나요?' 같은 예이다. 수퍼바이지의 감정과 경험을 부정하는 것은 당연히 협업 대화의 유용한 근거가 되지 못한다.

참고 문헌

- Berg, I.K. and Szabo, P. (2005) *Brief Coaching for Lasting Solutions*. New York: Norton. 『해결 중심 단기코칭』. 노혜련·김윤주·최인숙 옮김. 시그마프레스. 2011.
- de Shazer, S. (1988) *Clues: Investigating Solutions in Brief Therapy*. New York: Norton.
- de Shazer, S. (1991) *Putting Difference to Work*. New York: Norton.
- de Shazer, S. (1994) *Words Were Originally Magic*. New York: Norton.
- Miller, G. and de Shazer, S. (1998) Have you heard the latest rumor about...? Solution focused therapy as rumor. *Family Process*, 37, pp. 363-377.
- George, E., Iveson, C. and Ratner, H. (1999) *Problem to Solution: Brief Therapy with Individuals and Families*. 2nd ed. London: BT Press.
- Iveson, C., George, E. and Ratner, H. (2012) *Brief Coaching: A Solution Focused Approach*. London: Routledge.
- Ratner, H., George, E. and Iveson, C. (2012) *Solution Focused Brief Therapy: 100 Key Points and Techniques*. London: Routledge.
- Thomas, F. (2013) *Solution-Focused Supervision: A Resource-Oriented Approach to Developing Clinical Expertise*. New York: Springer.
- Walter, J. and Peller, J. (2000) *Recreating Brief Therapy. Preferences & Possibilities*. New York: Norton.
- Wittgenstein, L. (1953) *Philosophical Investigations*. Oxford: Blackwell.

~~~~~

75. 세 개의 의자에 앉기

프레드리크 배닝크[Fredrike Bannink][5]

언제 사용하는가?

이 창의적인 기법의 장점은 수퍼바이지가 자기 삶과 작업을 되돌아볼 때 전후를 모두 살펴볼 수 있다는 것이다. 이 기법은 자기 여정[journey]에서 어느 단계에 있는지 파악할 때 유용하게 사용된다. 이는 코치로서 자신의 발전 과정이나 당면한 이슈와 관련하여 과거, 현재, 미래의 위치와 관련될 수 있다.

이 기법은 무엇인가?

수퍼바이저는 수퍼바이지가 과거, 현재, 미래를 나타내는 세 개의 의자를 사용하여 세 가지 다른 시점을 고려하며 이슈를 탐색하도록 권한다.

1단계: 수퍼비전 대상 주제에 대한 초점을 만든다.

---

[5] **프레드리크 배닝크**[Fredrike Bannink]는 네덜란드 암스테르담에 거주하는 임상심리학자이자 변호사이다. 국제적인 기조 연설가이자 트레이너이며 40여 권의 책을 저술했다. www.fredrikebannink.com

2단계: 과거, 현재, 미래를 나타내는 빈 의자 세 개를 배치한다. 수퍼바이지에게 작업 기간(과거 언제부터 미래 언제까지인지)을 명확히 하도록 초대한다.

3단계: 수퍼바이지가 빈 의자 중 어떤 의자에 먼저 앉고 싶은지 탐색한다.

4단계: 수퍼바이지가 의자 중 하나에 앉으면 다음과 같은 질문을 통해 탐색을 시작한다.

- Q. 이 공간에 있으면 어떤 점이 좋은가요?
- Q. 무엇이 당신을 행복하게 하거나 만족스럽게 하나요?
- Q. 어떻게 그것을 달성할 수 있나요?
- Q. 가장 바라는 것은 무엇인가요?
- Q. 이를 실현하기 위해 무엇을 하고 있나요?
- Q. 다음 (작은) 단계 또는 진전의 신호는 무엇인가요?

5단계: 세 개의 의자에 모두 앉은 후, 수퍼바이지가 다시 앉는 것이 도움이 될 것으로 생각하는 의자가 있는지 확인한다.

6단계: 원래 수퍼비전의 초점으로 돌아가서 수퍼바이지에게 어떤 점이 유용했다고 생각하는지 이야기해 달라고 요청한다.

이 기법을 사용하는 방법

수퍼바이지가 탐색의 속도와 순서를 정할 수 있도록 한다. 논리적으로는 수퍼바이지가 시간 순서대로 시간적 순간을 살펴볼 것으로 예상할 수 있지만, 때때로 수퍼바이지가 '현재'에서 시작하여 어떤 방향으로 나아가는지 살펴보는 것이 흥미로울 수 있다. 이는 추후 성찰에 유용한 정보를 제공한다. 이슈의 원인을 파악하는 데 가장 관심이 있는지(과거를 돌아보는 것), 아니면 앞으로 어떻게 나아갈 수 있는지에 더 관심이 있는지 등이다.

탐색할 기간을 고려할 때는 수퍼바이지에게 어떤 기간이 가장 적합한지 결정하도록 요청한다. 예를 들어, 발전적인 여정에 관한 것이라면 1년 전과 1년 후를 다루는 것이 좋다. 시간 범위는 일주일, 한 달, 심지어 몇 년까지 다양하다.

그 밖에 주목해야 할 사항은 무엇인가?

과거의 의자에 앉으면 미해결 과제가 드러날 수 있다. 해결 중심 접근 방식에서는 이러한 이슈를 깊이 파고들기보다는 미래의 의자로 이동하여 추가로 탐구하는 것이 유용하다. 예를 들어, 다음과 같은 질문을 한다. "2년 후에 이 이슈가 해결되었을 때, 어떤 긍정적인 변화를 느낄 수 있을까요?", "그 때 당신은 무엇을 다르게 하고 있을까요?"

주의 사항

이 기법은 나머지 그룹 구성원이 관찰하는 가운데 개인 수퍼비전 대화로 절대 사용하지 말아야 한다(Bannink, 2012).

이 기법의 다른 용도로는 무엇이 있는가?

이 기법은 시간의 흐름이라는 개념을 다양한 상황에 적용할 수 있어서 매우 유연하다. 이 기법에 익숙해지면 코치는 [그들의] 고객에게 이 기법을 사용하기도 한다.
약간의 변형을 통해 그룹 수퍼비전이나 팀 코칭에서도 활용할 수 있다. 이 경우 사람들에게 팀의 과거, 현재, 미래를 차례로 탐구하도록 초대할 수 있다. 질문에 [코치] 스스로 답하지 않도록 주의하고, 그룹 구성원들이 서로 이야기하고 반응하며 서로 돕도록 요청한다. 그룹 내 관계의 성장을 촉진하고 모든 그룹 구성원의 강점, 역량 그리고 회복 탄력성 요인을 발견하도록 돕는다.

참고 문헌

- Bannink, F.P. (2012) *Practicing Positive CBT*. Oxford: Wiley.

더 읽어보기

- Bannink, F.P. (2015) *Handbook of Positive Supervision*. Boston: Hogrefe Publishing.

~~~~~

76. 해결 중심 척도 질문

에반 조지, 데니스 유수프

언제 사용하는가?

수퍼바이지가 작업이 정체되고 진전이 없다고 느낄 때, 이미 이루어진 진전이 가려져 자신에게 유용했던 작업을 기억하기 어려워진다. 해결 중심 척도 질문은 이미 이루어진 진전을 강조하고 그 진행 상황에 접촉하고 활용할 수 있는 기준 틀을 제공한다.

이 접근 방식은 다음과 같은 변화 과정의 핵심 요소를 강조하고 명확히 하는 데 도움이 될 수 있는 유연한 대화의 기준 틀을 제공한다.

- 코치와 고객의 자원
- 효과적인 전략
- 진행 상황
- 추가 진행 상황의 지표

이 기법은 무엇인가?

수퍼비전에서 사용되는 가장 일반적인 질문 공식은 '이 고객과 일을 시작했을 때의 상황을 0으로, 자신감 있고 성공적인 마무리를 10으로 봤을 때 지금 상황은 몇 점에 해당한다고 생각하는가, 상황을 어디에 둘 것인가?'이다.

1단계: 척도가 고정되어 있고, 0점과 10점이 명확하게 정의되어 있는지 확인한다.
2단계: 작업이 어느 정도까지 진행되었는지에 대한 수퍼바이지의 견해를 끌어낸다.
3단계: 자주 사용하는 다음 보조 질문 가운데 일부 또는 전부를 활용하는 것을 고려할 수 있다.

Q. 그 지점에 도달했다는 것을 알려주는 것은 무엇인가요?
Q. 그 지점에 도달하는 데 도움이 되었던 일은 무엇인가요?
Q. 척도의 그 지점에 도달하는 데 자신의 어떤 역량이 발휘되었나요?
Q. 작업이 척도에서 한 단계 올라갔다는 것을 어떻게 알 수 있나요?
(참고: 위의 질문을 재구성하여 고객의 관점도 일상적으로 반영한다(예: 첫 번째 질문은 '고객은 작업이 어느 단계에 도달했다고 말하겠는가'이다).

4단계: 이러한 각 초점 영역에서 '그렇다면 0이 아닌 6에 도달한 또 다른 이유는 무엇인가?'와 같이 더 자세한 내용을 계속 질문한다. 수퍼바이지가 자신의 작업에 관해 새롭게 생각하고 명확하게 표현하는 것은 지속적인 지지를 통해서 가능하다.

5단계: 수퍼비전을 마칠 때 수퍼바이지에게 다음 세션에서 변화의 작은 증거와 이러한 진전과 관련하여 자신이 하는 일에 특히 주의를 기울이도록 요청한다.

이 기법을 사용하는 방법

언어 선택은 특히 '1점 상향' 질문의 구성에서 중요하다. 더 '전략적' 구성인 "그렇다면 점수를 1점 올리려면 어떻게 해야 하나요?"라는 질문을 하는 것은 질문의 대안적인 '증거적' 구성보다 효과적이지 않다는 것이 지속해서 증명되었다(Ratner et al., 2012, 125-126쪽). 전략적 구성은 수퍼바이지가 무엇을 해야 할지 모른다는 것을 상기시킬 위험이 있는 반면, 증거적 구성인 '작업이 진행되었다는 것을 어떻게 알 수 있나요…?'는 수퍼바이지가 알 수 있고 작업이 진행될 것이라는 암시가 내재하여 있어서 상상력과 창의력을 자극하는 경향이 있다. 일반적으로 이렇게 하면 새로운 잠재적 행동 옵션이 다양하게 열리므로 수퍼바이지는 그 순간에 가장 적합한 옵션을 선택할 수 있다.

해결 중심 척도 질문을 처음 사용하는 수퍼바이저는 흔히 척도에서 '1점 상향'에 대한 설명으로 빠르게 이동하려는 유혹을 받곤 한다. 숙련된 수퍼바이저는 작업이 한 단계 더 진행되었음을 어떻게 알 수 있는지 설명하기 전에, 이미 진행된 부분을 '분석unpacking'하기 위해 두 배의 시간을 할애한다.

이 기법을 사용할 때 주의 사항

해결 중심 접근 방식은 고객과 수퍼바이지 모두 항상 유용한 대화를 만들기 위해 최선을 다하고 있다고 가정한다. 따라서 수퍼바이저의 질문에 수퍼바이지가 대답하는 데 어려움을 겪거나 세부 정보를 제공하는 데 어려움을 겪는다면 해결 중심 수퍼바이저는 그들이 잘못된 질문을 하거나 잘못된 속도로 움직이고 있거나 질문의 목적을 충분히 명확히 하지 않았다고 가정한다. 수퍼바이저는 현재 하는 접근이 효과가 없으면 다른 접근을 해야 할 책임이 있다.

이 기법의 다른 용도는 무엇이 있는가?

예를 들어, 변화 가능성에 대한 수퍼바이지의 자신감이나 수퍼바이지의 전문성 개발 등에 초점을 맞추도록 척도 질문을 간단하게 재구성할 수 있다. 이 접근 방식에 익숙해지면 일대일 코칭과 팀 코칭에 똑같이 적용 가능하다. 예를 들어, 팀원들에게 '우리는 얼마나 효과적으로 의사소통하고 있나요?' 또는 '힘들 때 서로를 얼마나 잘 지원하고 있나요?'를 평가하도록 요청할 수 있다.

참고 문헌

- Ratner, H., George, E. and Iveson, C. (2012) *Solution Focused Brief Therapy: 100 Key Points and Techniques*. London: Routledge.

더 읽어보기

- Iveson, C., George, E. and Ratner, H. (2012) *Brief Coaching: A Solution Focused Approach*. London: Routledge.
- Meier, D. (2005) *Team Coaching with the Solution Circle: A Practical Guide to Solutions Focused Team Development*. Cheltenham: SolutionsBooks.
- Thomas, F. (2013) *Solution-Focused Supervision: A Resource-Oriented Approach to Developing Clinical Expertise*. New York: Springer.

~~~~~

77. 반짝이는 순간 sparkling moments: 사례와 예외

에반 조지, 데니스 유수프

언제 사용하는가?

이 기법은 수퍼바이지가 막막함을 느끼고 수퍼바이저에게 어떻게 해야 할지 아이디어를 요청할 때 사용한다. 수퍼바이지가 막막함을 호소하며 도움을 요청할 때도 자신만의 유용한 아이디어를 창출할 수 있도록 해준다.

이 기법은 무엇인가?

이 기법은 아무리 어려운 상황이라도 약간의 변수가 있고, 수퍼바이지의 일이 조금 더 잘 풀리거나 조금 더 희망적인 기분이 들 때가 있을 것이라고 가정한다. 반짝이는 순간에는 수퍼바이지가 다르게 일을 하고 있을 가능성이 높으며, 이러한 차이를 더 많이 활용하는 것이 유용할 것으로 추정한다.

1단계: 예를 들어 '… 지금 상황이 상당히 힘들고 앞으로 나아갈 방향이 명확하지 않은 것 같다'와 같이 수퍼바이지의 막막한 경험을 인정한다.

2단계: '앞으로 나아가는 데 도움이 될 만한 단서를 찾기 위해 몇 가지 질문을 해도 될까요?'라고 허락을 요청한다.

3단계: 반짝이는 순간에 관해 물어본다. '조금 더 희망적으로 느껴졌던 순간에 대해 말해 본다면?' 또는 '그가 조금 더 잘 협조하는 것 같았던 순간에 관해 이야기해 본다면?' 또는 '약간의 진전을 보았던 순간에 대해 말해주세요'라고 요청한다.

4단계(a): 수퍼바이지가 더 희망적이었던 때나 일이 더 잘 진행되었던 때를 떠올릴 수 있다면 그 때 무엇을 하고 있었는지 물어본다.

4단계(b): 수퍼바이지가 조금이라도 더 희망적이거나 협력 또는 진전이 있었던 시기를 찾을 수 없다면, 비슷한 느낌을 받았던 다른 상황으로 범위를 넓혀서 그런데도 앞으로 나아갈 방법을 찾았던 시기가 언제였는지 물어본다.

5단계: 수퍼바이지에게 현재 작업이나 다른 유사한 작업에서 이러한 반짝이는 순간에 무엇을 하고 있었는지 가능한 한 자세히 확인하도록 요청한다. 예를 들어, '이 시기에 도움이 되었을 것 같은 일을 다섯 가지(또는 10개) 말해 달라'고 한다.

6단계: 수퍼바이지에게 이 '더 좋았던' 시기에 하고 있던 일 중 어떤 일을 반복하고 늘리면 유용할지 파악하도록 요청한다.

7단계: 수퍼바이지가 선택하면 현재 하는 작업에 이러한 측면을 강화하는 실험을 해보기를 제안한다.

8단계: 수퍼바이지에게 자신이 하는 일이 효과가 있다는 증거를 찾아보라고 요청한다.

이 기법을 사용하는 방법

해결 중심 접근 방식에서 수퍼바이지는 수퍼바이저가 제공한 아이디어보다 스스로 생각해 낸 아이디어를 효과적으로 활용할 가능성이 더 높다는 관점을 취한다. 이 기법을 사용할 때 그 효과의 핵심 요소는 이러한 믿음이다. 수퍼바이저는 이 믿음이 없으면 '구조^{rescue}'에 이끌려 자신의 해결책을 제시하거나 공동 문제해결에 참여하게 될 것이다. 진정으로 해결 중심적인 사고방식은 수퍼비전 공간에 활력을 불어넣을 것이다. 정체 상태가 계속되면 수퍼바이저의 역할은 수퍼바이지가 다른 상황에서도 전환 가능한 반짝이는 순간을 발견할 때까지 질문을 넓혀 더 수평적으로 사고할 수 있도록 도와주는 것이다.

그 밖에 주목해야 할 사항은 무엇인가?

수퍼바이지가 작업이나 광범위한 경험에서 반짝이는 순간을 찾지 못하는 경우, 수퍼바이저는 변화 가능성에 대한 수퍼바이지의 확신에 초점을 맞춘 해결 중심 척도 질문(기법 76. '해결 중심 척도 질문' 참고)을 사용한다. 또는 수퍼바이저가 수퍼바이지에게 "이 고객과 함께 일하면서 효과가 없고 반복할 가치가 없다고 확실히 말할 수 있는 것은 무엇인가요?"라고 물어볼 수도 있다. 이것을 알게 되면 다른 것을 시도해 볼 수 있다.

주의 사항

반짝이는 순간에 대해 질문하기 전에 수퍼바이지가 느끼는 막막함, 즉 무엇을 해야 할지 모른다고 느끼는 감정을 인정하는 것이 중요하다. 막막함을 인정하지 않으면 수퍼바이지가 반짝이는 순간을 떠올리고 찾을 수 있는 능력이 감소한다.

이 기법의 다른 용도로는 무엇이 있는가?

이 기법은 개인 코칭과 그룹 코칭에서도 유용하다.

더 읽어보기

- Iveson, C., George, E. and Ratner, H. (2012) *Brief Coaching: A Solution Focused Approach*. London: Routledge.
- Ratner, H., George, E. and Iveson, C. (2012) *Solution Focused Brief Therapy: 100 Key Points and Techniques*. London: Routledge.

~~~~~

78. 중단과 시작

카멜리나 로튼-스미스 Carmelina Lawton Smith[6], 에반 조지

언제 사용하는가?

이 기법은 일부 사람들에게 잘 알려져 있으며 수퍼비전 상황에서도 적용된다. 코칭에서 특정 상황이나 행동 패턴에 대해 수퍼바이지와 일정 기간 탐색한 후 후속 단계로 사용하는 것이 가장 좋다. 이를 통해 수퍼바이지는 기초를 다진 후 시도해 보고 싶은 행동으로 나아갈 수 있다.

이 기법은 무엇인가?

처음에 해결 중심 접근 방식(Berg & Miller, 1992)은 세 가지 간단한 규칙에 기반을 두고 있었다.

1. 고장 나지 않았다면 고치지 않는다.
2. 작동하면 더 많이 해본다.
3. 그래도 안 되면 다른 방법을 시도한다.

6) 5장 저자 소개 참조

세 번째 규칙은 당연해 보이지만, 우리는 단지 해야 할 일이 그저 당연해 보인다는 이유만으로 효과가 입증되지 않은 개입을 반복하는 자신을 발견하게 된다. 좌절감이 커지고 희망이 사라질수록 실제 효과가 있는 작은 증거마저 놓칠 수 있다. 이러한 상황에서는 수퍼바이지가 '아무것도 효과가 없다'라고 결론 내릴 위험이 있으며, 이는 결국 창의성을 감소시키거나 완전히 제거한다.

1단계: 수퍼바이지와 함께 현재 하는 일 가운데 효과적이지 않거나 차이를 만들지 못하는 목록을 작성한다.

2단계: 수퍼바이지와 함께 현재 진행 중인 작업이나 코칭 전반에서 유용하다고 여겨졌으며 빈도나 강도 또는 둘 다 늘릴 가치가 있는 활동을 목록으로 작성한다.

3단계: 수퍼바이지가 시도를 고려했지만, 어떤 이유에서든 제외하거나 시도하지 않았던 개입 방법 다섯 가지를 목록으로 작성한다.

4단계: 효과가 없고 반복할 가치가 없는 개입에 동의한 후, 어느 정도 유용했던 시도된 개입 목록과 고려했지만, 제외되었던 개입 목록을 검토한다.

5단계: 수퍼바이지에게 이러한 개입 가운데 채택하거나 늘릴 가치가 가장 높은 개입은 무엇인지 선택하도록 요청한다. 수퍼바이지가 특정 코칭 작업을 제시하는 경우 "다음 중 고객이 가장 감사하고 가장 가치 있게 생각할 수 있는 개입은 무엇이라고 생각하는가?"라는 질문을 하는 것이 도움이 될 수 있다.

6단계: 수퍼바이지가 이러한 개입/조치/행동 가운데 하나 또는 최대 두 가지를 선택하고 이를 실행practice에 옮길 때 자신이 최선을 다하고 있다는 것을 어떻게 알 수 있는지, 중단과 시작이 유용한 변화를 가져왔다는 것을 어떻게 알 수 있는지 자세히 설명하도록 초대한다.

이 기법을 사용하는 방법

이 아이디어를 사용할 때 효과가 없거나 반복할 가치가 없는 것을 파악하는 것이 새로운 가능성을 위한 토대를 마련하는 데 도움이 되며 먼저 수퍼바이지와 협의해야 한다는 점을 기억해야 한다. 수퍼바이지와 함께 무엇이 유용했는지 또는 지금 유용한지 살펴볼 때, 예를 들어, 조금이라도 더 좋았거나 희망이 가득했던 세션 또는 실제로 덜 '고착화'되거나 덜 '대립되었던' 세션에 주의를 집중해야 한다. 유용한 가능성을 탐색할 때 찾게 되는 차이는 사소하고 작은 것일 수 있다.

주의 사항

무엇이 효과가 없었는지 설명할 때 수퍼바이지가 이러한 대화를 자신과 자신의 프랙티스에 대해 비판적인 것으로 받아들일 수 있는 위험이 필연적으로 존재한다. 수퍼바이지는 일반적으로 '자신만의 합당한 이유'를 가지고 행동한다는 생각을 염두에 두고 때로는 자신이 그렇게 행동하는 '나름의 타당한 이유'를 적극적으로 탐색하는 것이 수퍼바이지가 그 행동을 그만두는 데 도움이 되기도 한다. 또 긍정적인 관점으로 해석된 행동에 대해 수퍼바이지는 덜 방어적이고 더 잘 멈출 수 있는 것으로 보인다. 예를 들어, '그래서 앞으로 나아가는 데 도움이 될 시도(…)를 통해 무엇을 배웠나요?' 또는 '기대했던 만큼 잘되지 않아서(…) 당신은 무엇을 배웠나요?'라고 질문한다.

이 기법의 다른 용도로는 무엇이 있는가?

앞으로 취할 조치에 대해 논의할 때 고객과 함께 사용할 수 있도록 모델링할 수 있다. 여기에는 '무엇을 계속하고 싶은가요?'라는 질문을 적절히 추가하여 중단, 시작, 계속, 더 적게, 더 많이 등 다섯 가지 대화 가능성을 제시한다.

참고 문헌

- Berg, I.K. and Miller, S.D. (1992) *Working with the Problem-drinker: A Solution FocusedApproach*. New York: Norton.

~~~~~

79. 미래 질문

미셸 루카스 Michelle Lucas[7]

어디에서 사용할 수 있는가?			일반적 수준의 수퍼바이지 경험 필요	
전문적 일대일 수퍼비전			개인적 성찰	대부분의 단계

언제 사용하는가?

이 방법은 수퍼바이지가 고객과의 소통이 특히 어렵거나 매우 '막막'하다고 느낄 때 유용하다. 수퍼바이지는 자신이 할 수 있는 일에 대한 아이디어를 떠올리기 어렵거나 '모든 것을 시도했지만' 성공하지 못했다고 생각할 수 있다.

---

7) 편집자 소개 참조

이 기법은 무엇인가?

해결 중심 접근법에 기반하여 현재의 역학을 뛰어넘고 새로운 탐구 영역을 열어 새로운 방법을 창출하는 데 도움이 되는 질문을 제공한다.

1단계: 좀 더 미래에 초점을 맞춘 탐색을 실험할 수 있도록 허락을 구한다.

2단계: 수퍼바이지에게 좋은 결과가 무엇일지 논의한다. 예를 들어, '지금 수퍼비전의 결과로 이 고객과의 업무 관계에서 어떤 변화를 기대하나요?'라고 질문한다.

3단계: 수퍼바이지가 이 논의의 핵심을 담은 몇 가지 단어를 만들 수 있도록 돕는다. 이는 4단계에서 사용할 것이므로, 예를 들어 [이 고객과의 좋은 유대감]과 같은 표현이 될 수 있다.

4단계: 수퍼바이지가 3단계의 결과를 바탕으로 스스로 얼마나 자원이 풍부한지 기억할 수 있도록 지원하며, 수퍼바이지에게 바라는 미래 상태가 이미 있었던 다른 경우(이 고객 또는 다른 사람과 함께)에 관해 이야기하도록 초대한다.

5단계: 수퍼바이저가 질문한다.

Q. 내일 아침에 일어나서 지금 겪고 있는 모든 어려움이 해결되는 일이 일어났다는 것을 발견했다면… 갑자기 [이 고객과의 관계]가 여러분이 바랐던 것과 정확히 일치하는 상태가 되었다는 것을 알게된다면 … 가장 먼저 눈에 띄는 차이점은 무엇인가요?

6단계: 한 사람의 차이를 다른 사람이 알아차릴 방법을 고려하여 반복적인 방식으로 탐색을 계속한다. 예를 들어,

Q. 당신에게서 가장 먼저 발견되는 차이점은 무엇인가요?

Q. 그리고 고객이 그 점을 알아차린다면 어떻게 반응할 것 같은가요?

Q. 그런 다음 고객에게 응답할 때 당신은 스스로 어떤 차이점을 발견할 수 있나요?

7단계: 수퍼바이저가 원하는 미래의 모습과 연결될 수 있도록 지원한다. 예를 들어, 이 대화를 마친 후, 다음에 고객과 마주 앉았을 때 사소한 것이라도 뭔가 다른 일을 하는 자신을 발견했다고 상상해 본다면… 그것은 무엇인가요? 또 무엇이 있나요? 그리고 또 무엇이 있나요?

8단계: 고객이 1점을 더 올렸는지 알 수 있는 방법을 살펴봄으로써 이를 자세히 설명하는 것이 도움이 될지 생각해 본다(기법 76. '해결 중심 척도 질문' 참고).

9단계: 수퍼바이저는 수퍼바이지의 이야기를 경청하면서 수퍼바이저에게 공감을 불러일으킨 자원을 반영하여 표현한다. 수퍼바이지가 개선점을 발견한 경우, 수퍼바이저는 현재에 도달하기 위해 수퍼바이지가 수행한 작업을 강화할 수 있다. 또한 수퍼바이지가 새로운 발견을 위해 이 프로세스에 몰입한 것에 지지와 격려를 한다.

10단계: 수퍼바이지와 함께 작업 점검을 마무리하여 현재 수퍼비전에 필요한 것이 무엇인지 확인한다.

이 기법을 사용하는 방법 …

수퍼바이저는 수퍼바이지가 원하는 결과를 얻을 수 있는 단어의 형태를 정했다면, 어색해하더라도 그 단어를 그대로 사용하는 것이 중요하다. 6단계는 고객이 뭔가 다른 것을 보게 된다면 수퍼바이지가 고객과의 작업에서 어떻게 달라질 수 있는지에 집중하는 데 정말 도움이 된다. 예를 들어, 수퍼바이지가 더 자신감을 얻게 될 것이라고 말한 경우 '어떤 모습인가요?' 또는 '어떻게 알 수 있나요?'와 같은 후속 질문을 통해 추가적인 정보를 끌어내는 것이 도움이 될 수 있다. 7단계에서 수퍼바이지에게 '지금'이 무엇을 의미하는지 질문할 수 있는데, 세션이 시작될 때와 비교했을 때 이미 뭔가 변화한 경우가 많기 때문이다. 흥미롭게도 긍정적인 차이에 관한 질문은 때때로 에너지의 변화를 유도하여 해결의 실마리를 찾게 하고, 수퍼바이지는 긴장을 풀고 문제의 원인이나 다음에 해야 할 일에 덜 집중하게 된다.

이 기법을 사용할 때 주의 사항

이 기법은 고객에게 '기적'이 일어난다면 어떨지 생각해 보도록 초대하는 드 셰이저 de Shazer의 작업에서 채택한 것이다. '기적'이라는 단어는 은유적인 의미로 사용되기는 하지만 좀 더 감정적인 반응을 불러일으킨다. 따라서 다른 표현이 유용할 수 있지만 중립적인 표현을 사용하도록 주의한다.

이 기법의 다른 용도로는 무엇이 있는가?

이 기법에 익숙해지면 고객을 코칭할 때 유용하게 사용하는 것이 가능하다.

더 읽어보기

- Connie, E. (2012) Solution building with couples: A solution focused approach – 'The most amazing thing I have ever heard a client say'. *Context*. June 2012, pp. 6-9.
- de Shazer, S. (1988) *Clues: Investigating Solutions in Brief Therapy*. New York: Norton.
- Ratner, H., George, E. and Iveson, C. (2012) *Solution Focused Brief Therapy: 100 Key Points and Techniques*. London: Routledge.

~~~~~

80. 역량 전이

프레드리크 배닝크

언제 사용하는가?

수퍼바이지가 자신의 기존 역량을 파악하여 현재 수퍼비전 주제 또는 향후 원하는 상태에 활용할 수 있도록 돕는다. 이 질문은 다양한 구성으로 사용할 수 있으며, 기존 역량을 파악하는 동시에 긍정적인 분위기를 조성하고자 할 때 가장 유용하다.

이 기법은 무엇인가?

이 기법은 역량 전이 개념을 설명한 라마르와 그레고어(Lamarre & Gregoire, 1999)의 연구에 기반을 둔다. 이 개념은 삶의 한 영역에 갇혀 있을 때 다른 영역(직장, 가족, 취미, 스포츠, 재능)에서 활용하는 자질과 기술이 유용할 수 있다는 것이다. 공황장애를 앓는 한 고객이 불안감을 느낄 때마다 심해 다이빙에 대한 지식을 적용하여 긴장을 완화하는 방법을 배웠다고 설명한다. 다음 내용을 따라 반구조화된 대화를 진행한다.

1단계: 주제에서 벗어난 대화를 할 수 있도록 허락을 구한다.

2단계: 인생에서 성공하고 있는 다른 영역이 무엇인지 확인한다. 일반적으로 직장, 가족, 취미, 스포츠 또는 특별한 재능이 유용한 탐구 영역이다.

3단계: 다음과 같은 질문을 사용하여 긍정적이고 탐색적인 대화를 진행한다.

Q. 어떤 역량을 가지고 있나요?

Q. 그 역량을 어떻게 활용했나요?

Q. 어떻게 성공했나요, 어떻게 성공하지 못했나요?

Q. 그 순간 주변 사람들은 당신의 역량을 무엇이라고 설명하나요?

4단계: 수퍼바이지에게 이러한 역량 가운데 하나를 당면한 이슈에 적용하도록 권유한다. "우리가 이야기했던 주제를 관리하기 위해 이 역량을 어떻게 사용할 수 있나요?"라고 명시적으로 물어볼 수도 있고, "목표를 달성하기 위해 이 역량을 어떻게 발휘할 수 있나요?"라고 더 긍정적인 방식으로 물어보기도 한다. 또는 '만약 당신의 역량이 말할 수 있다면 이 이슈에 대해 어떤 조언을 해줄까요?'와 같이 좀 더 은유적인 방식으로 할 수 있다.

5단계: 상대방에게 언제 어디서 이런 수준의 지혜를 발휘할 수 있었는지 이야기해 달라고 요청한다. 이전의 성공 사례에 관해 이야기하면 자신감을 키우고 자신의 역량이 일관된 부분임을 상기시키는 데 도움이 될 수 있다.

6단계: 수퍼바이지가 당면한 문제나 이슈에 대해 진전하기 위해 취할 수 있는 작은 다음 단계가 무엇인지 생각해 보도록 격려한다.

이 기법을 사용하는 방법 …

단순히 더 깊이 파고들거나 더 열심히 노력하기보다는 시도해보는 것 자체가 대화에 활력을 불어넣는다. 수퍼바이지를 잘 아는 경우, 수퍼바이지에게 이미 성공 사례로 들었던 삶의 영역에 대해 생각해 보도록 초대하는 것이 가능하다. 4단계와 5단계는 수퍼바이지가 자신의 역량을 한 영역에서 다른 영역으로 옮길 수 있도록 지원하는 역할을 한다. 해결 중심 인터뷰(Bannink, 2010)는 삶이 어렵더라도 모든 개인은 그들 삶의 질을 향상할 수 있는 역량이 있다는 생각을 활용한다.

그 밖에 주목해야 할 사항은 무엇인가?

수퍼바이지가 자신의 강점과 성공에 관해 이야기하는 것을 부끄러워하는 경우가 있다. 또는 전혀 생각해 본 적이 없는 때도 있다. 수퍼바이지가 자신의 역량을 떠올릴 수 없거나 떠올리고 싶어 하지 않는다면 주변 사람들이 자신의 역량을 무엇이라고 말할지 물어보도록 한다. '가장 친한 친구에게 당신이 잘하는 것이 무엇인지 물어본다면 뭐라고 대답할까?' 가장 친한 친구의 관점과 같은 다른 관점에서 질문하면 자신의 역량을 더 쉽게 찾을 수 있다.

주의 사항

상황에 따라 적절한 행동이 달라질 수 있으므로 전달되는 행동이 새로운 상황에 적합한지 확인해야 한다. 또 한 사람에게 효과가 있는 것이 다른 사람에게 항상 효과가 있는 것은 아니라는 점도 기억해야 한다.

이 기법의 다른 용도로는 무엇이 있는가?

이 질문은 활력을 불어넣고 자신감과 자기 효능감을 키우는 데 사용할 수 있으며, 그룹 내에서 짝을 지어 작업할 수도 있다. 이 경우 파트너에게 자기 삶에서 가장 빛나는 분야를 공유하도록 초대하는 것으로 시작한다. 그리고 이러한 역량이 업무에서 언제 발휘되었는지, 그리고 당면한 개인적인 이슈에 어떻게 활용할 수 있는지 생각해 보도록 파트너를 초대하는 것으로 마무리한다.

이 질문은 개인 및 팀 코칭 고객과의 작업에도 유사하게 적용 가능하다.

참고 문헌

- Bannink, F.P. (2010) *1001 Solution-focused Questions. Handbook for Solution-focused Interviewing*. New York: Norton.
- Lamarre, J. and Gregoire, A. (1999) Competence transfer in solution-focused therapy: Harnessing a natural resource. *Journal of Systemic Therapies*, 18(1), pp. 43-57.

더 읽어보기

- Bannink, F.P. (2015) *Handbook of Positive Supervision*. Boston: Hogrefe Publishing.

제8장
코칭수퍼비전에 대한 시스템적 접근

저자: 마렌 도나타 우르쉘Maren Donata Urschel[1]
역자: 김현주

이 철학은 어떻게 설명할 수 있는가?

모든 인간은 다양한 시스템의 일부이다. 여러 시스템은 여러 소속감belonging을 만들어 낸다. 소속감은 인간의 깊은 욕구 가운데 하나이다. 우리 삶에서 최초이자 가장 형성적인 소속감은 우리가 태어난 가족 체계이다. 이러한 소속감이 없다면 우리는 생존할 수 없다. 또 다른 소속감으로는 현재와 과거의 직장 관계, 출신 문화, 교육 시스템 등이 있다.

모든 시스템에는 숨겨진 소속 규칙이 존재한다. 이러한 규칙은 때때로 무의식적인

---

1) **마렌 도나타 우르쉘**Maren Donata Urschel은 독일 베를린에 거주하는 숙련된 시스템적 수퍼바이저, 퍼실리테이터, 코치이다. 그녀는 개인과 그룹을 대상으로 대면 및 가상으로 작업한다. 하이델베르크에서 태어난 마렌은 영어, 독일어, 이탈리아어에 능통하다. 그녀는 독일로 돌아와 베를린에 정착하기 전 영국과 스위스에서 20년 이상 거주하며 일했다. 런던 정경대학에서 조직심리학 석사 학위를 받았으며 조직 구성과 시스템적 코칭에 대해 심도 있는 교육을 받았다. 마렌은 존 휘팅턴John Whittington의 책 『시스템 코칭과 컨스텔레이션Systemic Coaching & Constellations』에 기여했다. 업무에 시스템적 관점을 통합하고자 하는 코치, 코치 수퍼바이저, 진행자 및 조직 컨설턴트를 위해 마련된 코칭 컨스텔레이션 교육과 워크숍을 독일에서 이끌고 있다. 여가 시간에는 교향악단과 챔버 앙상블에서 바이올린 연주를 즐긴다.

수준에서 행동 패턴, 충성도loyalties, 복잡한 관계entanglements를 만들어낸다. 이러한 보이지 않는 역동 관계는 우리의 선택, 다른 사람들과 관계 맺는 방식, 삶과 직장에서 성취할 수 있는 것에 깊은 영향을 미친다.

시스템적 수퍼비전은 시스템의 보이지 않는 역동을 이끌고 인정한다. 시스템적 수퍼비전은 시스템을 고착화하고 습관화시키는 숨겨진 패턴, 충성도, 복잡한 관계를 분명히 한다illuminate. 그 결과 시스템의 에너지와 흐름을 회복할 수 있는 길이 열린다. 시스템적 수퍼비전은 수퍼바이저와 수퍼바이지가 이야기, 판단, 전문가가 되려는 욕구에서 우아하게 한 발짝 물러설 수 있게 한다.

많은 수퍼비전 접근 방식은 우리의 의식적인 마음을 통해 알고 있는 습관적이고 가장 실용적인practised 방식을 사용한다. 시스템적 수퍼비전은 정보를 알고 접근하는 다양한 방식이 있다는 이해를 바탕으로 한다. 우리의 의식적인 마음은 현재와 과거의 모든 관계와 소유물의 복잡성을 동시에 저장할 수 없지만, 우리의 몸과 무의식적인 마음은 동시에 저장하는 것이 가능하다.

이를 관계 시스템에 대한 우리의 '느낀 감각felt sense'이라고 한다. 이는 우리가 관계 맺은 모든 사람과 모든 것에 대한 내적 이미지로 나타난다. 시스템적 '컨스텔레이션constellation'은 수퍼바이지의 수퍼비전 이슈에 대한 내적 이미지가 외부로 표현된 것이다. 사람과 사건에 대해 가장 공명하는 대표자들을 합의된 경계 안에 배치함으로써 3차원 공간 관계 지도가 생성된다. 이 지도는 수퍼바이지를 시스템 내 다른 사람이나 요소와의 관계에 위치시킨다. 이를 통해 수퍼바이저와 수퍼바이지는 관계 시스템 내의 모든 요소를 연결하는, 이른바 '정보의 영역field of information'에 접근할 수 있다. 점차적으로 수퍼바이지의 이슈에 대한 새로운 이미지가 떠오르면서 새로운 통찰력insights과 시스템의 건강한 흐름을 향한 움직임으로 이어진다.

시스템적 컨스텔레이션은 때로는 응용 철학applied philosophy으로 설명된다. 이는 수퍼바이저의 입장stance과 시스템적 조직 원칙의 적용을 통해 나타나는 존재와 행동 방식이다.

이 철학의 기본 원칙과 신념은 무엇인가?

시스템적인 조직 원칙의 적용은 모든 시스템적 수퍼비전을 뒷받침한다. 이는 문화, 세대, 언어와 관계 없이 통용되는 관찰된 진실이다. 이 원칙은 시스템의 어느 부분이 균형을 잃고 있는지 파악하는 진단 도구 역할을 한다.

　버트 헬링거Bert Hellinger는 원래 사회 시스템 맥락에서 가족 시스템의 삶과 사랑의 흐름을 지원하기 위해 이 원칙을 정립했다. 시스템적 조직 원칙은 조직의 맥락에 널리 적용되었다. 시스템적 수퍼비전에 적용하면, 수퍼바이지와 그들이 일하는 시스템의 에너지, 흐름, 명확성을 회복하는 데 도움이 된다(기법 84, '시스템 지향적 질문systemically oriented questions' 참고). 이 원칙들은 시간time, 장소place, 교환exchange이라고 한다. 시스템적 수퍼비전에서 이러한 질문이 어떻게 나타나는지에 대한 예는 다음과 같다.

- **시간** - 누가 또는 무엇이 먼저 왔는지가 뒤따르는 것보다 우선한다. 한 코치는 영향력을 발휘할 수 없는 리더와 함께 일하고 있었다. 시스템적 수퍼비전을 통해 리더가 먼저 조직에 있었던 사람이나 조직에 무엇이 있었는지를 인정하지 않고 조직에 합류했음을 알 수 있었다. 리더는 먼저 합류한 사람들을 내면적으로 존중함으로써 그들의 완전한 권위authority를 인정할 수 있었다.
- **장소** - 시스템 내의 모든 사람과 모든 것에는 안전하고 존중받는 장소가 필요하다. 한 코치는 팀의 헌신commitment을 이끌어내는 데 어려움을 겪는 유능한 리더와 함께 일하고 있었다. 이전에 그 역할을 맡았던 사람들을 살펴보면서 전임자 가운데 한 명이 알 수 없는 이유로 퇴사한 사실을 알게 되었다. 그들의 공헌contribution은 인정받지 못했다. 그 결과 팀의 에너지는 현 리더가 아닌 전임자에게 집중되어 있었다. 조직에 대한 전임자의 공헌을 인정함으로써 새로운 리더는 자신의 역할을 충분히 수행하고 팀의 헌신을 얻을 수 있었다.
- **교환** - 모든 시스템은 주는 것과 받는 것 사이의 균형을 위해 노력한다. 한 수

퍼바이지는 작업에 지쳐 있었다. 수퍼바이지의 일과 삶 전반에 걸친 교환의 균형을 살펴본 결과, 수퍼바이지는 어린 시절에 충족되지 못한 욕구를 해소하기 위해 무언가를 돌려받기를 바라며 작업에서 지나치게 많은 것을 주었음을 알게 되었다. 이를 인정함으로써 수퍼바이지는 고객과의 관계에 깊은 영향을 미치는 숨겨진 패턴에서 벗어날 수 있었다. 그 결과 수퍼바이지는 자신의 과도한 도움over-helpful 에너지를 고객과 더 넓은 시스템에 유용한 에너지로 전환하였다.

시스템적 수퍼비전 개입의 시작은 있는 그대로를 인정하는 것이다. 이를 통해 수퍼바이저와 수퍼바이지 모두 판단하거나 해석하거나 간섭할 필요 없이 어려움을 직면할 수 있다. 그 결과, 근본적인 시스템적 진실이 드러나고 시스템이 균형을 되찾게 된다(기법 81, '있는 그대로 매핑하기' 참고).

이 철학의 맥락에서 코치 수퍼바이저의 역할은 무엇인가?

수퍼바이저의 태도stance는 인정acknowledgment 및 조직 원칙organising principles과 더불어 시스템적 수퍼비전의 핵심요소cornerstone 가운데 하나이다. 시스템적인 수퍼바이저는 다음과 같은 태도를 취한다.

- **시스템을 위해 일하기**
  시스템적 수퍼비전은 개별 고객이 아닌 전체 시스템에 초점을 맞춘다. 수퍼바이저가 전문가가 되거나 알고자 하는 욕구를 내려놓고 시스템이 드러내는 정보를 신뢰할 때 시스템을 위해 온전히 일할 수 있다. 이렇게 하면 시스템이 [스스로] 말하고 재조정이 필요한 부분을 보여주는 자아가 개입되지 않은 과정

ego-free process이 나타난다.

- **연민의compassionate 거리 모델**

  수퍼바이저는 연민compassion과 거리의 존중적 조합을 통해 고객의 시스템에 얽매이지 않고, 있는 그대로의 진실에 임한다. 이 거리를 유지하기 위해 수퍼바이지는 그룹 수퍼비전 환경에서는 대리인representatives을 통해, 개별 수퍼비전 환경에서는 대상objects을 통해 이슈에 대한 공간적 관계 지도를 설정한다.

- **정신신체적 지식somatic knowledge, 즉 '정보의 장field of information' 이끌기**

  수퍼바이저의 태도와 조직 원칙에 대한 지식은 시스템이 균형을 되찾는 데 필요한 모든 정보를 담고 있다. 수퍼바이저와 수퍼바이지는 관련된 모든 사람의 신체적 지식, 즉 '느낀 감각'을 끌어냄으로써 정보의 장에 접근한다. '느낀 감각'에 접근하기 위해 수퍼바이저는 참가자들이 자신이 생각하는 느낌이 아니라 신체적으로 느껴지는 감각에 집중하도록 초대한다. 신체적 지식은 대리인/대상이 배치되는 방식에 따라 시스템적 배치systemic constellation에서 발생한다.

- **안전한 경계 설정하기**

  작업에 집중하고 안전을 유지하려면 경계를 설정하여 수퍼바이지의 이슈를 제한하는 것이 중요하다. 다음과 같이 설정할 수 있다.

  1. 컨스텔레이션 연습에 제한된 시간을 설정한다.
  2. 말 그대로 명확하게 정의된 경계(예: 종이 한 장, 탁자 위 또는 의자 원 안의 공간) 내에서 작업한다.

- **한 번에 한 단계씩 나아가기**

  시스템의 변화는 항상 고객의 내부 전환inner shifts보다 선행된다. 내부의 변화는 체화되어야embodied 하기 때문에 출현하고 통합되는 데 시간이 걸린다. 체화된 작업은 해결책으로 바로 '점프'하는 지름길이 될 수 없다. 시스템적인 수퍼바이저는 수퍼바이지가 한 번에 한 걸음씩 작은 단계를 밟고 인정하도록 격려한다(기법 82. '더 나은 방향을 향한 한 걸음' 참고)

- **복잡성 탐색하기** navigate complexity

  관계 시스템은 특히 조직에서 탐색하기가 복잡하다. 수퍼바이지의 핵심 질문(그들이 보기로 선택한 시스템의 일부)은 관계 시스템의 방대한 복잡성을 탐색하는 나침반 역할을 한다.

이 접근 방식과 일관되게 작업할 수 있도록 어떻게 준비할 것인가?

시스템적 수퍼비전은 응용 철학이다. 이 접근 방식과 일치하는 수퍼바이저는 시스템과 시스템이 제공하는 정보를 전적으로 신뢰한다. 이를 위해서는 프랙티스와 경험적 학습이 필요하다. 시작하는 방법은 다음과 같다.

- **자신의 조직적 관계를 살펴본다.**

  수퍼바이저가 판단, 상담, 도움 없이도 어려움에 놓인 수퍼바이지를 지원할 수 있으려면 시스템적 수퍼바이저 자신의 시스템적 소속과 충성도를 살펴볼 필요가 있다.

  1. 자신의 시스템적 관계에서 자원을 확보한다.
  2. 수퍼바이지의 패턴과 역동 관계에 얽매이지 않도록 한다.

- **정신신체적** somatic **역량 구축**

  시스템적 수퍼비전은 우리의 직감과 마음속에 저장된 암묵적 지식, 즉 '느낀 감각'의 관계 시스템에 접근한다. 따라서 신체를 통해 정보를 받아들이고 작업할 수 있는 역량을 키우는 것이 중요하다.

- **작업 경험**

  모든 체화된 embodied 과정은 통합하는 데 시간이 걸리며 시간이 지남에 따라 경험적 학습이 필요하다. 시스템적 수퍼비전의 자세, 원칙, 적용을 이해하는 것

외에도, 컨스텔레이션에 참여하고 시스템 역동을 실제로 경험하는 것은 이 기법을 안전하게 사용하기 위한 전제 조건이다.

이 접근 방식이 수퍼바이지에게 특히 유용할 수 있는 방법은 무엇인가?

컨스텔레이션과 같이 체화된 과정을 사용하는 시스템적 수퍼비전은 수퍼바이지가 더 넓은 시스템에서 자신의 이슈를 입체적으로 경험할 수 있게 해준다. 개인과 그룹 수퍼비전 환경에서 개인, 팀, 전체 시스템에 적용할 수 있다. 다음은 수퍼바이지가 얻을 수 있는 몇 가지 혜택의 예이다.

- **시스템적 연결성 드러내기**

    시스템적 수퍼비전은 수퍼바이지 자신이 얽혀 있는 문제entanglements, 충성도loyalties, 소속감belonging을 분명히 한다. 이를 통해 그들은[수퍼바이지] 아무것도 고치거나 바꾸려고 하지 않고도 고객의 시스템을 위해 일할 수 있다.

- **시스템에 대한 지식 구축**

    시스템을 제한하고 유지하는 조직 원칙은 모든 시스템적 수퍼비전 회기에서 생생하게 살아난다. 이러한 원칙을 적용하면 수퍼바이지가 고객과의 업무에서 이를 활용할 수 있으므로 고객도 혜택을 받을 수 있다.

- **수퍼바이지에게 자원 제공**resourcing

    시스템적 수퍼비전은 수퍼바이저와 수퍼바이지가 시스템에서 가장 유용하고 도움을 받을 수 있는 수퍼바이지의 위치와 방법을 명확히 파악할 수 있게 해준다(기법 83. '자원 제공' 참고).

- **근본 원인 파악**

시스템적 수퍼비전은 수퍼바이지가 제시하는 이슈 뒤에 숨겨진 반복적인 패턴과 숨겨진 역동을 발견할 수 있게 해준다. 예를 들어, 동기 부여 기술로 동기 저하를 해결하는 대신 전체 시스템의 맥락에서 동기 저하를 살펴보고, 그 원인을 밝혀내고, 시스템의 흐름과 균형을 회복하기 위한 기초로 새롭게 드러난 시스템적 진실을 사용한다.

- **새로운 정보 표면화**
  시스템적 수퍼비전은 시스템에서 무언의 암묵적 지식을 표면화하고 목소리를 냄으로써 보이지 않는 역동 관계를 끌어내고 인정한다.
- **수퍼바이저와 수퍼바이지 모두의 해방**
  시스템적 수퍼비전은 판단과 이야기에서 자유롭다. 따라서 수퍼바이저와 수퍼바이지 모두 전문가가 될 필요는 없다.

이후에 나오는 프랙티스를 사용하기 전에 고려해야 할 다른 것은 무엇인가?

컨스텔레이션을 활용한 시스템적 수퍼비전은 이슈를 생각하거나 대화하면서 얻은 정보와는 다를 수 있고 때로는 모순되는 새로운 정보를 드러낸다. 이는 수퍼바이지에게 놀랍거나 불안하게 느껴질 수 있다. 시스템적 컨스텔레이션에 대한 가장 유용한 태도는 모든 것을 판단이나 해석 없이 [단순히] 정보로 취급하는 것이다. 시스템적 컨스텔레이션은 체화된 경험이고, 시스템의 무언가를 변화시키는 사건이다. 그 효과는 시간이 지남에 따라 나타나며 이성적인 수준의 뇌에서 작동하기보다는 몸의 신체적 수준에서 작동하도록 두는 것이 가장 효과적이다.

시스템적 수퍼비전은 수퍼바이저와 수퍼바이지보다 더 큰 규모의 과정이다. 수퍼바이저와 수퍼바이지 모두 자아^{ego}를 내려놓게 하고, 전문가가 될 필요도 없으며, 혼자서 모든 것을 해결해야 하는 부담에서 벗어나게 해준다. 시스템적 수퍼비전은 촉진하는 즐거운 일이다. 새로운 관점, 새로운 정보, 자원에 대한 접근, 이전에는 표현할 수 없었던 숨겨진 충성심과 얽힘을 명확하게 표현하는 방법을 제공한다. 무엇보다도 모든 인간관계 시스템 간의 상호 연결성과 균형을 유지하거나 깨뜨리는 역동 관계에 대한 경험을 제공한다.

더 읽어보기

- Whittington, J. (2020) *Systemic Coaching and Constellations*, 3rd ed. London: Kogan Page. 『시스템 코칭과 컨스텔레이션』. 가향순·문현숙·임정희·홍삼열·홍승지 옮김. 한국코칭수퍼비전아카데미. 2022.
- Hellinger, B. and Ten Hovel, G. (1999) *Acknowledging What Is – Conversations with Bert Hellinger*. Phoenix, AZ: Zeig Tucker & Co., Inc.
- Horn, K.P. and Brick, R. (2009) *Invisible Dynamics*, 2nd ed. Heidelberg: Carl Auer.
- Manne, J. (2009) *Family Constellations*. Berkeley, CA: North Atlantic Books.

자료 찾기

- www.coachingconstellations.com [Accessed 2 October 2019]

~~~~~

81. 있는 그대로 매핑하기

마렌 도나타 우르쉘

언제 사용하는가?

모든 시스템적 컨스텔레이션은 수퍼비전에 대한 시스템적 개입의 시작인 '있는 그대로' 인정하는 것에 맞춰 '있는 그대로' 매핑하는 것으로 시작한다.

우리는 모두 우리가 관계 맺어온 모든 것, 모든 사람에 대한 내면의 이미지를 가지고 있다. 수퍼바이지는 매핑을 통해 관계 역동에 대한 자신의 내적 이미지를 입체적이고 체화된embodied 형태로 표현할 수 있고, 더 넓은 시스템 맥락에서 이슈에 대한 숨겨진 또는 무의식적인 정보에 접근할 수 있다.

이 기법은 무엇인가?

'무엇'을 매핑하는 것은 그 자체로 개입이며 때때로 그것만으로도 충분할 수 있다. 정신신체적 기법somatic technique이기 때문에 이슈를 생각하는 일반적인 방법과 비교할 때 다른 정보를 드러낸다.

'있는 그대로 매핑하기'를 다음과 같이 소개한다.

어려움을 느끼거나, 막혀 있거나, 어려움을 감지하는 어떤 종류의 관계 시스템을 떠올린다. 그 시스템에서 가장 중요한 사람과 요소를 매핑하여 이슈를 입체적으로 표현함으로써 얻을 수 있는 이점에 접근할 수 있도록 한다.

수퍼바이저는 다음과 같이 수퍼바이지(들)와 함께 연습한다.

1단계: 경계가 있는 공간(예: 탁상 위에 빈 종이)을 찾는다.

2단계: 이슈와 관련된 가장 중요한 사람, 요소 또는 사건을 파악한다. 되도록 적게 적는 것이 좋다(최대 6개). 화살표 모양의 포스트잇이나 방향성이 있는 기타 대표적인 물건을 선택하여 각각을 식별할 수 있도록 한다. 반드시 자신을 포함한다.

3단계: 매핑할 방향을 파악하는 것이 유용할 수 있다. 유용하다면 경계가 있는 공간('지도')에 '결과' 또는 '목적'을 나타내는 포스트잇이나 물체를 배치한다.

4단계: 현재 상황에 대한 직관과 정신신체적 감각을 활용하여 (1) 자신을 상징하는 물건과 (2) 다음으로 가장 공명하는 사람이나 요소를 나타낸다. 두 사람 사이의 거리와 그들이 향하는 방향에 주의를 기울인다.

5단계: 나머지 포스트잇/사물을 하나씩 천천히 추가한다. 각각을 가장 잘 배치할 수 있는 위치에 대한 직관과 몸의 감각을 믿는다. 지도가 내가 원하는 것이 아니라 '있는 그대로'를 나타내는지 확인한다.

6단계: 만든 지도에서 눈에 띄는 점이나 인정하고 싶은 점을 가능한 한 적은 단어로 표현한다. 예를 들어, '이것은 어렵다', '너무 가깝다', '막힌 느낌이다' 등이 있다. 무엇이든 '해결'하거나 '수정'하기 위해 지도를 바꾸고 싶은 유혹을 뿌리치는 것이 좋다.

7단계: 수퍼바이저와 수퍼바이지는 나온 내용을 가지고 작업하며, 수퍼바이저는 수퍼바이지에게 적절한 '시스템 지향적 질문'(기법 84 참고)을 한다.

8단계: 사진 촬영 등 지도를 내면화할 수 있는 방법을 찾는다.

9단계: 마친 후에는 지도를 존중하며 해체한다.

이 기법을 사용하는 방법

수퍼바이저가 수퍼바이지의 '이야기'에 빠져들지 않도록 하는 것이 중요하다. 다음과 같은 징후가 있다.

- 수퍼바이지의 이야기에 개인적인 입장이나 이해관계를 갖는 경우
- 수퍼바이지 또는 시스템의 다른 사람, 요소 또는 사건을 판단하는 행위
- 수퍼바이지가 싫어했던 이전 상사 등 시스템 내부의 누군가로 대우받거나 언급되고 싶은 느낌
- 전체 시스템의 역동 관계를 포함하지 않고 개인에게만 초점을 맞추는 경우

수퍼바이저가 위와 같은 사실을 알게 되면 다음과 같은 방법을 시도한다.

- 수퍼바이지가 사실에 충실하도록 격려한다.
- 있는 그대로의 사실에 집중한다.
- 모든 것을 정보로 취급한다.
- 전체 관계 시스템 내에서 일어나는 역동 관계에 집중한다.
- 수퍼바이지와 함께 지도를 둘러본다(수퍼바이저의 예상과 파악에 사로잡히지 않고 다른 관점을 얻기 위해).
- 얽히지 않고 고객을 위한 안전한 공간을 확보하기 위해 자신의 시스템적 관계를 살펴본다.

- 모든 것에 있는 그대로 동의한다$^{agree\ to}$(모든 것에 동의하는 것$^{agree\ with}$과는 다르다).[2]

그 밖에 주목해야 할 사항은 무엇인가?

경험에 따르면, 시스템에서 (대상이 아닌) 사람을 대리인으로 사용하는 것은 숙련된 프랙티셔너에게 가장 적합하며, 특히 초기 있는 그대로의 지도$^{map\ of\ what\ is}$를 넘어 관계 역동과 해결의 근원을 파악하기 시작할 때 적합하다.

주의 사항

이 연습^{exercise}은 사전에 너무 많은 설명 없이 진행할 때 가장 효과적이다. 일반적으로 참가자들은 매핑을 시작하면 그 과정에 완전히 몰입하게 된다.

테이블 위에 있는 대표적인 대상으로 현재 상황을 매핑하는 것만으로도 간단한 맥락에서 수퍼바이저와 수퍼바이지 모두 정신신체적 반응을 경험하게 된다. 따라서 수퍼바이저가 다른 실제 대리인과 함께 컨스텔레이션 워크숍에서 대리인이 되는 정신신체적 경험을 하는 것은 매우 유용하다.

이 기법의 다른 용도는 무엇이 있는가?

수퍼바이지가 수퍼비전에서 이 기법을 경험하고 셀프 수퍼비전$^{self-supervision}$에서 사용해 본 후에는 고객과 함께 사용할 수 있다.

---

[2] [역자] agree to는 행위에 대한 동의로, 있는 그대로 받아들이고 수용하는 의미로 사용되고, agree with는 의견, 사람에 대한 동의로 구분될 수 있으며 이때 받아들이는 사람의 개인적 의견, 판단이 개입될 수 있다. 시스템적 수퍼비전에서는 수퍼바이저의 의견이나 판단 없이 행위 자체를 수용하고 받아들이는 것으로 agree to를 사용한 것으로 생각된다.

더 읽어보기

- Whittington, J. (2020) *Systemic Coaching and Constellations*, 3rd ed. London: Kogan Page. 『시스템 코칭과 컨스텔레이션』. 가향순·문현숙·임정희·홍삼열·홍승지 옮김. 한국코칭수퍼비전아카데미. 2022.

자료 찾기

- Available at: www.coachingconstellations.com [Accessed 2 October 2019]

~~~~~

82. 더 나은 방향을 향한 한 걸음

마렌 도나타 우르쉘

언제 사용하는가?

'있는 그대로 매핑하기'(기법 81 참고)에 이어서 수퍼바이저는 수퍼바이지에게 '더 나은better'을 향한 한 걸음을 내딛도록 권한다. 시스템적인 작업에서 '더 나은'은 평가나 판단이 아니라 내면의 변화를 일으키고 시스템의 긴장감이나 고착된 상태를 풀어주는 움직임이다.

이 기법은 무엇인가?

'더 나은'을 향해 한 걸음 나아가는 것은 수퍼바이지가 가능한 다음 단계를 실험하고 시스템에서 어려움을 해소하는 데 무엇이 필요한지 이해할 수 있게 해준다.

수퍼바이저는 수퍼바이지가 '무엇'에 대한 지도를 만들고 자신의 지도에 대해 몇 가지 인정의 말을 표현한 후(기법 81. '있는 그대로 매핑하기'의 1~6단계 참조), 다음과 같이 연습한다.

1~6단계: 기법 81. '있는 그대로 매핑하기' 참고

7단계(a): 자신을 대표하는 대상/포스트잇을 '더 나은' 방향으로 한 걸음씩 옮긴다. '더 나은'이란 시스템의 긴장감이나 어려움을 일부 해소한다는 의미에서 '더 나은'이다. 자신을 대표하는 대상만 움직일 수 있다. 그 장소가 어디인지에 대한 직감이나 직관을 활용한다. 거리와 방향에 주의를 기울이며 천천히 한다.

7(b) 단계: '더 나은'을 향한 이 움직임에 동반되는 단어가 떠오르는지 주목한다. 만약 그렇다면 '이제 당신을 볼 수 있다' 또는 '한 발짝 물러서고 있다'와 같이 간결하게 표현한다.

8단계: 더 나은 방향으로 나아가기 위해 시스템이 요구하는 것이 무엇인지 명확하

게 설명하게 한다. 예를 들어, '팀원들을 제대로 볼 수 있도록 팀원들과 더 가까워져야 한다' 또는 '최고의 서비스를 제공하기 위해 시스템을 떠나야 한다'와 같다.

9단계: 수퍼바이저와 수퍼바이지는 '시스템 지향적 질문'을 사용하여 나온 내용을 가지고 작업한다(기법 84 참고).

10단계: 사진 찍기 등 지도를 내면화할 방법을 찾는다.

11단계: 마친 후에는 지도를 존중하며 해체한다.

이 기법을 사용하는 방법

때때로 수퍼바이지는 이슈를 해결하고자 모든 대표 대상을 '더 나은 방향으로' 옮기고 싶은 유혹을 받는다. 수퍼바이지가 스스로 대표 대상만 움직이도록 초대하면 시스템의 어려움을 완화하기 위해 할 수 있는 내적 변화를 구현하는 것이 가능하다. 이를 통해 수퍼바이지는 시스템의 한 부분에서 변화를 일으킬 수 있는 내적 역량과 연결된다. 시스템의 한 부분을 움직이면 마치 어린아이의 핸드폰처럼 다른 모든 부분에 영향을 미친다.

수퍼바이지는 어떤 경우 '더 나은'을 향한 움직임에 어울리는 단어를 떠올리는 데 어려움을 겪기도 한다. 이때는 손가락으로 대표 대상을 가볍게 만져보게 하여 신체적 접촉을 유도하고, 그 부분에서 어떤 정보가 나오는지 관찰하는 것이 유용하다. 이 과정은 다른 모든 표현 대상에 대해서도 반복할 수 있다. 따라서 수퍼바이지가 시스템의 다른 부분의 정보에 접근하는 데 자연스럽게 도움이 된다. 즉 수퍼바이지가 어떤 단어를 떠올리지 않아도 그 자체가 정보이다.

그 밖에 주목해야 할 사항은 무엇인가?

기법 81. '있는 그대로 매핑하기' 참고

주의 사항

'있는 그대로 매핑하기'는 그 자체로 개입이며 흔히 그것으로 충분할 수 있다. 따라서 '더 나은 방향으로 한 걸음 더 나아가기 위한 단계'를 추가할지는 수퍼바이지가 결정하도록 하는 것이 중요하다. 간단한 질문은 '(정보가) 충분한가요?'일 수 있다. 수퍼바이지가 '무엇'에 대한 지도를 설정하고 내재화했다면(그리고 모든 시스템적 작업 전반에 걸쳐), 수퍼바이지가 자신의 속도에 맞춰 시스템적 정보를 통합할 수 있도록 권한을 부여한다.

시스템적인 작업은 체화된 작업이므로 통합하는 데 시간이 걸리며 수퍼바이지의 내적 변화가 필요하다. 이슈를 '해결'하려는 욕망으로 빠르게 해결책으로 이동하면 수퍼바이지와 시스템이 때로는 미묘하지만 중요한 내적 전환/변화 단계를 경험하고 나아갈 수 있는 기회를 박탈당하는 경우가 많다. 따라서 시스템적인 수퍼바이저는 수퍼바이지가 한 번에 한 걸음씩 '더 나은' 방향으로 나아가는 작은 발걸음을 내딛고 인정하도록 장려한다.

이 기법의 다른 용도로는 무엇이 있는가?

기법 81. '있는 그대로 매핑하기' 참고

더 읽어보기

- Whittington, J. (2020) *Systemic Coaching and Constellations*, 3rd ed. London: Kogan Page. 『시스템 코칭과 컨스텔레이션』. 가향순·문현숙·임정희·홍삼열·홍승지 옮김. 한국코칭수퍼비전아카데미. 2022.

자료 찾기

- Available at: www.coachingconstellations.com [Accessed 2 October 2019]

~~~~~

83. 자원 제공

마렌 도나타 우르셀

언제 사용하는가?

자원 매핑은 수퍼바이저나 수퍼바이지가 자신들을 지원하는 데 필요한 자원에 대한 필요성을 느끼지만, 그들을 지원할 자원을 파악하고 접근하는 데 어려움을 겪는 상황에 유용하다. 자원은 수퍼바이저와 수퍼바이지가 가장 유용한 방식으로 관계 시스템에 서비스를 제공할 수 있도록 지원하고 강화한다. 자원은 사람, 개념(예: 시스템적 코칭), 구체적 자원(예: 금전) 또는 추상적 자원(예: 통찰력) 등이다.

이 기법은 무엇인가?

이 접근 방식은 매핑을 통해 자원에 접근하여 수퍼바이저와 수퍼바이지가 특정 상황에서 어떻게 자원을 활용할 수 있는지 머릿속에서 벗어나 입체적으로 표현할 수 있도록 한다.

수퍼바이저는 다음과 같이 수퍼바이지에게 자원 매핑 연습을 소개할 수 있다.

> '자원이 부족하다고 느끼는 고객 가운데 한 사람의 특히 어려운 상황을 생각해 보세요. 우리는 고객과의 관계에서 당신을 지원하는 자원에 접근하고 식별하는 다양한 방법을 실험할 것입니다. 자원에 대해 생각하거나 이야기하는 대신, 우리는 당신과 고객, 가장 중요한 자원을 나타내는 3차원 지도에 그것들을 놓을 것입니다.'

수퍼바이저는 다음과 같이 수퍼바이지(들)와 함께 이 연습을 진행한다.

1단계: 테이블 위에 종이 한 장과 같이 경계가 분명한 깨끗하고 자유로운 공간을 찾는다.
2단계: (1) 자신, (2) 자신의 고객, (3) 자원을 나타내는 세 가지 대상을 구별한다(이 단계에서는 자원이 누구인지 또는 무엇인지 모를 수 있음).
참고: 사물의 방향성이 명확해야 한다. 이 목적을 위해 특별히 고안된 대표적인 대상과 화살표 모양의 포스트잇이 있다. 둘 다 없다면 커피잔을 사용하여 손잡이가 주의 방향을 나타내도록 할 수도 있다.

3단계: 현재 상황에 대한 직관intuition과 정신신체적 감각을 그대로 활용하여 (1) 자신과 (2) 고객을 상징하는 대상을 경계선 안에 배치한다. 두 사람 사이의 거리와 그들이 마주 보고 있는 방향에 주의를 기울인다.

4단계: 자신이 만든 지도에서 눈에 띄는 점을 가능한 몇 개의 단어로 표현한다.

5단계: 자원이 무엇인지에 대해 걱정하지 않고 자원이 가장 잘 배치될 위치에 대한 직관과 신체 감각을 믿고 자원(3)을 나타내는 대상을 지도에 추가한다.

6단계: 자원을 인정하기 위해 자원에게 '말하고 싶은' 단어가 떠오르는지 주목한다. 예를 들어, '이제야 당신을 볼 수 있어요', '당신을 잊고 있었어요', '나타나줘서 고마워요' 등이 있다. 적절하다고 생각되면 자원의 위치를 조정한다.

7단계: 필요한 경우 추가 자원을 나타내는 대상을 하나 더 추가한다. 6단계를 반복한다.

8단계: 떠오르는 것을 가지고 작업하고 적절히 지도한다.

9단계: 사진을 찍는 등 지도를 내면화할 방법을 찾는다.

10단계: 마친 후에는 지도를 존중하며 해체한다.

이 기법을 사용하는 방법

이 연습을 통해 수퍼바이지는 자신이 속해 있거나 속했던 시스템에서 이전에 보지 못했거나 알려지지 않은 자원을 발견할 수 있다. 따라서 수퍼바이지가 자원이 정확히 무엇인지 모를 수도 있다. 자원이 무엇인지 생각하기보다는 자원을 제공받는 체화된 경험에 집중하는 것이 중요하다. 때때로 연습 중 또는 연습 후에 자원의 이름이 자연스럽게 떠오르는 경우가 많다. 수퍼바이지가 자원을 식별하는 데 주의를 기울이는 경우, 자원이 무엇인지 아는 것과 모르는 것 모두 그 자체로 정보라는 점을 주목하는 것이 유용할 수 있다. 수퍼바이저는 수퍼바이지에게 자원 대리물에게 다음과 같이 말을 건넬 것을 제안할 수 있다. '나타나 주셔서 감사합니다. 아직 당신이 누구인지, 또는 무엇인지 잘 모르겠습니다. 알아볼 시간을 주세요.' 이 말은 자원의 존재를 인정하고 공간을 마련해 주는 것이다.

그 밖에 주목해야 할 사항은 무엇인가?

새롭거나 오랫동안 잊고 있던 자원에 접근하면 수퍼바이지에게 감정적인 반응이 나타날 수 있다. 이러한 (감정적인) 반응을 정보로 취급하고, 인정하며, 자원 지도가 통합되고 전개될 수 있도록 수퍼바이지를 안정시키고 격려하는 것이 가장 유용하다.

주의 사항

기법 81, '있는 그대로 매핑하기' 참고.

이 기법의 다른 용도로는 무엇이 있는가?

수퍼바이지가 수퍼비전에서 이 연습을 경험하고 셀프 수퍼비전 self-supervision에서 시도해 본 후, 고객과 함께 이 연습을 사용하여 특정 상황에 대한 자원을 제공할 수 있다.

더 읽어보기

- Whittington, J. (2020) *Systemic Coaching and Constellations*, 3rd ed. London: Kogan Page. 『시스템 코칭과 컨스텔레이션』. 가향순·문현숙·임정희·홍삼열·홍승지 옮김. 한국코칭수퍼비전아카데미. 2022.

자료 찾기

- Available at: www.coachingconstellations.com [Accessed 2 October 2019]

~~~~~

84. 시스템 지향적 질문

마렌 도나타 우르쉘

언제 사용하는가?

시스템적 조직 원칙systemic organising principles인 시간, 장소, 교환(철학 참조)에 기반을 둔 시스템 지향적 질문을 통해 수퍼바이저와 수퍼바이지는 관계 시스템의 어느 부분이 균형을 이루고 있는지 '진단diagnose'하고 확인한다. 결과적으로 수퍼바이저와 수퍼바이지가 작업하는 시스템의 에너지, 흐름, 명확성이 회복된다.

이 기법은 무엇인가?

시스템 지향적 질문은 수퍼바이지에게만 초점을 맞추는 것을 넘어 전체 관계 시스템을 고려함으로써 사람 중심에서 시스템 중심 관점으로의 전환을 가능하게 한다.

코칭 맥락에서 시스템 지향적 질문의 힘을 설명하기 위해 각 조직 원칙에 대한 몇 가지 예를 소개한다. 이러한 질문은 다른 시스템적 기법에서 수퍼바이저가 수퍼바이지에게 할 수 있는 종류의 질문이다(예: 기법 81. '있는 그대로 매핑하기'(7단계) 및 기법 82. '더 나은 방향을 향한 한 걸음'(10단계) 참고).

시간 time

- **목적**: 시간의 순서에 대해 질문하는 것은 과거의 공헌, 사람, 사건을 인정함으로써 얽힌 관계와 숨겨진 충성심으로부터 현재와 미래를 정리하기 위한 것이다.
- **질문 예시**:
  - Q. 이 시스템에서 가장 오래 근무한 사람은 누구인가요?
  - Q. 마지막으로 합류한 사람은 누구인가요?
  - Q. 이 시스템의 창시자는 누구인가요?
  - Q. 그들의 원래 의도를 알고 인정하나요?
  - Q. 이 회사의 역사에서 중요한 사건은 무엇인가요?
  - Q. 당신이 이 역할을 맡기 전에 얼마나 많은 사람이 이 역할을 맡았나요?
  - Q. 그들의 기여는 어느 정도 인정받았나요?

장소 place

- **목적**: 모든 사람과 모든 것이 시스템 내에서 어느 정도 안전하고 존중받는 자

리를 차지하고 있는지, 그렇지 않을 때 다른 방향으로 전환될 에너지, 몰입, 집중력을 유지하는지에 대해 질문한다.

- **질문 예시:**
    Q. 회사에 대한 기여가 배제되거나 잊힌 사람은 누구인가요?
    Q. 회사 역사에서 어려운 사건이 알려지고 이야기되고 있나요?
    Q. 시스템을 떠난 사람들의 기여는 어느 정도 인정되나요?
    Q. 모든 사람이 시스템 내에서 안전하고 존중받는 위치에 대한 동등한 권리를 가지고 있나요?
    Q. 특별히 수행하기 어려워 보이는 역할이 있나요?

교환 exchange

- **목적**: 시스템 내에서 교환의 균형에 대해 질문하는 것은 시간이 지남에 따라 주는 것과 받는 것 사이에 역동적인 균형이 어느 정도 잘 유지되고 있는지를 강조한다. 이는 모든 시스템 요소가 자신과 자신의 기여에 대해 전적으로 책임질 수 있게 하는 전제 조건이다.
- **질문 예시:**
    Q. 이 시스템에서 너무 많이 주는 사람은 누구이며, 너무 적게 주는 사람은 누구인가요?
    Q. 코칭 과제를 수행하는 데 필요한 비용을 버는 사람은 누구인가요?
    Q. 코칭 과제에서 당신이 주고받는 것과 고객이 주고받는 것에 대해 당신은 어떻게 느끼시나요?

이 기법을 사용하는 방법

시스템 지향적 질문은 모든 수퍼비전 대화에 자연스럽게 통합된다. 이러한 질문은 복잡성을 풀고 관계 시스템의 관성inertia, 고착화stuckness, 갈등conflict을 탐색하는 데 유용하다. 수퍼바이저가 질문할 수 있는 경우의 예는 다음과 같다.

- 수퍼바이지가 이유도 모른 채 고객 과제로 인해 비정상적으로 지쳐 있다고 느낀다.
- 팀이 뚜렷한 이유 없이 도전적인 행동을 보인다.
- 조직은 각 역할 소유자의 기술과 경험이 있는데도 리더십 역할을 계속 유지하는 데 어려움을 겪는다.
- 뚜렷한 이유 없이 의사 결정권자에게 핵심 정보를 공유하지 않는 패턴이 나타난다.
- 조직은 조직을 떠난 사람들에 대해, 그리고 그들이 기여한 바에 관해 이야기하기를 피한다.

주의 사항

시스템 지향적 질문은 관계 시스템에 대한 새롭거나 숨겨진 정보를 드러내는 경우가 많다. 이는 수퍼바이지에게 놀라운 일이거나 심지어 불안하게 느껴질 수도 있다. 수퍼바이지의 모든 반응을 정보로 취급하고, 이를 인정하며, 그 정보가 통합되고 전개될 수 있도록 격려하는 것이 가장 유용하다.

이 기법의 다른 용도로는 무엇이 있는가?

수퍼바이지가 수퍼비전에서 시스템 지향적인 질문을 경험하면 고객과 함께 이를 안전하게 사용하여 조직 원칙과 이슈에 대한 보다 시스템적인 관점을 부드럽게 소개할 수 있다.

더 읽어보기

- Whittington, J. (2020) *Systemic Coaching and Constellations*, 3rd ed. London: Kogan Page. 『시스템 코칭과 컨스텔레이션』. 가향순·문현숙·임정희·홍삼열·홍승지 옮김. 한국코칭수퍼비전아카데미. 2022.

자료 찾기

- Available at: www.coachingconstellations.com [Accessed 2 October 2019].

~~~~~

85. 자유로운 움직임 활용

데미온 원포Damion Wonfor[3)]

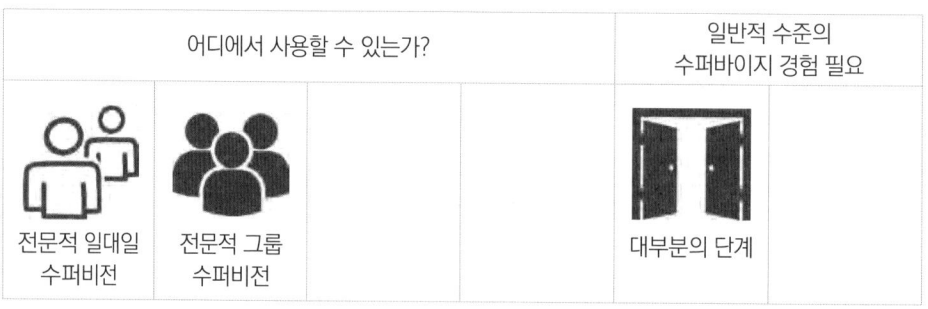

언제 사용하는가?

고객 시스템의 관계 역동을 더 완벽하게 이해하는 데 유용하다. 아마도 이해관계자들이 비효율적인 패턴에 갇혀 있거나, 분열된 충성심, 엇갈린 메시지 또는 혼란스러운 정치적 저류[4]가 있는 것처럼 보일 수 있다.

이 기법은 무엇인가?

수퍼바이저는 시스템 매핑 원칙에 따라 시스템의 새로운 균형에 대한 통찰력을 제공할 수 있는 과정에 그룹 구성원을 참여시킨다. 또한 그룹의 정신신체적 경험은 관계 역동에 대한 정보를 제공할 수 있다.

> **1단계**: 수퍼비전 질문을 명확히 하기 위해 수퍼바이지에게 개별 질문을 시작한다.
> **2단계**: 질문이 명확해지면 수퍼바이지가 어떤 종류의 에너지를 가졌는지 확인하면서 당신(수퍼바이저)의 에너지도 알아차린 다음 그에 따라 질문하고, 도전하고, 확인한다.

---

3) 데미온 원포 Damion Wonfor는 런던의 부티크 코칭 및 마음챙김 컨설팅 회사인 카탈리스트 14 Catalyst 14 Coaching Training의 창립자로 민간 및 공공 부문과 엘리트 스포츠를 아우르는 일을 하고 있다. 1999년부터 코칭 업계에 종사해 왔으며 경험이 풍부한 코치 수퍼바이저, 임원 코치, 퍼실리테이터, 마음챙김 강사로 활동하고 있다. 그는 영국 및 전 세계 조직 내 모든 수준의 개인과 그룹을 코칭하고 촉진해 왔다. 그는 런던 사무실에서 시스템적이고 체화된 프랙티스를 사용하여 외부 및 내부 코치 모두에게 수퍼비전을 제공한다. 코칭수퍼비전 외에도 코칭, 대화, 그룹 학습 및 퍼실리테이션 기술 개발을 전문으로 한다. 그는 코치들이 자신의 존재감, 회복력, 풍부한 자원을 개발할 수 있도록 지원하는 데 열정적이며 영국과 전 세계에서 코치들을 위한 리트릿 retreats(일상에서 벗어나 집중적인 경험을 하는 몰입형 프로그램)을 제공하고 있다. 기업 경력으로는 15년 동안 금융 및 전문 서비스 부문의 우량 조직에서 선임 학습 및 개발 역할을 담당했다.

4) [역자] 겉으로는 드러나지 않고 깊은 곳에서 일고 있는 움직임을 비유적으로 이르는 말(출처: 국어사전)

3단계: 관련된 이해관계자를 파악하도록 초대하여 지도를 설정한다.

4단계: 수퍼바이지는 자신을 대리할 사람을 포함하여 각 이해관계자의 대리인을 선택한다. 그룹 구성원보다 이해관계자가 더 많은 경우에는 종이를 사용한다. 수퍼바이지는 각 그룹 구성원을 진실하다고 느껴지는 곳으로 이동시키고 어깨에 손을 부드럽게 얹어 안내한다. 수퍼바이지는 관계의 거리와 이동 방향을 고려하여 대리인을 배치한다(종이를 사용하는 경우, 대리인의 이름과 함께 방향 감각을 나타내는 화살표를 추가한다).

5단계: 그룹 구성원들이 자신이 대리하고 있는 것에 집중하고, 인지적 이해보다는 정신신체적 경험에 몰입할 수 있도록 간략하게 설명한다. 떠오르는 것이 무엇이든(또는 떠오르지 않든) 정보라는 것을 신뢰하도록 격려한다.

6단계: 수퍼바이지가 관찰하는 동안 각 그룹 구성원을 방문하여 '여기 서 있는 동안 무엇을 알아차리고 있나요?' 또는 '다른 대리인들과 어떤 관계를 유지하고 있나요?' 등의 질문을 통해 그들의 인식을 활용한다.

7단계: 수퍼바이지에게 다시 확인하여 그들에게 어떤 의미가 나타나는지 확인한다.

8단계: 원래의 수퍼비전 질문을 염두에 두고, 대리인들에게 '자유로운 움직임, 즉 자신이 진실하다고 느껴지는 공간을 찾도록' 초대한다. 천천히 움직이고 자신의 정신신체적 감각에 귀를 기울이도록 상기시킨다. 6단계와 7단계를 반복하여 어떤 새로운 정보가 떠오르는지 확인한다.

9단계: 수퍼바이지에게 돌아가서 새로운 지도가 새로운 통찰력을 제공하는지 물어본다. 때때로 대리인이 있던 자리에 직접 서서 그 공간에서 자신의 정신신체적 경험을 활용하는 것이 유용하다.

10-14단계: 기법 82. '더 나은 방향을 향한 한 걸음'에 설명된 대로 연습을 마무리한다.

이 기법을 사용하는 방법

위에 설명된 단계는 작업을 단순화한 것이다. 속도, 구조 및 질문은 수퍼바이저가 매번 조정하여 맞춤형 수퍼비전 경험을 만들어낸다. 기법 88, '수퍼바이지의 딜레마에 대처하기'의 접근법과 마찬가지로, 이 연습은 '블라인드', 즉 어떤 그룹 구성원이 어떤 이해관계자를 대리하고 있는지 모르는 상태에서 수행할 수 있다. 또 수퍼바이저는 각 대리인과 함께 작업하면서 몇 가지 설명을 할 수도 있다.

그룹 구성원들이 자유롭게 움직일 때 새로운 자리를 찾기 위해 서두르는 경우가 자주 있다. 대리인들에게 속도를 늦추고 몇 가지 실험적인 움직임을 시도하며 자신이 선택한 공간의 '진실성rightness'에 대한 자신의 감각sense을 진정으로 경험하도록 상기시킨다. 때로는 선택한 공간에서 멀어졌다가 다시 돌아오는 것이 자신에게 가장 진실한 것이 무엇인지 명확히 하는 데 도움이 된다.

일반적으로 대리인들은 각기 다른 속도로 공간을 찾고, 한 요소가 움직이면 다른 요소도 움직이고 싶은 욕구를 불러일으킨다. 그런 다음 각 대리인이 자신이 대리하는 것에 대해 진실하고 다른 모든 대리인과의 관계에서도 진실하다고 느끼는 공간을 찾으려고 시도할 때 일종의 춤이 나타난다. 점차 춤의 속도가 느려지고 대리인들은 새로운 균형 감각을 만들어내는 장소에 정착하게 된다. 이를 촉진하려면 세심한 관찰이 필요하므로 새로운 질서를 찾은 것처럼 보이더라도 추가 시간을 허용한다.

때로는 조직의 역동 관계로 인해 대리인들이 제자리를 찾지 못할 수도 있다. 수퍼바이저는 이러한 힘을 다루기 위해 심도 있는 시스템적 훈련이 필요하다.

주의 사항

기법 88. '수퍼바이지의 딜레마에 대처하기'를 참고.

이 기법의 다른 용도로는 무엇이 있는가?

개별 수퍼비전에서는 수퍼바이지가 종이를 사용하여 대리를 나타내는 지도를 만들고, 각각의 종이 위에 차례로 서 볼 수 있다.

경험이 쌓이고 시스템적 접근에 관한 훈련을 받으면 코칭 고객과 함께 이러한 접근법을 적용하는 것이 가능하다.

더 읽어보기

- Stam, J. (2016) *Fields of Connection*. Nijmegen, Netherlands: Uitgeverij Het Noorderlicht.
- Whittington, J. (2016) *Systemic Coaching & Constellations: The principles, practices and application for individuals, teams and groups*, 2nd ed. London : Kogan Page. 『시스템 코칭과 컨스텔레이션』. 가향순·문현숙·임정희·홍삼열·홍승지 옮김. 한국코칭수퍼비전아카데미. 2022.

~~~~~

86. 일곱 눈 모델 작업

미셸 루카스

언제 사용하는가?

이 기법은 통합적인^{holistic} 접근을 장려하기 때문에 보편적으로 유용하다. 일반적으로 수퍼바이저는 어떤 관점에 주의를 기울이고 있고 어떤 관점이 간과되었을 수 있는지를 명확히 하기 위해 이를 심적 지도$^{mental\ map}$[5]로 사용한다.

이 기법은 무엇인가?

이 기법은 수퍼비전 이슈를 살펴볼 수 있는 일곱 가지 관점에 의도적으로 주의를 기울이는 호킨스와 스미스(Hawkins & Smith, 2006)의 일곱 눈 모델에 대한 이해에 기반을 두고 있다([그림 8.1] 참조). 그룹의 의견은 일곱 가지 관점 각각을 고려할 수 있도록 구조화되어 있다.

1단계: 그룹이 이 모델에 익숙하지 않은 경우 간단히 설명한다.
2단계: 각 그룹 구성원이 특정 '관점^{eye}'에 해당하는 질문에 대해 책임지도록 설정한다. 수퍼바이저는 할당되지 않은 관점을 맡는다.
3단계: 수퍼바이지에게 고객 시나리오에 대한 개요를 제공하도록 초대한다.
4단계: 수퍼바이지에게 어떤 '관점'을 먼저 살펴보고 싶은지 물어본다. 또는 그룹에서 누가 가장 먼저 시작하고 싶은 마음이 강한지 살핀다.
5단계: 대화가 자연스럽게 전개되도록 격려한다. 수퍼바이지가 첫 번째 질문에 응답하고 나면 논의는 자연스럽게 다른 '관점'으로 이동하는 경향이 있다. 이때 수퍼바이저는 이 변화를 그룹에 알리고 다음 '관점'을 담당하는 사람이 대화에 더 적극적으로 참여하도록 초대한다. 이렇게 자연스럽게 발전하는

---

5) 실제 측량에 의한 지도와 달리, 자신만의 중요한 혹은 의미 있는 지역에 대하여 형성된 개인의 내적인 지도 표상(출처: 실험심리학용어사전)

접근 방식은 모든 관점이 고려될 때까지 계속된다.

6단계: 모든 참가자가 조용히 생각할 수 있도록 몇 분간 시간을 준다. 수퍼바이저는 다음과 같은 유용한 질문을 할 수 있다:

Q. (수퍼바이지에게) 어떤 '관점'이 가장 큰 통찰력을 가져다주었나요?

Q. (그룹 구성원에게) 당신이 선택한 '관점'과 연결되는 것이 얼마나, 또는 어려웠나요? 그리고 그 이유는 무엇이라고 생각하나요?

7단계: 수퍼바이지에게 다시 초점을 맞추고, 배운 점이 무엇인지 질문한다.

8단계: 논의를 그룹 전체로 확장하여, 각 참가자가 자신이 학습한 내용을 공유하도록 한다.

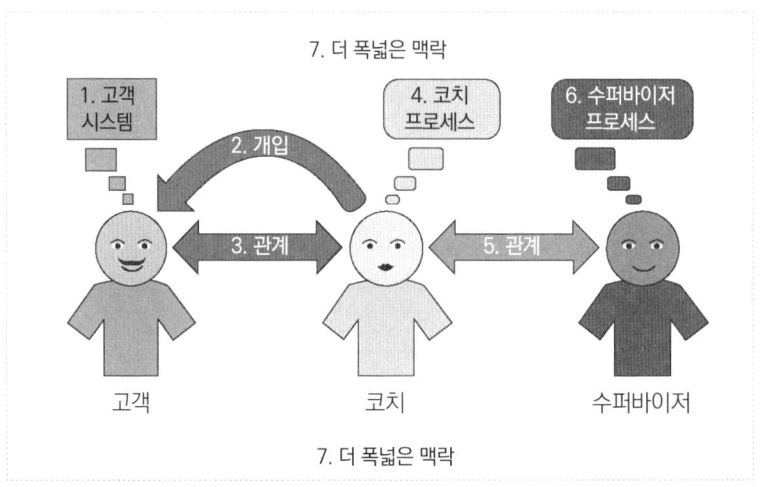

[그림 8.1] Lucas 2010, Hawkins와 Smith(2006)에 의해 제작된 "The Seven-Eyed Model"을 적용

이 기법을 사용하는 방법

이 모델은 많은 수퍼바이지가 기피하는 복잡한 모델이다. 천천히 작업하고 많은 시간

을 할애하는 것이 가장 좋다. 시작하기 전에 그룹이 이 모델에 익숙해지도록 교육 자료를 작성하는 것이 현명할 수 있다. 이렇게 하면 시간이 걸리지만 스스로 질문을 만들어낸다. 시간이 부족한 경우 각 '관점'과 관련된 질문 목록을 미리 준비하여 유인물로 제공하는 것도 대안이 된다.

그룹 인원이 적고 이 모델에 익숙하다면 각자가 담당하는 '관점'의 수를 '두 배'로 늘린다. 수퍼바이저로서 이 모델에 익숙하지 않은 경우, 직접 '관점눈'을 맡기보다는 촉진facilitation에 집중한다. 구체적으로 논의되지 않은 '관점'은 독립적으로 성찰한다.

이 기법을 사용할 때 주의 사항

만약 본인[수퍼바이저] 또는 그룹이 모델에 익숙하지 않다면 각 '관점'을 순차적으로 살펴볼 수 있다. 이렇게 하면 포괄성은 보장되지만 수퍼바이지는 다소 딱딱한[부자연스러운] 경험을 할 수 있다.

5단계에서 수퍼바이지에게 경험을 소화할 수 있는 충분한 시간을 제공한다.. 서로 다른 관점에서 오는 일련의 질문을 받으면 수퍼바이지는 균형을 잃을 수 있다. 부드럽게 진행되지 않으면 수퍼바이지는 심문받는다고 느끼기도 한다.

이 기법의 다른 용도로는 무엇이 있는가?

대안은 모델을 반영하도록 의자를 배치하는 것이다. 흔히 4번 '관점'에는 2개의 의자가 있다. 하나는 코치로서 수퍼바이지를 표현하기 위해(고객을 마주 보고), 다른 하나는 수퍼비전 중인 수퍼바이지를 나타내기 위해 나란히 배치된다. 그룹 구성원이 질문을 제기할 때, 해당 질문이 모델의 어디에서 나온 것으로 생각하는지 말하도록 요청받는다. 수퍼바이저는 그룹 구성원이 모델의 해당 '관점'을 나타내는 의자에 앉거나 근처에 서도록 움직임을 유도한다. 이 방법은 공통 관심 영역이나 실제로 일반적인 사각지대를 설명하는 데 특히 효과적이다. 개별 수퍼비전(또는 개별 성찰)에서도 종이에 토론 내용을 매핑하여 동일한 종류의 '추적tracking'을 수행하는 것이 가능하다.

이 모델은 수퍼비전을 위해 개발되었지만, 일곱 개의 관점은 고객과의 작업에도 쉽게 적용된다. 여기서 1번 '관점'은 논의 중인 이해관계자, 4번 '관점'은 고객, 6번 '관점'은 코치가 된다.

참고 문헌

- Hawkins, P. and Smith, N. (2006) *Coaching, Mentoring and Organisational Consultancy: Supervision and Development*. McGraw-Hill: Maidenhead. pp. 136-159.

~~~~~

87. 그림자 작업

클레어 노먼

어디에서 사용할 수 있는가?				일반적 수준의 수퍼바이지 경험 필요
전문적 일대일 수퍼비전	전문적 그룹 수퍼비전	동료 그룹 수퍼비전		경험이 많은 수퍼바이지들만 해당

언제 사용하는가?

이 기법은 수퍼비전 프로그램의 중간에 사용하거나 매년 기록을 유지하기 위해 사용한다. 일반적으로 수퍼비전 회기를 위한 준비로 제공되거나 수퍼비전 회기를 시작할 때 주제를 성찰하기 위해 제공된다. 기존 관계가 정체 상태에 있거나 수퍼바이지가 특정 주제를 피하거나 배제하는 것을 수퍼바이저가 감지하는 때에 특히 유용하다.

이 기법은 무엇인가?

우리의 그림자는 금지되거나 금기시되거나 반갑지 않은 것일 수도 있고, 우리의 재능, 존재 방식, 예술성, 지성, 운동 능력일 수도 있다. 수퍼비전 회기에 앞서 의식적으로 또는 무의식적으로 수퍼비전에 가져오지 않는 경향이 있는 것을 강조하기 위해 일련의 질문이 제공된다. 그런 다음 이번에는 무엇을 수퍼비전에 가져올지 의식적으로 선택하게 한다.

> **1단계**: 수퍼바이저는 다음과 같은 질문을 제시한다.
> Q. 내 안에 있지만 인정하고 싶지 않은 것은 무엇인가요?
> Q. 다른 코치들과 비교했을 때 나를 특별하게 만드는 것은 무엇인가요?
> Q. 고객이 알기를 원하지 않는 것은 무엇인가요?
> Q. 내 노력을 방해하는 것은 무엇인가요?
> Q. 내가 수퍼비전에 가져오지 않은 것은 무엇인가요?
> Q. 그렇다면 정말 나를 위해 도전하도록 이번 수퍼비전에 가져갈 것은 무엇인가요?
>
> **2단계**: 수퍼바이지(들)는 제시된 질문에 관해 성찰한다.
> **3단계**: 수퍼바이저가 수퍼바이지에게 질문과 함께 작업 경험을 되돌아보게 한다.

'그 경험은 어땠나요?' 이를 통해 수퍼바이지가 4단계에서 탐색할 준비가 얼마나 되었는지 알 수 있다.

4단계: 수퍼바이저는 수퍼바이지가 어떤 통찰력을 얻었는지, 그리고 수퍼비전을 통해 무엇을 얻고 싶은지 묻는다. 이 질문은 수퍼바이지가 원하는 만큼 가볍게 다룰 수도 있고 또는 깊게 다룰 수도 있다. 예를 들어, 각 질문에 대해 심도 있게 탐색하면서 말로 표현하는 과정에서 수퍼바이지가 추가적인 통찰을 얻는다. 또는 수퍼비전에서 다루고 싶은 핵심 질문으로 바로 들어간다.

이 기법을 사용하는 방법

수퍼바이지는 때때로 마음에 걸리는 이슈를 수퍼비전으로 가져온다. 이 접근 방식은 수퍼바이지가 준비할 시간이 있는 경우에 가장 효과적이다. 따라서 질문은 세션 참여 지침의 일부로 제공된다. 2단계는 이러한 질문에 직면하는 것만으로도 수퍼바이지에게 상당한 영향을 미칠 수 있으므로 큰 도움이 된다. 이러한 질문은 수퍼바이지가 더 깊이 들어가 자신과 고객의 미개발 잠재력을 발견할 수 있도록 돕는 경향이 있다.

그룹 환경에서는 수퍼바이저가 각 사람에게 차례로 3단계와 4단계에 대한 자신의 관점을 공유하도록 요청한다. 이것이 지나치게 어렵게 느껴진다면 그룹 전체와 공유하기 전에 짝을 지어 토론하는 것으로 시작한다. 또는 수퍼바이지들이 수퍼비전을 받게 된 계기를 그룹과 공유하기도 한다.

주의 사항

수퍼바이저와 수퍼바이지 사이에, 그리고 수퍼바이지들 사이에 이 연습을 통해 노출될 취약성을 감당할 수 있는 충분한 신뢰와 친밀감이 형성될 수 있도록 심리적 계약psychological contract에 주의를 기울여야 한다. 이러한 사항 가운데 일부는 인정하기 어려울 수 있으며, 아마도 이것이 그들이 아직 수퍼비전을 받지 않은 이유일 수 있다. 어떤 사람에게는 자신의 강점을 인식하는 것이 어렵고, 어떤 사람은 자신에 대해 싫어하는 점을 받아들이기가 어렵다. 수퍼바이지가 현재 어느 정도까지 공개할지 선택할 수 있도록 권한을 부여하고, 동시에 자기 안전지대의 가장자리나 그 바로 바깥에 서도록 도전해야 한다.

수퍼바이저 자신의 투사와 전이에 사로잡히지 않도록 자신의[수퍼바이저의] 그림자를 기꺼이 탐구한다. 이를 통해 평행 과정 parallel process을 학습을 위한 도구로 활용하여 수퍼바이지의 성장을 돕는 데 사용한다.

이 기법의 다른 용도로는 무엇이 있는가?

수퍼비전의 균형을 유지하기 위해 이러한 질문을 맞춤화할 수 있도록 패턴을 찾는다. 예를 들어, 지나치게 자기 비판적인 사람에게는 '어떤 칭찬이 듣기 힘든가요?' 또는 '탐구하고 싶지만 방해를 받는 열정은 무엇인가요?'와 같은 질문을 추가로 한다. 이 질문의 목적은 고객이 바라보고 싶지 않지만 고객에게 도움이 될 자신의 측면을 조명하는 것이다. 신중하게 접근한다면 이 방법은 코칭 고객에게도 사용할 수 있다. 코치는 고도로 숙련되어 있어야 하고 코칭 고객은 자신의 취약점을 편안하게 받아들여야 한다.

참고 문헌

- Prentice, K. (2013) Me and my shadow. In: Oxford Brookes University, *3rd International Supervision Conference*, 20 June 2013. Wheatley Campus.

88. 수퍼바이지의 딜레마에 대처하기

데미온 원포

어디에서 사용할 수 있는가?			일반적 수준의 수퍼바이지 경험 필요
전문적 일대일 수퍼비전	전문적 그룹 수퍼비전		대부분의 단계

이것은 언제 사용하는가?

수퍼바이지가 막힌 것처럼 보일 때 유용하다. 아마도 여러 가지 선택지에 직면하여 '이성과 감정head and heart'이 충돌하는 상태일 수도 있다. 이러한 상황은 고객과 함께 하는 코칭 작업과 직접적으로 관련이 있을 수 있으며, 더 나아가 자신의 코칭 프랙티스 또는 전문성의 지속적 개발continuing professional development(CPD)에 대한 결정을 탐색하는 데에도 활용한다.

이 기법은 무엇인가?

수퍼바이지는 시스템적 원칙에 따라 특정 질문에 대한 답을 찾기 위해 탐색하고 싶은 선택지들의 지도를 만든다. 그룹의 정신신체적 경험을 활용하여 추가 정보를 얻는다.

1단계: 수퍼바이지와 개별적으로 탐색enquiry을 시작한다. 수퍼바이지가 수퍼비전에서 다루고 싶은 질문을 명확하게 표현할 수 있도록 도와준다.

2단계: 질문이 명확해지면 수퍼바이지가 어떤 종류의 에너지를 가졌는지 확인한다. 동시에 당신(수퍼바이저)의 에너지도 알아차린 다음 상황에 맞게 질문하거나, 도전하거나, 에너지를 인정한다.

3단계: 수퍼바이지에게 탐색하고 싶은 선택지가 몇 개인지 물어본다(5개 이하로 권장). 각 선택지에 관해 별도의 종이를 사용하여(A, B, C … 문자로 표시) 수퍼바이지가 자신에게 자연스럽게 느껴지는 방식으로 종이를 배치하여 지도를 구성하도록 한다.

4단계: 수퍼바이지가 각 그룹 구성원을 움직이도록 요청한다. 수퍼바이지가 각 구성원의 어깨를 잡고 안내하여 종이 위에 설 때까지 이동시킨다. 이제 그들은[각 구성원들은] 그 선택지를 대리하게 된다.

5단계: 수퍼바이지에게 각 선택지와 자신의 관계를 나타내는 위치에 서 달라고 요청한다.

6단계: 그룹 구성원들에게 자신이 대리하는 것이 무엇인지 파악하고 그들의 정신신체적 경험에 집중하여 몰입하도록 간략하게 설명한다. 옳고 그름이 없으며, 우연의 일치 같은 것은 없다는 것을 상기시키고 떠오르는 것이 무엇이든(또는 그렇지 않든) 정보라는 것을 안내한다.

7단계: 수퍼바이지가 관찰하는 동안 수퍼바이저는 각 그룹 구성원을 방문하여 '여기 서 있는 동안 무엇을 알아차렸나요?' 또는 '수퍼바이지와 어떤 관계 속에 있다고 느끼나요?'라고 질문한다.

8단계: 그룹 구성원들이 제공한 정보에 대해 수퍼바이지가 어떤 의미를 부여하고 있는지, 구성원들의 체화된 반응에 관해 무엇을 알아차렸는지 다시 확인한다.

9단계: 7단계와 8단계를 반복하여 어떤 새로운 정보가 떠오르는지 확인한다.

10단계: 수퍼바이지에게 돌아가서 자신의 선택이 더 명확해졌는지 물어보고 각 선택지에 관해 [수퍼바이지] 자신이 느끼는 일치성congruence과 적합성rightness을 확인한다. 때때로 수퍼바이지는 자신의 정신신체적 경험을 활용하기 위해 자신이 선택한 선택지 위에 직접 '서 보는step onto' 것이 도움이 된다.

11단계: 수퍼바이지에게 자신의 질문과 가장 조화롭게 일치하는 선택지를 정도가 높은 순서에서 낮은 순서로 재배치하도록 요청한다. 그런 다음 수퍼바이지는 다른 그룹 구성원에게 각 글자가 어떤 선택지를 나타내는지 공개한다. 수퍼바이저는 수퍼바이지의 반응을 되돌아보며 피드백을 제공한다.

12단계: 그룹 구성원들에게 자신의 경험에서 얻은 지혜를 적어달라고 요청한다. 이를 수퍼바이지에게 전달할 것이며 14단계 전에 공유될 것이다.

13단계: 수퍼바이지는 현재 어떤 상태인지 확인하여 자세히 설명한다.

14단계: 전체 그룹이 역할 해제의 필요성을 확인하고, 다음 세션을 새롭게 시작할 수 있도록 편안한 휴식을 취한다.

이 기법을 사용하는 방법

위에 설명된 단계는 이 기법이 전개되는 방식을 단순화한 것이다. 속도, 구조, 질문은 수퍼바이저가 매번 맞춤형 수퍼비전 경험을 만들기 위해 작성한다. 시스템적 작업에 경험이 있는 수퍼바이저는 각 요소에 관한 서사narrative나 목소리voice를 특정한 해석에 집착하지 않고 제공할 수 있으며, 매번 대리인에게 이것이 얼마나 사실인지 확인하고 대리인이 말할 때 이를 조정하도록 초대하는 것이 가능하다.

여기서 선택지는옵션은 '블라인드'로 탐색되는 데, 즉 그룹 구성원들은 각 선택지가 옵션이 무엇을 나타내는지 모르기 때문에 자신의 정신신체적 경험을 신뢰하는 데 도움이 된다. 그러나 수퍼바이지는 3단계에서 각 사람이 무엇을 나타내는지 파악한다.

주의 사항

시스템적인 작업을 처음 접하는 사람들은 1단계와 2단계의 탐색 대화를 해석하려는 경향이 있다. 지나치게 이성적으로 접근하는 경우 이를 정신신체적 경험으로 전환하는 것이 필요하다. 예를 들어, '지금 당신 안에서 무엇을 알아차리고 있나요?'와 같은 질문이다.

이 기법의 다른 용도로는 무엇이 있는가?

개별 수퍼비전에서는 수퍼바이지가 각 옵션에 차례로 설 수 있다. 경험이 쌓이고 시스템적 접근에 관한 훈련을 받으면 코칭 고객과 함께 이러한 접근법을 적용할 수 있다.

더 읽어보기

- Stam, J. (2016) *Fields of Connection*. Nijmegen, Netherlands: Uitgeverij Het Noorderlicht.
- Whittington, J. (2016) *Systemic Coaching & Constellations: The principles, practices and application for individuals, teams and groups*, 2nd ed. London: Kogan Page. 『시스템 코칭과 컨스텔레이션』. 가향순·문현숙·임정희·홍삼열·홍승지 옮김. 한국코칭수퍼비전아카데미. 2022.

제9장
코칭수퍼비전을 위한 사고-환경적 접근

저자: 린다 애스페이 Linda Aspey[1]
역자: 김상복

이 철학은 어떻게 설명할 수 있는가?

'사고-환경 The Thinking Environment'은 행동 방식을 넘는 존재 방식이다. 사람들에게 스스로 생각하고, 분명함을 얻고, 새로운 아이디어를 창출하게 한다. 자신을 가로막는 제한적인 가정 assumption을 극복하고, 최적의 결과를 위해 신중한 결정을 내릴 수 있는 편안하고 비판단적 non-judgemental인 환경을 제공한다.

1980년대 교사, 상담가, 철학자인 낸시 클라인 Nancy Kline이 개발한 '사고-환경' 접근은 자신이 찾을 수 있는 가장 기본적인 진실 basic truth에 관한 치열한 탐구에서 시작

---

[1] **린다 애스페이** Linda Aspey: 대략 30년의 경험을 가진 임원 코치, 수퍼바이저, 치료사 및 리더십 개발 전문가. Time to Think 인증 코치, 진행자, Thinking Partnership 컨설턴트, 교수로 Thinking Environment™ 접근 방식을 강의, 수퍼비전, 인증 자격을 부여한다. 공인 심리치료사로 2010년에 BACP에 코칭 그룹을 설립, 저널 Coaching Today를 출간한 공로로 영국 상담 및 심리치료 협회 펠로우십을 수상. 전략적 인적자원 관리 석사 학위를 취득, 상담, 집단 및 개인에 대한 통합 수퍼비전, 스트레스 관리 학위를 취득. 2012년부터 2018년까지 New Entrepreneurs Foundation의 코칭 패널 의장을 역임, Coaching at Work 잡지의 편집 패널에 속해 있다. University of East London의 상담 및 코칭 심리학 과정의 외부 심사위원이다.

되었다. "결국 나는 우리가 하는 모든 일은 우리 스스로 먼저 하게 되는 '생각'에 따라 그 질이 달라진다는 관찰에 도달했다. … 모든 행동은 그 뒤에 붙어있는 생각/아이디어만큼만 훌륭하다." "그 이후 행동 개선을 위해서는 먼저 **사고**를 개선해야 했다"(Kline, 1999, 15-16).

시간이 지나면서 그녀는 **독립적 사고**에 도움이 되는 **환경** 조성의 10가지 행동 또는 조건을 찾아내, 이를 '사고-환경의 10가지 구성 요소'라고 불렀다. **10가지 구성 요소**를 기반으로 그녀와 동료들은 더 좋은 결과를 얻기 위해 좋은 사고를 추구하는 '일대일 및 집단 작업'에서 사용하는 응용 프로그램을 발전시켜 나갔다. 가장 잘 알려진 것은 "사고 파트너십 회기Thinking Partnership session"로 한 사람이 상대방에게 '무엇을 생각하는지, 당신의 생각은 어떤지'를 물어본 후 지속적이고 중단 없이 매혹적으로fascinated **주의**를 기울이고, 요청받을 때만 추가로 질문하는 방식이다. 이를 통해 '생각하는 사람'은 언제나 해방감liberating을 느낀다고 묘사하듯 자신만의 통찰과 결정을 내릴 수 있다.

이 철학의 근간이 되는 신념과 아이디어는 무엇인가

관찰, 테스트, 피드백에 기반을 두는 이 철학에는 몇 가지 원칙이 있다. 이를 통해 최상의 '독립적 사고'를 할 수 있는 방법을 알려준다. 실제로는 인본주의적humanistic 접근 방식과 인지적cognitive 접근 방식을 혼합한다. 특히 칼 로저스의 인간 중심 접근 방식(Rogers, 1951)의 흔들리지 않는 믿음인, 사람은 이미 타고난 자기-자원self-resourceful을 지니고 있다는 가장 극단적인 한쪽에 위치하고 있다.

1. 우리가 하는 모든 일의 질은 우리가 먼저 하는 생각의 질에 달려 있다.

   모든 좋은 행동 뒤에는 질적 사고가 있으며, 여기에는 아마도 인지, 감정, 정신신체 감각somatic sensations에 대한 접근, 통찰력 확보가 혼합되어 있다.

2. 우리가 지닌 **관심**의 질quality of Attention이 타인의 **사고**의 질quality of other people's thinking을 결정한다.

클라인은 우리의 사고가 IQ, 나이, 배경, 성별, 심지어 경험보다 주변 사람들이 우리를 대하는 방식에 더 큰 영향을 받는다는 사실을 발견했다. 특히, 높은 수준의 **관심/주의**를 기울일 때 우리는 '엄격하고 상상력과 우아함을 갖고'(Kline, 1999, 12쪽) 스스로 생각하게 된다.

응답하기respond 위해 듣기보다는 촉발/점화ignite를 위해 경청하는 것이 핵심이다. 이를 위해서는 수퍼바이저의 머릿속에서 일어나는 일보다 수퍼바이지의 생각에 더 주도적으로 (매우 자연스럽게) 관심을 가져야 한다. 이를 위해 최고의 집중력supreme focus과 진정한 관심genuine interes이 필요하다. 수퍼바이지가 스스로 생각할 수 있다는 뿌리 깊은 믿음과 존중이 있을 때만 진정으로 가능한 일이다.

주의 집중을 실례로 보여주기 위해 수퍼바이저(집단에서는 집단 전체)는 수퍼바이지가 원하는 곳 어디든 바라보면서 자기 생각에 접근할 수 있도록 수퍼바이지의 눈을 계속 주시한다. 주의 집중을 지속하는 행위의 본질은 '생성적'이다. 간단히 말해 **주의 집중**은 **창조 행위**이다.

3. 10가지 구성 요소가 사고-환경을 조성한다.

개별적으로나 집합적으로 독립적 사고를 위한 최적의 환경을 제공하는 조건이 있다. 각각은 시스템으로 서로에게 영향을 미친다. 예를 들어, 클라인이 가장 먼저 영향을 미치는 것으로 관찰한 첫 번째 주의력은 평등equaliy과 편안함ease을 생성하는 데 도움이 된다. 10가지 구성 요소 각각은 다음과 같이 구체적으로 정의될 수 있다(Kline, 2015, 31쪽).

1) 상대방이 무슨 말을 하는지, 다음에 어디로 갈지를 깊은 호기심을 가지고 **주**

의attention를 기울이면 말을 끊거나 단순히 대답만 듣는 것보다 상대는 더 잘 생각할 수 있다.

2) 상대방의 생각을 위계와 상관없이 당신의 생각과 **동등**하게equal 생각하면 상대방이 당신 옆에서 더 나은 생각을 할 수 있다.

3) 긴장이나 외부의 서두름에서 벗어나 당신 스스로 **편안함**에 머무는 것being at ease은 다른 사람들이 서두를 때보다 더 잘 생각할 수 있다.

4) 당신이 상대방을 비판하는 것보다 5배 더 진심으로 **감사**하면appreciate, 그들은 자신의 잘못에 초점을 맞출 때보다 더 상상력 있게 생각할 것이다.

5) 당신이 사람들을 **격려**하고encourage 그들의 생각 끝까지edge of thinking 가도록 용기를 북돋워주면 그들은 당신이 그들과 경쟁하는 경우보다 당신 옆에서 더 잘 생각할 것이다.

6) 당신이 그들의 생각에 도움이 되는 정확한 **정보**information를 제공하고 그들이 직면할 수 있는 상황을 존중한다면, 그들은 무엇이 진실이고 무엇이 진실이 아닌지에 대한 자신들의 가정에 동조/공모하는 것보다 더 잘 생각하게 될 것이다.

7) 눈물과 분노, 좌절감 등 그들의 **감정**feeling을 표현할 수 있도록 허용하면 그들은 당신이 그들의 감정을 무시하거나 피하려고 할 때보다 당신 옆에서 더 잘 생각할 것이다.

8) 당신과 다른 사람 사이의 **다양성**diversity, 당신과 다른 사람 사이의 다름에 관심이 있다면 그들은 당신이 다른 사람들이 당신과 똑같이 생각하고 행동하기를 바라는 것보다 당신 옆에서 더 잘 생각할 것이다.

9) 사람들에게 **예리한 질문**incisive question을 던져 제한적 가정assumption을 깨고 더 자유로운 가정으로 대체할 수 있다면, 그들은 돌파구와 신선한 아이디어가 탄생하는 본연의 창의적이고 풍부한 자원을 지닌 자기self를 활용할 것이다.

10) '당신은 중요하다'라고 말하며 함께 생각할 수 있는 **자리**place를 마련하면,

방해가 많고 위협적인 분위기를 조성하는 것보다 당신 주변에서 더 잘 생각할 수 있다.

4. 방해받지 않는다는 것을 알면 진정으로 혼자서 생각할 수 있다.

우리는 방해받을 것을 예상하는 경우(대부분 환경에서 정상적이고 빈번하게 일어나는 일이다) 방해하지 않겠다는 약속을 받을 때만큼 긴장을 풀거나 생산적인 사고를 하지 못한다. 이런 기회는 드물지만 약속은 강력한 힘을 발휘한다.

5. 마음은 질문[의문]과 함께 있을 때 presence of a question 가장 잘 생각한다.

수년에 걸쳐 클라인은 독립적 사고를 생성하는 데 가장 효과적이고 비지시적인 질문을 찾다가 다음 질문에 도달했다.

Q. 무엇을 생각하고 싶은가요?
Q. 당신의 생각은 무엇인가요?

수퍼비전에서도 이렇게 질문할 수 있다.

Q. 오늘 수퍼비전에서 무엇을 원하나요?,
Q. 무엇을 생각하고 싶은가요?
Q. 당신의 생각은 무엇인가요?

질문은 일반적으로 말로 표현할 생각을 촉발한다. 그러나 침묵의 시간이 지속되더라도 수퍼바이저는 말하지 않고 계속 주의를 기울인다. 다른 질문을 받을 준비가 되면 수퍼바이지는 질문을 요청한다. 수퍼바이저는 초대를 기다렸다가 'Q. 좀 더 생각하거나 느끼거나 하고 싶은 말이 있나요?'라고 묻는다. 놀랍게도 이 질문을 (초대할 때마다) 반복하는 것은 수퍼바이지에게 매우 강력한 힘을 발휘하는 것으로 경험된다. 더는 생각할 것이 없을 때만 그 질문은 생성력을 잃게 된다.

6. 문제problem를 담고 있는 마음에는 대개 해결책이 담겨 있다.

   인간의 마음에는 질문할 능력이 있다면 대답할 능력도 있으므로 사고-환경 중심 수퍼바이저의 역할은 수퍼바이지가 스스로 질문에 대답하도록 격려하는 것이다. 이것은 수퍼바이저가 '강하게, 어쩌면 선천적으로' 스스로 해결책이나 의견을 만들어 내고자 이끌릴 때 불이 붙어 그의 경청 능력을 테스트한다. 아마도 질문이 침묵의 사고에서 명료한 사고로 전환될 때, 생각하는 사람이라면 이미 대답을 시작했을 것이다(Aspey, 2017). 따라서 수퍼바이지가 제기하는 질문에 대한 수퍼바이저의 첫 번째 대답은 'Q. 어떻게 생각하나요?' 또는 'Q. 그것에 대한 첫 번째 든 생각은 무엇인가요?'이다. 이는 다른 형태의 비지시적 수퍼비전과 다르지 않아 비슷하게 보일 수 있지만, 여기서는 이것이 수퍼바이저의 **기본 입장**이라는 점에서 다르다.

7. '가정'은 우리 삶에서 중요한 역할을 한다.

   아침에 침대에서 일어날 때 바닥이 체중을 지탱해 줄 것이라는 '가정'에서부터 자신, 타인 또는 상황에 대한 가정에 이르기까지 가정은 일상생활의 핵심이다. 우리는 모두 이 가정을 인식하는 경우가 거의 없다. 아마도 이러한 가정은 경험에서 비롯되고 우리의 결정과 삶에 영향을 미친다. 그러나 가정이 사실이 아닌데도 사실인 것처럼 생활화되면 생산적인 사고를 차단할 수 있으며 수퍼바이지가 스스로 생각하는 것을 멈추게 할 수 있다. 따라서 수퍼바이저는 회기의 적절한 시점에 수퍼바이지가 그렇게 하는 대신 그 가정을 탐색하고 테스트하고 진실하고 자유로운 /해방을 안겨주는 무언가를 찾도록 도울 수 있다. 사람들이 사실이 아니며 제한적인 가정을 발견하고, 우선순위를 정하고, 극복하도록 돕는 데는 기술과 훈련이 필요하며, 이는 '생각하는 시간Time to Think' 교육 훈련[2] 과정 중 자세히 다루도록 한다.

---

[2] [역자] Time to Think는 낸시 클라인이 운영하는 교육 훈련 프로그램이다.

8. 인간의 마음은 파동과 멈춤을 반복하며 생각하는 것과 같다.

이것은 클라인이 가장 최근에 발견한 것(2019년)이며 아직 테스트 단계에 있다. 언어화된 사고의 파동이 지나면 멈춤이 오고, 그 안에서 또 다른 파동을 만들어내는 어떤 일이 일어나는데, 클라인은 이 과정과 멈춤의 기저에는 일련의 타고난 질문 또는 '숙고considerations'가 있으며, 이 숙고는 돌파구 질문break through question으로 끝나 더 많은 독립적인 사고의 파도를 만들어 낸다고 생각한다. 이러한 숙고는 말로 표현되지 않지만 다음과 같은 맥락을 따라 진행되는 것으로 보인다.

Q. 나는 여전히 독립적인 사고를 계속하고 싶은가?

Q. 내가 방금 무엇을 했는가?

Q. 내가 원하는 다음 결과는 무엇인가?

Q. 이를 달성하기 위해 무엇이 필요한가?

Q. 어떤 질문이 이 필요를 충족시킬 수 있는가?

따라서 일시 정지/멈춤은 파동만큼이나 중요한데, 하나는 다른 하나의 자연스러운 결과로 발생한다.

이 시점이 되면 회기는 이전처럼 계속되거나 다른 방향으로 진행될 수 있다. 예를 들어, 수퍼바이지는 더 많은 것을 성취하고 싶은 마음인데, 이는 가정을 밝혀내거나 메모를 하거나 수퍼바이저의 의견을 구하는 것을 의미할 수 있다. 이 모든 것은 수퍼바이저가 아닌 수퍼바이지가 주도한다.

이 같은 철학의 맥락에서 수퍼바이저 코치의 역할은 무엇인가?

사고-환경에서 초점은 거의 완전히 수퍼바이지로부터 나오는 사고, 통찰, 행동에 맞취진다. 수퍼바이저는 '수퍼바이지는 내 생각이 필요하기 전에 자기 생각으로 얼마나 멀리 갈 수 있을까?'를 염두에 두는 것이 유용하다.

당연히 수퍼바이저는 수퍼바이지의 고객과 수퍼바이지 복지welfare와 안전safety을 보장할 의무가 있다. 때로는 수퍼바이지를 교육하거나 우려 사항을 공유할 필요가 있다. 그러나 사고-환경 중심 접근에서는

> 먼저 수퍼바이지가 스스로 그것을 발견할 수 있도록 시간과 공간을 제공해야 한다. 이는 대부분 위험 신호red flag 이슈가 아니다. 즉 이런 태도는 그냥 그들(수퍼바이저) 자신들이 수퍼바이지보다 더 많이 알고 있거나 더 잘 안다고 생각하도록 조건화되었고, 그들을 바로잡는 것이 그들의 일이라는 생각일 뿐이다(Aspey, 2016).

계약 체결하는 과정[주제 합의 과정]에서 수퍼바이지가 수퍼바이저에게 의견을 구할 수 있는 시간이 할당되어 있고, 그 반대의 경우도 마찬가지다. 일반적으로 이를 위해서는 '저에게 어떤 질문이 있으신가요?' 또는 '저희가 다루지 않은 어떤 관찰, 질문 또는 의견이 있으신가요?'와 같은 방식의 질문이면 수퍼바이저로서의 역할은 충분하다(Adshead-Grant et al., 2018 참조).

이러한 접근 방식과 적절히 일치하게 일하기 위해 어떻게 준비해야 하는가?

수퍼바이저는 자기의 주의attention를 통해 자신의 노력보다 더 많은 가치를 더한다는 것을 알고 그 사실을 느껴야 한다. 수퍼바이저는 수퍼바이지가 스스로 발전할 수 있도록 방해가 되지 않으려는 욕구에 이끌려야 한다. 수퍼바이지에게 도움이 되기 위해 포기해야 할 역할, 권한, 전문성, 자존심 또는 행동이 무엇인지 검토해 보는 것이 유

용하다. 행동보다는 존재에 초점을 맞추는 것은 사고-환경 접근의 핵심이다.

무엇이 우리를 매혹적인 경청자fascinated listener에서 방해하는 문제-해결자로 전환하게 만드는지 알아차리는 것이 중요하며, 이 질문을 스스로 수퍼바이저에게 가져가는 것도 필수적이다.

이 작업 방식이 수퍼바이지에게 특히 유용한 이유는 무엇인가?

사고-환경 접근에서 수퍼비전을 받기로 하면 수퍼바이지는 스스로 생각하겠다고 약속하고, 수퍼바이저는 이를 위해 최상의 조건을 제공하겠다고 결심한다. 다른 모든 것은 여기서 흘러나온다. 따라서 계약이 핵심이다.

다음 접근 방식으로 작업하기 전에 고려해야 할 다른 사항이 있는가?

'사고-환경' 접근에는 '빌딩 블록building-block', '전체full', '맞춤형bespoke'으로 분류되는 '애플리케이션applications'이라는 몇 가지 기법이 있다. '빌딩 블록' 애플리케이션은 사고-쌍thinking pairs, 대화, 라운드 및 공개 토론이며, 사고 파트너십thinking partnership, 타임 투 싱크 회의Time to Think council, 프레젠테이션을 포함한 다른 '전체' 애플리케이션을 구축하는 데 사용할 수 있다. '맞춤형' 애플리케이션으로는 퍼실리테이션, 코칭 및 수퍼비전, 멘토링, 중재 및 '다양성 프로세스'가 있으며, 이는 Time to Think 코스 매뉴얼에 설명되어 있다.

이 단순해 보이는 접근 방식은 대화식 수퍼비전 스타일을 경험한 수퍼바이지에게는 도전이 될 수 있다. 수퍼바이지가 '전문가'의 안내, 주도 또는 가르침을 받거나 구두로 도전받는 것 등은 그런 스타일로 인해 의존성이 드러날 수 있다. '사고-환경'에 새로 온 사람들은 영향력, 유아화infantilisation 또는 방해interruption 등에 오염되지 않고 자기 생각을 진정으로 탐구하는 사치[기분]를 누리기 전에 약간의 표류하는 느낌을 느낄 수 있다.

참고 문헌

- Adshead-Grant, J., Hathaway, A., Aspey, L., and Turner, E. (2018) Supervision in the Thinking Environment. In: E. Turner and S. Palmer. Eds. *The Heart of Coaching Supervision - Working with Refection and Self-Care*. Abingdon: Routledge, Ch. 8, pp. 147-168.
- Aspey, L. (2016) Coaching supervision: Who is the expert in the room? *LinkedIn* [pulse] 14 December. Available at: 〈www.linkedin.com/pulse/coaching-supervision-who-expert-room-linda-aspey/〉 [Accessed 05 August 2019].
- Aspey, L. (2017) In articulating the question, you're starting to formulate the answer. *LinkedIn* [pulse] 5 October. Available at: 〈www.linkedin.com/pulse/articulating-question-you-have-already-started-formulate-linda-aspey/〉 [Accessed 05 August 2019].
- Kline, N. (1999) *Time to Think: Listening to Ignite the Human Mind*. London: Cassell Illustrated.
- Kline, N. (2015) *More Time to Think: The Power of Independent Thinking* (2nd ed.). London: Cassell Illustrated.
- Kline, N. (2019) *The Thinking Partnership Course: A Companion*. Oxfordshire: Time to Think Ltd.
- Rogers, C. (1951) *Client-Centred Therapy*. Trowbridge: Constable and Constable.

더 읽어보기

- Aspey, L. (2016) Attention, the generator and the gift. LinkedIn. [pulse] 3 March. Available at: 〈www.linkedin.com/pulse/attention-generator-giftlinda-aspey/⟩ [Accessed 5 August 2019].

자료 찾기

- Kline, N. (2008 onwards) 'Time to Think' training course and teaching materials. Available at: ⟨www.timetothink.com/learn/first-courses/⟩ [Accessed 2 September 19].
- Nancy Kline's website: www.timetothink.com [Accessed 2 September 19].

~~~~~

89. 대화

린다 애스페이

	어디에서 사용할 수 있는가?	일반적 수준의 수퍼바이지 경험 필요
	동료 그룹 수퍼비전	대부분의 단계

언제 사용하는가?

이것은 수퍼바이지가 공통 주제의 생각을 다른 동료와 교환하고 싶을 때 유용하다. 사고-한 쌍Thinking Pair 시도 이후에 일어날 수 있다. 또는 수퍼바이저/수퍼바이지가 수퍼비전 사고-환경 접근 방식을 활용할 때 이 접근에 따라 촉진될 수 있고 정보를 공유하는 기회를 인식하고 요청할 수 있다.

'대화'란 무엇인가?

대화는 '사고-한 쌍Thinking Pair'과 마찬가지로 '사고-환경'의 '빌딩 블록building-blocks' 가운데 하나로, 두 사람이 서로를 지원하여 독립적 사고를 생성한다. 주요 차이점은 각자가 동일한 질문을 다루고 전체 시간, 예를 들어 10분을 공유하고, 각자가 시간의 절반(예: 5분씩)을 차지하는 대신 몇 분마다 교대로 오간다는 것이다.

1단계: 계약

검토할 의문에 동의하고 간결하게 표현하며 바로 해결책으로 가기보다는 광범위하고 심도 있는 생각을 요청한다. 이를테면. "어떻게 할 수 있을까요?"가 아니라 "~에 대한 생각이 어떤가요?"[3)]

함께하며 누가 먼저 말할지, 말하는 사람이 끝나면 다른 사람이 차례를 가질 수 있도록 어떤 신호를 보낼지 합의한다. 일반적으로 '**당신은** 어떤 생각인가요?' 또는 '**당신의** 생각은 무엇인가요?'라고 묻는 방식이다. 모두는 방해하지 않고 말할 차례가 되면 간결하게 말하기로 합의한다. 시간을 동등하게 나누는 것이 핵심이다.

2단계: 훈련하기

- '듣는 사람'이 먼저 "어떻게 생각하나요"라고 질문한다. … (합의한 질문 삽입)?
- '말하는 사람'이 질문에 방해받지 않고 이 질문에 대해 충분히 생각할 수 있다는 보장하에 안심하고 응답한다.
- '듣는 사람'은 편안하게 격려하며 매료된 주의fascinated attention로 방해받지 않고 경청한다.

---

3) [역자] 어떤 생각이 드나요?

- '생각하는 사람'은 간결하고 자기 관리 self manages를 통해 상대방을 존중하며 시간이 오래 걸리지 않도록 한다.
- 그런 다음 '듣는 사람'에게 "어떻게 생각하세요" 또는 이와 유사한 질문을 차례로 한다.

3단계. 마무리하기

합의한 시간이 지나면 저마다 다음과 같이 말한다. 상대방에게 관찰한 자질이나 강점에 대한 감사의 말을 한다.

〈참고〉 감사는 그들의 행동이나 이야기 내용에 대한 코멘트가 아니다.

대화를 사용하는 방법

이 기술을 사용하는 전문가 또는 동료 수퍼바이저는 대화에 참여하며 진정한 탐색 질문의 감 sense of enquiry을 가져야 한다. '생각하는 사람'과 '듣는 사람'은 모두 관심을 기울이는 주제에 대해 서로 다른 생각이나 입장이 있을 수 있다. 이 '빌딩 블록'은 각자 다른 사람에게 알지 않은 정보를 공유하도록 요청하지만, 상대에게 영향을 미치려는 것이 아니다. 오히려 추가 의견을 제시하고 상대방이 자기 생각에 도움이 된다고 생각하는 것은 무엇이든 취하거나 남겨둘 수 있도록 초대하는 것이다.

'듣는 사람'은 자기 생각이 옳은지, 아니면 틀렸다는 것이 증명되는 것을 두려워하기보다는 무엇이 실제real이고 진실true인지에 더 큰 관심을 두고 '매료된 주의'를 기울이며, 상대의 생각이 어떻게 전개되는지 경청한다. '생각하는 사람'이 자신의 차례가 되면 상대방의 의견에 대해 방어적인 자세로 대응하면 사고 환경은 사라지게 된다.

대화는 수퍼비전 회기로 가져와 수퍼바이저가 규범적 역할을 할 수 있도록 하는 데 사용될 수 있다. 프랙티스나 윤리적 우려가 발생하면 수퍼바이지 또는 수퍼바이저가 대화를 제안할 수 있다. 수퍼바이저는 이 접근을 사용하여 수퍼바이저의 의견을 짧게 제공하고 수퍼바이저의 독립적인 사고를 생성하기 위한 목적으로만 사용해야 한다.

주의 사항

생각하기 파트너Thinking Pairs 497-501쪽을 보라.

'대화'는 다른 어떤 용도가 더 있는가?

생각하기 파트너Thinking Pairs 497-501쪽을 보라.

더 읽어보기

- Kline, N. (1999) *Time to Think: Listening to Ignite the Human Mind*. London: Cassell Illustrated.
- Kline, N. (2015) *More Time to Think: The Power of Independent Thinking* (2nd ed.) London: Cassell Illustrated. (See chapter entitled 'How's it going? Coach supervision in a Thinking Environment', pp. 191-192).

~~~~~

90. 라운드

린다 애스페이

언제 사용하는가?

라운드Rounds에서는 모든 집단 구성원이 의견을 제시함으로써 기여하고 의견을 들을 수 있다. 라운드에 들어가서는 질문에 대한 모든 의견을 공유하거나 새로운 아이디어를 창출하는 방법으로 활용하면 유용하다. 이는 평등이 존중되고 다양한(의사소통 스타일, 계층 구조, 경험) 집단에서 공평한 경쟁의 장을 만드는 경험을 한다. 회기가 끝날 때 사용하면 모든 사람에게 완성도와 마무리감을 제공할 수 있다.

라운드란 무엇인가?

라운드는 10가지 구성 요소에 의해 뒷받침되는 사고-환경의 기본 요소 가운데 하나인 빌딩-블럭이다. 다른 애플리케이션과 마찬가지로 라운드도 사고를 자극하는 질문으로 시작하며 라운드의 목적에 따라 달라진다.

    중요한 이점은 원하면 누구나 발언할 차례가 있다는 것을 안다는 것이다. 이는 자유로운 토론에서 발언 능력이 떨어지는 사람들에게 특히 유용할 수 있다. 평등은 용기를 만들어 낸다. 차례를 지키면 집단 구성원들이 자유롭게 경청할 수 있는 에너지를 확보할 수 있으며, 자리/위치와 발언 시간을 차지하기 위해 경쟁하거나 말할 내용을 훈련하는 대신 진정으로 다른 사람에게 주의를 기울일 수 있다.

1단계: 계약

질문에 동의한 후, 수퍼바이저는 다음과 같이 라운드에서 얻을 수 있는 가장 좋은 방법을 간략하게 설명한다.

각자는 원하는 경우 저마다 차례를 기다리거나 건너뛸 수 있다. 모든 집단 구성원은 온전히 주의를 기울여 발표자를 바라보고, 언어적 또는 신체적으로 방해하지 말아야 한다(가만히 편안한 자세를 유지). 그 대신 발표자는 모든 사람이 차례를 얻을 수 있도록 간결하게 말해 평등한 기회를 나눌 수 있도록 격려해야 한다.

집단 구성원들은 처음에는 마음이 흔들리거나 주저하는 것이 일반적이다. 이를 알아차리면 발표자에게 모두 다시 주의를 집중하도록 한다. 다양성이 중요하다는 점을 강조하고 급진적이거나 인기 없는 의견이라도 모든 견해를 환영한다는 점을 강조한다. '차이는 유용하다!'

2단계: 훈련하기

수퍼바이저가 라운드의 방향(시계 방향 또는 시계 반대 방향)을 말하고, 질문을 상기한 뒤 누구든지 시작하도록 한다.

첫 번째 수퍼바이지는 방해받지 않고 솔직하게 말할 수 있다는 사실을 알고 안심하고 응답한다. 그 동안 다른 사람들은 ①편안하게 Ease ②매혹적인 주의 fascinated Attention, ③격려 Encouragement, ④방해하지 않는 '태도'로 경청한다. 각자 차례가 되면 제기된 질문에 응답할 기회가 있으며, 다른 사람에게서 완전한 주의 full Attention를 받는다.

질문에 따라 수퍼바이저는 '가장 새롭게 든 생각freshest thinking은 무엇인가요'라고 묻는 등 다른 라운드를 제안할 수 있다. 새로운 라운드가 진행될 때마다 방향이 바뀐다.

3단계: 마무리

라운드가 회의를 마무리하는 과정의 일부인 경우, '오늘 무엇을 배웠거나 새롭게 배웠나요' 또는 '오늘 이 집단에서 가장 감사했던 점은 무엇인가요' 등의 질문을 통해 반성이나 감사를 유도할 수 있다. 라운드가 완료되면 집단은 다음 단계로 넘어간다.

라운드를 사용하는 방법

라운드 질문은 수퍼바이저 또는 집단 구성원이 회기 전에 제안하고 회람하거나 회기 중에 누구나 제안할 수 있다. 대화(489-492쪽 참조) 또는 사고-한 쌍Thinking Pair(497-501쪽 참조)을 사용하여 집단 회기 전에 질문에 대해 생각할 시간(이는 '당장' 하기를 원하지 않는 사람들에게 유용하다)을 준 다음 라운드에서 생각을 공유할 수 있다.

    일반적으로 수퍼바이저는 라운드로 회기를 시작하고 종료하여 각 사람이 발언하고 마무리할 기회를 주고 완성도를 높일 수 있도록 한다. 질문은 '…에 대해 무엇을 할 수 있을까요?'가 아니라 'X에 대해 어떻게 생각하세요?'와 같이 해결책보다는 '사람들의 생각'을 공유하도록 유도하는 간결한 문구가 가장 좋다. 수퍼바이지는 라운드를 활용하여 새로운 아이디어, 우려 사항, 경험을 수집한 다음 이를 수퍼비전 작업에 가져올 수 있다.

그 밖에 주목해야 할 사항은 무엇인가?

이 방식을 처음 접하는 집단은 다른 사람에게 응답하고 싶은 충동을 억제하거나 라운드의 순서가 방해되어 어려움을 겪을 수 있다. 사람들은 자주 방해하거나 [말하고 싶어] '발사할 준비'에 너무 익숙해져서 자신이 그렇게 하고 있다는 사실을 깨닫지 못할 수 있다.

　수퍼바이저가 부드럽게 상기시켜 주는 것이 도움이 된다. 훈련하다 보면 좀 더 수월해질 것이다.

주의 사항

수퍼바이저는 일종의 '역할 권한'을 부여받는다. 사람들이 집단 전체가 아닌 특정한 사람(주제 제안자, 앞에 발언한 사람 등)을 향해 답변하는 경우가 있다. 이런 일이 있으면 모든 구성원에게 모든 사람에게 말하도록 부드럽게 상기시켜 [대화와 진행의] 평등함을 조성한다.

라운드에는 어떤 다른 용도가 있는가?

라운드의 구조는 포용적인 정보 공유 방식을 만드는 데 유용한 방법이다. 수퍼비전으로 가져온 고객 사례에 대한 집단의 생각을 듣는 데에 유용하다. 비즈니스 미팅을 진행하는 고객을 코칭할 때도 마찬가지로 도움이 된다.

더 읽어보기

- Kline, N. (1999) *Time to Think: Listening to Ignite the Human Mind*. London: Cassell Illustrated.

~~~~~

91. 사고-한 쌍

린다 애스페이

어디에서 사용할 수 있는가?		일반적 수준의 수퍼바이지 경험 필요
전문적 그룹 수퍼비전	동료 그룹 수퍼비전	대부분의 단계

언제 사용하는가

수퍼바이저가 회기에 집중할 내용을 결정하거나 전체 집단이 검토하기 전에 이슈에 대해 저마다 생각을 깊이 탐구하거나 동료 수퍼바이저와 함께 짧은 성찰적 실천을 위한 '보호된 시간protected time'으로 활용할 수 있다.

사고-한 쌍Thinking Pair이란 무엇인가

사고-한 쌍은 사고-환경, 빌딩-블록 애플리케이션 가운데 하나이다. 이는 사고-환경의 전체 응용 프로그램 가운데 하나인 사고 파트너십 회기의 기반이다. 두 사람이 서로 지속해서 경청함으로써 독립적인 사고를 생성한다. 일반적으로 사고 파트너십 회기는 30~90분 동안 진행되는 반면, 사고-한 쌍은 더 짧은 시간을 사용한다. 수퍼비전에서는 다음과 같이 사용한다.

1단계: 계약

각자가 자신의 자료에 대해 생각하기로 동의하거나 두 사람이 차례로 검토할 공동 질문에 합의한다. 집단 전체가 짝을 지어 작업하는 경우 나중에 생각을 공유할 의도로 공통 질문을 합의한다.

일반적으로 각각 5~10분 정도, 누가 먼저 생각할지 합의한다. 방해하지 않고, 생각하는 사람이 "끝났다."라고 말하거나 질문을 요청할 때만 듣는 사람이 말할 수 있도록 약속한다.

2단계: 연습하기

듣는 사람이 "오늘 무엇을 생각하고 싶은지, 당신의 생각은 무엇인가요?"라고 묻는다. 또는 짝을 지어 그룹 연습을 하는 경우, '우리 작업에서 공통점이 무엇이라고 생각하나요?'와 같이 서로 합의한 질문을 한다.

생각하는 사람은 방해받지 않을 것이라는 약속을 믿고 대답하고, 듣는 사람은 편안한 마음으로 흥미를 느끼고 격려하는 마음으로 경청한다. 생각하는 사람이 질문을 던지면, 듣는 사람은 "더 생각하고 싶은 것, 느끼고 싶은 것, 말하고 싶은 것이 있나요?"라고 답한다. 합의한 시간이 지나면 역할을 바꾸고 다른 사람이 차례를 가질 수 있도록 연습을 반복한다.

3단계: 마무리하기

저마다 상대방에게서 관찰된 특성과 강점에 대해 간략하게 평가한다. 이는 이야기 내용이나 행동에 대한 의견이 아니다.

'사고-한 쌍'으로 작업하는 방법

대부분 대화에서 일시 멈춤과 침묵을 질문이나 의견을 제시할 기회 또는 미묘한 초대로 해석한다. 사람들은 파도처럼 또는 큰 소리로 일시 멈춤(때로는 침묵)을 한다. 둘 다 똑같이 중요하다. 이 접근 방식에서 일시 멈춤은 기여를 촉구하는 것이 아니라 편안하게 머물도록 초대하는 것이다.

생각하는 사람이 합의된 시간 전에 완전히 끝났다고 말하고 "무엇을 더 할까요?"라는 질문이 더는 나오지 않는다면, 두 사람 모두 더 생각할 것이 생길 경우를 대비해 편안하게 앉아 있을 수 있다. 또는 생각하는 사람이 끝내고 다른 삶을 생각하게 만들 수 있다.

그 밖에 주목해야 할 사항은 무엇인가?

여기서 목적은 독립적인 사고를 생성하는 것이다. 과정은 매우 긴급하다는 것을 의미한다. 수퍼비전 맥락에서는 고객 작업에 대해 좀 더 전략적으로 사고하고, 어떤 구조를 도입하는 것이 도움이 될 수 있다.

예를 들어, 클러터벅, 휘태커, 루카스(2016)가 제시한 수퍼비전에 대한 장기적 접근 방식을 구분하여 사용한다면, 제기된 질문의 방향을 정할 수 있다.

1. 전체 사례: '오늘 코칭 프랙티스에서 어떤 점을 생각하고 싶은가?'
2. 수퍼바이저 주도: '오늘 가장 생각하고 싶은 고객은 누구인가? 어떤 고객에 대해 가장 생각하고 싶은가…?'
3. 발달 주도: '현재 발달 요구를 검토할 때, 오늘 생각하기에 가장 도움이 될 만

한 사람 또는 대상은 누구인가?'

4. 시스템 주도: '오늘 고객 조직이 당신에게 어떤 생각을 하기를 원할 것으로 생각하는가?'

주의 사항

모든 형태의 대화에서와 마찬가지로, 어떤 내러티브도 들리는 순간 듣는 사람은 생각의 흐름을 방해할 수 있고, 이는 흥미를 떨어뜨릴 수 있다. 긴장을 풀고 생각의 흐름을 방해하는 사람이 차례가 되면, 생각의 흐름에 다시 몰입할 수 있다는 사실을 기억하면 도움이 된다. '사고- 한 쌍'을 사용할 수 있는 다른 상황은 어떤 것이 있을까? 팀 회의, 진행이 잘 되는 행사, 멘토링 등 독립적인 사고의 질이 목표인 다양한 상황과 맥락에서 사용할 수 있다.

코칭 고객은 코칭 회기 외의 장소에서 사고 파트너를 찾을 수 있다. 사고-한 쌍은 코치와 고객 사이의 작업 방식으로 권장되지 않는다. 코칭의 범위를 벗어나는 내용을 끌어낼 수 있기 때문이다. 그 대신 대화(489-492쪽 참조)를 사용할 수 있다.

참고 문헌

- Clutterbuck, D., Whitaker, C. and Lucas, M. (2016) *Coaching Supervision: A Practical Guide for Supervisees*. Maidenhead: Routledge, pp. 158-161. 『코칭수퍼비전 실천 가이드: 수퍼바이저와 수퍼바이지 모두를 위한 가이드』 김상복 옮김. 코칭북스 2025.

더 읽어보기

- Kline, N. (1999) *Time to Think: Listening to Ignite the Human Mind*. London: Cassell Illustrated.
- Kline, N. (2015) *More Time to Think: The Power of Independent Thinking* (2nd ed.). London: Cassell Illustrated. (See chapter: 'How's it going? Coach supervision in a Thinking Environment', pp. 191-192).

제10장
초개인적 접근 코칭수퍼비전

저자: 헤티 아인찌히 Hetty Einzig[1]
역자: 김상복

이 철학은 어떻게 설명할 수 있는가?

현대의 초개인적 심리학transpersonal psychology은 1970년대부터 주목받기 시작했다. 모든 초개인적 심리학은 일반적으로 고대 영적 전통의 지혜와 현대 서양 심리학을 통합한다. 그 목적은 종교 영역에서 영적 원리를 되찾고 과학적이고 현대적인 언어를 통해 세속 사회에서 접근할 수 있도록 하는 것이었다. 초개인적 심리학은 '인간의 가장 깊은 상처와 욕구needs에서부터… 의식의 가장 초월적인 능력에 이르기까지'(Caplan, 2009, 231쪽) 인간 발달의 모든 범위를 다룬다. 병리보다는 성장에 초점을 맞춘다.

---

1) **헤티 아인찌히**Hetty Einzig: 25년간의 심리학 및 임원코칭 경험을 글로벌 리더십 개발에 적용한다. 베스트셀러 작가인 그녀의 경력은 예술, 미디어, 건강, NGO 및 전략에 걸쳐 있다. 리더십 코치 및 글로벌 기업 문화 변화 프로그램을 설계하고 제공한다. 주요 관심은 여성 리더십과 기여를 위한 재생적regenerative 코칭이다. 정신분석적 심층성에 의해 알려진 초개인적 접근 방식을 기반으로 체계적이고 전체론적 관점에서 작업한다. 아일랜드 경영 연구소에서 가르치고 AC 글로벌 매거진인 Coaching Perspectives의 편집자이다. Tavistock Center(UEL)에서 조직 컨설팅에 대한 정신분석과 시스템적 접근 방식 석사 학위를, Oxford Brookes에서 코칭수퍼비전 자격증을, Courtauld Institute(UL)에서 미술사 석사 학위를 취득했다. 두 명의 밀레니얼 세대 딸이 있는 기혼자이다.

이 점에서 정신분석, 행동주의, 인본주의 심리학과는 구별되며, 아브라함 매슬로우Abraham Maslow는 이를 심리학 '제4의 힘'으로 정의한 바 있다.

매슬로와 함께 칼 융Carl Jung, 로베르토 아사기올리Roberto Assagioli는 초개인적 학파를 형성한 주요 인물이다. 여기에는 개인을 넘어 집단, 사회, 우주와 함께 정신을 넘어 영적인spiritual 것과 매슬로가 '절정 경험peak experiences'이라고 부르는 것을 포함하므로 **초-개인적**trans-personal이라고 할 수 있다.

아사기올리(1888~1975)는 프로이트의 정신분석적 모델이 부분적이어서 기쁨, 의지, 창의성, 지혜의 차원에는 거의 관심을 기울이지 않는다고 보았다. 매슬로우와 마찬가지로 아사기올리는 인간의 최악을 진단하기보다는 인간의 최고를 끌어내고자 했다. 따라서 그는 정신분석과는 대조적으로 자신만의 모델을 개발했는데, 이를 **정신통합**psychosynthesis이라고 불렀다. 정신통합의 철학은 체계적이고 전체론적이며 상호 의존성을 강조한다. 영성의 중심 흐름은 사회 정치적 인식과 도덕적 헌신에 영향을 미친다.

아사기올리와 함께 훈련받은 존 휘트모어는 정신통합 개념을 코칭에 적용했다. 예를 들어, 휘트모어가 GROW 모델을 개발할 때 '봉사service'가 핵심이었다. 그는 'G(목표)'에서 자기self를 넘어서는 꿈의 목표dream goal 또는 열망aspiration을 강조했고, 의지Will라는 개념도 정신통합에서 직접 도출했다. 1990년대에 아인찌히Einzig와 휘트모어는 정신통합의 원리와 기법을 기반으로 초개인적 코칭 모델transpersonal coaching model을 개발했다. 이들은 코칭 분야에서는 '정신통합'이라는 용어보다 '초-개인적'이라는 용어가 더 적합하다고 생각했다. 초개인적 코칭과 수퍼비전은 아사기올리의 주요 공헌을 통합하고 있으며 변화하는 요구와 시대의 변화에 따라 계속 발전하고 있다.

수퍼비전에 대한 초개인적 접근 방식의 기반은 무엇인가. 건강한 성취를 위한 내재적 경향은 의미와 목적, 봉사에 대한 영적 욕구, 타인의 안녕, 사회와 환경을 포함한 문화적, 역사적 맥락과 상호 의존적이다.

이 철학의 기본 원칙과 신념은 무엇인가

이름에서 알 수 있듯이 정신통합의 기본 원칙은 균열/조각남fragmentation을 통합하고 synthesise, 연결하고, 메우고/치유heal하려는 의도이다. 상호의존interdependence과 통합 synthesise의 개념을 이해하는 데 도움이 되는 아사기올리의 인간 정신 모델([그림 10.1] 참조)을 참고할 수 있다.

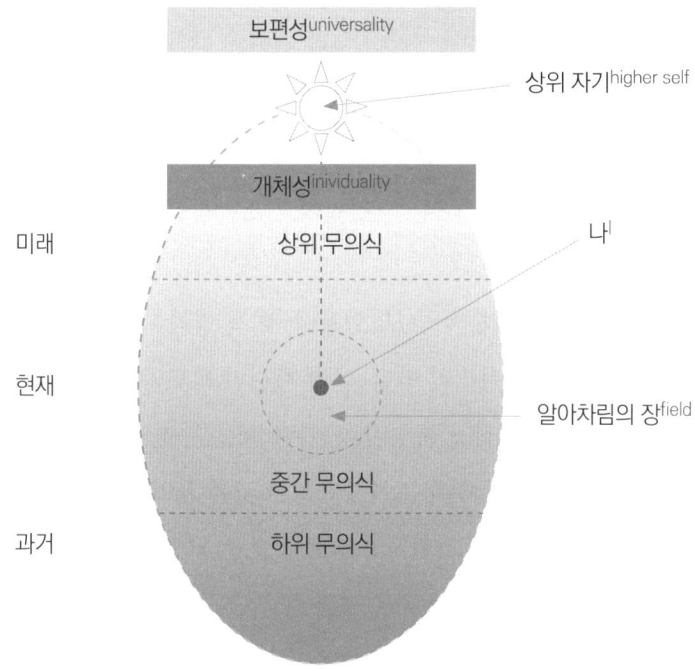

[그림 10.1] 아사기올리Assagioli의 인간 정신에 대한 정신통합 모델 해석

이 '달걀' 모델([그림 10.1])은 초개인적 접근법을 설명하는 여러 가지 요소를 보여 준다. 각 요소에 대한 설명은 다음과 같다.
    정신통합 용어 설명

- 하위 무의식lower unconscious: 우리의 에너지를 차단할 수 있는 기억, 가정 또는 고정된 신념의 저장소
- 중간 무의식middle unconscious: 눈에 보이지는 않지만 성찰과 자극을 통해 드러날 수 있는 행동, 신념, 생각, 감정
- 상위 무의식higher unconscious: 우리의 열망, 지혜, 숨겨진 강점, 창의성
- 집단 무의식collective unconscious: 우리 사회가 공유하는 문화적 규범, 행동, 신념, 즉 '시대 정신'의 영역
- 알아차림의 장/영역field of awareness: 우리 자신에 대해 인식하는 것 – 적극적인 생각과 감정
- '나': 사랑과 의지라는 두 가지 에너지는 우리의 성격 내에서 지속적이고 역동적인 관계를 맺고 있으며, '나'는 본질적이고 지속적인 순수한 의식의 중심에 있다 (아래 참조).
- 상위 자기higher self: 지혜, 이타심, 영웅심, 미적 감각, 변화를 일으키고 봉사하려는 열망과 같은 영적, 윤리적 자질, 우리 자신의 최고의 모습. 이러한 자질은 인류 전체가 공유하는 보편적인 특성이다. 이런 자질은 세상과 미래를 위해 봉사하는 '최고의 자기best self'를 실현하는 방향으로 우리를 끌어당기는 자석과 같은 역할을 한다. 우리는 심오하거나 초월적인 경험의 순간, 즉 세상과 하나가 된 느낌, 기쁨, 옳음, 정렬과 연결, 깊은 연민의 감정과 같은 순간에 더 높은 자기를 가장 잘 인식하게 된다.
- 개체성individuality: 개인에게 속하며 개인의 표현
- 보편성universality: 지혜, 사랑, 연민, 용기와 같이 보편적으로 공유되는 자질

성장은 의식의 확장과 변화로 이어진다. 대부분 코칭수퍼비전은 의식의 영역을 확장하기 위해 중간 무의식 내에서 작동한다. 초개인적 작업은 무의식의 세 가지 수준을 통합하고, 개체성과 보편성 사이의 상호 의존성에 대한 알아차림을 높이고, 수퍼

바이지가 상위 자기를 강화하고 활용하도록 돕는 것을 목표로 한다. 상위 무의식은 영감, 직관, 깨달음의 원천이다. 이는 우리 모두의 내면에 있으며, 개인이 '자기-실현self-actualise'을 할 수 있도록 적극적으로 작업하고, 강화하고, 끌어낼 수 있다(예: 현명한 존재wise being 시각화 사용 - 544-548쪽 참조).

그림에서 점선은 사회, 환경, 문화, 글로벌 시대정신에 영향을 주고받는 개인 내에서 과거, 현재, 미래가 상호작용한다는 것을 나타낸다. '초개인적'은 이러한 모든 요소의 상호 의존성을 강조하며, 이것은 나다, 저것은 내가 아니다, 나는 좋다, 저것은 나쁘다 등의 분열과 투사 경향에 대항하여 통합synthesise을 추구한다. 초개인적 접근은 이원성duality보다 하나됨oneness을 강조한다.

정신통합의 핵심 신념은 우리가 성격personality(복합적이고 다중적인)을 **가지고** 있지만, 그 핵심에는 (상위 자기에 의해 주입된) 선good을 지향하고 인내하는 본질적인 정신이 있다는 것이다. 우리에게는 근본적이고 상호 보완적인 두 가지 힘, 즉 에너지가 핵심에 있다. 정신통합 용어를 빌려와서 초개인적 수퍼비전에서 우리는 이 두 가지 힘을 '**사랑**Love과 **의지**Will'로 표현한다. 이러한 역동성은 모든 지혜의 전통에 존재하며, 예를 들어 어둠과 빛 또는 음과 양으로 표현된다.

1. '**사랑**'은 존재하고, 받고, 지원/지지하고, 연민을 제공하는 우리의 수용력을 나타내며, 공감과 보살핌을 통해 표현된다. 이것이 바로 수퍼바이저가 담아내기containment와 '안전한 공간safe space'을 제공할 수 있게 하는 것이다.
2. '**의지**'는 개성을 주장하고, 표현하고, 개발하고, 변화하고, 행동하고, 달성하려는 동기를 나타낸다. 이것이 바로 수퍼바이저가 도전하고 위험 감수를 가능하게 한다.

이러한 힘과 그 사이의 역동성은 모든 사람에게 다르게 작용하며 각 에너지에는 왜곡이 있다(예: 복종은 사랑 에너지의 왜곡이고 공격성은 의지 에너지의 왜곡이다).

궁극적인 목표는 상황에 따라 존재와 행동, 성찰과 행동 사이를 흐를 수 있는 능력을 통해 둘 사이의 균형을 이루는 것이다.

이 같은 철학의 맥락에서 수퍼바이저 코치의 역할은 무엇인가

수퍼비전은 생각하기를 위한 컨테이너container, 성찰의 공간을 제공한다. 고객과 마찬가지로 코치도 한 걸음 물러서서 성찰하고 이해할 수 있는 공간이 필요하다. 수퍼비전은 고객 작업의 딜레마, 갈등, 결정으로 인해 유발되는 불안을 억제하는 데 도움이 된다. 여러 수준의 감정과 관점이 존재한다.

초개인적 수퍼비전은 코치가 다양한 수준에서 이러한 역동을 관찰하고 메타 내러티브meta-narrative를 개발하는 코치의 수용력을 강화하는 역할을 한다. 즉 다양한 측면의 상호 의존성, 제시된 이슈 안에 있는 주제, 연결 고리, 패턴, 코치와 고객이 모두 제공하는 더 깊은 의미와 더 높은 목적에 대해 다룬다.

이런 출현/창발emergence은 초개인적 관점의 핵심적인 특징이다. '바로 **여기**서 태어나고, 출현/창발하고, 성장하고자 하는 것은 무엇인가'라는 질문을 불러일으킨다. **의미 만들기**meaning-making는 고객 작업이 힘들어지거나 마치 모래 속으로 빠져드는 것처럼 보일 때 수퍼바이지에게 목적 의식을 제공한다.

초개인적 접근 방식에서 수퍼비전은 '과도기적 공간transitional space'으로 볼 수 있다. 위험을 감수할 수 있을 '충분한 컨터이너'와 위험을 감수하도록 자극하는 '충분히 도전적인' 공간이 된다. 이는 위니콧Winnicott의 '충분히 좋은 엄마good enough mother'라는 개념과 유사하다. 아동이나 고객을 완전히 안전하게 지키는 것이 아니라 탐색과 성장이 가능한 공간이 되도록 '안아주는/보유하는hold' 것이다.

초개인적 관점에서 볼 때 수퍼바이저의 역할은 다음과 같다.

형성적formative 역할

1. 수퍼바이지의 자기-개발과 잠재력 실현을 가능하게 하고 촉진한다.
2. 수퍼바이지가 번창할 수 있는 환경/맥락을 조성하도록 지원한다.
3. 수퍼바이저가 다른 사람들과 연결되고 상호 협력하여 자신의 이야기를 작성하도록 돕는다.
4. 수퍼바이지가 자신이 정의하는 대로 세상에 기여할 수 있도록 돕는다. '좋은 사회'를 건설하기 위해 '선의'로 행동하도록 명시적으로 지원한다(Western, 2018).

규범적normative 역할

5. 더 넓고, 더 깊고, 더 복잡한 관점을 가능하기 위해 특히 자신과 고객(개인, 팀, 조직, 커뮤니티, 사회)의 상호 의존성에 대한 이해를 가능하게 한다.

회복적resorative 역할

6. 수퍼바이지가 '올바른 일을 할 수 있는' 힘과 용기와 함께 취약성과 불완전성을 포함하도록 지원하여 인간의 오류에 대한 연민을 키울 수 있도록 지원한다.
7. 수퍼바이지의 즐거움과 창의성을 위한 수용력을 강화하여 필수적인 자기-감 sense of self을 '최고의 자기best self'로 거듭날 수 있도록 지원한다.

수퍼바이지는 스스로 이러한 수용력을 개발함으로써 고객에게 롤모델이 되고 이를 가능하게 할 수 있게 된다. 위에 설명한 책임 외에도 현대의 초개인적 코칭과 수퍼비전은 고객에게 중요한 영향을 미치는 두 가지 차원, 즉 코치와 수퍼바이지-수퍼바이저 관계를 더 강조한다(Einzig, 2017).

- 글로벌: 세계화된 세상에서 중요한 사건과 현재의 시대정신은 의식과 무의식 수준 모두에서 우리 모두에게 영향을 미친다. 24시간 내내 네트워크로 연결된 세상에서 경계와 불안을 관리하는 것이 중요한 문제이다.
- 영적: 실패한 리더십, 흔들리는 제도, 가짜 뉴스와 '대안적 진실alternative truths'이 난무하는 세상에서 의미와 목적, 봉사에 대한 열망은 어디에나 존재하며 관심을 요구한다.

이 접근 방식과 일치해 작업하기 위해 어떻게 준비하는가?

수퍼바이저 코치는 초개인 원칙, 모델 및 기술에 정통해야 할 뿐만 아니라 '과도기적 공간'을 유지할 수 있는 수용력도 갖춰야 한다. 이를 위해 여러 층위의 메시지와 의미를 담고 있는 수퍼바이저의 의존 수준과 감정 상태에 대해 경계를 늦추지 않고 모르는 것에 대한 담아내기가 필요하다. 초개인적 수퍼바이저는 이런 질문을 던진다.

Q. 이 코치가 지금 이 이슈를 제기하는 목적은 무엇인가?
Q. 이 '문제'에서 어떤 더 넓고 깊은 의미를 도출할 수 있는가?
Q. 이 이슈가 더 넓은 생태계에 미치는 영향은 무엇인가?
Q. 코치는 고객, 팀, 조직에서 무엇을 위한 '메신저'인가?

초개인적 수퍼비전 관계는 공동 창조적이어서 발전을 가능하게 하지만, 선형적이지 않고 (비선형적이고) 반복적인 학습 과정 내에서 퇴행과 의존을 위한 공간도 허용한다. 실용적인 것과 신비로운 것, 알려진 것과 알려지지 않은 것 모두를 위한 공간이 있다. 초개인 심리학은 예술, 문학, 음악의 참고 자료를 통합하여 초개인적 수퍼바이저가 풍부하고 폭넓은 개인 개발 여정, 이야기와 신화의 힘, 모든 유기체의 '성장 의지'에 대한 신뢰를 바탕으로 스스로 준비할 수 있게 한다.

이 작업 방식이 수퍼바이지에게 얼마나 유익한가?

우리는 코칭이 조직에 처음 도입되던 40년 전보다 훨씬 더 불안정한 세상에서 살면서 일하고 있다. 변화는 지속적이고, 빠르게 진행되며, 불안정하고, 때로는 갑작스럽다. 고요함quiet과 평화peace는 매우 중요하다. 이 맥락에서 초개인적 수퍼비전은 안정감stability과 고요함stillness의 균형을 잡는 힘을 키울 수 있는 공간을 제공한다.

초개인 수퍼비전은 그림자가 드러날 수 있도록 명시적으로 허용한다. 기쁨, 창의성, 사랑의 함양에 중점을 둔 맥락에서 두려움, 분노, 시기, 의심, 수치심을 탐구하면 수퍼바이지는 코칭 관계에서 그림자 측면을 다룰 수 있는 근육을 키울 수 있다. **사랑**과 **의지**의 맥락에서 살펴볼 때, '괴물monters'은 연민과 행동의 가능성을 억압할 힘을 잃는다.

다음 기술을 사용하기 전에 주의해야 할 다른 사항이 있는가?

모든 초개인적 수퍼비전은 더 넓은 생태계 건강의 상호 의존적인 부분으로서 인간의 잠재력 성취fulfilment를 지원하는 구조 틀 안에서 유지된다. 초개인적 접근은 수퍼바이저가 자신의 가치, 윤리적 선택, 의미 감각, 고객 작업의 목적을 고려할 수 있는 여건을 조성하기 위해 특별히 윤리적 접근법을 추구한다. 리더에게 도덕적 지침을 구하는 것이 더 이상 당연시되지 않는 시대에 이 접근법은 수퍼바이저가 윤리적 딜레마에 대처하고 자신의 가치를 성찰하고 표현하며 정보에 근거해 선택할 수 있는 수용력을 강화할 수 있다.

코칭이 중립적인 직업이 아닌 것처럼 코칭 수퍼바이저의 역할은 수퍼바이지를 무조건 지원하는 것이 아니라 어떤 상황에서도 다양한 관점과 행동을 숙고하도록 도전하는 것이다. 코칭수퍼비전은 활발한 토론을 위한 공간을 제공하고, 수퍼바이지가 용기를 가지고 앞으로 나아가기 위한 행동을 선택하기 전에 문제에 대해 수퍼바이지가 어디에 서 있는지 파악하는 섬세한 과정을 제공할 수 있다. 조셉 캠벨[Joseph Campbell](2012)이 가장 유명하게 표현한 '신화적 여정[mythical journey]' 개념은 수퍼바이지의 성장을 검토하는 데 사용된다. 이를 염두에 두고, 초개인적 수퍼비전 여정의 목표는 수퍼바이지가 단순히 더 높은 성과뿐 아니라 더 큰 지혜를 향해 나아가는 것이다.

참고 문헌

- Campbell, J. (2012) *The Hero with A Thousand Faces* (The Collected Works of Joseph Campbell). 3rd edition. Novato, California: New World Library.
- Caplan, M. (2009) *Eyes Wide Open: Cultivating Discernment on the Spiritual Path*. Louisville, Colorado: Sounds True Inc.
- Einzig, H. and Whitmore, J. (2015) Transpersonal coaching. In J. Passmore ed. *Excellence in Coaching: The Industry Guide*. Maidenhead: Kogan Page, pp. 134-146. Ch.9.
- Einzig, H. (2017) *The Future of Coaching: Vision, leadership and responsibility in a transforming world*. Maidenhead: Routledge.
- Western, S. (2018) *Emancipatory Ethics*. [Online] www.analyticnetwork.com/ [Accessed 26 September 2019].

더 읽어보기

- Assagioli, R. (1974) *The Act of Will*. Wildwood House.
- Assagioli, R. (1980 2nd edition) *Psychosynthesis*. Turnstone Press.
- Bachkirova, T. (2016) The Self of the Coach: Conceptualization, Issues, and Opportunities for Practitioner Development, *Consulting Psychology Journal: Practice and Research*, 68(2), pp. 143-156.
- Ferrucci, P. (1982) *What We May Be: The Vision and Techniques of Psychosynthesis*. Wellingborough: Turnstone Press.
- Ferrucci, P. (2014) *Your Inner Will: Finding Personal Strength in Critical Times*. Jeremy Tarcher, Penguin Random House.
- Hardy, J. (1987) *A Psychology with a Soul: Psychosynthesis in Evolutionary Context*. Routledge Kegan Paul.
- Iordanou, I., Hawley, R., and Iordanou, C. (2017) *Values and Ethics in Coaching*. Sage Publications.
- Western, S. (2019) *Leadership, a Critical Text*. 3rd ed. Sage Publications.

~~~~~

92. 센터링

폴 킹Paul King[2]

[2] 폴 킹Paul King: 최첨단 인력 및 조직 개발 회사인 The Beyond Partnership의 공동 창립자이다. 25년 이상 코치, 컨설턴트로 일해 왔으며, 이전에는 Deloitte와 Pricewaterhouse-Coopers에서 일했다. 조직 및 개인 문제에 대해 고위 임원과 협력하고 개인 및 스포츠맨과 협력한다. 특히 통합적 접근 방식integral approach과 신체 정신bodymind을 활용하여 사람들이 최선을 다할 수 있도록 돕는 전문성으로 유명하다. 유럽과 동아시아 지역에서 코치, 임원 및 기타 사람들을 대상으로 정신신체 지능somatic intelligence 및 리더십 체화embodiment 워크숍을 운영했다. 그의 작업은 스트레스 관리, 회복력 개발, 성과 향상 및 웰빙 감각 조성에 대한 전체적 개인whole person, 전체 시스템 접근 방식을 제공한다. NLP의 마스터 프랙티셔너이자 인증 트레이너이며, 이너 게임 코치이다. 그는 펠덴크라이스Feldenkrais(운동 재교육)에서 교육을 받았으며 태극권 워크숍을 운영한다.

어디에서 사용할 수 있는가?					일반적 수준의 수퍼바이지 경험 필요
 전문적 일대일 수퍼비전	 전문적 그룹 수퍼비전	 동료 그룹 수퍼비전	 개인적 성찰	 대부분의 단계	

언제 사용하는가?

이 기법은 누구든지(수퍼바이저, 코치 또는 고객) 편견 없는 새로운 관점을 얻고자 할 때 사용한다. 특히 회기를 준비하거나 막막하거나 스트레스받을 때 유용하다.

이 기법은 무엇인가?

센터링centring은 명확한 지각perception을 위한 열린 마음, 자신과 타인에 대한 연민을 위한 열린 마음, 강하고 자신감 있는 핵심core을 지원하는 중립적인 상태라고 할 수 있다. 이는 흔히 '흐름 상태flow state'로 알려진 것과 관련이 있다(Huang, 2011). 센터링은 자기가-담는self-contained 고립된 경험이 아니라 '다른 무엇인가를 중심에 어떤 것을 놓는' 것으로 정의되며(Lexico, 2019) 관계적 과정이다.

센터링은 신체적, 에너지적 재구성을 통해 신경계의 균형을 맞추는 상태 변화를 제공한다. 우리는 모두 자연스럽게 센터링이 무엇인지에 대한 감각을 갖고 있다. 이는 우리 인간의 진화적 유산의 일부이다. 때로는 마음이 마음을 바꿀 수 없다. 몸이 그 길을 이끌 수 있다.

스트레스를 받거나 막막하거나 고민이 있을 때 우리는 일반적으로 몸과 마음이 수축되고 정서적으로 부정적으로 되어 긴장 수준이 높아진다. 센터링은 신체적, 심리적, 정서적으로 우리를 자원화하기 위한 신체 기반$^{body-based}$ 훈련이다. 우리가 센터링이 되면 땅에 닿고, 고양되고, 확장되며, 내면과 연결되고, 주변의 모든 것에 열려 있게 된다. 몸은 당면한 상황과 관계에 대한 상태의 변화를 끌어낸다. 우리가 몸을 구성하는 방식은 우리가 지각하고 행동하는 방식에 영향을 미친다.

- **1단계**: 발을 바닥에 완전히 붙이고 체중을 고르게 분산하여 앉은 상태에서 척추 아래에서 등 위로, 머리 꼭대기에서 위로 길게 끌어 올린다는 느낌으로 숨을 들이쉰다.
- **2단계**: 숨이 몸의 앞쪽으로 내려가는 느낌으로 숨을 내쉬고 아래쪽으로 부드러워지고 길어지는 느낌으로 숨을 내쉰다. 내쉬는 호흡을 들숨보다 두 배 길게 한다. 들숨은 활력을 주는 호흡으로 교감 신경계를 활성화하고, 날숨은 부교감 신경계의 이완 단계를 자극한다. 일반적으로 우리는 힘든 상황에 의해 부교감 신경계가 '활성화'된다. 더 긴 날숨을 강조하면 신경계를 조절하고 균형을 잡는 데 도움이 된다.
- **3단계**: 내 존재의 중심에서 그 공간 안에 있는 사람과 사물 등 주변의 모든 방향으로 인식을 확장한다.
- **4단계**: 1~3단계를 반복하면서 에너지가 안정되고 고요해지도록 한다. 내 중심과 주변 공간을 중심으로 마음을 열고, 확장하고, 고양하고, 안정한다. 몸의 바깥과 안이 넓어지는 공간감을 허용한다. 길이와 넓이, 깊이를 몸과 에너지로 느껴본다.
- **5단계**: 중심을 잡고 개방적이고 확장된 자기^{self}는 자신과 타인에 대한 연민으로 상황을 포용할 수 있다. 어떤 식으로든 위축되고 위협받던 상태에서 창의적인 관계와 풍부한 자원을 가진 상태로 전환된다.

이 기법을 사용하는 방법

센터링은 체화되고^{embodied} 빠르게 접근하기 위한 훈련이 필요하다. 특히 스트레스를 받거나 정서적으로 불안할 때^{disturbed} 그렇게 할 수 있어야 한다. 훈련을 통해 센터링 과정을 간소화하고 고정하여 원할 때 언제든지 빠르게 센터링에 접근할 수 있다.

센터링은 호흡과 신체 형태를 조직하여 심리적, 정서적 상태에 영향을 미치는 맥락을 스스로 자원화한다. 각 심리적, 정서적 상태에는 고유한 생리적 사용 패턴과 형태가 있다. 특히 스트레스와 트라우마를 겪을 때는 신체에 깊이 자리 잡은 패턴이 더 크게 작용한다.

그 밖에 주목해야 할 사항은 무엇인가?

신체와 고객의 생각(하기)과 정서를 직접 다루는 것은 명확하게 계약되어야 한다. 일부 깊은 패턴은 의식에서 벗어나 신체에 있다.

주의 사항

사람들은 빠른 승리를 원하는 데 익숙하고, 몸은 마음보다 느리게 학습하며, 새로운 패턴을 심는 데는 시간과 연습이 필요하다.

이 기법의 다른 용도로는 무엇이 있는가?

센터링은 우리가 내부와 외부에서 자원을 끌어들일 수 있는 상태이다. 이미 가진 자질이나 영감을 주는 출처, 인간 또는 그 외의 것과 연관된 자질을 초대할 수 있다. 그 자질을 2%만 더 구현한다면 어떨지 스스로에게 물어보자.

참고: 신체는 작은 변화를 통해 가장 잘 작동한다. 신체가 큰 변화를 경험하면 위협감을 느끼게 된다.

참고 문헌

- Lexico (2019) Lexico powered by Oxford. [Online] Available at:www.lexico.com/en/definition/centring [Accessed 4 September 2019].
- Huang, C.A. (2011) *Embrace Tiger, Return to Mountain: The Essence of Tai Ji*. London: Singing Dragon.

더 읽어보기

- King, P. (2016) Somatic intelligence: Working with and through the body-mind. *Global Perspectives*, 11, pp. 20-22. Association for Coaching.
- King, P. (2017) Wellbeing - an energetic perspective. *Global Perspectives*, 13, pp. 36-38. Association for Coaching.
- King, P. (2019) Coaching the narrative of the soma. *Global Perspectives*, 22, pp. 24-26. Association for Coaching.
- Palmer, W. and Crawford, J. (2013) *Leadership Embodiment: How the way we sit and stand can change the way we think and speak*. CreateSpace.
- Van Der Kolk, B. (2015) *The Body Keeps the Score: Brain, Mind and Body in the Healing of Trauma*. USA: Penguin Random House.

~~~~~

93. 집단 수퍼비전을 위한 건강한 셀프 피드백

헬렌 루벤Helen Reuben[3]

어디에서 사용할 수 있는가?				일반적 수준의 수퍼바이지 경험 필요
			개인적 성찰	

언제 사용하는가?

수퍼바이저는 집단 회기가 끝난 직후 이를 사용할 수 있으며, 전통적으로 구두 또는 서면 피드백에 추가적인 관점을 제공한다.

이 기법은 무엇인가?

이 기법은 '마음챙김mindful' 자기-피드백self-feedback의 한 방법이며 수퍼바이저가 자신의 직관, '영적 지능spiritual intelligence', 학습과 알아차림을 활용하도록 격려하는 데 사용할 수 있다.

---

[3] **헬렌 루벤**Helen Reuben: 경험이 풍부한 코치이자 수퍼바이저 코치. 공인 프로그램과 마스터 클래스에서 코치를 교육한다. NLP와 최면 치료의 마스터 프랙티셔너로 모든 분야와 대부분 레벨에서 다양한 서비스를 제공한다. 초개인 코칭과 '영적 지능'에 열정을 갖고 있다. 이 분야에서 교육을 받고 초개인 코칭이 프랙티스와 효과를 개발하고자 하는 많은 코치에게 앞으로 나아갈 길이라고 생각한다. 모든 코치가 코칭 회기에 참여하기 전에 건강을 유지하고 개인적인 막힘과 방해 요소를 해소하기 위한 전략과 접근 방식을 가져야 한다고 믿는다. 가장 경험이 풍부한 코치조차도 셀프 케어self-care를 소홀히 한다고 말한다.

1단계:
- 수퍼바이저는 발을 바닥에 평평하게 놓고 코로 숨을 들이마시며 평온함calm, 프레즌스, 자기-연민self-compassion에 집중하며 마음을 진정시킨다. 자기-의문self-doubt과 판단은 입으로 숨을 내쉬며 긴장, 우려, 한계를 해소할 수 있다.

2단계:
- 수퍼바이저는 집단의 이미지를 떠올리고 자신을 포함하여 각 구성원과 그들이 앉은 위치를 확인한다.
- 마치 '벽에 날아다니는 파리'와 같이 거리를 두고 수퍼바이저는 관점을 집단에 집중하면서 감정과 감각을 알아차리는 데 도움이 된다.
  - Q. 무엇이 떠오르는가?
  - Q. 경험을 전체적으로 표현할 수 있는 이미지는 무엇인가?
  - Q. 어떤 신체적 감각이 떠오르는가?
- 수퍼바이저는 집단의 각 구성원에게 차례로 집중하며 수퍼바이지로서 회기를 경험한다.
  - Q. 무엇이 눈에 띄나요?
  - Q. 기분이 어떤가요?
  - Q. 어떤 학습이 강화되거나 필요한가?
  - Q. 그 사람에게 어떤 장애물이 있을 수 있나요?
- Q. [자신이 수퍼바이지가 되어 본] 이 개인이 수퍼바이저와 다른 집단 구성원에게 어떻게 반응하고 있는가?
  - Q. 그는 얼마나 잘 지원받고 있다고 느끼는가?
  - Q. 그들의 통찰에서는 어떤 일이 일어나고 있는가?

3단계:
- 수퍼바이저는 집단 구성원 중 특정인이 앉았던 자리에 앉아 그 수퍼바이저가 어떤 경험을 했을지 상상해 본다. 자리에 앉을 때는 방해 요소(산만함)를 차단

하고 집중하는 데 도움이 되도록 눈을 감는 것이 좋다. 충분하면 수퍼바이저는 개인에게 집중하기 위해 다음 자리로 이동한다.
- 수퍼바이저는 다음 의자로 이동하기 전에 메모할 수 있다. 수퍼바이저가 이미 지나 색상, 기호, 소리를 들을 수 있으며, 자신의 본능과 직관을 신뢰할 수 있다면, 이는 더 깊은 의미를 지닐 수 있다. 그 의미가 수퍼바이저에게 즉시 드러나지 않을 수 있고 시간이 지나면서 드러날 수 있다는 점을 기억하라.

이 기법을 사용하는 법

실천적 차원에서 수퍼바이저는 자기 성찰 전에 각 수퍼바이지가 어디에 앉아 있는지 간단한 다이어그램을 만들어 두면 도움이 될 수 있다.

마음챙김은 현재 순간에 의식을 집중함과 동시에 감정, 생각, 감각을 침착하게 인정/승인하고 수용하면서 달성되는 상태이다. 마음챙김은 우리의 생각과 감정을 판단하지 않고 주의를 기울이면서 양육하는 마음의 렌즈$^{nurturing\ lens}$를 통해 순간순간 $^{moment-by-moment}$ 알아차리는 것이다.

수퍼바이저는 자기 연민$^{self-compssion}$을 허용하여 자기에 대한 모든 피드백과 '내면의 비판자'가 지배하지 않도록 하는 것이 중요하다. 판단하지 않고 균형 잡힌 자기-피드백은 자존감을 높이고 수퍼바이저의 '내면의 지혜'에 접근하면 건강한 자기 믿음을 유지하기 위한 긍정적인 자기 대화$^{self-dialogue}$를 보장할 수 있다.

천천히 속도를 늦추며 이전 경험을 되짚어보면 수퍼바이저가 회기의 순간에 주의를 끌지 못했던 것을 알아차리는 데 도움이 된다는 점이 흥미롭다.

그 밖에 주목해야 할 사항은 무엇인가?

이 기법은 수퍼바이지가 더 분명하게 말하지 않은 것을 보완할 수 있다. 역설적으로 수퍼바이저는 수퍼바이지가 새로운 통찰을 집단과 공유했는지와 그 방법을 주의해야 한다. 개별 수퍼바이지가 알아차림이 부족하거나 이 기법을 통해 접근할 수 있는 것을 인식하지 못하거나 표현하고 처리할 준비가 되어 있지 않을 수 있다. 수퍼바이저의 **개발에 유용한 통찰**과 집단이 역동을 이해하는 데 유용할 수 있는 통찰을 구별해야 한다.

주의 사항

수퍼바이저는 피드백 검토 활동으로 이 기법을 사용하기 전에 일반적으로 마음챙김을 훈련하고 숙련해야 한다.

이 기법의 다른 용도로는 무엇이 있는가?

수퍼바이저는 허가를 받아 자신이 회기 후에 발견한 내용을 다음 회기 콘텐츠의 일부로 가져올 수 있다. 시간이 지남에 따라 발견한 내용을 기록하는 다른 많은 기법과 마찬가지로, 수퍼바이저와 수퍼바이지 모두에게 흥미로운 개발 정보가 담긴 주제와 패턴이 나타날 수 있다. 이 기법은 개인, 집단, 팀 코칭 등에도 적용할 수 있다.

더 읽어보기

- Wigglesworth, C. (2014) *SQ21: The 21 Skills of Spiritual Intelligence*. Select Books.
- Williams, J. (2009) Breath of life: Calm power through natural breathing. [online] 15 December. Available at:⟨https://visionarybeing.wordpress.com/2009/12/15/ breath-of-life-calm-power-through-natural-breathing/⟩ [Accessed 7 September 2019].

자료 찾기

- For more information on Mindfulness visit the Oxford Mindfulness Centre. Available at: http://oxfordmindfulness.org/ [Accessed 7 September 2019].

~~~~~

94. 이상적 모델

헤티 아인찌히

어디에서 사용할 수 있는가?			일반적 수준의 수퍼바이지 경험 필요
전문적 일대일 수퍼비전			경험이 많은 수퍼바이지들만 해당

언제 사용하는가?

이 기능은 선택한 주제의 이상적 상태를 구상하는 데 유용하다. 예를 들면, 최고의 코치 또는 이상적 코칭 프랙티스 개발하기 등이다.

강력한 비전은 자석과도 같다. 이는 수퍼바이지가 비전을 실현하도록 이끄는 '북극성' 역할을 한다. 일반적으로 수퍼바이지가 상황이 달라지거나 더 나아지기를 바라는 경우, 또는 상황의 부정적 측면을 지나치게 집중하는 경우, 오직 해결해야 할 '문제'로만 보는 경우 수퍼바이저에게 제공한다. 또 수퍼바이지가 자기 계발에 대한 열망이나 달성하고자 하는 목표를 촉진하기 위해서도 가능하다.

이 기법은 무엇인가?

이상적인 상태나 질적 수준을 활용하는 것은 무의식 영역을 자극하는 것이다. 이는 저마다 최선의 자기^{best self}를 끌어낸다. 우리의 상상력을 활용(그림 그리기, 시각화하기^{visualising}, 신체작업^{bodywork}, 시각화 안내)함으로써 가장 강력하게 촉진된다. 무언인가를 상상하면 그것을 향해 나아가는 데 도움이 된다는 것은 잘 알려진 사실이다. 조지 레이코프^{Lakoff}(2004)는 이를 '최초의 힘^{moter force}'이라고 불렀다. 이미지는 자석처럼 작용하여 우리가 상상하는 것을 성취하도록 추진한다.

1단계: 이 기법을 사용하기로 합의한다. 예를 들면, 수퍼바이지가 선택한 이상적 상태의 완전한 실현을 위한 기간(6개월, 1년, 5년)에 동의한다.

2단계: 수퍼바이지가 편안하게 앉을 수 있게 하고, 짧은 이완 호흡을 통해 차분하고 수용적인 상태를 유도한다.

3단계: 수퍼바이지가 관계, 코치의 정체성, 목표 달성 등 주제의 이상적 상태/모델을 완전히 상상할 수 있도록 안내한다. 예를 들면, 다음과 같다.

1) 1년 후의 자신을 상상해 보세요.

당신과 X 사이의 어려운 관계는 이제 해결되었습니다. 사실 그것은 충분히 이상적 상태로 꽃피우게 합니다. 당신 자신과 그 사람을 상상해 보세요….

2) 모든 감각을 깨우고 활용합니다.

Q. 어디에 있나요? 무엇이 보이나요?

Q. 무슨 냄새가 나나요?

Q. 어떤 느낌을 주나요?

Q. 무슨 말을 하고 있나요?

Q. 무슨 일이 일어나고 있나요?

Q. 주변에 어떤 사람이 있나요?

3) 수퍼바이지가 조용히 상상하거나 직접 말하게 한다. 수퍼바이지의 스타일에 맞게 한다.

4) 수퍼바이지에게 '헬리콥터에서 내려다보는 것처럼' 이상적인 모습과의 관계를 바라보고, 목표/경력을 달성한 관점을 살펴보게 제안한다.

Q. 이상적인 상태를 바라볼 때, 여기에 도달하기 위해 어떤 점을 발전시켜야 하나요?

이 상태로 나아가기 위해 무엇을 바꿔야/일어나야/해결해야 하는가? 수퍼바이지가 이상적인 모델로 나아가기 위해 취할 수 있는 단계와 관련된 추가 질문을 한다.

5) 적절한 속도로 그들을 방으로 다시 데려온다.

4단계: 학습 내용과 통찰을 이야기하게 한다. 수퍼바이지는 노트에 핵심 사항을 기록하거나 그림을 통해 핵심 사항을 파악하게 할 수 있다.

이 기법을 사용하는 방법

초개인적 철학은 도토리에서 참나무가 될 수 있는 씨앗이 들어있듯이 모든 인간은 태어날 때부터 각자 삶의 목적으로 창발한다 emergent 고 주장한다. 이상적 모델로 작업하는 것은 우리의 잠재력을 최대한 발휘하고 이상에 부합하는 삶을 사는 것이다. 이 기법을 활용하기 위해 수퍼바이지는 자신의 가장 사적인 희망과 꿈을 편안하게 표현할 수 있는 환경을 조성하는 것이 기본이다. 시각화의 안내는 작업의 한 방법이다. 그림 그리기, 움직임, 점토 작업 등을 활용할 수도 있다. 이는 모든 개인의 기술로 작업해 수퍼바이지가 지닌 강점을 강화할지, 아니면 익숙하지 않은 방식을 선택함으로써 새로운 기술을 개발하도록 도울지에 달려 있다.

그 밖에 주의해야 할 사항은 무엇인가?

이 작업 방식은 깊이가 있기에 경험이 많은 수퍼바이저에게 가장 적합하다. 뿌리 깊은 이슈가 표면화될 수 있으므로 이러한 가능성에 대비해야 한다. 먼저 이 기법을 여러 번 경험해서 자신감이 생기면 수퍼바이지에게 상상 속에서 용기 있게 '여행'하도록 안내하는 필요한 안전감을 보장할 수 있다.

주의 사항

안내에 의한 시각화로 작업하는 것은 집중하기 어려운 수퍼바이지(에너지에 민감하게 빨리 느끼거나 가벼워서 느낌이 적거나, 과도하게 느껴서 힘들어하는 경우), 집중력이나 깊이가 없이 이 주제에서 저 주제로 뛰어다니는 수퍼바이지에게는 금기사항이다. 이런 경우에는 현재에 집중하고 실천적인 행동에 집중하도록 돕는 작업이 필요하다.

이 기법의 다른 용도로는 무엇이 있는가?

코칭 고객에게도 적용할 수 있다.

참고 문헌

- Lakoff, G. (2004) *Don't Think of an Elephant: Know Your Values and Frame the*

Debate. White River Junction, Vermont: Chelsea Green Publishing Co. Further reading

더 읽어보기

- Assagioli, R. (1965) *Psychosynthesis: A Collection of Basic Writings*. Wellingborough: Turnstone Press.
- Campell, J. (2012) *The Hero with a Thousand Faces*. 3rd ed. New World Library.
- Einzig, H. and Whitmore, J. (2015) Transpersonal coaching. In: J. Passmore. Ed. *Coaching: The Industry Guide*. Maidenhead: Kogan Page. Ch.9.
- Ferrucci, P. (1982) *What We May Be: The Visions and Techniques of Psychosynthesis*. Wellingborough: Turnstone Press.
- Murdoch, M. (1990) *The Heroine's Journey*. Shambhala Publications Inc.

~~~~~

95. 수퍼바이저의 자기-준비

헬렌 루벤

어디에서 사용할 수 있는가?				일반적 수준의 수퍼바이지 경험 필요	
			개인적 성찰		

언제 사용하는가?

이 기법은 수퍼바이저의 자기-준비 self-preparation, 자기-연민, 프레즌스에 대한 집중을 강화하여 효율성을 유지하는 데 도움이 된다. 회기를 준비하는 과정에서 유용하게 활용할 수 있다.

이 기법은 무엇인가?

이 기법을 통해 최선의 수퍼바이저가 되기 위한 적절한 상태에 도달할 수 있다. 이 접근 방식 가운데 일부는 '영적 지능 spiritual intelligence'에서 영감을 받았다. 회기에 들어가기 전에 최소한 5분 정도는 준비해야 한다. 방해받지 않는 조용한 장소가 필요하다.

> **1단계**: 바닥에 발을 딛고 발밑의 땅을 생생히 느끼며 안정감을 찾는다.
> 눈을 감는다. 코로 숨을 들이마시고 입으로 천천히 내쉰다. 원하지 않는 긴장이나 걱정을 '날숨'과 함께 그냥 내려놓는다. 최대한 평화로운 감정에 접근할 수 있도록 한다.
>
> **2단계**: 이제 자신의 상상을 신뢰하면서 아름다움, 긍정적인 변화의 장소로 천천히 이동한다. 그 장소를 충분히 느끼고 경험한다(색, 모양, 냄새 감정). 그곳으로 온전히 충분하게 스며든다.
> 조용히 평화롭게 기다린다. 곧 놀랍도록 풍부히 숙련된 사람을 만날 것이다. 이는 자기 최고의 모습, '더 높은 자기 higher-self'이다(505-506쪽 참조). 아마도 자신은 '더 높은 힘'과 연결되어 있을지 모른다.
> Q. 이는 나에게 무슨 의미인가? 힘을 가진 그들이 당신을 향해 걸어오는 모습을 보고 그들이 어떻게 걷는지, 어떻게 움직이는지, 무엇을 입고 있는지 주목해 보라.

그들은 내가 효과적으로 준비하도록 안내하길 원한다. 내가 눈을 뜨면 이를 적어두고 싶을 것이다. 오늘 나의 '가장 최고의 자기$^{highest\text{-}self}$'는 당신이 무엇을 내려놓아야 하는지 알고 있다.

Q. 내 효과성^{effectiveness}을 방해하는 믿음, 생각, 감정. 그것은 무엇인가?

Q. 지금 당장 그것을 어떻게 내려놓을 수 있을까?

잠시 시간을 낸다. 이 질문을 어떻게 해야 하는가…. 감이 올라올 때까지 기다린다. 아마도 아름다운 폭포에 앉아 있듯 씻겨 내려갈 것이다. 아마도…, 불필요한 이런저런 생각이나 감정은 부드러운 바람에 천천히, 아주 천천히 날아가버리고 있구나.

내 '더 높은 자기$^{higher\text{-}self}$'는 나에게 수퍼비전에 도움 되는 자원을 선물로 안긴다. … 훨씬 더 강력하게.

Q. 이 선물은 무엇인가?

이들은 또한 나에게 지침을 줄 것이다.

Q. 이들은 내가 진정 누구인지에 대해 어떻게 말하고 있는가?

3단계: Q. 몸의 어떤 부위에 막힘이나 불편함이 느껴지는가? 천천히 스캔하듯 구석구석 살펴본다. 막힌 부분이 있다면 멈추고 그 부위에 막힘을 풀어준다. 잘 풀리지 않으면 천천히…, 사랑의 숨길, 손길을 보낸다. 몸의 어느 부위든 모든 긴장, 막힘을 풀어준다.

'가장 최고의 자기'는 묻는다.

Q. 지금 당신의 마음을 흐트러뜨리는 것은 무엇인가?

도움이 되는 답이 올라올 것을 믿는다. 답이 올라오면 그냥 흘려보낸다. … 마치 줄에 매달린 풍선이 풀어지듯이 … 바로 '지금' 놓는다.

방에 있는 소리가 들려오면 '현재, 지금'으로 돌아온다. 아마도 내 자신의 호흡 소리일 수 있다.

4단계: 이제 나 스스로 '나는 충분하다!' 또는 '나는 나의 수퍼비전 능력을 믿는다'

라고 말할 수 있는지 검토한다.

*긍정 확언affirmation은 그것이 마치 지금 사실인 듯 말하는 긍정적 언급positive statement이다.

이 기법을 사용하는 방법

이 기술을 활용하기 전에 고려해야 할 것은 효과적인 수퍼바이저의 상태란 어떤 것인가 하는 점이다. 이는 다음과 같은 상태일 것이다.

- 현재에 머물고 있는가(지금-여기에 나의 마음이 맞춰져있는가) 아니면 산만한 상태인가?
- 자비심(연민심), 인내심? (지금 어디에 머물러 있는가?)
- 고치거나 구출하려는 무의식적 욕망에서 충분히 자유로운가?

정기적으로 수행하라: 각 회기 전에 긍정적인 평온한 상태를 만들어 내는 데 더 효과적일 것이다. 위에 제시된 대본은 오로지 예시이며, 시간이 지남에 따라 어떤 은유와 단서가 가장 유용한지 알게 될 것이다.

주의 사항

이를 공유하다보면 상대의 신념 체계를 반영해 '더 높은 자기higher-self'라는 개념을 표현하는 방식을 조정할 수 있다.

Q. 당신이 최고의 모습일 때 당신은 누구인가?
Q. 긍정적이고 강력한 에너지와 연결되어 있을 때 그는 누구인가요?
  SQ. 그에게 '이름'을 지어 준다면?

이를 처음 사용한다면, 수퍼비전 회기 직전에 떠오른 것을 처리할 수 있는 충분한 시간을 갖는다. 또한 이 기법이 편안하고 성찰적 에너지를 생성해 내기 때문에 운전 직전에 이 훈련은 자제하길 권한다.

이 기법의 다른 용도로는 무엇이 있는가?

이 기법은 코치가 회기 진행 전이나 고객이 중요한 회의를 앞두고 있을 때 유용할 수 있다. 이 기법을 직접 활용하는 데 익숙해지면 다른 사람에게 활용법을 안내할 수 있다.

더 읽어보기

- Wigglesworth, C. (2014) *SQ21: The 21 skills of Spiritual Intelligence*. Select Books.

자료 찾기

- For more information on Mindfulness visit the Oxford Mindfulness Centre. Available at: http://oxfordmindfulness.org/ [Accessed 7 September 2019].

~~~~~

96. 성장의 두 차원

헤티 아인찌히

어디에서 사용할 수 있는가?				일반적 수준의 수퍼바이지 경험 필요
전문적 일대일 수퍼비전	전문적 그룹 수퍼비전	동료 그룹 수퍼비전	개인적 성찰	경험이 많은 수퍼바이지 들만 해당

언제 사용하는가?

이 모델은 알아차림을 높이고, 보다 설득력 있는 목적을 개발하고, 비전을 활용하여 비판적으로 이를 세상에 행동으로 옮기는 데 활용한다. 이를 활용해 '더 높은 자기 higher-self'의 자석에 의해 그려진 중간선을 향해 나간다(505-506쪽 참조). 이는 치유와 임퍼워링이다.

이 접근 방식은 무엇인가?

수퍼바이지는 삶의 주요 사건을, 가로축을 따라 사건의 중요성을 기준으로 선을 내리거나 올려 표시한다. 이것 자체가 세상에 존재한다는 감에 대한 알아차림을 일깨운다.

> **1단계**: 수행할 작업의 깊이에 따라 적절히 동의를 구하며, 수퍼바이지에게 자신이 얼마나 깊이 탐구하고 싶은지 안내해 줘야 한다는 점을 상기하게 해주며 어느 정도 안전감을 보장해 준다.

2단계: 수퍼바이지와 함께 축을 그린다. 가로축은 시간을 나타내고, 세로축은 깊이 또는 초월을 나타낸다. 이후 각 차원을 설명한다.
- 가로축은 양적 측면이다: 더 많은 지식, 사물, 지위, 돈, 심리적 이해, 현명함을 얻는다.
- 세로축은 질적 측면이다: 영적 성장, 반성성reflexivity의 개발, 연민, 모든 생명의 신비와 아름다움에 대한 감사, 지혜를 나타낸다.

3단계: 수퍼바이지가 선택한 시점부터 현재까지의 그래프를 그릴 수 있는 시간을 준다. 가볍게 토론을 진행하며 수퍼바이지가 그래프에서 무엇을 발견했는지 질문으로 시작한다.

4단계: (참고) 초개인적 작업에서는 사람이 두 축을 따라 성장해야 한다고 믿는다. 한 축이 우리의 궤적에서 두드러진다면 다른 축은 그 자체로 실존적 위기를 겪게 될 것이다.

4단계(a): 수평축이 지배적인 경우 이는 '**의미의 위기**crisis of meaning'를 초래할 수 있다. 이는 생의 의미와 목적이 서서히 또는 갑자기 상실되는 것을 의미한다. 이에 따라 '내가 왜 이 일을 하는가? 무엇을 위해 사는가?' 하는 의문에 휘말린다.

적절한 재계약하기를 통해 수퍼바이저는 수퍼바이지가 이를 인정/승인하고 탐색하도록 지원할 수 있다. 아마도 이미지화, 은유, 그림을 사용하여 상상력과 높은 무의식([그림 10.1])을 활성화할 수 있을 것이다.

4단계(b): 수직/질적인 축이 과도하게 개발되는over-development 경우, 전체성wholeness 비전과 실제 세계의 혼란스러움messiness 사이가 견딜 수 없을 정도로 벌어지면서 '믿음faith'의 상실, 혐오감, 자기-희생self-abnegation 또는 자기-파괴self-destruction를 초래하는 '**이원성의 위기**crisis of duality'가 발생할 수 있다.

수퍼바이저는 수퍼바이지가 이를 인정/승인하고 탐색할 수 있도록 돕기 위해 현재 순간에 집중하고 더 균형 잡힌 느낌을 받는 데 도움이 되는 그라운드 기법grounding technique(예: 신체 작업), 실제 행동 및 전념commitments 등을 활용한다.

- **5단계**: 수퍼바이지가 어떤 행동을 취할 준비가 되어 있다고 느끼는지, 그리고 어떤 방식으로 그 행동을 취할 계획인지 확인한다.
- **6단계**: 수퍼바이지가 토론을 어떻게 마무리하려는지 동의를 구하고, 당신이나 다른 사람 또는 네트워크에서 추가로 지원받기를 원하는지 체크한다.

이 접근 방식을 사용하는 방법

이 작업은 수퍼바이지에게 '큰' 질문을 불러일으킬 수 있다. 따라서 그 순간 그 방 안에 있는 수퍼바이지의 속도와 수용력에 맞춰 진행하는 것이 중요하다. 가끔 재-계약하면 수퍼바이지가 혼란스러워하거나 압도당하지 않도록 '발견의 여정'을 점검하는 데 도움이 된다. 때로 이런 논의가 일을 복잡하게 만들기도 하지만, 결정적이지 않을 때가 많으므로, 회기가 미완성되고 불확실한 느낌이 들 수 있다는 점에 대비해야 한다.

반면에 강력한 통찰이 생성되고 중요한 변화shift가 일어날 수 있으므로 당신이 준비되었다고 느끼기 전에 수퍼바이지가 중요한 행동으로 보일 수 있는 어떤 행동을 취할 수 있다는 사실에 대비해야 한다.

그 밖에 주목해야 할 사항은 무엇인가?

수퍼바이지는 언제나 회기 밖에서 작업을 계속해야 하므로, 계약을 체결할 때 수퍼바이지가 독립적으로 성찰하길 원하는 부분과 수퍼바이저의 참여를 원하는 부분을 구분하는 것이 중요하다.

주의 사항

이런 종류의 심층 작업은 이미 비슷한 작업에 참여하여 유익을 얻은 사람들만이 이를 용이하게 할 수 있다. 수퍼비전은 물론 수퍼바이지가 고객에게 사용할 경우도 마찬가지다.

이 접근 방식의 다른 용도로는 무엇이 있는가?

구체적인 추가 교육을 받지 않았다면 더 이상 활용은 권장하지 않는다.

더 읽어보기

- Assagioli, R. (1965) *Psychosynthesis: A Collection of Basic Writings*, Wellingborough: Turnstone Press.
- Einzig, H. and Whitmore, J. (2015) Transpersonal coaching. In: J. Passmore. Ed. *Coaching: The Industry Guide*. Maidenhead: Kogan Page. Ch.9
- Ferrucci, P. (1982) *What We May Be: The Visions and Techniques of Psychosynthesis*. Wellingborough: Turnstone Press.

~~~~~

97. 야외 활동 활용하기

리즈 포드 Liz Ford[4]

언제 사용하는가?

야외 활동 코칭은 수퍼바이지가 막다른 골목에 다다랐다고 느끼거나, 다른 관점을 얻기 위한 활동이 도움이 될 것으로 생각될 때 사용하는 매우 강력한 접근법이다.

수퍼바이지가 바쁘고 무기력함이나 휴식할 필요가 있을 때, 이 기법은 유용하다. 신선한 공기와 자연환경이 새로운 시각을 가져다줄 수 있다.

이 접근 방식은 무엇인가?

이 접근 방식은 환경을 활용하여 새로운 사고를 자극하고, 연결을 만들고, 해결책 찾

---

4) **리즈 포드** Liz Ford: 공인 마스터 임원 코치, 공인 코칭 수퍼바이저, 진행자 및 트레이너로 학습에 대한 열정을 갖고 있다. 코치 교육과 지속적인 개발에 특별한 관심이 있으며 잠재력을 키우고, 믿음을 구축하고, 우수성을 고취하기 위해 코치와 협력하는 것을 즐긴다. 코칭 및 수퍼비전을 위한 창의적 기술 개발, 내부/사내 코치를 위한 외부 수퍼비전 제공, 인증을 위해 노력하는 코치 지원 및 훈련 중인 코치 개발. 접근 방식은 야외, 이미지, 색상, 은유, 음악 및 움직임을 포함하여 탐험과 학습을 돕기 위해 다양한 창의적 방법을 사용하는 성찰적이고 상상력이 풍부하다. 일하지 않을 때는 언덕을 산책하고 범죄 소설을 읽고 음악을 즐긴다. 또한 지역 합창단과 함께 노래하고 극장에 가는 것을 좋아한다.

기를 목표로 한다. 야외에서 평소에 하는 일 이상으로, 주변 공간과 그 공간이 가진 정보에 주의를 기울이는 것이다. 시골이나 공원 같은 곳에서 자주 사용하지만, 도심에서도 잘 작동한다.

1단계: 준비
- 수퍼바이지에게 야외 활동을 권해보고 동의를 구한다.
- 만약 다음 회기에 준비한다면, 적절한 옷과 신발 등 준비물을 요청한다.
- 갈 곳을 계획한다.
- 즉흥적인 선택일 경우, 날씨와 복장에 맞는 장소를 선택한다. 정원이나 공원, 언덕, 숲, 강변 산책로도 좋다.
- 출발하기 전에, 수퍼비전 질문이나 탐구할 이슈, 원하는 결과 확인에 시간을 할애한다.

2단계: 통찰력 개발
- 걸으면서 수퍼바이저의 질문을 염두에 두게 안내한다.
- 수퍼바이지가 자세히 살펴보고 싶거나 경치를 감상하고 싶을 때마다 멈추도록 격려한다. 주변 환경을 탐색하고, 발견한 것이 수퍼바이저의 질문/탐색할 이슈와 어떤 관련이 있는지 알아볼 수 있도록 질문한다. 예를 들면.
    - Q. 이곳에서 고객 관련된 생각/감정과 연결되는 것을 보거나 들었나요?
    - Q. 알게 된 것이 무엇인가요? 좀 더 새로운 것이 있나요?
    - Q. 더 알고 싶은 것이 있나요?
- 수퍼바이지가 걸을 때 몸에 어떤 느낌이 있는지 알아차리도록 격려하고, 그것이 무엇을 의미하는지 궁금해하도록 한다. 예를 들면,
    - Q. 걸을 때 몸에서 느껴지는 것은 무엇입니까?'
    - Q. 호흡 속도가 느려지고 보폭이 길어지고 있군요. 이것이 무엇을 의미한다고 생각하나요?

3단계: 통합
- 걷기가 거의 끝나갈 무렵 또는 출발지나 근거지로 돌아오면 다음을 나눈다.
  - 산책(과정)에 대해 다시 생각해 봅시다.
  - 어떤 변화가 있었는지 잘 살펴 찾아봅시다.
  - 새로운 통찰과 배움에 대해 탐색해 봅시다.
  - 자신의 행동을 다시 살펴봅시다.

이 접근 방식을 사용하는 방법

산책하는 동안 걸음걸이, 말한 것과 말하지 않은 것, 수퍼바이지가 자신과 주변 환경에 대해 알아차린 것에 주의를 기울인다. 이에 주의를 기울이면, 수퍼바이저는 자신이 질문할 때, 멈추고 알아차릴 때, 수퍼바이지에게 방법을 선택하도록 요청할 때, 자신이 나서서 개입해 들어갈 때가 언제인지 스스로 **결정을 얻는 데** 도움이 된다.

주변 환경을 의식적으로 인식하고 그것이 수퍼비전 질문 또는 이슈와 어떤 관련이 있는지 묻는 것은 집중력을 유지하는 데 도움이 되고, 대화가 길어지는 것을 막아준다.

계약에 따라 수퍼바이저는 걸을 때 자세가 바뀌거나 멈추지 않고 계속 앞으로 나아가는 경향 등 자신이 발견한 것을 수퍼바이지와 공유할 수 있는 권한을 요청할 수 있다.

개인 단위로 걷기 수퍼비전은 쉽지만, 몇 명 단위로 하는 것도 야외 환경에서 자극을 받는 이점을 누릴 수 있다. 공원이나 광장과 같은 장소는 관리가 더 쉬울 수 있다. 주변 환경을 주의 깊게 관찰하는 감각 운동을 통해 주변 환경을 인식할 수 있도록 격려하는 것은 공간이 지닌 지혜를 끌어내는 좋은 방법이 될 수 있다.

주의 사항

시간을 주시하고 계약된 회기가 끝날 때까지 출발지/거점으로 돌아오는 것을 확인하는 것이 중요하다. 장거리 산책의 경우 둘 중 한 명이 그 지역을 잘 알고 있고, 준비가 잘 되어 있으며, 안전을 고려해야 한다. 만일의 경우를 대비하여 휴대전화를 소지한다.

이 접근 방식의 다른 용도로는 무엇이 있는가?

이 접근은 개별 코칭과 수퍼비전에 모두 잘 맞으며, 동일한 과정으로 시도해볼 수 있다.

더 읽어보기

- Oppezzo, M. and Schwartz, D.L. (2014) Give Your Ideas Some Legs: The Positive Effect of Walking on Creative Thinking, *Journal of Experimental Psychology*, 40(4), pp. 1142-1152.

자료 찾기

- National Trust (2019) A beginner's guide to forest bathing. [online] Available at: 〈www.nationaltrust.org.uk/lists/a-beginners-guide-to-forest-bathing〉 [Accessed 7 September 2019].
- Street Wisdom (2019) Street Wisdom: Answers are everywhere. [online] Available at www.streetwisdom.org/ [Accessed 7 September 2019].

98. 내가 환경에 남긴 발자국은 무엇인가?

페니 워커^{Penny Walker}[5]

언제 사용하는가?

지구 상태, 기후 변화, 플라스틱, 야생 동물, 이와 유사한 환경 이슈에 대해 '별도로^{in the margins}' 대화를 나눈 적이 있다면, 우리는 지구에 과연 어떤 흔적이나 '발자국'을 남기고 있는지 살펴보고, 변화를 위해서 무엇을 할 수 있는지 관심을 두게 된다.

탐구 질문은 무엇인가?

1단계: 회기 전에 수퍼바이지를 초대해 자신의 '환경 발자국^{environmental footprint}'을

---

5) **페니 워커**^{Penny Walker}: 공인 환경 전문가이자 환경 관리 및 평가 연구소(IEMA) 펠로우, 코치이자 진행자이다. 1989년 기후 변화에 대한 영국 전역의 첫 행동의 날에 참여했다. 이후 플랭카드를 포스트잇으로 바꾸고 사람들이 조직과 부문을 더 나은 방향으로 전환하도록 돕고 있다. 활동의 주요 초점은 저탄소 미래와 기후에 적응하는 지속 가능한 개발 관련 대화를 촉진하는 것이다. 바다의 회복에 동의하고, 지역 사회에서 재생 에너지와 저탄소 에너지 도입을 위해 노력하며, 국제 은행가와 고객이 공급망에서 삼림 벌채를 제로로 줄이기 위해 노력할 방법을 찾는다. 변화와 협업 관련 글을 발표했다. Change Management for Sustainable Development(2006, 2017)와 Working Collaboratively: A Practical Guide to Achieving More(2013). www.pennywalker.co.uk/blog에서 블로그를 운영한다.

스스로 평가하고 그 결과를 회기에 가져오게 한다. 비교할 수 있는 결과를 얻으려면 모든 사람이 동일한 도구나 자료를 사용해야 한다. 예를 들면 다음과 같다.

환경 발자국 퀴즈 https://footprint.wwf.org.uk/#/

환경 발자국 계산기 www.footprintcalculator.org/

버클리 쿨 클라이밋 계산기 https://coolclimate.berke-ley.edu/calculator 등이다.

2단계: 수퍼바이지에게 작은 예상/최저에서 가장 큰/최고의 순서로 결과를 나열하도록 요청한다. 결과를 얻지 못한 사람은 줄을 지켜보면서 대화에 참여할 수 있다.

선택 사항: 집단 결과를 시각적으로 표현한다. 예를 들어, 즉석 막대 그래프

3단계: 결과를 보고한다.

Q. 자신이 남긴 발자국의 라인업에서 무엇을 보았나요?

Q. 결과에 대해 어떻게 생각하나요?

Q. 그 결과가 무엇을 의미한다고 생각합니까?

4단계: 그 결과로 무엇을 하고 싶은지 탐구한다.

1. 개인 생활

2. 직업 생활(코칭 작업 이외의 일, 사업 운영 방식 포함)

3. 코치로서(고객과 함께 이러한 문제를 해결할 기회가 있는지 여부 포함)

5단계: 실천을 원하는 사람들을 위해 '더 읽어보기'에 있는 자료를 추천한다. 도움이 되었다고 생각하는 정보와 자료를 공유하도록 사람들을 초대한다.

탐구 질문에 어떻게 대응해야 하는가?

토론 내용만 아니라 결과와 관련하여 수퍼바이지의 감정적 반응을 관리하기 위해서

는 능숙한 촉진skilful facilitation이 필요하다. 몇 가지 전형적인 반응과 그 대응 방법이다.

- 도구에 대한 비판: 이러한 도구의 지표적 성격을 인정하고, 결과를 살펴보기 전에 비판의 여지를 제공한다.
- 방어적 태도를 보인다: 광범위한 사회 현실과 경제가 우리의 지금의 선택을 형성해 왔다는 점을 인정하고 여전히 가능한 일이 있다는 점을 설명하며 성공 사례를 제시한다.
- 낙담하게 된다: 특히 거의 모든 그룹이 '하나의 지구'의 지속 가능한 수준보다 더 큰 환경 발자국을 남기고 있을 때 그렇다. 그들에게 긍정적인 행동/조치를 제안하는 추가 자료 출처를 알려준다.
- 타인의 책임으로 간주한다: 도전 과제의 규모를 인정하면서도, 모든 곳에서 변화를 일으키고 있는 글로벌 운동의 일부가 되도록 수퍼바이지를 격려하라.
- 특정 해결책을 주장한다: 상대의 특정한 열정을 인정하면서, 다양한 견해를 포용하라. 코칭과 마찬가지로, 사람들이 스스로 해결책을 찾아야만 지속할 수 있다는 점을 수퍼바이저들에게 상기시킨다.
- 매우 화가 나거나 슬퍼할 때: 회복 기술restorative skills을 활용하여 상대가 감정에 압도당하지 않고 감정에 직면할 수 있도록 돕는다.

이러한 반응을 넘어서도록 도와야 한다. 그렇지 않으면 그 영향, 그에 대한 느낌, 그 의미, 그들이 원하는 것을 알아보는 데 방해가 될 수 있다.

그 밖에 주목해야 할 사항은 무엇인가?

사용하는 도구에 관한 배경지식을 쌓아 그 도구가 무엇을 보여주는지를 이해하는 것이 좋다. 설문지를 작성하는 것도 좋다. 그래야 충분한 정보를 근거로 설문에 답할 수 있다. 배출량을 줄이고 환경 문제를 해결하는 효과적인 행동에 정치 활동과 캠페인에 참여하는 적극적인 시민이 되는 것만 있는 것은 아니다. 삶의 방식을 직접 바꾸는 것도 포함한다는 점을 기억하자.

또 조직 내에서 변화를 지원하거나 주도할 수 있다. 어디에서 가장 큰 영향을 미칠 수 있는지 생각해 보고 조사하는 데 도움이 필요할 수 있다.

주의 사항

이 질문은 수퍼바이저가 고객과 협력하여 환경에 미치는 영향을 줄이는 방법을 검토하도록 안내할 수 있다. 실제로, 이 분야에 특화된 코치와 이런 도움을 요청하는 고객이 있다. 고객에게 기후 변화와 같은 이슈를 제기하기 전에 코칭 계약을 상기해 본다.

Q. 이 이슈는 당신의 이슈인가, 아니면 고객의 이슈인가?
Q. 선택의 결과는 무엇인가?

이런 개방형 질문은 환경에 미치는 영향을 고려하게 만들 수 있지만, 그렇지 않을 수도 있다. 코치가 자신의 가치나 견해가 고객의 가치나 견해와 너무 다르다는 것을 알게 되면, 관계를 중단해야 할 이유가 되기도 한다.

이런 탐구 질문의 다른 용도로는 무엇이 있는가?

이런 탐구는 개인적 용도로 사용할 수 있으며, 2단계는 생략할 수 있다.

더 읽어보기

- Walker, P. (2007) Being the change for climate change leadership, *Organisations and People*, 14(4), pp. 9-14.
- Whybrow, A., Cohen, Z., and Aspey, L. (2019) Call for multi-pronged coaching response to the global climate crisis, *Coaching at Work*, 14(5), pp. 12-13.

자료 찾기

- Network, C.C. (2019) Start with a quick carbon footprint estimate. [online] Available at: 〈https://coolclimate.berkeley.edu/calculator.〉 [Accessed 7 September 2019].
- Network, G.F. (2019) *What is your ecological footprint?* [online] Available at: 〈www.footprintcalculator.org/〉 [Accessed 7 September 2019].
- Ortiz, D.A. (2018) Ten simple ways to act on climate change. *BBC Future* [blog] 5 November. Available at: 〈www.bbc.com/future/story/20181102-what-can-i-do-about-climate-change〉 [Accessed 7 September 2019].
- Drawdown, P. (2019) Project Drawdown: The world's leading resource for climate solutions. [online] Available at: 〈www.drawdown.org/〉 [Accessed 7 September 2019].
- Walker, P. (2018) Instant barcharts: A safe snapshot of opinion. [blog] 12 September. Available at: 〈www.penny-walker.co.uk/blog/2018/7/18/a-safe-snapshot-of-opinion〉 [Accessed 7 September 2019].
- WWF (2019) How big is your environmental footprint? [online] Available at: 〈https://footprint.wwf.org.uk/#/〉 [Accessed 7 September 2019].

~~~~~

99. 현명한 존재가 안내하는 시각화

헤티 아인찌히

어디에서 사용할 수 있는가?			일반적 수준의 수퍼바이지 경험 필요
전문적 일대일 수퍼비전			경험이 많은 수퍼바이지들만 해당

언제 사용하는가?

안내 시각화는 수퍼바이지가 자신의 가장 현명한 차원과 연결되길 원할 때 유용하다. 특히 딜레마, 불안, 역설, 복잡성이 높은 상황에서 현명한 결정을 내리는 데 도움이 된다. 또 코칭 관계에서 주요 도구로서 수퍼바이지의 직관과 '더 높은 자기'([그림 10.1], 505쪽)에 대한 확신을 높이는 데 도움이 된다.

이 기법은 무엇인가?

수퍼바이지는 자기 내면의 지혜inner wisdom에 접근하기 위한 경로로 상상력을 활용하도록 격려한다. 무언가를 상상하는 것이 우리가 그것을 향해 노력하는 데 도움이 된다는 것은 잘 알려진 사실이다. 이미지에는 우리가 '최초의 힘moter force'이라 불리는 것이 있다. 마치 자석처럼 작용하여 우리가 상상하는 것을 성취하도록 특정 방향으로 몰고 간다propelling(Lakoff, 2004).

1단계: 이 기법을 활용하기로 계약한다.

수퍼바이지가 가장 충만하게 살아 있고, 즐겁고^{joyous}, 연결되어 있고, 시야가 분명하고, 평화롭게 느끼는 곳을 찾아 그곳으로 가도록 안내한다. [방 안의 특별한 위치여도 좋다.]

지혜란 일반적으로 초월적인 것이기에 전형적인 여정은 높이와 빛을 향해 또는 산을 오르는 것이다. 그러나 많은 사람들에게 지혜는 본질적이다. 대체로 여정은 바다, 산의 심장, 숲 속으로 향하지만 언제나 자연과 연결되어 있다.

2단계: 간단한 이완 호흡 기법으로 수퍼바이지를 안정하게 한다.

3단계: '더 높은 자기'를 향한 여정으로 안내한다. 예를 들면,

- 아름다운 넓은 초원에 있는 자신을 발견합니다.
- 무엇이 보이나요 …, 들리고 느끼고, 냄새를 맡을 수 있나요? 충분히 느끼세요.
- 여행을 떠날 것입니다 …, 무엇을 가지고 갈 수 있나요? …
- 당신은 숲을 가로지르고 있습니다. 하늘에 언 듯 빛이 반짝이고 …, 당신은 길을 찾습니다. … 분명한 길이 있습니다. / 선택할 수 있는 갈림길이 있습니다. ….
- 당신은 앞으로 올라갈 길(내려갈 길)이 보입니다.
- 당신이 걷고 있는 길은 어떤 길인가요. 길의 특성을 확인합니다. … 경치, 숨 쉬는 공기의 느낌이 어떤가요.
- 올라가는 데(내려가는 데) 장애물(동물)이 보입니다. … 그것을 극복합니다.
- 이제 도착했습니다. … 무엇을 보고 듣고 느꼈나요?
- 당신을 향해 오는 누군가(아마도 인간, 동물)가 있음을 알게 됩니다. 그들은 당신을 환영하고 친절하게 대합니다. … 그들은 당신을 만나고 지원하기 위해 특별히 당신에게 온 현명한 존재입니다.

- 당신은 당신의 현명한 존재와 대화를 나눕니다. 질문하고 싶나요? 이를테면 이런 질문입니다. Q. 이 상황에서 무엇을 해야 할까요? Q. 첫 번째 단계는 무엇인가요? … 구두로 답변을 듣지 못할 수 있습니다. 그러나 답변을 들으세요. 판단하지 말고 오는 대로 받아들이세요.
- 당신의 현명한 존재는 당신에게 선물을 줍니다. 그것은 당신의 이슈에 대한 해결책의 상징입니다. 이 선물을 받는 이 순간의 기분을 기록해 두십시오. … 이 선물을 안전하게 보관하고, 쉽게 접근할 수 있는 곳에 두십시오.
- 감사 인사, 작별 인사를 하고 언제든 다시 만날 수 있다는 것을 알고 현명한 존재와 헤어집니다.

4단계: 수퍼바이지를 지금-여기로 되돌아오게 한다.

5단계: 수퍼바이지에게 중요한 순간, 특히 현명한 존재와의 만남을 묘사하도록 권유한다. 이것은 구두로 하거나 그림을 통해 할 수 있다.

6단계: 수퍼바이지가 하고 싶은 주요 사항, 통찰, 어떤 행동을 포착하게 안내한다. 아마도 그 선물을 통해 지혜의 질을 상징하는 실제 대상을 골라내는 것이 좋다.

이 기법을 사용하는 방법

수퍼바이지의 상황에 맞게 여정을 구성하며, 여정은 일반적으로 비슷한 단계를 거친다.

1) 안전한 곳에서 시작한다.
2) 여행을 떠난다.
3) 전환한다.
4) 도전을 만나고 극복한다.
5) 현명한 존재를 만난다.

6) 여정을 마무리한다.

4단계에서는 장애물을 극복하도록 안내하며 실제 생활에서 그렇게 할 수 있다는 자신감을 심어 줍니다. 중요한 것은 그들이 어떻게 장애물을 극복할 수 있을지 상상하게 하는 것이다.

가볍고 창의적이며, 속도를 조금 빠르게 유지한다. 내러티브 요소가 수퍼바이지의 이슈와 연결되어 있는지 확인하고 수퍼바이지가 모든 감각을 활용하도록 격려한다.

주의 사항

'이상적 모델'을 참조하라.

이 기법의 다른 용도로는 무엇이 있는가?

시각화의 안내 없이도 평범한 대화 속에서 현명한 존재의 개념을 소개할 수 있다. 예를 들면, '당신이 아닌 가장 현명한 사람이라면 이 상황에서 무슨 말을 할까요?'라고 물어 볼 수 있다. 또는 수퍼바이저가 자기 준비를 위해 활용할 수도 있다(526-530쪽 참조).

참고 문헌

- Lakoff, G. (2004) *Don't Think of an Elephant: Know Your Values and Frame the Debate*. White River Junction, Vermont: Chelsea Green Publishing Co.

더 읽어보기

- Assagioli, R. (1965) *Psychosynthesis: A Collection of Basic Writings*. Wellingborough: Turnstone Press.
- Einzig, H. and Whitmore, J. (2015) Transpersonal coaching. In: J. Passmore. Ed. *Coaching: The Industry Guide*. London: Kogan Page. Ch.9.
- Ferrucci, P. (1982) *What We May Be: The Visions and Techniques of Psychosynthesis*. Wellingborough: Turnstone Press.

~~~~~

100. 창발적 목적으로 작업하기

헤티 아인찌히

어디에서 사용할 수 있는가?				일반적 수준의 수퍼바이지 경험 필요
전문적 일대일 수퍼비전				경험이 많은 수퍼바이지들만 해당

언제 사용하는가?

수퍼바이지가 막히거나 실패했다고 느끼거나, 코치로서의 자기 계발에 위기를 겪거나 고통스러운 순간을 겪을 때 사용한다.

이 접근 방식은 무엇인가?

'창발/출현emergence' 개념은 모든 문제, 위기, 실패에는 그 안에 출현의 목적이 담겨 있다고 한다. 이는 곧 우리 여정의 다음 단계에 대한 단서이다. 이것은 사람들이 겪는 실제 고통을 가볍게 여기는 것이 아니라, 반대로 어떤 상황도 의미와 의도를 갖고 경험하고 극복하는 것이다. 그리스어 'krisis'는 '결정'을 의미한다. 모든 상황은 내면의 상태를 지배하고 변화할 수 있는 창의적 가능성을 제공한다. 아사지올리Assagioli의 말을 인용하면, '문제는 없고, 오직 과제와 기회만 있다'(Assagioli, 1965).

이 작업 원리는 불교에서 유래한다. 우리가 외적인 상황을 항상 바꿀 수는 없지만, 내적 응답inner response을 선택할 수 있다. 변형transformation 전에 수용이 먼저다(Assagioli, 1965; Frankl, 1946; Kubler-Ross, 1969). 이것은 감수/받아들임resignation이 아니라 진정한 영적 의지 행위, 즉 현재에 머무르기로 선택하는 것이며, '불필요한 반항 행위useless acts of rebellion'를 피하고 '불가피한 것과 협력하는 것collaborating with the inevitable'이다! 아사지올리가 말하듯이. 수용은 에너지를 방출하고, 새로운 통찰이 생겨나고, 일체감이 형성된다.

1단계: 이 작업은 수퍼바이저나 수퍼바이지가 문제나 위기에 대한 전형적인 반응 가운데 하나 이상을 표현하는 것을 볼 때 시작될 수 있다.

두려움, 부정, 분노, 비난, 흥정, 자기 연민, 저항, 반항, 죄책감, 수치심, 마비 또는 우울 등을 초개인심리학 수퍼바이저는 다른 과정으로 안내해 수퍼바이지가 위기를 헤쳐 나갈 수 있도록 돕는다.

2단계: 수퍼바이지의 고통을 인정/승인한다. 인정과 배려care를 통해 수퍼바이지는 자신의 말을 듣고 있다는 느낌을 받을 수 있고, 자신이 문제를 '해결'하거나 '고통을 덜어주려는' 것이 아니라는 메시지를 전달할 수 있다.

3단계: 더 깊은 수준에서 일할 수 있도록 허락을 구하고, 결과에 대한 창의적 잠재력에 대해 연민과 호기심을 가지고 일할 준비를 한다. 그러나 결과에 집착하지 않도록 한다.

4단계: 수퍼바이지를 초대하여 더 깊이 탐구하도록 한다. 신체적, 인지적 또는 다른 창의적인 접근 방식(그림, 색상, 이미지, 콜라주, 조각)을 사용하여 수행할 수 있다.

5단계: 수퍼바이지의 상황과 관점을 파악하고 연민심과 감사의 탐구 정신으로 적절히 탐구할 준비가 되었는지 확인한다. 도움이 되는 질문은 다음과 같다.

Q. 무엇이 드러나거나 드러나려고 하는 것인가?

Q. 이것이 당신, 고객, 그리고 그들의 조직에 어떤 의미가 있는가?

Q. 이 상황에서 당신이나 고객에게 어떤 잠재력이 있을까? 그중에서 무엇이 바뀌어야 하는가?

Q. 무엇이 태어나려고 하는 것인가?

Q. 이 상황이 당신의 배움을 위해 보내진 것이라면, 지금 무엇을 배우고 있는가?

Q. 고객을 돕기 위해 당신 안에서 무엇이 성장하거나 변화해야 하는가?

Q. 당신의 상황은 더 큰 그림과 어떤 관련이 있는가?

6단계: 당신의 궁극적인 목표는 수퍼바이지가 수용 상태에 도달하고 자신의 상황에서 의미와 목적을 찾을 수 있도록 돕는 것이다. 수퍼바이지는 다음 단계(있는 경우)를 의식적으로 선택할 수 있는 권한이 더 있다고 느낄 것이다. 그러나 이것을 강요하지 마라. 그러면 자연스러운 저항을 불러일으킬 것이다.

7단계: 느낌, 통찰력, 배움에 대해 질문함으로써 회기를 마무리한다.

이 접근 방식을 사용하는 방법

대화 내용과 자신에 대해 관찰한다. 동정sympathy이나 역전이에 빠지지 않도록 주의한다.

'해결책 제시solutionising'를 피한다. 이는 강한 감정에 대한 불안과 불편함의 결과이다.

그 밖에 주목해야 할 사항은 무엇인가?

이 작업의 깊이는 이 접근법이 경험 있는 수퍼바이저와 수퍼바이지 둘을 위한 것이다. 뿌리 깊은 문제가 (어느 한쪽에서 든) 표면화될 가능성이 있으므로 주의가 필요하다. 투명성transparency을 권장한다. 왜냐하면 그것을 숨기는 것은 새로운 것을 발견하는 작업과 맞지 않기 때문이다.

주의 사항

수퍼바이저는 수퍼바이지들이 똑같이 하도록 하기 전에 상당한 양의 개인 작업을 먼저 수행해야 한다. 이 민감한 영역에서 효과적으로 일하기 위해서는 우리 자신의 어두운 면이 어떻게 나타나는지, 그리고 '어둠을 빛으로' 변화시키는 우리의 능력에 대한 개인적인 경험이 필요하다.

이 접근 방식의 다른 용도로는 무엇이 있는가?

없다.

참고 문헌

- Assagioli, R. (1965) *Psychosynthesis: A Collection of Basic Writings*, Winnipeg, Canada: Turnstone Press.
- Frankl, V (1946) *Man's Search for Meaning*. London: Rider.
- Kubler-Ross, E. (1969) *On Death & Dying*. New York: Simon & Schuster/Touchstone.

더 읽어보기

- Einzig, H. (2017) Darkness and light. In: H. Einzig (ed) *The Future of Coaching: Vision, Leadership and Responsibility in a Transforming World*. Abingdon: Routledge. Ch.6.
- Einzig, H. and Whitmore, J. (2015) Transpersonal coaching. In: J. Passmore (Ed.) *Excellence in Coaching: The Industry Guide*. Maidenhead: Kogan Page. Ch.9.
- Ferrucci, P. (1982) *What We May Be: The Visions and Techniques of Psychosynthesis*. Wellingborough: Turnstone Press.
- Obholzer, A. and Zagier, R.V (2006) *The Unconscious at Work*. Maidenhead: Routledge.
- Whitmore, D. (2004) *Psychosynthesis Counselling in Action*, 3rd ed., London: Sage Publications.

~~~~~

101. 하위 성격과 함께 일하기

헤티 아인찌히

언제 사용하는가?

지배적인 감정이나 반복적인 반응 또는 경향을 다루는 데 널리 사용되는 효과적인 접근이다.

무엇을 탐구하는가?

하위 성격sub-personalities 개념은 로베르토 아사지올리Roberto Assagioli(1965)에 의해 만들어졌고, 그 이후로 여러 저자에게 채택되고 적용되었다(예를 들어 '미니-자기mine-self' Bachkirova, 2016 참조). 모든 철학과 지혜의 전통은 독특함unique과 다양성multiplicity 사이의 긴장 관계를 인정한다. 우리는 독특하며, 우리 '자기self'에는 많은 부분이 있다. 우리가 '성격personality'이라고 부르는 것은 단일한 것이 아니라 다양하고 변화할 수 있는 것이다.

수퍼비전 작업 중에 '둘 다/그리고both/and'라는 진실을 유지하면 우리 내의 다양한 부분, 즉 '하위 성격' 사이의 더 균형 잡힌 표현과 협업을 찾을 수 있다.

이 기법은 우리의 많은 '하위 성격'을 활성화하는 데 초점을 맞추고 있다. 이것은 어려운 감정이나 지나치게 많이 사용되는 감정, 또는 지배적인 감정이나 행동(예: 겁먹은 아이, 돌보는 조력자, 괴롭히는 사람, 동정심 많은 자기, 전사, 정의의 수호자, 내면의 비판자)을 다루는 데 도움이 된다. 모든 하위 성격에는 그 성격의 재능과 한계, 그 성격의 빛과 그림자가 있다.

1단계: 계약

앞으로 수행할 작업의 깊이에 따라 적절하게 계약을 체결하고, 작업을 탐구적 문의enquiry 또는 실험으로 배치한다. 가볍고 심지어는 장난스럽게 시작한다.

2단계: 탐구적 문의

수퍼바이지가 고객에 대한 강렬하거나 반복적인 반응에 지배당하고 있다고 느끼거나, 특히 X를 하고 싶거나, 하고 싶은 자신의 '일부'와 Y를 하고 싶거나, 하고 싶은 자신의 '반대편' 사이에서 딜레마를 표현할 때, 우리는 다음과 같은 질문을 통해 탐색한다.

    Q. 어떤 부분이 이런 느낌을 주는 건가요?

Q. 누구의 목소리가 이런 말을 하는 건가요?

그리고 '다른 목소리가 다른 말을 하는 것 같아요'라고 덧붙일 수 있다. 또 가볍고 유쾌하게 할 수 있다.

Q. 이 부분을 살려봅시다. 무엇이 그들을 자극하나요?
Q. 그들은 무엇을 말하고 무엇을 하나요?
Q. 그 부분이 사람이라면, 당신은 그들을 무엇이라고 부를 것인가요?
Q. 이제 다른 목소리/부분을 탐구해 봅시다. 그 사람은 누구이며, 어떤 사람인가요?

우리는 수퍼바이지가 그들 내부에 있는 이 '하위 성격' 또는 '작은 자기'의 욕구와 필요를 발견하도록 돕는다. '하위 성격'을 명명함으로써 수퍼바이지는 자신에 대한 관점을 먼저 얻을 수 있고, 그것이 자신의 전부가 아니라는 것을 이해할 수 있다.

그런 다음, 작업은 수퍼바이지가 잠재적으로 자신을 방해하는 부분(내면의 비판이나 고객에 대한 분노 등)을 수용하고 결국에는 연민의 렌즈를 통해 더 높은 표현으로, 또는 '긍정적인 부분(배려하는 자기 caring self 등)'으로, 더 미묘하고 균형 잡힌 표현으로 변화시킬 수 있도록 돕는 데 중점을 둔다.

오케스트라로 비유해 보면 하나의 악기나 우리 자신의 어떤 부분이 다른 것보다 더 낫거나 억압되어야 한다는 점을 강조하므로 유용하다. 모든 것은 서로 연결되어 있다. 과제는 더 조화로운 곡을 연주하고, 우리에게 닥치는 어떤 일에 반응하기보다는 선택의 위치(지휘자)에서 행동하는 것이다.

3단계: 마무리

궁극적인 목표는 하모니화의 네 가지 단계, 즉 인식 recognition, 수용 acceptance, 협력 collaboration, 통합 integration을 통해 '하위 성격'을 달성하는 것이다. 그러나 처음 두 단계를 달성하면 태도와 접근 방식에 큰 변화가 생길 수 있다. 이는 수퍼바이지가 관찰자적 입장을 보이고 자신의 한 측면, 한 가지 접근 방식 또는 하나의 감정적 톤에 몰입하거나 지나치게 몰입하는 것을 피하는 효과를 가져올 수 있다.

탐구적 문의를 사용하는 방법

먼저 '하위 성격'에 대해 파악한다. 외모, 이름, 자세, 복장, 좋아하는 것 등을 문의할 수 있다. 작업을 위한 핵심 질문은 다음과 같다.

Q. 이 하위 성격의 격발 요인trigger은 무엇인가?
Q. 무엇을 원하는가?
Q. 정말로 필요한 것은 무엇인가?
Q. 그것이 주는 기여/선물은 무엇인가?
Q. 그것은 당신을 어떻게 제약하는가?

게슈탈트 의자에 익숙한 사람들은(272-276쪽 참조) 수퍼바이지가 서로 대립하는 두 개의 '하위 성격'을 나타낼 수 있도록 두 개의 의자를 설치할 수 있다.

주의 사항

이 기법을 지나치게 엄격하게 적용하거나 조화 단계에 너무 집착하지 않는다. 오직 인식하는 것만으로도 충분하다. 수용과 통합은 나중에 올 수 있다.

이 탐구적 문의의 다른 용도로는 무엇이 있는가?

우리 안의 많은 '자기'에게 접근하고 통합할 수 있는 능력은 성숙의 지표이며 리더십과 코칭 수용력의 중요한 구성 요소이다. 수퍼바이지는 자신의 여러 부분을 탐구함으로써 코칭 고객에게 이 기술을 적용하는 기술을 습득한다.

참고 문헌

- Assagioli, R. (1965) *Psychosynthesis: A Collection of Basic Writings*. Wellingborough: Turnstone Press.
- Bachkirova, T. (2016) *The Self of the Coach: Conceptualization, Issues, and Opportunities for Practitioner Development*. Consulting Psychology Journal: Practice and Research. American Psychological Association.

더 읽어보기

- Einzig, H. and Whitmore, J. (2015) Transpersonal coaching. In J. Passmore. (Ed.) *Excellence in Coaching: The Industry Guide*. London: Kogan Page.
- Ferrucci, P. (1982) *What We May Be: The Visions and Techniques of Psychosynthesis*. Wellingborough: Turnstone Press.

색인

A
24시간 내내 네트워크로 연결된 세상 510
3차원 공간 관계 지도 438
BARs 다이어그램 356
CHECKS 셀프 수퍼비전 체크리스트 360, 361
EDGE 모델 353
I'm okay, You're okay 349, 357, 358, 361

ㄱ
가능성의 기술The Art of Possibility 328, 329
가면 증후군imposter syndrome 56
가장 작은 가능한 지표 409
가장 최고의 자기highest-self 528
가정, 편견, 은유가 배제된 '깨끗한' 질문 343
가족 시스템의 삶과 사랑의 흐름 439
각 상황이나 맥락의 뉘앙스 83
각본scripts 348
'각본'에 따라 반응reacting 349
갈등conflict 461
감정feeling보다는 행동의 관점 409
감정에 집중하기 383
감정의 정체stuckness 281
강점을 보여주는 업적 336
개인 성찰 기법 47
건설적인 혼란 16
걸림돌blocks 246, 276, 277, 278, 279
게슈탈트 신체 활동gestalt body work 101
게슈탈트적 접근 방식 243
결핍 사고deficit mindset 312
경험하는 존재 220
계약의 4Ps 365
계약을 관리적administrative, 전문적professional, 심리적 psychological 부분 등 세 가지 수준으로 구분 352
고대 영적 전통의 지혜 503
고요함quiet과 평화peace 511
고착화stuckness 461
'고착화'되거나 덜 '대립' 427
공간의 '진실성rightness' 465
공모의 가능성 378
공모collusion 가능성 탐색 376
과도기적 공간transitional space 508
과도한 도움over-helpful 440
과정은 대화에 기반을 둔다 406

관계 역동　348, 370, 378, 380, 381, 382, 402, 446, 463
관련성relatedness　212
관리된 절충주의managed eclecticism　15
관리적 부분　352
관성inertia　461
관심의 질quality of Attention이 타인의 사고의 질quality of other people's thinking을 결정　481
관찰 공간　100, 101, 104, 105
교류분석적 수퍼비전　353, 355, 357
구조자rescuer　387
권위를 과도하게 사용하면 과시하는 것　56
'궤도를 벗어난off-track' 것　385
규범적　27, 37, 181, 214, 218, 231, 295, 491, 509
균열/조각남fragmentation　505
그것이 바로 요구되는 것이다!　178
그냥 두루 (살펴)-보기seeing-over　215, 217, 218
'글로리아' 테이프　291
긍정적 자원 공간　100
긍정적인 자기 평가　22, 324
긍정적인 피드백의 근거　333
긍정 확언affirmation　529
기법이 왜곡되거나 부적절하게 제공　29
기법이 '의도한 대로' 사용되도록 보장　29
기본적인 진실basic truth　479
기억할 회고록　135
'기적'이 일어난다면　431
깨끗한 언어clean language　89, 101
깨끗한 언어 질문clean language questions　86, 90
깨달음의 순간　381
꿈의 목표dream goal　504

ㄴ

나름의 타당한 이유　427
나만의 아이디어가 떠올랐어요　412

낙관주의optimism　306
내러티브narrative　348
내면에 주목하기inner noticing　261
내면의 비판자innercritic　240, 553
내면의 지혜inner wisdom　264, 520, 544
내부 전환inner shifts　441
내부 수퍼바이저internal supervisor　80, 184, 189
내적 응답inner response　549
내적 이미지가 외부로 표현된 것　438
냉정한 중립detached neutrality　286
네 개의 P를 사용하여 계약하기　364
느낀 감각felt sense　438, 441
능숙한 촉진skilful facilitation　541

ㄷ

다섯 살짜리 아이가 립스틱을 바르는 것과 같다　76
단기 가족 치료 센터Brief Family Therapy Center　406
대리인representatives　441, 449, 464, 465, 476
대안적 진실alternative truths　510
대화를 미래로 투영　410
대화적 실존주의dialogic existentialism　245
'도구'로서의 자기self　229
도토리에서 참나무가 될 수 있는 씨앗　524
돌파구 질문break through question　485
동인drivers　348, 398
드라마 삼각형　387, 388, 389, 390
드라마 삼각형drama triangle으로 관계 갈등 다루기　387
디스카운팅discounting　355, 357, 372, 374, 375
디스카운팅의 신호　372
디스카운팅discounting과 성공으로 가는 단계　371
디지털 콜라주　205
떠오르는emergent 배움　389
뜨거운 쟁점hot buttons　387

ㄹ

라켓racket 350, 355, 356, 357, 358, 398
라켓 시스템racket system 356
로베르토 아사기올리Roberto Assagioli 504, 505
로저스는 오토 랑크Otto Rank의 영향 286

ㅁ

마주함/접촉encounter 214
마치 모래 속으로 빠져드는 것 508
막혀 있는 상태stuck-ness 368
막힌stuck 264, 410
'말할 수 없는 것을 말하는' 방법 366
매료된 주의fascinated attention 490, 491
매혹적인 경청자fascinated listener 487
멈춤은 파동만큼이나 중요 485
메타 기술 353
메타 내러티브meta-narrative 508
메타 지혜meta-wisdom 36
명상적 자기 탐구self-enquiry 264
모든 관계와 소유물의 복잡성 438
모든 행동은 그 뒤에 붙어있는 생각/아이디어만큼만 훌륭하다 480
묘사 자체가 묘사를 변화시킨다 217
묘사/기술descriptively 중심 탐구 과정 216
묘사적 조사 방법methods of descriptive investigation 216
무인도 판타지desert island fantasy 368
문제-해결자로 전환 487
'문제problem 이야기'가 아닌 '해결책solution 이야기'로 초대 406
문제는 없고, 오직 과제와 기회만 있다 549
'문제'에 대한 고객의 보고나 묘사를 다루는 것 407
문제의 규칙에 대한 '예외' 406
문제적 현존problematic presence 212
물건 131, 255, 256, 268, 269, 270, 271, 344, 390, 447
미묘한 차이small nuances 83, 223, 269
미세한 조정을 위한 기초 76
'미스핏' 캐릭터 상자 134
미해결 과제 382, 416

ㅂ

박해자persecutor 387, 388, 389
반직관적counter-intuitively 367
발견의 여정 533
발달 교류분석Developmental Transactional Analysis(DTA) 347, 349, 351, 352, 354
발달 교류분석적 접근 347
발사할 준비 496
방어기제 381
방어적인 태도 334
방해하는 문제-해결자 487
번창하는thriving 306
변혁적 학습 철학 269
변화 주기cycle of change 246
변화에 대한 기대와 양의 상관관계 408
병리보다는 성장에 초점 503
복잡성을 인정하는 알아차림awareness 244
복잡한 관계entanglements 22, 438
본질nature 339
부끄러움 트리거 238
부정적 정서 307, 308
분명히 한다illuminate 438
분석unpacking 419
불만 중심 내러티브 408
불필요한 반항 행위useless acts of rebellion 549
불확실한tentative 언어 381
비인지적 경험 386
비지시적non-directive 접근 287
비판단적non-judgemental인 환경 479

ㅅ

사고 파트너십 회기Thinking Partnership session 480, 498
사고-환경의 10가지 구성 요소 480
상업적 문제로 촉발된 이슈 28
상자 밖에서out of the box 257
상호관계의 장interactional field 392
상호의존interdependence 505
상호의존interdependence과 통합synthesise 505
새로운 균형equilibrium 297, 463
새로운 행동 생성기new behaviour generator 69
샘플 142, 336
생각에 '갇힌stuck' 것처럼 보일 때 372
생물권biospheric 244
생태학적 관점 244
서 보는step onto 475
선택지 위에 직접 '서 보는step onto' 것 475
설명하지 말고 묘사하게 한다 217
성공 단계 모델 372
성인 대 성인 소통방식의 롤모델 301
성인 발달 이론adult development theory 142, 144
성장점Growth Edge 142
성찰적 실천reflective practice 27, 29, 224, 234, 247, 497
세계-안의-존재being-in-the-world 212
셀프 모니터링 체크리스트 360
소일pastimes 401
수퍼바이저는 자신의 의문과 불확실성을 역할 모델링 227
수퍼바이저의 메타 기술 21
수퍼바이저의 자세stance 247
수퍼바이지 주도 수퍼비전supervisee-led supervision 299, 300, 302, 303
수퍼바이지가 주도하는 수퍼비전 299
수퍼비전을 위한 STEPS 395
수평적 파트너십 301
숙고considerations 485

슈 콘그램Sue Congram 268
스트로크strokes 353, 355
스트로크는 인정recognition의 단위 355
스팟 계약spot contracting 367
시나리오에서 상황을 흑백이 아닌 '회색'으로 만드는 것 82
'시스템 절충형' 코치 42
시스템 지향적 질문systemically oriented questions 439
시스템에는 숨겨진 소속 규칙이 존재 437
시스템에서 간과되었던 사람과 공명resonates 385
시스템의 관성inertia, 고착화stuckness, 갈등conflict 461
시스템의 보이지 않는 역동 438
시스템의 에너지와 흐름 438
시스템을 고착화하고 습관화 438
시스템적 배치systemic constellation 441
시간 구조화time structuring를 사용하여 관계의 친밀감 이해하기 399
신체적 반응에서 부드러운 불안감 227
신체적 지식somatic knowledge 441
신화적 여정mythical journey 512
실존적 불안existential anxiety 212
실천 중심 접근법practice-anchored approach 354
실천능력capability 28
실패에 대한 두려움 16
실현 성향actualizing tendency 287
심리 게임psychological games 351, 352, 355, 387, 401
심리적 거리 376
심리적 계약psychological contract 351, 472
심리적 부분 352
심리적 웰빙psychological well-being 309
심리적 허기/갈망hungers 351
심리학 '제4의 힘' 504
심적 지도mental map 467

ㅇ

아브라함 매슬로우Abraham Maslow 286, 504
아이스 브레이커나 도입 활동arrivals exercise 52
아주 작은 변화 징후 410
안정감stability과 고요함stillness 511
알아차림 주기The gestalt cycle of awareness 277
암시가 내재 419
약점에 초점을 맞춘 차이gap를 분석 306
액션러닝 방법론 65
언어 게임language games 406, 407
언어화된 사고의 파동이 지나면 멈춤이 오고 485
얽혀 있는 문제entanglements 443
에릭 번Eric Berne 347
여정journey 414
역전이countertransference 348, 380, 381
연구적 탐구 과제investigative enquiry 212
연민compassion 441
연민compassion과 거리의 존중적 조합 441
연민의compassionate 441
열망aspiration 504
영적 지능spiritual intelligence 518, 527
옥시토신 307
완전한 주의full Attention 494
위에서 (살펴)-보기over-seeing 213, 214, 216, 218, 219
유능한 중재자의 바람직한 기술The Desired Skills of a Competent Intervenor 250
윤리성은 인간이 된다는 것이 무엇을 의미 37
윤리의식과 윤리적 회복탄력성 37
은유는 단순한 비유 그 이상 343
응답response에 따라 선택 349
응용 실존 이론applied existential theory 212
응용 철학applied philosophy 438, 442
의례rituals 400
의미 있는 느낀 경험felt sense 260, 262
의미-만들기meaning-making 212
의미를 만드는 존재meaning-making beings 212
의미의 위기crisis of meaning 532
이상한odd 관계 역동의 근원 381
이성과 감정head and heart 474
이슈를 '해결'하려는 욕망 453
이어져 오고 있는carried forward 363
인간의 가장 깊은 상처와 욕구needs 503
인간의 마음은 파동과 멈춤을 반복 485
인간의 오류에 대한 연민 509
인간의 최악을 진단하기보다는 인간의 최고를 끌어내고자 504
인생 태도life positions 349, 350, 351, 357, 358, 398
인식의 가장자리 381
인지 기능 장애cognitive malfunctions 305
인지 패턴을 벗어나 더 창의적인 접근 방식 342
인지된 위험perceived risks 232
일치성congruence 288, 475
일치성 탐험하기exploring congruence 295
입장stance 438
있는 그대로 매핑 446
있는 그대로의 지도map of what is 449

ㅈ

자기-대화self-talk 240
자기-실현self-actualise 286, 289, 507
자기-자원self-resourceful 480
자기-준비self-preparation 526, 527
자기-피드백self-feedback 518, 520
자기 계발 문학self-help literature 308
자기 능력을 과장하는 경향 341
자기 삶에서 가장 빛나는 분야 434
자기 성찰적인introspective 토론 224
자기 안전지대의 가장자리나 그 바로 바깥 473
자기 탐구self-enquiry 264
자신과 열정적으로 사랑에 빠지다 330
자신의 강점과 성공에 관해 이야기 434

자아 상태ego states   348, 398
자아가 개입되지 않은 과정ego-free process   440
자원에게 '말하고 싶은' 단어   456
자유를 주는 코치The Liberated Coach   15
자율성   349
작동하지 않는not-working   410
'작동하지 않는not-working' 개입 범위   410
작업 스타일working styles   348
작업 방식에 대해 말하는 것을 바꿈change what they say지   298
작업 방식을 바꿈change the way지   298
잘하는 것은 간과하고 부족한 부분을 어떻게 수정할 것인지   306
재숙고reconsideration   213
적합성rightness   475
전략적 구성   419
전문 글쓰기journaling   111
전문적 부분   352
전이transference   347, 380, 381
전이transference와 역전이countertransference   348
전이와 역전이 탐색   379
절정 경험peak experiences   504
절충적 접근 방식은 내가 아는 그 어떤 것도 부분적인 진실   38
접촉 경계contact boundary   245
접촉 방해interruptions to contact   276
접촉 철회withdrawing contact   240
정보의 영역field of information   438
정보의 장field of information   441
정서의 지속성   307
정서적 영향과 관리   321
정신신체적 지식somatic knowledge   441
정신역동적 관점   347
정신통합psychosynthesis   194, 504, 505, 507
정신 질환mental illnes   305, 306
조명illuminate   275
조약돌에 있는 '작은 결함'   270

조건 없는 긍정적 존중unconditional positive regard   288, 292
주요 인물big people   21, 348, 504
주의 집중은 창조 행위이다   481
중요한 순간들이 '이어져 오고 있는carried forward' 것   363
증거적 구성   419
지각 위치 실험perceptual positions experiment   256
지나친 순응overly compliant   240
지느러미를 가진 언어   135
'지루함'을 경험   385
지속적인 전문성 개발continuing professional development (CPD)   474
지향적 성향directional tendency   287
진보적인 내러티브progressive narratives   407, 408
진보적인 내러티브가 불만 중심 내러티브   408
진실성genuineness   289
진실성rightness   465
질문의 대안적인 '증거적' 구성   419
질문이 침묵의 사고에서 명료한 사고로 전환   484

ㅊ

차이는 유용하다   494
창문 탐색the Windows Exploration Bag   173
창발적 접근 방식emergent approach   257
창발적 지식Emergent Knowledge   96
천사와 악마   49
체화된 경험embodied experience   19, 212, 444, 456
초개인적 심리학transpersonal psychology   503
초개인적 코칭 모델transpersonal coaching model   504
초대형 질문   405
촉발/점화ignite를 위해 경청   481
최고의 상태   324
최고의 순간   324, 325
최선의 자기best self   523
추적tracking   470

추진력을 퍼실리테이팅한다 28
충분히 기능하는fully-functioning 289
충분히 좋은 엄마good enough mother 24, 508
친밀intimacy 349, 401, 403

ㅋ

칼 융Carl Jung 504
컨스텔레이션constellation 23, 437, 438, 441, 443, 444, 446, 449
코치 성숙 모델model of coach maturity 39
코치가 스스로와 대화해야 하는 동안 코치를 붙잡아 놓는 것 42
코치를 코칭하는coaching the coach 224
코칭 딜레마 카드Coaching Dilemma Card© 81
코끼리 이름 짓기 77, 79
키건Kegan의 성인 성숙 단계 40

ㅌ

탐색explore보다 확증affirm을 추구 333
탐색 질문의 감sense of enquiry 491
터널 끝의 빛 345
통합synthesise 507
통합 어른 자아 상태integrating adult ego state 351

ㅍ

평등equaliy과 편안함ease 481
평행/병렬 과정parallel process 227, 348
평행 과정parallel process 391, 473
폐쇄withdrawal 400, 403
폐쇄 루프 시스템 356
폐쇄withdrawal에서 친밀intimacy로 403
포렌식 질문 405
폴리애나의 의인화 311
풀어지게undo 308

프레임 85, 142, 149, 166, 249
프레즌스presence 248
피드백은 질문이 아닌 진술이어야 한다 333

ㅎ

함께-존재하기be-with 213
해결 중심 인터뷰 434
해결 중심 척도 질문 411
해체deconstruction 275
핵심 과정은 대화에 기반 406
핵심core을 지원하는 중립적인 상태 514
행동 개선을 위해서는 먼저 사고를 개선 480
헌신commitment 439
헤론Heron 230, 231
헬리콥터 524
현상학적 연구 217
현장 계약spot contracting 390
현재 있는 곳에서 그대로 만나려고 시도 217
현재의 개발전에서 추론한 내용이다 200
형성 성향formative tendency 287
형성적formative 18, 25, 28, 38, 180, 214, 218, 509
확장된 자기self 515
환자가 아니라 클라이언트 286
활동activities 401
회기를 잘 마무리할 수 있을 것 78
회복적restorative 24, 28, 38, 181, 214, 218, 235, 509
회복탄력성resilience 20, 160, 305, 306, 309, 355
회피적인 태도를 보였음에도 탐구적인 마음가짐을 유지 341
흐름 상태flow state 514
흘러넘치는 강점strengths taken to excess 339
희생자victim 387, 388, 389
희생자victim, 구조자rescuer, 박해자persecutor의 역할 387
힘겨루기 334

역자 소개

김상복

한국코치협회(KSC). 국제코칭연맹(PCC) 회원이며 양 조직의 코칭 철학과 윤리에 근거해 활동하고 있다. 기업과 영리조직의 CEO, 임원코칭, 전문직(법률, 의료, 창작) 코칭을 중심으로 해왔다. 리더십 개발, 리더십 승계와 전환, 개인 강화에 집중해 왔고 기업가 정신, 조직 웰빙 분야로 확대 중이다. 라이프 코칭은 발달 단계와 발달 과정 중심 코칭을 해왔다.

정신분석 전공(PhD. 「프로이트의 "Der Einfall" 연구」)으로 현대 정신분석과 내러티브학을 코칭의 중심 이론으로 한다. '자유연상 중심 비구조화 코칭'을 개발하며 〈생명 돌봄과 시대의 대안으로서의 코칭〉을 구성하고 있다.

2012년부터 '한국코칭수퍼비전아카데미'를 운영하며, 코칭윤리와 '수퍼비전을 통한 수퍼바이저 훈련과 양성'을 또 하나의 활동 축으로 한다.

2017년부터 코칭 전문 서적 출판을 위해 '코칭북스'를 운영하며, 일명 '호모코치쿠스' 시리즈로 발행하고 있다. 2025년 말이 되면 대략 70권 정도 출판이 이어진다.

2023년부터 8월경 '수술 불가 대장암 4기'로 진단되어 암과 함께 생활하는 '암-생활자'라는 새로운 정체성을 얻었다. 불현듯 찾아온 손님으로 '암'을 맞이하여 '앎'을 일깨우며 변화된 사태를 받아들이고 있다. 그래도 굴곡진 미로를 헤치고 수술과 항암을 마쳤다. 의사들의 결단 덕분이다. 이후 '모두를 위한' 태도에서 '나를 위한' 태도로 전환하며 터널을 걷고 있다. 코칭 고객과 코칭수퍼비전을 7:3으로 해오던 긴 세월도 방침을 바꿔 3:7, 2:8로 전환하며, 코치들을 더 만나는 생활을 한다. 걷는 길가에 서 있는 가로수 몇 그루를 더 지나면 애써 자제했던 코칭 강의도 새로이 시도할 계획이다.

정호승 시인이 읊은 '방문객'인가. 내가 낳은 또 하나의 '나'인가. 함께 머물다 언젠가는 이별할 암이 떠나갈 때까지 이런 삶의 여운을 지속할 계획이다. 고객에게 배우던 앎-생활을 수퍼바이지 코치에게 배우는 앎-생활이다. 번역과 집필, 강의로 보답하고 싶다.

독립해 가는 두 아들을 40년 넘게 함께 걸어온 아내와 바라보며, 만난 지 3년이 넘고 이름이 '이루'인 유기묘 러시안블루와 함께 생활하고 있다.

[저서] 『코칭튠업21』(2017), 『누구나 할 수 있는 코칭 대화 모델』(초판 2018, 개정판 2024), 『첫고객·첫세션 어떻게 할 것인가』(초판, 2019, 개정판 2025)

[번역] 『정신역동과 임원코칭』(2019), 『코칭과 정신건강 가이드』(2022), 『10가지 코칭주제와 사례 연구』(2022), 『정신역동 코칭: 30가지 고유한 특징』(2023), 『트라우마와 정신분석적 접근』(2023), 『코칭수퍼비전 실천가이드』(2025)

[공동 번역] 『코칭수퍼비전』(2014), 『코칭의 역사』(2015), 『코칭 윤리와 법』(2018), 『코칭,컨설팅 수퍼비전의 관계적 접근』(2019), 『코치 앤 카우

치』(2020), 『수퍼비전:조력 전문가를 위한 일곱 눈 모델』(2019), 『내러티브 코칭』(2021), 『정신분석 심리치료의 기본 과정』(2021), 『정신역동과 마음챙김 리더십』(2021), 『트라우마와 정신분석적 접근』(2923), 『수퍼바이지와 수퍼비전』(2024), 『코칭 윤리 사례 연구』(2024), 『코칭수퍼비전의 이론과 모색』(2024)

[감수] 『101가지 코칭 전략과 기술』(2016), 『코칭심리학 2판』(2023)

관련 홈 페이지: supervision.co.kr / biondysupsok.co.ke

코칭북스: coachingbooks.co.kr

개인문의: newlifecreator@gmail.com

김현주

김현주코칭센터 대표, 코어리더십센터㈜ 마스터코치, (사)한국코치협회 인증 수퍼바이저코치(KSC), 한국팀코칭학회(KATC) 이사, 팀코칭아카데미(TCA) 전문가 과정 트레이너로 활동 중이다. 코치로서 '개인과 조직의 잠재력을 발견하고 내면의 지혜를 찾아가는 여정을 함께하는 일'을 하고 있다. 성장과 변화를 모색하는 중소기업의 대표와 임원들을 대상으로 일대일 코칭, 그룹 코칭을 통해 조직의 변화 속에서 필요한 리더십을 효과적으로 갖출 수 있도록 지원하고 있다. 또한 정서적 소진을 겪는 기관의 직원들을 대상으로 1년간 전담 코치로 활동하며 그들이 회복하고 성장할 수 있도록 돕는 조력 활동을 한 경험도 있다.

코치 되기의 과정에서 자연스럽게 수퍼비전과 연결되었고, 수퍼비전을 받으며 전문성을 쌓아온 과정에서 수퍼바이저가 되었다. 일대일 코칭, 그룹 코칭, 팀코칭, 일대일 수퍼비전, 팀코칭 수퍼비전을 하면서 스스로도 꾸준히 수퍼비전을 받으며 성장하고 있다. 지속적인 성찰과 학습을 통해 얻은 경험을 살려 코칭 교육 프로그램을 개발하고 전문코치 역량 중심 훈련 과정을 운영하며, 현장에서 활발하게 코치활동을 하고 있다. 특히 조직 내 내부 코치를 양성하고 훈련하는 과정에서 내부 코치 활동과 조직 문화에 관심을 가지고 있다. 내부 코치는 외부 코치와는 다른 다양한 조직 시스템과 관계적 요인에 영향을 받는 만큼 윤리적 이유를 포함한 다각적인 접근이 필요하다는 점에서 지속적인 수퍼비전의 중요성을 강조하고 있다. 긍정심리학, 해결 중심, 시스템적 접근 수퍼비전에 관심을 가지고 이론과 적용에 관해 꾸준히 학습하고 있다.

팀코칭아카데미에서 트레이너로 활동하고 있으며, 조직의 운영 단위인 팀이 한 방향으로 목표를 향해 항해할 수 있도록 시스템적 접근을 적용한 팀코칭을 하고 있다. 다양한 활동을 통해 나답게 사는 삶, 일과 삶의 균형을 소망하는 많은 고객을 코칭 현장에서 만나게 되었고, 함께 고민하는 과정에서 개인 맞춤형 직무설계에 대한 이론과 실전을 연구하고 있다. 대기업에서 20년간 근무하며 팀의 문화가 구성원에게 미치는 영향, 팀리더와 구성원의 관계, 그리고 팀원들 간의 관계가 조직에 미치는 영향에 관한 이해를 바탕으로 조직 문화와 팀의 역동에 깊은 관심을 가지고 있다.

교육학 박사과정을 수료하였고, 전문코치로 활동하면서 삶의 현장에서 부딪히고 넘어지며 배우고 성장하는 '코치됨'의 여정을 지속하고 있다. 코칭을 통해 만나는 사람들에게 잔잔한 울림을 주며, 고운 발걸음을 내딛는 마음으로 코치의 길을 가고 있다. 멀리 돌아 천천히 흐르는 강처럼 나 자신과 관계 맺기를 시작으로 풍요롭고 평안한 관계 맺음이 선한 영향력으로 이어지길 소망하고 있다. 소소한 취미로 질문공장을 운영하고 있다.

저서로는 『세상의 모든 질문』(2018), 『코치 100% 활용하는 법』(2021, 공저), 『코칭 윤리 사례 연구』(2024, 공역), 『관계 중심 팀코칭』(2024, 공역), 『코칭 수퍼비전의 이론과 모색』(2024, 공역), 『해결 중심 팀코칭』(2024, 공역)이 있다.

이메일 문의: together3344@naver.com

질문공장 www.questionfactory.co.kr

이서우

이서우 상담코칭센터 대표, (사)한국코칭협회 전문코치(KPC), 한국코칭수퍼비전아카데미 파트너 코치, 한국코칭학회 상임이사, 한국코칭협회 코치인증 심사위원, 한국팀코칭학회(KATC) 이사, 팀코칭아카데미 트레이너, 심리학 박사이며 대전대학교 심리학과 겸임교수이다.

기업에서 일대일 코칭, 그룹/팀코칭을 하면서 코칭을 통해 구성원이 행복해지고 성과가 향상되어 조직이 행복해지는, 나아가서 우리나라가 더 행복해지는 데 기여하고자 하는 사명을 가지고 있다. 코칭 역량 훈련, 실전 코칭 경험 및 수퍼비전 경험에 기반을 둔 한국코칭협회 인증 프로그램을 개발 및 운영하며 코치들과 호흡하고 코치로서의 성장을 돕고 있다.

전문성과 지속성을 가지고 수퍼비전을 꾸준히 받으면서 수퍼비전이 왜 필요한지, 코치로서 성장하는 데 어떤 영향을 주는지 알게 되었고 수퍼비전의 중요성을 더 체감한다. 내가 스스로 해결할 수 없는 내 이슈를 알아차리게 되고, 그것이 고객에게 그리고 그 코칭 관계에 어떤 영향을 주고 있는지 배우면서 코치로서의 수용력이 확대됨을 느낀다. 수퍼비전은 고객을 통해 내 모습을 발견하는 시간이자 고객의 성장을 어떻게 도와야 하는지 알아차리는 시간이며, 내 쉼의 자리이다. 이런 의미에서 수퍼비전은 코치로서 성장하는 열쇠 같은 것이라고 생각한다. 자격 시험을 위한 코더코, 멘토 코칭과 더불어 수퍼비전도 코치들에게 일상적인 배움의 환경이 되길 바라며 수퍼비전 영역으로 활동을 확대해나가고 있다.

수퍼비전의 역할은 코칭의 질적 수준 향상과 고객 보호이다. 이런 차원에서 보면 수퍼비전은 코치의 윤리에 해당한다고 말할 수 있다. 코칭 윤리와 수퍼비전은 앞으로 가고 싶은 이정표 같은 분야이다. 역량에 기반을 둔 코칭 수퍼비전 분야와 전문 코치라면 꼭 알아야 할 코칭 윤리를 더 깊이 더 넓게 공부해서 많은 코치에게 전파하고 싶다.

저서로는 『코치 100% 활용하는 법』(2021, 공저), 『코칭 윤리 사례 연구』(2024, 공역),『관계 중심 팀코칭』(2024, 공역),『해결 중심 팀코칭』(2024, 공역),『코칭수퍼비전의 이론과 모색』(2024, 공역)이 있다.

　이메일: seowoo7058@naver.com

정혜선

(사)한국코치협회 인증 전문코치(KPC) 및 심사위원과 국제코칭연맹(ICF) 인증 코치(PCC)로서, 18년간 3,000시간 이상의 비즈니스 코칭 경력을 가지고 ㈜인코칭과 CiT 코칭연구소의 파트너 코치이자 퍼실리테이터로 활동한다. TLC$^{Transformational\ Leadership\ Coaching}$ 크리스천 코치 트레이너, SuccessFinder(SF) Expert 디브리퍼, NLP 프랙티셔너, 그리고 Birkman 프랙티셔너 역할을 한다.

　현재 개별 코칭과 그룹 코칭, 그룹 디브리핑과 퍼실리테이션 등 다양한 기업의 현장에서 조직 문화와 리더십을 돕는 역할을 하고 있으며, 다양한 공동체와 해외 선교사를 통해 크리스천 코칭, CMW$^{Create\ your\ Meaningful\ Work}$(천직 창조)의 리더로서 워크숍을 통해 삶과 일의 통합을 전하고 있다.

　주요 전문 분야는 기업의 임원 리더십 코칭이며, 가업승계 CEO 리더십 코칭과 CMW 천직 창조 - 일과 삶의 통합, 여성 리더십, SF 디브리핑 및 조직문화 워크숍으로, 개인과 조직의 성장을 돕는 다양한 역할을 한다. 공익 코칭을 통한 비영리단체 구성원, 저임금 근로 청년들과 취약층 학부모 및 청소년 코칭 등에도 참여한 바 있다.

　교육공학을 전공하고 강의 기법에 대한 강의와 퍼실리테이터의 역할을 하는 과정에서, 교육을 통한 참가자들의 현장 적용과 변화 및 성과를 궁금해하던 중, 다회기 성과 점검이 가능한 코칭을 만나 제자리를 찾은 경험을 하였다. 2005년 코칭에 입문한 이후, 팀장 코칭을 비롯하여 팀 시너지 창출 그룹코칭, 팀장 리더십 개발 그룹코칭, 핵심 인재 양성을 위한 일대일 코칭, 임원 개인 코칭 등 다양한 코칭 프로그램을 통해 개인과 조직의 성과 창출에 기여하고 있다. 일리노이 대학교에서 유아 및 아동교육 석사와 교육공학 박사 학위를 취득한 바 있으며, 10여년간 HRD 컨설팅 회사 경영 경험과 전문성을 바탕으로 'One Team Spirit'을 위한 조직 문화를 만들어가는 조직을 돕는 일에 기쁨을 느낀다.

저서로는 『최고가 되는 여성 리더십 5단계』(공저, 2020), 『그룹 시너지 창출 퍼실리테이션』(역저, 2012), 그리고 『강사, 퍼실리테이터로 거듭나라!』(2005) 등이 있으며, 코칭과 멘토링 프로그램 개발 및 설계에 관한 다양한 프로젝트를 진행해왔다. 최근에는 특히 Family Business: 가업 승계 코칭에 관심을 갖고, 성공적인 리더십 승계를 위한 연구와 현장 활동에 힘쓰고 있으며 이 과정에서 함께하는 코치들과의 코칭수퍼비전에 역점을 두고 있다.

문의 이메일: nowhrd@naver.com

허영숙

지난 10년간 커리어 코치로 활동했다. 그 과정에서 Success Finder Expert Debriefer와 버크만 진단 등의 자격 과정을 거치면서 개인의 타고난 성향이 살아가는 과정에서 어떻게 행동 패턴과 연결되는지 학습하고 코칭에 접목하고 있다. 타고난 성향은 바꾸기 어렵지만 그 성향들은 각기 행동으로 표현되는 것이 아니라 서로 조합을 이뤄 나타나므로, 개별 성향을 이해하면 행동 패턴 또한 성장해 갈 수 있다는 것을 고객과 나눌 때 행복하다.

수학 전공에서 시작해서 경제학 박사 논문을 노후 빈곤 진입 시점으로 쓰게 되면서 개인의 일생을 미분하고 적분하는 관점에 집착한다. 우리는 늘 변화하기를 원하면서 안정을 기대한다. 특히 기업의 임원들을 코칭할 때는 그들이 이미 쌓아놓은 적분값을 자원화하는 데 집중한다. 오랜 기간 안정적으로 자신을 성장시킨 자원들이 각자의 내부에 차곡차곡 쌓여 있으므로 기억하고 꺼내어 사용하기 위해 재정비하는 작업을 진행한다. 또 다른 축은 청년층이다. 자신의 직업을 새로운 사회와 날로 발전하는 기술에 맞춰 만들어 나가는 작업을 지원한다. 그들의 힘은 미분값에서 나온다. 어떻게 하면 양의 기울기를 가지고 오늘을 살아갈 것인가. 만약 음의 기울기를 느낀다면 어떻게 그 방향을 틀어갈 것인가. 그런 얘기를 나누면서 커리어를 만드는 과정을 함께 한다.

커리어 코치의 노후는 행복할 것이라고 기대하며 살아간다. 코치가 되기 전에는 문화예술인을 지원하는 업무나 공무원이나 교육기관의 일을 했지만 그때의 업무대상자들은 기억에 별로 남아 있지 않다. 커리어 코치를 하는 동안 만난 분들은 거의 다 세세하게 기억한다. 누군가의 성장을 지원하는 일은 그렇게 늘 살아가는 에너지가 된다. 누군가가 고맙다고 말하면, "나중에 제가 80살이 되면 차 한잔 사주세요."라고 말해왔다. 코치는 그렇게 말할 수 있어서 행복하다.

그러느라 번역을 한다. 번역해준 책을 읽을 때는 건성건성 읽지만 번역을 하면 꼼꼼하게 읽고 여러 번 읽고 그리고 또 수정 작업에 몰두한다. 그렇게 외워진 내용들이 코칭 현장에서 큰 도움이 된다. 혼자 그 모든 상황들을 접해보고 정리하고 대비하려면 참 오랜 세월이 걸릴 텐데, 코칭계의 선배들이 힘 모아 그렇게 정리해 주어서 읽기만 하면 되니 얼마나 좋은가. 그런 작업이 이 책에 담겼다. 번역하는 내내 즐거웠다. 누군가 어디선가 그렇게 읽어주면 더 좋겠다.

요즘은 코칭수퍼비전 공부와 코칭 틀 작업에 시간을 꽤 쏟고 있다. 수퍼비전을 배우면서 코칭 현장을 되돌아본다. 그러한 되새김질은 다음 번 코칭의 흐름을 잡아준다. 코칭을 대하는 마음이 조금씩 커가고 있을 것이란 기대를 한다. 주변의 코치들과 나눌 얘기가 많아져서 좋다. 함께 경험과 의견을 나누면서 함께 성장한다. 그런 시간들이 쌓여 좀 더 세상에 도움이 되는 선배가 되면 참 좋겠다. 오늘도 그런 생각으로 다시 책을 펼친다.

발간사

호모코치쿠스 57
『101가지 코칭수퍼비전 기법: 접근 방식과 실천 탐구』

이 책은 중요한 철학에 기반을 둔 접근 방식에 근거해 코칭수퍼비전의 기법techniques을 다룬다. 기법이란 상황과 조건에 크게 상관없고, 사용하는 사람의 성격 특성에도 영향이 적고, 동일한 투입에 같은 결과가 반복될 수 있다는 점에서 기술skill과 다르다. 변수가 된다면 그 기법을 사용하는 사람을 숙련도가 영향을 주며 최적의 사용처를 판별할 수 있어야 한다. 또 상황에 따라 다양한 기법이 가능하다. 반면에 일반적으로 기술은 사용자의 삶의 태도, 익히고 풀어내는 손맛에 따라 그 깊이와 결과의 차이가 크다고 볼 수 있다. 개인의 노력과 경험으로 얻는 능력이며 숙달성만큼 효율성과 정확성이 높다. 그렇다면 도구tool는 어떠한가? 보이는 이슈에 즉각 활용할 수 있고 간편하고 작업 수행에 효과적인 대응이 가능하다. 기술은 기법을 통해 발휘되고 기법은 도구를 활용하여 구현될 수 있기에 상호 관련되고 영향을 준다.

  '101가지 기법'을 제시할 때 흔히 '101'이란 기본, 입문, 개론의 의미가 있다고 할 수 있으므로 이 기법은 초보자부터 경험자들이 쉽게 사용할 수 있는 포괄적인 기법 모음이다.

이 책을 발행하며 제목을 보고 쉽게 활용할 기법을 알 수 있겠다는 기대가 높았다가 막상 내용을 보고 기대에 못 미쳐 실망하는 독자가 있을지 우려된다. 기법만 나열한 내용이 너무 건조한 느낌을 주기 때문이다. 그러나 이 책은 다른 책에 비하면 그 기법의 사용처와 숙련도를 이미지로 구별해 안내한다. 전문적인 일대일 수퍼비전, 전문적 그룹, 동료 그룹, 개인 성찰, 또 경험이 많은 수퍼바이지 등 그 활용처에 대해 나름대로 알려 준다. 이런 기법 모음 책은 사용하는 사람에 따라 효과를 다양하게 만든다.

익은 열매를 좇아다니는 까치처럼 그럴듯한 기법을 이리저리 찾아 활용하고 싶다면 이를 모두 찾아 묶은 이 책에서 효율성을 발견할 수 있다. 수퍼바이저가 기법을 해결로 안내하는 '처방'으로 본다면 101가지로는 절대 부족할 것이다. 그러나 기법이 해결의 길을 위한 불확실성을 비추고 한 발 내딛는 기회로 활용한다면 101가지 기법은 유연하게 응용할 수 있어 부족함이 없을 것이다. 기법을 전문가가 필요해서 제공하는 일방통행으로 이해하면 선형적 효과만 얻는다. 투입과 결과가 예상대로다. 이럴수록 기법은 도구가 된다. 그러나 기법은 비선형적 결과를 얻을 때 참맛이 있다. 의외의 결과, 예상하지 못한 깊이, 새로운 창문의 발견으로 귀결되거나 불확실성에 더 머물 수 있을 때 기법은 진정한 기술이 된다. 상상력을 자극하는 입구로 보며 사용 중 생성되는 수퍼바이지의 내러티브를 새로운 텍스트로 만나며 자유로움을 즐겼으면 한다.

코치에게 필요한 손에는 의도의 손, 방법/방편의 손, 마음의 손이 있다고 평소에 안내하는 편이다. 자주 의도의 손이 먼저 나가 반응이나 질문을 오염하는 경우를 본다. 수퍼바이저가 볼 때 '수퍼바이지의 의도나 기획'을 드러내기 위해 '질문'을 제공하는 경우도 흔하다. 이는 수퍼바이지가 자신의 '의도'를 어떻게 사용했는가를 보게 하기 위해서다. 의도는 그대로 드러내기보다는 방법/방도의 손을 활용한다. 이때 흔히 기법과 도구를 찾는다. 그러나 가장 순일한 것, 자연스러운 것은 마음의 손이다.

마음의 손이 먼저 나가고 그래도 남은 영역을 위해 방편이 요구된다. 그렇지 않은 방법이나 기법은 다른 것들을 헤집게 되고 자칫 잘 여민다해도 흥이 남을 수 있다. 이 책이 늦은 이유는 이런 머뭇거림이 앞섰기 때문이다.

질문과 대화를 통한 내러티브 중심 코칭수퍼비전, 녹음테이프, 축어록, 구두 회상을 중심으로 한 코칭수퍼비전과 다르게 기법 중심 수퍼비전은 또 다른 독특성이 있다. 기법의 터널을 함께 걸으며 '통과'하는 과정은 둘만이 깊은 '의미의 세계'라는 마법을 경험한다. 기법 내부에서 '함께 걸음', 그 호흡함에 있다. 에너지 흐름, 장field을 조성하고 이를 경영하며 그 안에 초대하고 함께 걷고 장 밖으로 나가는 일련의 과정은 곧 마법의 세계를 방문하고 떠나는 경험이다. 이는 기법이 주는 매우 다른 기능이다.

해리포터가 자유롭게 드나든 마법 세계의 플랫폼은 어디인가 바로 9¾ 지점이다. 네 번째 기둥 중 세 번째, 그러나 그 문을 안다고 쉽게 들어가는 것은 아니다. 흔쾌함과 가벼움, 헐거움이 갖춰져야 '그냥 들어가-진다.' 그리하여 마법 세계의 경의로움이 전개된다. 수퍼바이저의 기법 선택은 마법을 위한, 수퍼바이지에게 최적화 된 '장field 설계'의 용품들과 같다. 마음의 손으로 충분히 조치를 취하고, 이른바 명상가의 제도濟度 attain salvation 과정과 같다고나 할까…. 설계된 마음 위로 기법이라는 방도의 손을 쓰고 초대하며 함께 거닐 때 마법은 새로운 통찰로 펼쳐진다. 이름하여 101가지 초식招式을 손에 쥐었다고 해서 무공도 무예도 얻는 것이 되질 않는다. 연마에 있고 숙달에 있다. 이른바 '내공'이 관건이듯 마음-씀의 깊이와 넓음, 마음-진陣 설계 위에 기법의 초식이 얹혀져야 한다. 이것이 또한 이 책을 뒤늦게나마 서두르게 된 이유이다.

나를 포함한 역자들에게 번역 과정이 자신을 돌아보고, 자신이 즐겨 쓰는 접근법을 다시 살펴보는 계기가 되었길 소망한다. 이 책을 읽는 모든 코치가 열거된 기법의 양만큼 좀 더 넓어지고, 익히고 쌓이는 기법만큼 마음의 손도 따뜻해지고 편안해지기를 기대한다. 우리가 모두 앞으로 나아갈수록 새로운 사태를 낯설게 만나듯 영원한

초심자 마음을 떠날 수 없다. 초심자의 마음으로 101가지 마법의 경이로움을 향유하자. 이를 자신의 마음 자락만큼 설계하고 기법을 펼치자. 봄이 무르익으면 이런저런 터널을 지나 다시 만나 자신의 장 설계를 뽐내며 잔치했으면 한다.

   궁핍한 출판의 길을 호호 손 불며 함께해준 출판의 벗 코치 정익구, 디자이너 이상진님에게 차 한잔 건넨다.

2025. 2. 매화를 반기며
코치 김상복

# 호모코치쿠스

코칭 튠업 21
: ICF 11가지 핵심 역량과 MCC 역량

김상복 지음

뇌를 춤추게 하라
: 두뇌 기반 코칭 이론과 실제
Neuroscience for Coaching

에이미 브랜 지음
최병현, 이혜진 옮김

마음챙김 코칭
: 지금-여기-순간-존재-하기
Mindful Coaching

리즈 홀 지음
최병현, 이혜진, 김성익, 박진수 옮김

코칭 윤리와 법
: 코칭입문자를 위한 안내
Law & Ethics in Coaching

패트릭 윌리암스, 샤론 앤더슨 지음
김상복, 우진희 옮김

조직을 변화시키는 코칭 문화
How to create a coaching culture

질리안 존스, 로 고렐 지음
최병현, 이혜진 외 옮김

내러티브 상호협력 코칭
: 3세대 코칭 방법론
A Guide to Third Generation Coaching:
Narrative-Collaborative Theory and Practice

라인하드 스텔터 지음
최병현, 이혜진 옮김

임원코칭의 블랙박스
Tricky Coaching

맨프레드 F. R. 케츠 드 브리스 외 편저
한숙기 옮김

마스터 코치의 10가지 중심 이론
Mastery in Coaching

조나단 패스모어 편저
김선숙, 김윤하 외 옮김

코칭·컨설팅 수퍼비전의 관계적 접근
Supervision in Action

에릭 드 한 지음
김상복, 조선경, 최병현 옮김

정신역동과 임원코칭
: 현대 정신분석 코칭의 기초1
Executive Coaching:
A Psychodynamic Approach

캐서린 샌들러 지음
김상복 옮김

수퍼비전
: 조력 전문가를 위한 일곱 눈 모델
Supervision in the Helping Professions

피터 호킨스, 로빈 쇼헤트 지음
이신애, 김상복 옮김

코칭 프레즌스
: 코칭개입에서 의식과 자각의 형성
Coaching Presence: Building Consciousness
and Awareness in Coaching Interventions

마리아 일리프 우드 지음
김혜연 옮김

멘탈력
정신적 강인함에 대한 최초의 이론적 접근
Developing Mental Toughness:
Coaching strategies to improve
performance, resilience and wellbeing

더그 스트리챠크직, 피터 클러프 지음
안병옥, 이민경 옮김

코치 앤 카우치
Coach and Couch

맨프레드 F.R. 케츠 드 브리스 외 지음
조선경, 이희상, 김상복 옮김

리더의 정치학
: 조직개혁과 시대전환을 위한 창발 리더십 모델
Leading Change: How Successful Leaders Approach Change Management

폴 로렌스 지음
최병현, 윤상진, 이종학, 김태훈, 권영미 옮김

고용 가능성
고용+가능성 업그레이드 전략
Developing Employability and Enterprise: Coaching Strategies for Success in the Workplace

더그 스트리차크직, 샬롯 보즈워스 지음
조현수, 최현수 옮김

게슈탈트 코칭
바로 지금 여기
Gestalt Coaching: Right here, right now

피터 브루커트 지음
임기용, 이종광, 고나영 옮김

강점 기반 리더십 코칭
: 조직 내 긍정적 리더십 개발을 위한 가이드
Strength_based leadership Coaching in Organization An Evidence based guide to positive leadership development

덕 매키 지음
김소정 옮김

영화, 심리학과 라이프 코칭의 거울
The Cinematic Mirror for Psychology and Life Coaching

메리 뱅크스 그레거슨 편저
앤디 황, 이신애 옮김

영웅의 여정
자기 발견을 위한 NLP 코칭
The Hero's Journey: A voyage of self-discovery

스테판 길리건, 로버트 딜츠 지음
나성재 옮김

VUCA 시대의 조직 문화와 피어코칭
Peer Coaching at Work

폴리 파커, 팀 홀, 캐시 크램, 일레인 와서먼 지음
최동하, 윤경희, 이현정 옮김

정신역동 마음챙김 리더십
: 내면으로의 여정과 코칭
Mindful Leadership Coaching : Journeys into the interior

맨프레드 F.R. 케츠 드 브리스 지음
김상복, 최병현, 이혜진 옮김

실존주의 코칭 입문
: 알아차림·용기·주도적 삶을 위한 철학적 접근
An Introduction to Existential Coaching

야닉 제이콥 지음
박신후 옮김

공감으로 완성하는 코칭
: 평범함에서 탁월함으로
Coaching with Empathy.

앤 브록뱅크, 이안 맥길 지음
김소영 옮김

내러티브 코칭
: 새 스토리의 삶을 위한 확실한 가이드
Narrative Coaching: The Definitive Guide to Bringing New Stories to Lif

데이비드 드레이크 지음
김상복, 김혜연, 서정미 옮김

ADHD 코칭
: 정신건강 전문가를 위한 가이드
ADHD Coaching: A Guide for Mental Health Professionals

프란시스 프레벳, 아비가일 레브리니 지음
문은영, 박한나, 가요한 옮김

시스템 코칭
: 개인을 넘어 가치로
Systemic Coaching: Delivering Value Beyond the Individual

피터 호킨스, 이브 터너 지음
최은주 옮김

글로벌 코치 되기
: 코칭 역량과 ICF 필수 가이드
Becoming a Coach

조나단 페스모어, 트레이시 싱클레어 지음
김상학 옮김

시스템 코칭과 컨스텔레이션
개인, 팀 및 집단에 대한 원칙, 실천 및 적용
Systemic Coaching & Consitellations

존 휘팅턴 지음
가향순, 문현숙, 임정희, 홍삼렬, 홍승지 옮김

10가지 코칭 주제와 사례 연구
: 20개 사례, 40개 논평, 720개 주석, 19개 실습 사례
Complex Situations in Coaching

디마 루이스, 폴린 파티엔 디오숑 지음
김상복 옮김

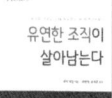
유연한 조직이 살아남는다
포스트 코로나 시대
뉴노멀이 된 유연근무제
Flexible Working

젬마 데일 지음
최병현, 윤재훈 옮김

인지행동 코칭
: 30가지 고유한 특징
Cognitive Behavioural Coaching: Distinctive Features

마이클 니난 지음
엘리 홍 옮김

쿼바디스
: 팬데믹 시대, 죽음과 리더의 실존적 도전
QUO VADIS?: The Existential Challenges of Leaders

맨프레드 F. R. 케츠 드 브리스 지음
고태현 옮김

코칭과 트라우마
: 생존 자기를 넘어 나아가기
Coaching and Trauma

줄리아 본 스미스 지음
이명진, 이세민 옮김

단일 회기 코칭과 비연속 일회성 코칭
: 30가지 고유한 특징
Single-Session Coaching and One-At-A-Time Coaching: Distinctive Features

윈디 드라이덴 지음
남기웅, 안재은 옮김

리더십 팀코칭
: 변혁적 팀 리더십 개발을 넘어
Leadership Team Coaching

피터 호킨스 지음
강하룡, 박정화, 박준혁, 윤선동 옮김

코칭과 정신 건강 가이드
: 코칭에서 심리적 과제 다루기
A Guide to Coaching and Mental Health: The Recognition and Management of Psychological Issues

앤드류 버클리, 캐롤 버클리 지음
김상복 옮김

팀코칭 이론과 실천
팀을 넘어 위대함으로
The Practitioner's handbook of TEAM COACHING

데이비드 클러터벅, 주디 개넌 편저
강하룡, 박순천, 박정화, 박준혁, 우성희, 윤선동, 최미숙 옮김

리더의 속살
: 추악함, 사악함, 기괴함에 관한 글
Leadership Unhinged: Essays on the Ugly, the Bad, and the Weird

맨프레드 F. R. 케츠 드 브리스 지음
강준호 옮김

생의 마지막 여정을 돕는
웰다잉 코칭
Coaching at End of Life

돈 아이젠하워, J. 발 헤이스팅 지음
정익구 옮김

정신역동 코칭
: 30가지 고유한 특징
- 현대 정신분석 코칭의 기초2
Psychodynamic Coaching: Distinctive Features

클라우디아 나겔 지음
김상복 옮김

리더의 일상적 위협
: 모래 늪에서 허우적거릴 때 살아남는 방법
The Daily Perils of Executive Life: How to Survive When Dancing on Quicksand

맨프레드 F. R. 케츠 드 브리스 지음
고태현 옮김

경영자의 마음
: 리더십, 인생, 변화에 대한 명상록
The CEO Whisperer: Meditations on Leadership, Life, and Change

맨프레드 F. R. 케츠 드 브리스 지음
강준호 옮김

코칭심리학(2판)
실천연구자를 위한 안내서
Handbook of Coaching Psychology

스티븐 팔머, 앨리슨 와이브로우 편저
강준호, 김태리, 김현화, 신혜인 옮김

팀코치 되기
: 팀코칭 가이드
Coaching the Team at Work: The definitive guide to team coaching

데이비드 클러터벅 지음
동국대학교 동국상담코칭연구소 옮김

지혜 방정식
: 불확실한 시대, 지혜로 이끄는 법
Leading Wisely: Becoming a Reflective Leader in Turbulent Times

맨프레드 F. R. 케츠 드 브리스 지음
조경훈 옮김

현대 코칭의 이론과 실천
The SAGE Handbook of Coaching

타티아나 바흐키로바, 고든 스펜스, 데이비드 드레이크 편저
김상복, 윤순옥, 한민아, 한선희 옮김

관계 중심 팀코칭
Relational Team Coaching

에릭 드 한, 도로시 스토펠스 편저
김현주, 박정화, 윤선동, 이서우 옮김

해결 중심 팀코칭
Solution Focused Team Coaching

커스틴 디어롤프, 크리스티나 뮐, 카를로 페르페토, 라팔 스자니아프스키 편저
김현주, 박정화, 이서우, 정혜숙, 허영숙 옮김

리더십 팀코칭 프랙티스(3판)
: 매우 효과적인 팀을 만드는 사례 연구
Leadership Team Coaching in Practice: Case studies on creating highly effective teams

피터 호킨스 편저
강하룡, 박정화, 윤선동, 최미숙 옮김

팀코칭 사례 연구
The Team Coaching Casebook

데이비드 클러터벅, 타미 터너 외 지음
박순천, 박정화, 우성희, 윤선동 옮김

수퍼바이지와 수퍼비전
: 수퍼비전을 위한 가이드
Being Supervised A Guide for Supervision

에릭 드 한, 윌레민 레구인 지음
김상복, 박미영, 한경미 옮김

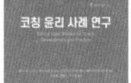

코칭 윤리 사례 연구
Ethical Case Studies for Coach Development and Practice

웬디-앤 스미스, 에바 허쉬 폰테스, 두미사니 마가드렐라, 데이비드 클러터벅 편저
김상복, 김현주, 이서우 옮김

탁월한 팀을 만드는 55가지 도구와 기법
: 팀코칭 툴킷
The Team Coaching Toolkit: 55 Tools and Techniques for Building Brilliant Teams

토니 르웰린 지음
박순천, 박정화, 윤선동 옮김

코칭수퍼비전의 이론과 모색
Coaching and Mentoring Supervision
: Theory and Practice

타티아나 바흐키로바, 피터 잭슨, 데이비드 클러터벅 편저
김상복, 김현주, 이서우, 정혜선, 허영숙 옮김

101가지 코칭수퍼비전 기법
: 접근 방식과 실천 탐구
101 Coaching Supervision
: Techniques, Approaches, Enquiries and Experiments

미셸 루카스 편저
김상복, 김현주, 이서우, 정혜선, 허영숙 옮김

(출간 예정)

코칭수퍼비전 실천 가이드
: 수퍼바이저, 수퍼바이지 모두를 위하여
Coaching Supervision: A
practical guide for supervisees

데이비드 클러터벅, 캐롤 휘태커,
미셸 루카스 편저
김상복 옮김

잡크래프팅
Persnalization at Work

롭 베이커 지음
김현주 옮김

조직개발 중심 팀코칭
: 팀, 리더, 조직, 코치, 수퍼비전 접근
Team Coaching for Organisational
Development: Team, Leader, Organisation,
Coach and Supervision Perspectives

헬렌 징크 지음
김채식, 박정화, 우성희, 윤선동 옮김

인지행동 기반 라이프코칭
Life Coaching: A Cognitive behavioural approach

마이클 니난, 윈디 드라이덴 지음
정익구 옮김

잡크래프팅
: 자율적 직무재창조와 실천
ジョブ・クラフティング: 仕事の自律的な再
創造に向けた理論的・実践的アプローチ

다카오 요시아키, 모리나가 유타 엮음
김현주, 이정숙 옮김

조직 역할 분석(ORA) 기반 코칭
Coaching in Depth: The Organizational
Role Analysis Approach

존 뉴턴, 수잔 롱, 버카드 시버스 지음
박정화 옮김

코칭 윤리 연구와 실천 핸드북
: 윤리적 성숙성과 실천을 위한 가이드
The Ethical Coaches' Handbook

웬디-앤 스미스, 조나단 패스모어, 이브 터너,
이-링 라이, 데이비드 클러터벅 편저
김상복 옮김

동료 코칭수퍼비전
: 성찰적 실천을 위한 다용도 지침
Peer Supervision in Coaching and Mentoring:
A Versatile Guide for Reflective Practice

태미 터너, 캐롤 휘태커, 미셸 루카스 편저
김현주, 박정화, 이서우, 정혜선, 허영숙 옮김

코칭수퍼비전의 핵심
: 성찰과 자기돌봄 다루기
The Heart of Coaching Supervision:
Working with Reflection and Self-Care

이브 터너, 스테픈 팔머 지음
정용석 옮김

집단 코칭수퍼비전
: 자원 중심 실천
Coaching Supervision Groups

조 버치 지음
김현주, 박정화, 이서우, 정혜선, 허영숙 옮김

코칭하는 조직
: 내부 코칭으로 성장하다
Coaching from the Inside

J. 발 헤스팅스 지음
김현주 옮김

생태계와 기후 코칭
Ecological and Climate-Conscious Coaching

앨리슨 와이브로우우, 이브 터너,
조시 맥클린, 피터 호킨스 편저
김수진 옮김, 김상복 감수

디지털과 AI 코치 핸드북
The Digital and AI Coaches' Handbook

조나단 패스모어, 산드라 J. 딜러,
샘 아이작슨, 막시밀리언 브랜틀 편저
허영숙 옮김

호모스피릿쿠스

나르시시스트와 직장생활하기
Narcissism at Work: Personality Disorders of Corporate Leaders

마리 린느 제르맹 지음
문은영, 가요한 옮김

정신분석 심리치료의 기본과 실천
: 정신분석·지지적 심리치료와의 차이

아가쯔마 소우 지음
최영은, 김상복 옮김

조력 전문가를 위한 공감적 경청
共感的傾聴術
:精神分析的に"聴く"力を高める

고미야 노보루 지음
이주윤 옮김

코로나 시대의 정신분석적 임상
'만남'의 상실과 회복
コロナと精神分析的臨床

오기모토 카이, 키타야마 오사무 편집
최영은, 김태리 옮김

트라우마와 정신분석적 '접근'
핵심 이론과 일곱 가지 사례
トラウマの精神分析的アプローチ

마쓰기 구니히로 편집
김상복 옮김

라캉 정신분석 치료
이론과 실천의 교차점
ラカン派精神分析の治療論

아가사 가즈야 지음
김상복 옮김

코칭 하이브리드

영화처럼 리더처럼
: 크고 작은 시민리더 이야기

최병현, 김태훈, 이종학,
윤상진, 권영미 지음

마음챙김 코칭
: WHO에서 실행까지
Mindfulness Coaching: Have Transformational Coaching Conversations and Cultivate Coaching Skills Mastery

사티암 베로니카 찰머스 지음
김종성, 남관희, 오효성 옮김

사랑하는 사람의 상실로 슬픈 나를 위한 셀프 코칭
슬픈 나를 위한 코칭

돈 아이젠하워 지음
안병욱, 이민경 옮김

고통의 틈 속에서 아름다움 찾아내기
: 슬픔과 미망인의 여정에 대한 회고

펠리시아 G Y 램 지음
강준호 옮김

코칭 A to Z

누구나 할 수 있는 코칭 대화 모델
: GROW_candy 모델 이해와 활용

김상복 지음

세상의 모든 질문
: 아하에서 이크까지, 질문적 사고와 질문 공장

김현주 지음

첫 고객·첫 세션 어떻게 할 것인가
(1) 윤리적 가이드라인과 전문가 기준에 의한 고객 만남
(2) 코칭 계약과 코칭 동의 수립하기

김상복 지음

코칭방법론
: 조직 운영과 성과 리더십 향상을 돕는 효과성 코칭의 틀

이석재 지음

코치 100% 활용하는 법
: 코치를 만난 당신에게

김현주, 박종석, 박현진, 변익상,
이서우, 정익구, 한성지 지음

실전 코칭 운영과 코칭 스킬
: capability, skill, narrative

김상복 지음

코쿱북스

코칭의 역사
Sourcebook Coaching History

비키 브록 지음
김경화, 김상복 외 15명 옮김

101가지 코칭의 전략과 기술
: 젊은 코치의 필수 핸드북
101 Coaching Strategies and Technique

글래디나 맥마흔, 앤 아처 지음
김민영, 한성지 옮김

리더십을 위한 코칭
Coaching for Leadership

마샬 골드 스미스, 로렌스 라이언스 외 지음
고태현 옮김

 호모코치쿠스 57

101가지 코칭수퍼비전 기법
접근 방식과 실천 탐구

초판 1쇄 발행 2025년 3월 7일

펴낸이		김상복
지은이		미셸 루카스
옮긴이		김상복, 김현주, 이서우, 정혜선, 허영숙
감 수		김상복
편 집		정익구
디자인		이상진
제작처		비전팩토리
펴낸곳		한국코칭수퍼비전아카데미
출판등록		2017년 3월 28일 제2018-000274호
주 소		서울시 마포구 포은로 8길 8. 1005호

문의전화 (영업/도서 주문) 카운트북

　　　　전화 | 070-7670-9080   팩스 | 070-4105-9080
　　　　메일 | countbook@naver.com
　　　　편집 | 010-3753-0135
　　　　편집문의 | hellojisan@gmail.com 010-3753-0135

www.coachingbook.co.kr
www.facebook.com/coachingbookshop

ISBN 979-11-89736-88-0 (93320)
책값은 뒤표지에 있습니다.

코칭북스는 한국코칭수퍼비전아카데미의 코칭 전문 브랜드입니다.